Eustace Mullins/Roland Bohlinger · Die Bankierverschwörung

Eustace Mullins/Roland Bohlinger

Die Bankierverschwörung

Die Machtergreifung der Hochfinanz und ihre Folgen

Verlag für ganzheitliche Forschung und Kultur

Umschlagbild: Blick auf die Wallstreet

Sonderausgabe

Teil 1:
Eustace Mullins: *Die Bankierverschwörung*
Neuveröffentlichung der Untersuchung von Mullins im Rahmen des Abdrucks von Prozeßmaterialien aus dem Brokdorf-Prozeß (die Ausführungen von Eustace Mullins wurden als Anlage eines Schriftsatzes von Roland Bohlinger am 16.12.1980 beim OVG Lüneburg eingereicht).
Dritte ergänzte und korrigierte Auflage

Teil 2:
Roland Bohlinger: *Rettung ist möglich*
Veröffentlichung erfolgt gesondert.

Erstveröffentlichung der Untersuchung von Mullins im Verlag *Common Sense*, Union, New Jersey, USA.

Neuveröffentlichung der Untersuchung von Mullins in deutscher Übersetzung im *Verlag für ganzheitliche Forschung und Kultur*, 2257 Struckum/Nordfriesland

Satz und Druck: *Breklumer Druckerei*, Manfred Siegel KG, 2257 Breklum

ISBN 3-922314-67-8

Gebt mir die Befugnisse einer Notenbank; dann kümmere ich mich nicht um den Gesetzgeber.

Anselm Rothschild.

INHALT

VORWORT DES VERLAGS ZUR DRITTEN AUFLAGE

»Die Stunde hat geschlagen für die Hochfinanz, öffentlich ihre Gesetze für die Welt zu diktieren, wie sie es bisher im Verborgenen getan hat . . . Die Hochfinanz ist berufen, die Nachfolge der Kaiserreiche und Königtümer anzutreten, mit einer Autorität, die sich nicht nur über ein Land, sondern über den ganzen Erdball erstreckt.«

Erklärung anläßlich der Gründung der internationalen Bankenallianz 1913 in Paris.

Internationale Finanzmächte haben sich in unserem Jahrhundert an fast allen bedeutenden Unternehmungen fördernd bis maßgebend beteiligt. Meist geschah das nicht offen sondern verdeckt, häufig auch mit unterschiedlicher Motivation der einzelnen Finanzmächte und ihrer Führer, was dann immer wieder zu Rivalitäten führte. Derzeit beteiligt sich die anscheinend führende Gruppe innerhalb der Hochfinanz an der Vorbereitung einer Weltwirtschaftskrise, neben der jene von 1929–33 völlig verblassen dürfte. Falls sie eintrifft, wird sie weltweit Hungerkatastrophen, Massenarbeitslosigkeit, eine Flut von Firmenzusammenbrüchen und einen umfassenden politischen Wandel herbeiführen.

Die erste Veröffentlichung der von Eustace Mullins vorgenommenen Untersuchung erfolgte 1954 in den USA. 1956 erschien eine deutsche Ausgabe. Diese wies erhebliche Mängel in der Übersetzung auf. Sie wurde beschlagnahmt, wobei als Vorwand vor allem ein Satz im Anhang diente.

Im Jahre 1978 stieß Roland Bohlinger auf die Schrift von Mullins. Er legte sie in der deutschen Ausgabe von 1956 in einem Atomprozeß vor, und zwar als Teil des Beweismaterials für eine bestehende Verschwörung. Zugleich entschloß er sich, die Schrift von Mullins neu herauszugeben. Die dann vorgelegte Ausgabe bot eine gründliche Neuübersetzung. Die seinerzeit beanstandeten Stellen waren gestrichen, sie besaßen auch keine wesentliche Bedeutung. In der hier vorgelegten Auflage blieben die Ausführungen von Mullins unverändert; es wurden nur einige Abbildungen und ein umfangreiches Verzeichnis weiterführender Literatur hinzugefügt. Erheblich geändert und erweitert wurde jedoch der Anhang, außerdem wurde ein zweiter Teil hinzugefügt, der als gesonderter Band erscheint.

Der dem ersten Teil nachträglich hinzugefügte Anhang ergänzt die Ausführungen von Mullins schwerpunktartig. Vollständigkeit in der Ergänzung ist nicht beabsichtigt. Erst recht soll hier und im Folgeband keine umfassende geschichts- und wirtschaftswissenschaftliche Untersuchung vorgelegt werden. Es geht vielmehr darum, einem möglichst breiten Publikum verständlich und überzeugend die *wichtigsten Ursachen* der wachsenden Zerstörung der Erde, die derzeit *vorherrschenden Entwicklungstendenzen* und die *begehbaren Auswege* aufzuzeigen.

Der Verlag

Er war US-Präsident Roosevelt, der die okkulte Herrschaftsymbolik mit insgesamt 13 Symbolen auf die Rückseite der Ein-Dollar-Note 1933 setzen ließ.

Teil 1

Eustace Mullins

Die Bankierverschwörung

In ehrenvollem Gedenken an
George Stimpson.
Seine nie ermüdende Hilfsbereitschaft und der hohe Stand seiner wissenschaftlichen Kenntnisse förderte diese Arbeit.

Ich möchte meinen Dank den Mitarbeitern aus dem Stabe der Kongreßbibliothek aussprechen, die durch ihre freundlichen Anregungen, Hilfeleistungen und Mitgestaltungen diese Arbeit ermöglichten. Ganz besonders danke ich Herrn Luther Evans, Bibliothekar des Kongresses, Col. Willard Webb von der Archiv- und Leseabteilung und vielen anderen Angestellten, die mir mit großem Entgegenkommen bei der Vorbereitung zu dieser Arbeit geholfen haben.

Eustace Mullins

VORWORT DES VERFASSERS

Im Herbst 1949 ging ich in die Bibliothek des Kongresses, um Material für einen Zeitungsartikel über den *Federal-Reserve-Board* zu bekommen. Ich glaubte, daß mich diese Arbeit etwa eine Woche lang beschäftigen würde; doch aus ihr wurde eine Forschungsarbeit von 19 Monaten. Bei meinen anfänglichen Studien entdeckte ich, daß es keinen einzigen Bericht über den Ursprung und die Tätigkeiten dieser machtvollen Organisation gab. Infolgedessen suchte ich mir die Informationen aus einer Unzahl von Zeitschriften zusammen, die von der volkstümlichen *Saturday Evening Post* bis hin zum exklusiven Magazin der Bankiers *The Economist* reichten.

Die klassischen Werke über das *Federal-Reserve-System* mit ihren unklaren Formulierungen und geradezu unverständlichen Fachausdrücken waren für mich von geringem Wert. Auch die üblichen Lehrbücher über das Wechselwesen enthielten keine Information über die Umstellung der amerikanischen Wirtschaft vom Kreditsystem des offenen Buches zum Wechselsystem, das so weitreichende Veränderungen in unserem Handelsleben bewirkt hat. Dazu fand ich nun einige Abhandlungen, die von 1915 bis 1928 vom *American Acceptance Council* herausgegeben worden waren. Darum ist es nicht verwunderlich, daß selbst der promovierte Volkswirtschaftler hier zum erstenmal Material vorfindet, von dem er eigentlich schon in seinen ersten Semestern gehört haben sollte.

Jekyl Island, der Geburtsort des *Federal-Reserve-Gesetzes,* ist heute ein öffentlicher Park im Staate Georgia; doch der Tourist findet hier keinen Hinweis auf das bedeutende Ereignis das mit dem Namen des Parks verknüpft ist. Das ist weniger ein Versehen der Parkverwaltung als der zuständigen Berichterstatter über den *Federal-Reserve-Board,* die noch immer glauben, daß das *Gesetz* in den Hallen des Kongresses geboren wurde und der Klugheit eines Carter Glass und eines Woodrow Wilson zu verdanken ist. Der Verfasser hofft, daß diese und ähnliche falsche Vorstellungen bald nach der Veröffentlichung dieser Arbeit verschwinden werden.

Eustace Mullins

1. Kapitel

NELSON ALDRICH

Am Abend des 22. November 1910 traf sich eine größere Zahl von Zeitungsberichterstattern auf dem Bahnhof Hoboken in New Jersey. Sie hatten einen Hinweis bekommen, daß einige sehr hochstehende Persönlichkeiten von New York City nach Hoboken kommen würden, um dort in geheimem Auftrag mit dem Zug abzureisen. Welcher Art dieser Auftrag war oder welchen Personenkreis er umschloß, wußte niemand von ihnen, aber sie waren sich dessen gewiß, daß ein außerordentlich bedeutsames Ereignis geplant war.

Senator Nelson Aldrich betrat den Bahnhof. Das war der Beweis für Ihre Vermutung. Die Berichterstatter sammelten sich um ihn herum. Er verhielt sich würdevoll, obgleich er wegen seiner Schroffheit und der Schwierigkeit, von ihm eine Auskunft zu erhalten, bekannt war. Das war durch seine Verbindung zum mächtigen Gummi-Trust und zum Tabak-Trust begründet. Als einer der fünf republikanischen Senatoren, die damals den Senat beherrschten, hatte Aldrich seine durch die Wahl errungene Stellung dazu ausgenutzt, eine Reihe von Zollbestimmungen und Gesetzen zu erlassen, die für seine Interessen von Nutzen waren. Er war auch mehrfach wegen seiner kalten Mißachtung des Amtseides angezeigt worden, da er seine Machtstellung den Plänen der internationalen Geldleute zugute kommen ließ.

Aldrich war kürzlich mit der *Nationalen Währungskommission*, deren Leiter er war, aus Europa zurückgekehrt. Diese Kommission war vom Kongreß gebildet worden, um dem allgemeinen Verlangen nach einer Regierungsmaßnahme gegen jene großen Bankiers zu entsprechen, die 1907 künstlich eine Panik hervorgerufen hatten. Sie war damit beauftragt worden, die Praxis des Geldwesens gründlichst zu studieren, bevor sie ein Bank- und Währungsreformgesetz für den Kongreß entwarf. Gleichzeitig zweifelte man jedoch daran, daß ein Gesetz, das unter der Führung eines Mannes mit Aldrichs bekannten Sympathien und Beschäftigungen zustande käme, eine echte Reform darstellen würde. Doch der Kongreß blieb solcher Kritik unzugänglich.

Senator Aldrich und die *Nationale Währungskommission* hatten auf Kosten der amerikanischen Steuerzahler fast zwei Jahre in Europa zugebracht und dabei mehr als 300000 Dollar öffentliche Gelder verbraucht, obgleich sie von allen wichtigen europäischen Geldleuten eingeladen und bewirtet worden waren und zu Lasten des jeweiligen Landes zu leben schienen, in dem sie reisten.

Seit seiner Rückkehr nach Amerika hatte Senator Aldrich keinerlei Versuche unternommen, dem Kongreß das Ergebnis seiner Reise mitzuteilen oder irgendwelche Gedanken zur Finanzreform zu äußern. Die Nation erwartete, daß er Maßnahmen vorschlüge, um die Wiederkehr finanzieller Krisen zu verhindern, die das Geschäftsleben und die kleinen Vermögen seit dem Bürgerkriege fortgesetzt geschädigt hatten. Aber er hatte keinerlei klaren Vorschlag zur Abhilfe gemacht.

In der Begleitung von Senator Aldrich befand sich A. Piatt Andrew, von Beruf Volkswirtschaftler und Hilfssekretär im Schatzamt; er war als Sonderassistent der *Nationalen Währungskommission* mit Aldrich nach Europa gereist.

Ihnen folgten Aldrichs Privatsekretär Shelton, außerdem Gepäckträger mit zahlreichen Gepäckstücken. Offensichtlich verreisten sie für längere Zeit. Die sie bedrängenden Reporter, welche die meisten der großen New Yorker Tageszeitungen vertraten, waren davon überzeugt, daß der Geheimauftrag mit der beabsichtigten Finanzreform zusammenhängen müsse. Angriffslustig umschwärmten sie Aldrich, um irgendeine Mitteilung zu ergattern.

Aldrich war gewohnt, mit Reportern umzugehen; er ging an ihnen vorbei, ohne irgendeine ihm zugerufene Frage zu beantworten; auch seine Begleitung beachtete die Zeitungsleute nicht. Sie bestiegen Aldrichs Sonderwagen am Ende des Zuges, und die Vorhänge wurden sofort vor die Fenster gezogen. Die Reporter hatte man einfach stehen lassen; sie konnten nun untereinander mutmaßen, was die Gesetzesmacher vorhatten.

Die Neugier der Reporter wurde gesteigert, als sie zwei weitere Bankiers auf den Bahnhof kommen sahen, ebenfalls von einigen Gepäckträgern gefolgt. Der eine war Frank Vanderlip, ein stämmiger, heiterer Mann, der sich vom Landarbeiter bis zum Präsidenten der *National City Bank of New York,* der mächtigsten Bank Amerikas, emporgearbeitet hatte. Sie gehörte dem *Bankhaus Kuhn, Loeb and Company,* vertrat die Ölinteressen Rockefellers und die Eisenbahngesellschaft, hatte große Besitzungen in Südamerika und wurde 1898 beschuldigt, die Vereinigten Staaten in den Krieg mit Spanien gedrängt zu haben. Jedenfalls ging die *National City Bank* aus diesem Kriege als Eigentümerin der kubanischen Zuckerindustrie hervor.

Mit Vanderlip kam der ernste Henry P. Davison, der Seniorpartner der *J. P. Morgan Company,* und Charles D. Norton, der Präsident von Morgans *First National Bank of New York.* Diese drei Männer waren tonangebend in der kleinen Gruppe der New Yorker Bankiers, welche man bezichtigt hatte, das gesamte Geld- und Kreditwesen der Vereinigten Staaten zu kontrollieren. Mr. Vanderlip erklärte einem Reporter, daß sie lediglich beabsichtigten, ein geruhsames Wochenende auf dem Lande zu verleben.

Diese Männer kontrollierten das Öl, die Eisenbahnen, das Nachrichtenwesen und die Schwerindustrie des Landes. Welches geplante Unternehmen veranlaßte sie, sich aus New York hinauszuschleichen, um einen privaten Zug auf der anderen Seite des Flusses zu besteigen? So mächtige Männer hatten eigentlich keinen Grund, ihr Kommen und Gehen zu verbergen. In vergangenen Tagen hatten sie die öffentliche Meinung und das Gemeinwohl offen mißachtet. Kein großes Unternehmen konnte begonnen werden, ohne daß einer oder mehrere dieser Männer aufgesucht wurde, und sie achteten darauf, daß ihr Rat und ihre Hilfe wohl belohnt wurden. Sie bestimmten Kongreßmitglieder, ernannten Richter, kauften oder verkauften Zeitungen und Verlagshäuser, wann immer sie es für nötig hielten. Einer von ihnen erntete einmal geradezu Ruhm, weil er ausgerufen hatte: »Die Öffentlichkeit schert uns den Teufel!« Es lag einfach nicht in ihrer Art, sich mit Geheimnistuerei zu umhüllen.

Die Reporter hatten das gleiche Glück mit diesen Bankiers, wie sie es mit Aldrich gehabt hatten; sie mußten zusehen, wie ihre »Story« in Aldrichs Sonderwagen verschwand.

Die nächste Person, die erschien, war ihnen nicht so gut bekannt. Es war Paul Moritz Warburg, ein deutscher Einwanderer, der in weniger als acht Jahren die Möglichkeiten Amerikas so zu nutzen verstanden hatte, daß er bereits Teilhaber im Bankhaus von *Kuhn, Loeb and Company* war mit einem jährlichen Gehalt von 500000 Dollar. Sein Stammhaus *M. M. Warburg Co.* in Hamburg und Amsterdam war der deutsche Hauptvertreter der großen europäischen Bankfamilie der Rothschilds. Außerdem hatte sich Jakob Schiff mit einem großzügigen Betrag aus Rothschilds Kapital eine Partnerschaft bei *Kuhn, Loeb and Company* gekauft, wodurch es in weniger als zwanzig Jahren gelungen war, die unumstrittene Herrschaft über das große Eisenbahnwesen der Vereinigten Staaten zu erlangen.

Paul Warburg hatte dem Geschäft, seitdem er in dieses Land kam, nicht viel Aufmerksamkeit gewidmet. Stattdessen verbrachte er viel Zeit mit dem Studium und Schreiben über das Problem der Finanzreform. Das schien in direktem Widerspruch zu seinen persönlichen Interessen und denen seiner Arbeitgeber zu stehen, denn eine wirkliche Finanzreform in Amerika würde sicherlich deren Einkünfte und Macht verringern. Aber seine Tätigkeit in dieser Richtung brachte ihm ein wachsendes Gehalt und genügend Zeit, um, wie sich später herausstellte, eine Bankgesetzgebung vorzubereiten, die der Errichtung einer Zentralbank in den Vereinigten Staaten diente, ähnlich den Zentralbanken in Europa. Es dauerte auch nicht lange, und Warburg wurde das »Bankgehirn« von New York genannt, und wenn er in den Versammlungen der Handelskammer oder anderer verbrüderter Bankiergruppen sprach, umgab ihn bald ein großes Auditorium New Yorker Bankleute.

Mit Warburg kam Benjamin Strong. Dieser hatte sich auf der *Wall Street* während der Panik von 1907 als ein fähiger Mitarbeiter von J. P. Morgan hervorgetan, besonders durch seine Geschicklichkeit in der Ausführung von Anordnungen. Jene Panik war von Morgan hervorgerufen worden, um die Konkurrenz der *Heinze-Morse-Gruppe* im Bankgeschäft, Schiffswesen und der Schwerindustrie auszuschalten. Es war kein Zufall, Strong in der Begleitung von Warburg zu sehen; denn die Interessen von *J. P. Morgan* und *Kuhn, Loeb Co.* hatten 1901 zu einer Vereinigung geführt, die als *Northern Securities Company* bekannt wurde und seitdem das Land beherrschte. Diese Vereinigung hatte Theodore Roosevelt 1904 zum Präsidenten der Vereinigten Staaten gemacht, um die gerichtliche Verfolgung der *Norhern Securities Company* hinauszuschieben. Roosevelt erreichte dies, und die *Morgan-Kuhn-Loeb-Allianz* konnte ein komplizierteres und weniger verwundbares System ausarbeiten. Für diese Tat erntete Roosevelt den Namen eines »trust-buster« (Konzernzertrümmerer).*

Warburg und Strong blieben den Reportern gegenüber ebenso schweigsam wie die anderen. Die Reporter sahen den Zug, ohne ein Wort von den Bankiers gehört zu haben, den Bahnhof verlassen. Sie kehrten zu ihren Zeitungen zurück mit nichts als ein paar Zeilen über die Tatsache der geheimnisvollen Abreise der Finanzleute aus New York. Aber keine Tageszeitung der Hauptstadt veröffentlichte etwas. Die Herausgeber übersahen das Ereignis wohlweislich.

Der erste öffentliche Hinweis auf das geheimnisvolle Unternehmen erschien erst ungefähr sechs Jahre später, drei Jahre nachdem das *Federal-Reserve-Gesetz* erlassen worden war und sich bereits auswirkte. Der Hinweis erfolgte in einem Artikel von E. C. Forbes, der in *Frank Leslie's Magazin* zum Lobe von Paul Warburg erschien, wobei beiläufig eine Er-

* Die *Northern Securities* umfaßten die gesamte Einflußsphäre der Rothschilds in Amerika. Nachdem *J. P. Morgan and Co.* 1869 die führende internationale Agentur in Amerika geworden war, gingen J. P. Morgan und Anthony Drexel nach London und schlossen mit *N. M. Rothschild Company* ein Abkommen, daß *J. P. Morgan Company* von nun an als ihr Agent handeln sollte. In gleicher Weise betrieben folgende Firmen die Geschäfte Rothschilds nach 1869: *Drexel Company* in Philadelphia, *J. P. Morgan* in New York, *Grenfell & Company* in London *und Morgan, Harjes & Company* in Paris. So war es den Rothschilds möglich, sich unter weniger bekannten Namen zu verstecken. J. P. Morgan wurde zu dieser hohen Ehre auserkoren wegen der Karabiner-Affäre während des Bürgerkrieges, als er seine eigene Regierung damit betrog, daß er der Unions-Armee Karabiner aus dem Bundesarsenal verkaufte, welche die Armee für unbrauchbar erklärt hatte. Diese Angelegenheit ist eingehend in *Gustavus Myers' History of the Great American Fortunes* (Geschichte der großen amerikanischen Vermögen) behandelt worden. J. P. Morgans Vater, Julius S. Morgan, war ein Partner von *George Peabody and Company*, der ein Finanzagent der Bundesregierung in London während des Bürgerkrieges war, und als solcher auch im Interesse der Rothschilds handelte, was auch von Myers dokumentiert wird.

zählung über »Jekyl Island« und somit die erste Enthüllung über das Geschehen im November 1910 gebracht wurde. Während der nächsten dreißig Jahre wurde der Bericht von Forbes nach und nach durch Erzählungen und Biographien der Hauptbeteiligten ergänzt, bis die ganze Geschichte bekannt wurde.

Aldrichs privater Eisenbahnwagen, der mit geschlossenen Vorhängen Hoboken verlassen hatte, brachte die Finanzleute zur Insel Jekyl im Staate Georgia, und zwar zum *Jekyl Island Hunt Club*, einem sehr exklusiven Jagdklub, der J. P. Morgan und einigen einflußreichen New Yorker Bankiers gehörte. Er lag in völliger Einsamkeit und diente als behaglicher Zufluchtsort, weit entfernt von den Sorgen des New Yorker Geldmarktes. Seine vorteilhafte Lage machten ihn besonders geeignet für andere Zwecke als nur die der Jagd. In solchen Fällen wurden die Klubmitglieder benachrichtigt, für eine bestimmte Anzahl Tage nicht im Klub zu erscheinen. Als Aldrichs Gruppe New York verließ, waren die Klubmitglieder bereits benachrichtigt, daß die nächsten 14 Tage das Klubhaus besetzt sein würde.

Die Aldrich-Gruppe interessierte sich diesmal nicht für die Jagd. Sie war nach Jekyl Island gekommen, um viel zu arbeiten, und zwar in völliger Geheimhaltung. Zu diesem Zwecke hatte sie zuvor bereits die Angestellten des Klubs auf zwei Wochen beurlaubt und neue Bedienstete herbeigeschafft. Sie sah die Geheimhaltung der Identität der Teilnehmer sogar als so dringend an, daß während der nächsten zwei Wochen keine Besuche gestattet wurden und sie sich nie mit ihrem Familiennamen, sondern nur mit ihren Vornamen anredeten, wie Henry, Ben und Paul.

Das erwies sich für alle Beteiligten als so zufriedenstellend, daß sie diese Maßnahme nach ihrer Rückkehr nach New York in verpflichtender Form beibehielten und den sogenannten »Vornamen-Klub« gründeten, wobei sie die Mitgliedschaft auf jene beschränkten, die auf Jekyl Island gewesen waren.

Warum diese Geheimnistuerei? Weshalb diese Fahrt über tausend Meilen in geschlossenem Eisenbahnwagen zu einem entfernten Jagdklub? Die Aldrich-Gruppe fuhr dorthin, um das Bank- und Währungsgesetz auszuarbeiten, das vorzubereiten der *National Monetary Commission* aufgetragen worden war. Die künftige Kontrolle über das Geld- und Kreditwesen der Vereinigten Staaten stand auf dem Spiel. Hätte der Kongreß irgendeine Finanzreform verabschiedet, die nicht von und zugunsten der New Yorker Bankiers abgefaßt wurde, dann wäre deren Macht beendet. Als derjenige, der sich am besten im Detail auskannte, erhielt Paul Warburg den Auftrag, den größten Teil des Gesetzes zu entwerfen, Senator Nelson Aldrich sollte ihm die Form geben, die vom Kongreß angenommen werden konnte, und die anderen Bankiers sollten zusätzliche Vorschläge machen und bei besonderen Bankfragen helfen. Anstatt also dem Kongreß und dem amerikanischen Volk über die Ergebnisse der Europareise der *National Monetary Commission* zu berichten, fuhr Senator Aldrich nach Jekyl Island, um ein Gesetz aufzusetzen, das später vom Kongreß angenommen und 1913 vom Präsidenten Woodrow Wilson als *Federal-Reserve-Act* (Zentralbank-Gesetz) unterzeichnet wurde.

Die Jekyl-Island-Gesellschaft verbrachte neun Tage im Klubhaus, eifrig bemüht, ihr Werk zu vollenden; denn der Kongreß beklagte sich bereits, daß die Währungskommission kein Ergebnis erzielt zu haben schien. Trotz des gemeinsamen Interesses der Anwesenden ging die Arbeit nicht ohne Reibungen vonstatten. Senator Aldrich betrachtete sich als Leiter der Gruppe und konnte sich nicht enthalten, alle zu kommandieren. Zugleich fühlte er sich ein wenig fehl am Platze, da er als einziger kein Bankier war. Er wußte sehr wenig über die technische Seite finanzieller Unternehmungen, da er bis jetzt nur darauf geachtet hatte, daß die Gesetze des Landes ihn bei seinen Geschäften schützten. Paul Warburg wünschte, daß jede Frage durchdiskutiert wurde und ließ sich keine Gelegenheit entgehen, umfangreiche Erläuterungen abzugeben oder die anderen durch das Ausmaß seines Fachwissens zu beeindrucken. Das erschien den anderen oft als Zeitverschwendung und verursachte manch spitze Bemerkung von Aldrich, so daß es manchmal die ganze diplomatische Geschicklichkeit von Henry P. Davison erforderte, alle bei der Stange zu halten. Auch Warburgs starker ausländischer Akzent verärgerte sie. Er selbst empfand die Schwierigkeit seiner Position als einziger Außenseiter in dieser Clique amerikanischer Aristokraten; trotzdem stritt er bei jeder Gelegenheit um technische Fragen, die er als sein ureigenstes Arbeitsfeld betrachtete.

Eine der Hauptschwierigkeiten bei der Ausarbeitung eines Reformplanes, der als Werk der *National Monetary Commission* ausgegeben werden konnte, war es, die eigentlichen Autoren zu verheimlichen. Seit 1907 war die Abneigung des Volkes gegen Bankiers so groß, daß kein Mitglied des Kongresses es gewagt hätte, einem Gesetz zuzustimmen, das den Makel der *Wall Street* trug, selbst ohne Rücksicht darauf, wer ihm seine Wahlkosten finanziert hatte. Der Plan, der in Jekyl Island ausgearbeitet wurde, war der Entwurf für eine Zentralbank. In der Geschichte Amerikas gab es eine weit zurückreichende Tradition im Kampf gegen die Einführung einer Zentralbank für Geldangelegenheiten des Landes, und bis 1896 gab es auch einen ununterbrochenen Kampf gegen eine totalitäre Beherrschung unserer Geldmittel. Er begann mit Jeffersons Kampf gegen den Plan Alexander Hamiltons bezüglich der *First Bank of the United States.* Er setzte sich fort in Andrew Jacksons erfolgreichem Kampf gegen Nicholas Biddles *Second Bank of the United States* (Biddle war hierbei von James Rothschild in Paris gestützt worden). Dieser Bürgerkrieg auf finanziellem Gebiet endete mit der Einführung des *Independent-Sub-Treasury-System* (Unabhängiges Schatzamt), welches vermutlich die Hände der großen Bankiers von den Werten der Vereinigten Staaten weitgehend ferngehalten hat. Weil sich unsere staatlichen Werte unter der Verwaltung des Schatzamtes befanden, hatten die Bankiers die Geldpaniken von 1873, 1893 und 1907 verursacht, womit sie ein weitverbreitetes Elend im Land hervorriefen und die Bevölkerung antrieben, zu verlangen, daß der Kongreß ein Gesetz erlasse, das die Wiederkehr künstlich erzeugter Geldpaniken verhindern sollte. Eine solche Finanzreform schien nunmehr unvermeidlich; es kam nur darauf an, das in die Hand und unter Kontrolle zu bekommen, was die Nationale Währungskommission mit dem Multimillionär Nelson Aldrich an ihrer Spitze zu entwerfen hatte. Der innere Kreis der Geldleute war auf Jekyl Island zusammengekommen, um ein Bankgesetz zu entwerfen, das ihre Interessen schützte, aber als ein »Bankgesetz des Volkes« veröffentlicht werden könnte.

Nach Paul Warburgs Meinung galt es vor allem, den Namen »Zentralbank« zu vermeiden, und er schlug deshalb die Bezeichnung *Federal-Reserve-System* vor. In der Öffentlichkeit würde dies den Verdacht mindern, daß die Schaffung einer Zentralbank beabsichtigt wäre. In Wirklichkeit jedoch besäße das *Federal-Reserve-System* die drei wichtigsten traditionellen Funktionen einer Zentralbank: Es wäre Eigentum von Privatpersonen, die ihren Profit aus dem Besitz von Aktien ziehen und den Geldumlauf in der nationalen Wirtschaft kontrollieren könnten; es würde das Verfügungsrecht über sämtliche Staatsgelder haben; es könnte die Vereinigten Staaten in größere ausländische Kriege verwickeln und dadurch zur finanziellen Beteiligung anregen und in Schulden stürzen.

Ein weiteres grundsätzliches Problem war, wie verheimlicht werden konnte, daß das vorgeschlagene *Federal-Reserve-System* von den Männern des New Yorker Geldmarktes beherrscht werden würde. Die Abgeordneten des Kongresses aus dem Süden und besonders aus dem Westen würden bei der Befürwortung eines *Wall Street*-Planes ihren Sitz verlieren, denn die Farmer und kleinen Geschäftsleute in diesem Gebiet hatten viel unter den wiederholten Finanzkrisen zu leiden gehabt, und seit dem Bürgerkrieg bestand eine allgemeine Abneigung gegen die Ost-Bankiers.

Die persönlichen Aufzeichnungen und Briefe von Nicholas Biddle, welche erst nahezu hundert Jahre nach seinem Tode veröffentlicht wurden, lassen erkennen, daß schon zu dieser Zeit die östlichen Bankiers die Abneigung gegen sich in Betracht zu ziehen hatten.

Paul Warburg hatte bereits den grundlegenden Trick ausgearbeitet, der verhindern sollte, daß die Bevölkerung das Projekt als das einer Zentralbank erkennen konnte. Es war dies das regionale Reserve-System, eine Organisation von vier, später zwölf Zweig-Reserve-Banken, die in verschiedenen Teilen des Landes gelegen waren. Niemand, dem die Einzelheiten der nationalen Kreditverhältnisse unbekannt waren, würde sich darüber klar werden können, daß die gegenwärtige Konzentration der meisten Schulden und des meisten Geldes der Nation in New York die Einrichtung regionaler Reserve Banken zu einer Farce machen würde, weil diese letztlich von der Höhe des Kredites oder der Menge des Geldes abhängig sein würden, die für sie in New York verfügbar wären.

Die wichtigste Bestimmung, welche die Finanzleute in das Gesetz aufnahmen, war die Wahl der Administratoren des Systems. Aldrich erklärte als erster, daß die Angestellten nur von ihnen berufen sein sollten und daß der Kongreß überhaupt nichts mit ihnen zu tun haben dürfe. Als erfahrener Senator wußte er, daß jede Kontrolle des Kongresses über die Verwaltung des Systems die *Wall Street*-Interessen stören würde und daß die Schnüffler im Kongreß jede Gelegenheit wahrnähmen, um nach Unregelmäßigkeiten zu forschen, um den Wählern zu beweisen, daß sie es sind, die die alten Feinde, die »Eastern Bankers«, bekämpfen.

Die Befreiung des Systems von jeder Kontrolle und Überwachung durch den Kongreß machte den Gesetzesvorschlag von Anfang an verfassungswidrig. Die *Federal-Reserve-Bank* besäße das Recht einer Notenbank, obwohl nach der Verfassung der Kongreß allein dazu berechtigt war. Artikel 1, Abschnitt 8, Paragraph 5 der Verfassung bestimmt:

»Der Kongreß soll die Macht haben, Münzen zu prägen und ihren Wert, auch den Wert von ausländischem Geld, zu bestimmen.« *

Die Einführung von Warburgs *Federal-Reserve-System* bedeutete, daß die Legislative ihre Selbständigkeit verlieren und das System der Kontrolle und des Gleichgewichts der staatlichen Gewalt zerstört würde, für das Thomas Jefferson so lange gekämpft hatte. Die Administratoren des Systems würden in Zukunft die Geldausgabe und das Kreditwesen kontrollieren und nur noch durch die Exekutive kontrolliert werden. Da die Gerichtsbarkeit (der oberste Gerichtshof etc.) bereits mittels ernannter Beamter durch die Exekutive kontrolliert wurde, wäre damit die gesetzgebende Gewalt wirksam entmachtet. Das aber ermöglichte eine schnell vor sich gehende Machtzusammenballung hinter dem Rücken des Weißen Hauses in Washington.

Vier Jahre nach der Verabschiedung des *Federal-Reserve-Act* im Jahre 1913 waren die Vereinigten Staaten in den Ersten Weltkrieg verwickelt

* Der höchste Gerichtshof hat entschieden, daß die Übertragung des Münzprägerechtes und der Geldausgabe an private Banken verfassungsgemäß sei, weil der Kongreß es für »nötig und richtig« hielt, dies zu tun. »Nötig und richtig«, sagte der Gerichtshof, »bedeutet bequem«. Natürlich ist die »bequemste« Art, die durch die Verfassung festgelegte Macht auszuüben, diejenige, Macht an private Interessen abzutreten. (Mc-Culloch gegen Maryland, 4 Wheat 316, 4. L.ed. 579.)

und in den Griff einer absoluten Diktatur von drei Männern geraten, die jeden einkerkerten, der sich ihnen widersetzte. So wurde ein Präsidentschaftskandidat der Sozialistischen Partei, Eugene Debs, von Woodrow Wilson ins Gefängnis von Atlanta geschickt, weil er es unterließ, die Teilnahme der amerikanischen Jugend auf den Schlachtfeldern Flanderns zu begrüßen. Unsere Schwerindustrie stand unter der Diktatur des Wall Street-Spielers Bernard Baruch; Ernährungswesen und Landwirtschaft unterstanden der Diktatur Herbert Hoovers, eines Goldspekulanten der Londoner Börse, der vor seiner Ernennung durch Woodrow Wilson zwanzig Jahre lang nicht in Amerika gelebt hatte; und die Finanzen standen unter der Diktatur von Paul Warburg, dem Vorsitzenden des Aufsichtsrates der Federal-Reserve-Banken, dessen entscheidende Bindung die zu seinem Familien-Bankhaus *M. M. Warburg Co.* in Hamburg war. M. M. Warburg finanzierte zu jener Zeit den Krieg des Kaisers gegen Amerika, und Paul Warburgs Firma *Kuhn, Loeb Co.* hatte im Schatzamt der Vereinigten Staaten fünf Vertreter, die mit der Ausgabe der Freiheits-Anleihen beschäftigt waren, mit denen unser Krieg gegen den Kaiser finanziert wurde.

Baruchs Partner in der *Alaska-Juneau Gold Mining Co.*, Eugene Meyer, war Leiter der *War Finance Corporation.* Er vereinnahmte Kommissionsgebühren für die Hunderte von Millionen Dollar Freiheits-Anleihen, die er als Leiter der Kriegsfinanzierungs-Gesellschaft von sich selbst und dann wieder an sich selbst, nämlich an *Eugene Meyer & Co.* 14. Wall St., New York verkaufte. Es war daher kein Wunder, daß er sich durch Aktienmehrheit die Kontrolle über den ungeheuren Chemietrust, die *Allied Chemical and Dye Corporation,* erkaufte und sich zum Verleger in Washington machte, u.a. zum Eigentümer der extrem linksgerichteten *Washington Post,* die später so eifrig den Verräter Alger Hiss verteidigte.

Solche Machtpositionen standen auf dem Spiele; es war daher nicht verwunderlich, daß die Aldrich-Gruppe tausend Meilen weit in verschlossenem Eisenbahnwagen nach Jekyl Island reiste, um ihre Planung zur Machtübernahme im Lande auszuarbeiten. Die Niederschrift des Plans war freilich nur der erste Schritt.

Zur ersten ernsten Auseinandersetzung während der Arbeit auf Jekyl Island kam es, als Senator Nelson Aldrich erklärte, daß er die von Warburg vorgeschlagene Bezeichnung: *Federal-Reserve-System* nicht im Zusammenhang mit dem Gesetz dulden könne. Sein Name sei der Öffentlichkeit im Zusammenhang mit der geplanten Finanzreform bereits so geläufig, daß es Verdacht errege, wenn ein Gesetz dem Kongreß vorgelegt würde, das nicht seinen Namen trüge. Warburg wandte vergeblich dagegen ein, der Name Aldrich sorge dafür, daß das Gesetz von vornherein als Interessenvertretung der *Wall Street* verurteilt werde, denn Aldrich sei allgemein bekannt wegen seiner Zollgesetze zu Gunsten der Tabak- und Gummikonzerne. Doch Aldrich hatte es sich in den Kopf gesetzt, daß das neue Gesetz seinen Namen tragen müßte, und ließ keine Einwendungen gelten.

Die meisten Vorschläge Warburgs waren schon in das Gesetz hineingearbeitet worden, und so sahen seine Mitarbeiter in dieser Meinungsverschiedenheit eine Gelegenheit, ihn wenigstens in diesem Punkte zu schlagen und ließen Warburg in seiner Opposition gegen Aldrich allein. Obwohl Warburg voraussah, daß allein schon Aldrichs Name die Annahme ihrer Arbeit erschweren, wenn nicht gar unmöglich machen würde, bemühte er sich dennoch, gemeinsam mit den anderen, dem Gesetz den letzten Schliff zu geben; und etwa zehn Tage, nachdem sie sich aus der Stadt geschlichen hatten, kehrten sie mit einem fertigen Finanzgesetz zurück, das dem Kongreß als der »Aldrich-Plan« vorgelegt werden sollte.

Warburg war es bestens gelungen, einen höchst wichtigen Punkt in den Plan hineinzubringen: Allen Banken in den Vereinigten Staaten sollte vorgeschrieben werden, einen einheitlichen Diskontsatz zu erheben. Das war die Arbeitsweise bei den großen europäischen Zentralbanken, über die Warburg so gut Bescheid wußte. Ein Diskontsatz, der von einer Zentralbank für das ganze Land festgesetzt würde, eröffnete nicht nur die Möglichkeit, auf dem New Yorker Geldmarkt eine Panik auszulösen wie 1893 oder 1907, sondern auch die Möglichkeit, die Geldknappheit zu einem allgemeinen Zustand zu machen. Tatsächlich erfolgten dann auch die Krise in der Landwirtschaft von 1920/21 und die *Weltwirtschaftskrise* von 1929 bis 1931. Für beide war, wie wir sehen werden, das *Federal-Reserve-System* direkt verantwortlich.

In seinem Memorandum, das in der offiziellen Biographie von Nelson Aldrich zitiert wird, sagt Warburg:

»Die Angelegenheit eines einheitlichen Diskontsatzes wurde auf Jekyl Island beraten und beschlossen.«

Obgleich dies Warburgs einziger Hinweis auf Jekyl Island war (in einem 2500 Seiten umfassenden Werk von ihm über das *Federal-Reserve-System* unterläßt er es, jenes Treffen irgendwie zu erwähnen), blieben die anderen Mitglieder des »Vornamen-Klubs« nicht so verschwiegen. Im Jahre 1935 ging Vanderlip in der *Saturday Evening Post* auf Einzelheiten der Vorgänge auf Jekyl Island ein. In der Einleitung zu seinem Bericht sagte er:

»Trotz meiner Ansichten über den Wert größerer Publizität bei Korporations-Angelegenheiten, gab es ein Ereignis, und zwar gegen Ende des Jahres 1910, bei dem ich mich so verschwiegen und heimlich benahm wie ein Verschwörer. Da es für Senator Aldrichs Plan verhängnisvoll gewesen wäre, wenn man erfahren hätte, daß er die Hilfe von Wall Street-Leuten

für die Ausarbeitung seines Gesetzes erbat, wurden alle Vorsichtsmaßregeln ergriffen, die das Herz von James Stillmann (Präsident der National City Bank während des Spanisch-Amerikanischen Krieges) erfreut hätten.«

Frank Vanderlip bestätigte ferner in seiner Autobiographie *Vom Bauernjungen zum Finanzmann:*

»Unsere geheime Expedition nach Jekyl Island hatte den Zweck, das festzulegen, was später als Federal-Reserve-System *verwirklicht wurde. Alle wesentlichen Punkte des Aldrich-Planes waren in dem* Federal Reserve Act *enthalten, als es angenommen wurde.«*

In einem Vorwort zu einigen Abhandlungen Warburgs, in denen er eine Zentralbank befürwortete, sagte Prof. E. R. A. Seligman, einer aus der Gruppe der internationalen Bankiers und Vorsitzender der volkswirtschaftlichen Abteilung der Columbia-Universität:

»Das Federal-Reserve-Act *(Bundesbankgesetz) ist in der Hauptsache das Werk von Mr. Warburg.«*

Die Tatsachen bestätigen die Aussage von Mr. Seligman.

2. Kapitel

SENATOR ALDRICH

Gleich nach der Rückkehr von Jekyl Island begannen die Finanzleute einen Propaganda-Feldzug im ganzen Lande, um dem Volke den »Aldrich-Plan« schmackhaft zu machen. Alle nationalen Banken mußten zu einem Bestechungsfonds von 5 Millionen Dollar beisteuern; die großen Universitäten wurden die Bollwerke der Propaganda, unterstützt von den Universitäts-Rektoren und den Professoren der Volkswirtschaft.

Woodrow Wilson, der Rektor der Princeton-Universität, war der prominenteste Erzieher, der sich für den Aldrich Plan einsetzte: ein Verhalten, das ihm sofort den Gouverneurssitz von New Jersey einbrachte. Während der Krise von 1907 hatte Wilson erklärt:

»Das ganze Mißgeschick hätte vermieden werden können, wenn wir ein Komitee von sechs oder sieben Männern mit der nationalen Gesinnung eines J. P. Morgan ernannt hätten, um die Angelegenheiten des Landes in die Hand zu nehmen.«

Dieses Eintreten für eine finanzielle Diktatur verschaffte ihm die Gunst der Bankiers, und er wurde zusammen mit James Stillman, dem damaligen Präsidenten der *National City Bank,* von Frank Vanderlip zum Essen eingeladen. Stillman bemerkte nachher Vanderlip gegenüber, daß Woodrow Wilson kein bedeutender Mann wäre. Trotzdem wurde er mit Unterstützung der *National City Bank* zum Präsidenten der Vereinigten Staaten gemacht, nachdem er versprochen hatte, dem *Federal-Reserve-Act* Gesetzeskraft zu geben.

Viele Gelder des Propaganda-Feldzuges der Bankiers wurden unter dem Schutz einer Organisation gespendet, die sich *National Citizens League* (Nationale Bürger-Vereinigung) nannte, die jedoch keineswegs national war und richtiger eine Vereinigung von Volkswirtschaftlern hätte genannt werden müssen, da ihr hauptsächlich Dozenten angehörten, die vorwärts kommen wollten. An ihrer Spitze stand J. Laurence Laughlin, der prominenteste Volkswirtschaftler und Leiter der Volkswirtschaftlichen Fakultät an der Rockefeller-Universität von Chikago. Diese Liga ließ viele schwer verständliche Broschüren mit technischen Ausdrücken drucken und verteilen, in denen sie die Notwendigkeit einer Zentralbank und anderer Finanzreformen behauptete.

Der Aldrich-Plan wurde dem Kongreß als das Ergebnis eines mit einem Kostenaufwand von über 300000 Dollar erfolgten dreijährigen Studiums während der Europareise der *National Monetary Commission* vorgelegt. In Wirklichkeit hatten nur zwei Mitglieder der Kommission etwas mit dem Plan zu tun: Senator Aldrich und A. Piatt Andrew. Die anderen genossen eine zweijährige Vergnügungsreise durch Europa und unterzeichneten willig alles, was Aldrich von ihnen forderte.

1911 wurde der Aldrich-Plan ins offizielle Parteiprogramm der Republikanischen Partei aufgenommen. Dies war ein Fall, bei dem der Besen die Hexe reitet, denn die Republikanische Partei hatte stets seit dem Bürgerkrieg alle Versuche erbittert bekämpft, die eine Geldreform betrafen, und zwar bis zum Jahre 1910, und sie hatte die bis dahin größte Summe für eine Präsidentenwahl bei der Wahlschlacht gegen William Jennings Bryan im Jahre 1896 ausgegeben. Bryan veranstaltete einen Propagandafeldzug für eine Währungsreform und erzielte eine derartige Wirkung, daß internationale Bankiers hier und in Europa Geld in einen republikanischen Fonds fließen ließen und damit Millionen von Stimmen erkauften. Der Betrag, welcher bei diesem Wahlfeldzug ausgegeben wurde, ist niemals annähernd genau festgestellt worden, doch spätere Nachforschungen des Kongresses nannten Zahlen von sechs bis achtzehn Millionen Dollar. Dieselben Bankiers, welche einst Geld gaben, um die Währungsreform von 1896 zu bekämpfen, gaben 1911 großzügige Spenden, um das Reformgesetz zur Annahme zu bringen.

Die Republikanische Partei galt in Geldangelegenheiten allgemein als die Vertreterin der Konservativen, und ihre plötzliche Wendung erregte einigen Verdacht. Das Eintreten für eine Währungsreform war bisher das Reservat der Demokratischen Partei gewesen. William Jennings Bryan hatte die Präsidentschaft fast nur auf Grund eines Programms erreicht, das eine Gold- und Silberwährung propagierte, obgleich er gegenüber dem Volkswirtschaftler Arthur Kitson bemerkte, »Frei-Silber ist nur Fenster-Schmuck. In Wirklichkeit kommt es nur auf die Kontrolle des Geldes und des Kreditwesens der Nation an.« Als er seine berühmte Rede vom »Goldenen Kreuz« hielt, worin er den New Yorker Bankiers anbefahl, die amerikanischen Bürger nicht an ein goldenes Kreuz zu schlagen, hörten sie nicht auf ihn.

1911 gab es noch viele unabhängige, volksfreundliche Zeitungen, deren Herausgeber nicht von den Bankiers bezahlt wurden. Diese Verleger erkannten in dem Aldrich-Plan die versteckte Gefahr für ihre Gremien und starteten einen heftigen, wirkungsvollen Kampf gegen ihn. Sie wiesen darauf hin, wie Paul Warburg es vorausgesehen hatte, daß Senator Nelson Aldrich weder die Allgemeinheit noch irgendeinen vertrat, der weniger als eine Million Dollar besaß, wofür es viele Beweise gab. Infolgedessen entstand eine über das ganze Land verbreitete Opposition gegen den Aldrich-Plan. Andererseits schuf das Geschrei gegen ihn eine günstige Atmosphäre, eben diesem Plan unter der Patenschaft Woodrow Wilsons und der Demokratischen Partei als *Federal-Reserve-Act* von 1913 Gesetzeskraft zu verleihen.

Louis Brandeis führte den Kampf in *Harper's Weekly* mit einer Serie von Artikeln über den »Großen Geld-Konzern«. Die publizistische Periode, welche als die des »Ausmistens« bekannt ist, war in vollem Gange. Ida Tarbell enthüllte im *American Magazine* in mehreren Abhandlungen die ungesetzlichen Tätigkeiten von Senator Aldrich, veröffentlichte eine genaue Geschichte über Rockefellers *Standard Oil* und wies nach, daß Rockefellers gigantische Expansion ohne die Gelder, die ihm von der *National City Bank* und *Kuhn, Loeb Co.* vorgestreckt wurden, nicht möglich gewesen wäre. Anschaulich beschrieb Miss Tarbel auch die Armut, in der die Arbeiter der Fabriken von Aldrich lebten, während er in Sicht ihrer Elendsquartiere Orchideen in Gewächshäusern züchtete. Aldrich hatte sich die Zustimmung des Senats zur Bildung der großen Trusts am Ende des 19. Jahrhunderts gesichert, er war auch selbst an zwei der größten Konzerne beteiligt, dem Tabaktrust mit Duke an der Spitze und dem Gummi-Trust, der von Rockefeller und Guggenheim geführt wurde. Die technische Handhabung dieser großen Zusammenschlüsse wurde von einem glänzenden jungen Finanziers, mit Namen Bernard Baruch, organisiert, der sich gerade erst auf der *Wall-Street* hervorgetan hatte.

In *Harper's Weekly* vom 7. Mai 1910 heißt es in einem Leitartikel:
»Das Gebiet der Finanzen und Zölle untersteht Nelson Aldrich. Es untersteht seiner alleinigen Überwachung und Gesetzgebung. Herr Aldrich bemüht sich mit Hilfe der National Monetary Commission, *ein Bank- und Währungsgesetz durchzusetzen. Viele Hunderttausende sind fest da-*

von überzeugt, daß Herr Aldrich in seiner Person die größte und ernsteste Gefahr für das Wohl des Volkes der Vereinigten Staaten vereinigt. Ernst Newman sagte kürzlich: ›Was der Süden den Negern in politischer Hinsicht auferlegt, würde Aldrich dem Norden zumessen, wenn er einen sicheren und praktischen Weg dazu wüßte!‹«

Der Aldrich-Plan war ein sicherer und praktischer Weg, die Wünsche Aldrichs und seiner Gruppe zu erfüllen, ebenso das *Federal-Reserve-Gesetz*. Die Organisatoren der Trusts hatten den größten Teil ihres Aufbauwerkes in den vorangegangenen zwanzig Jahren vollendet, es ging jetzt darum, die Gewinne zu sichern. Das konnte nur durch die Kontrolle von Geld und Kredit geschehen. Denn der Besitz der Trusts könnte nicht erhalten werden, wenn einer mit noch mehr Geld käme, um sie aufzukaufen. Gummi, Stahl, Schwerindustrie, Eisenbahnen und Zeitungswesen waren sicher in den Händen einiger Familien-Dynastien, wie Ferdinand Lundberg in seinem maßgebenden Werk »Amerikas sechzig Familien« nachweist. Die Guggenheims, Seligmans, Schiffs, Warburgs, Baruchs, Lehmans und ihre Satelliten kontrollierten das Bankwesen und die Politik. Die Macht dieser Trusts konnte nur auf zweierlei Weise angegriffen werden: durch unkontrollierbares Geld und durch unkontrollierbare Volksbewegungen, die im Kongreß eine Mehrheit gewinnen und die Oligarchie zwingen könnten abzutreten. So fiel die Geldreformbewegung zeitlich mit der großen Reformbestrebung der Geldleute zusammen, jeden Protest des Volkes gegen internationale Elemente zu schwächen und zu unterdrücken. Wie das geschah, dazu gibt Theodore Roosevelt ein ausgezeichnetes Beispiel: 1904 erhielt er Wahlgelder in Höhe von 500000 Dollar von Schiff und Morgan, damit er ihren Interessen diene, während er landauf und landab zog und hinausposaunte, was er angeblich gegen die Trusts zu tun gedenke. Die Trusts überlebten seine Amtszeit.

Shermans Anti-Trust-Gesetz und Claytons Anti-Trust-Gesetz wurden von der Oligarchie für die Oligarchie geschrieben, um zu verhindern, daß jemand in den Kreis eindringen könnte, nachdem man alles aufgebaut hatte. Das Ziel dieser »Anti-Trust«-Gesetze war, die großen Konzerne vor der Einmischung des Volkes zu bewahren. Thurman Arnold schrieb in *The Folklore of Capitalism:*

»Die Anti-Trust-Gesetze waren die größte Ermutigung, große Trusts zu bilden.«

Nur der gigantischen Anhäufung gleicher Interessen in den großen Konzernen gelang es, das Gestrüpp der Gesetze zu überleben, das durch die Gesetzgebung der Regierung geschaffen worden war. Kleine Unternehmen, die nicht in der Lage waren, sich einen großen juristischen Stab zu leisten, sahen sich genötigt, an die Trusts zu verkaufen. Ein neuer Beruf, der eines Trust-Anwalts entwickelte sich, dessen Aufgabe es war,

Wege und Gesetze zu ersinnen, um die Regierung den Trusts gegenüber machtlos zu machen. Der Oberstaatsanwalt konnte einen Prozeß gegen einen Konzern anstrengen, um ein Komplott wegen Handelsbeschränkung aufzulösen; doch zu der Zeit, da er eine gerichtliche Verfügung erreicht hatte, und das Gericht sich einschalten sollte, hatten die Anwälte der Konzerne eine neue, unanfechtbare Organisation ausgearbeitet. Dazu kam, daß die Auflösung eines Konzerns und seine anschließende Umbildung gewöhnlich ein sehr gewinnbringendes Geschäft für die Unternehmer war. Solch eine Neuordnung bedeutet, daß die Aktien des alten Konzerns auf der *Wall Street* manipuliert werden konnten, solange der gerichtliche Eingriff noch in der Schwebe war, und daß die Bildung einer neuen Gesellschaft eine große Emission neuer Aktien erlaubte. Dadurch bedeutete das Netto-Ergebnis eines juristischen Vorgehens gegen einen Konzern oft den Gewinn von weiteren Millionen Dollar für die Trusts, die anzugreifen die Regierung vorgab.

Die Ära der Trusts als dynamische politische Macht begann 1890, als New Jersey den Gesellschaften durch ein Gesetz erlaubte, Dachgesellschaften zu bilden und Aktien anderer Gesellschaften zu besitzen. Das führte zu dem Mißstand einer ineinandergreifenden Geschäftsführung, was wenigen Männern gestattete, eine unmittelbare Kontrolle in vielen Gesellschaften auszuüben, von denen einige sogar als Konkurrenten galten.

Die possenhafte Erscheinung der »Reform-Präsidenten« zeigt der Ruf des ersten von ihnen, Theodore Roosevelt, der den Beinamen »trust-buster« (Trust-Zertrümmerer) erhielt. Sein Freund und Finanzberater Colonel Ely Garrison bemerkte in seinen Memoiren:

»Die Wall Street hatte bei der Wahl Theodore Roosevelts keinen Grund, in Aufregung zu verfallen; jeder ernsthafte Geschichtsstudent weiß, daß die Nachforschungen des Justiz-Ministeriums bei den Northern Securities *und* Standard Oil *(beides Unternehmen von* Kuhn, Loeb Co.*) vor Roosevelts Wahl begonnen und gegen seinen Willen weitergeführt wurden.«*

Außerdem haßte Theodore Roosevelt jene Schriftsteller, die ernsthafte Untersuchungen über die Tätigkeiten der Trusts anstellten, wie Upton Sinclair, Ida Tarbell und Frank Norris. Sein Privatsekretär William Loeb Jr. prägte für sie den Namen »muck-raker« (Mist-Harker).

Obwohl die Reform-Bewegung durch Bestechung grundsätzlich lahmgelegt und korrumpiert war, fand sie doch ehrliche Verfechter im Kongreß. Ihre Führer waren Senator La Follette aus Wisconsin und Kongreßmitglied Charles Augustus Lindbergh aus Minnesota. Beide Männer griffen den Aldrich-Plan als einen *Wall Street*-Plan an, und durch ihre kraftvollen Reden lenkten sie die Aufmerksamkeit des Volkes auf die Machenschaften des Geld-Trusts. Ihre Anklagen führten schließlich zu den Anhörungen des *Pujo Committee:* einer Überprüfung der New Yorker Bankiers durch Gilbert und Sullivan, an der weder Lindbergh noch La Follette teilnahmen, da sie nicht geladen wurden.

Jacob Schiff, der Senior-Partner von *Kuhn, Loeb Co.*, sagte in einer Rede vor der New Yorker Handelskammer kurz vor der Geldkrise von 1907:

»Wenn wir keine Zentralbank mit der nötigen Kontrollbefugnis der Kredit-Quellen haben, wird dieses Land der schwersten und weitestreichenden Geldkrise in seiner Geschichte zusteuern!«

Diese eindringliche Drohung des Bankiers wurde bald Wirklichkeit. Die Krise von 1907, die sich in einem guten Erntejahr ereignete und zu einer Zeit, da die Industrie sehr produktiv war und das Land sich eines allgemeinen Wohlstandes erfreute, erregte die Entrüstung der Allgemeinheit und zwang den Kongreß, etwas Entscheidendes gegen eine Wiederholung zu unternehmen; das geschah durch das *Aldrich-Vreeland Gesetz* von 1908. Es sah die Ausgabe von Banknoten gegen Sicherheiten im Falle einer späteren Geldkrise vor. Diese Vorsorge trat erst in den letzten Monaten seines Bestehens zu Beginn des Jahres 1914 ein, als die plötzliche Zurücknahme des europäischen Goldes aus Amerika als Folge des Ersten Weltkrieges eine vorübergehende Geldknappheit verursachte. Obwohl das *Federal-Reserve-Gesetz* bereits erlassen war, war es noch nicht in Kraft, und so wurde das *Aldrich-Vreeland-Gesetz* als Grundlage für die Ausgabe von 400 Millionen Dollar benutzt, um eine Anleihe der Bank von England bei der Firma *J. P. Morgan Co.* abzudecken.

Der eigentliche Zweck des *Aldrich-Vreeland-Gesetzes* war die Schaffung einer nationalen Währungs-Kommission. Demzufolge mußte jedes geplante Währungsgesetz, das dem Kongreß vorgelegt wurde, dieser Kommission zugeleitet werden, wodurch die öffentliche Entrüstung daran gehindert werden konnte, in irgendeiner konstruktiven Form einzugreifen. Zwei Jahre später hat dann diese Kommission unter der Leitung von Senator Nelson Aldrich den *Federal Reserve-Plan* von Paul Warburg unter dem Namen Aldrich-Plan befürwortet.

Am 2. März 1911 übernahm die New Yorker Handelskammer offiziell den Vorschlag ihres von Paul Warburg geleiteten Währungs-Ausschusses, eine *Central-Reserve-Bank* (eine Zentralbank) zu bilden. Der Vorschlag unterschied sich vom Aldrich-Plan nur hinsichtlich der Verteilung der Reserven. Er trat offen für eine Zentralisation der Reserven in New York ein und wurde sofort als der amtliche *Wall Street*-Plan gebrandmarkt, um von den Sympathien abzulenken, die die *Wall Street* dem Aldrich-Plan entgegenbrachte.

Der Feldzug für den Aldrich-Plan war aufrichtig, da Aldrich und seine Anhänger in der Republikanischen Partei ehrlich glaubten, daß sie mit ihm die Wahl gewinnen und ihn dann zum Gesetz erheben könnten. Höchstwahrscheinlich hätten sie dies auch erreicht, hätte ein weniger bekannter Mann als Nelson Aldrich an ihrer Spitze gestanden. Das *Federal Reserve Gesetz*, das zum offiziellen Parteiprogramm Woodrow Wilsons und der Demokratischen Partei im Jahre 1912 gehörte, glich in allen wesentlichen Punkten dem Plan für eine Zentral-Bank im Sinne der New Yorker Bankiers. Man konnte sich so oder so entscheiden; die Bankiers waren die Gewinner und würden ihre Zentralbank bekommen.

Die Propagandisten für den Aldrich-Plan führten ihren Kampf ohne Rücksicht auf die Opposition weiter, wie aus einer Zeugenaussage ersichtlich ist, die Andrew Frame, ein Mitglied des Exekutiv-Kommitees der Amerikanischen Bankier-Vereinigung, 1913 vor dem Bank- und Währungs-Ausschuß des Repräsentantenhauses machte. Andrew Frame vertrat eine Gruppe der westlichen Bankiers, die verhältnismäßig frei von der Herrschaft des New Yorker Geldmarktes war und traditionsgemäß der Opposition in der Bankier-Vereinigung angehörte:

Vorsitzender Carter Glass: *»Warum opponierten die westlichen Bankiers nicht, als die Amerikanische-Bankier-Vereinigung uneingeschränkt und einmütig, so wurde uns versichert, dem Entwurf zustimmte, der ihr von der Nationalen Währungs-Kommission vorgelegt wurde?«*

Andrew Frame: *»Ich begrüße es, daß Sie danach fragen. Der Entwurf für ein Währungsgesetz wurde uns nur wenige Tage vor der Zusammenkunft der Bankier-Vereinigung in New Orleans 1911 bekannt gemacht. Unter hundert Bankiers gab es nicht einen, der den Entwurf gelesen hatte. Wir hatten 12 Zuschriften zu seinen Gunsten erhalten. General Hamby aus Austin, Texas, schrieb an Präsident Watts einen Brief, in dem er um ein Hearing gegen den Entwurf bat. Er erhielt keine sehr höfliche Antwort. Ich weigerte mich, für ihn zu stimmen, und sehr viele Bankiers taten dasselbe«.*

Mr. Bulkley: *»Meinen Sie damit, daß sich kein opponierendes Mitglied der Vereinigung Gehör verschaffen konnte?«*

Andrew Frame: *»Sie würgten alle Argumente ab.«*

Mr. Kindred: *»Aber es wurde berichtet, daß die Entscheidung praktisch einstimmig gefallen sei.«*

Andrew Frame: *»Das Gesetz war schon von Senator Aldrich vorbereitet und im Mai 1911 dem Exekutiv-Rat der Bankier-Vereinigung vorgelegt worden. Als Mitglied dieses Rats erhielt ich einen Tag vor der Verhandlung eine Abschrift. Als der Entwurf in New Orleans zur Sprache kam, hatten die Bankiers der Vereinigten Staaten ihn nicht gelesen.«*

Mr. Kindred: *»Schloß der Vorsitzende einfach jeden aus, der das Gesetz abfällig besprechen wollte?«*

Andrew Frame: *»Sie ließen keinen zu Wort kommen, der den Entwurf nicht billigte.«*

Vorsitzender Glass: »*Was hat es zu bedeuten, daß die Bankier-Vereinigung beim nächsten Treffen in Detroit 1912 ihre Zustimmung zum Plan der Nationalen Währungs-Kommission, bekannt als Aldrich-Plan, wiederholte?*«

Andrew Frame: »*Sie tat es nicht, weil die Anhänger des Aldrich-Planes ihn nicht zur Sprache brachten, da sie die ablehnende Haltung der Bankier-Vereinigung kannten. Wir waren für sie erledigt.*«

Andrew Frame war ein ehrlicher amerikanischer Bankier ohne internationale Verbindungen. Da Carter Glass sich um New Yorker Geld bemühte, um seine *Lynchburg Steel Co.* zu finanzieren, beachtete er kaum die Aussagen des Bankiers. Stattdessen holte er einen der zehn mächtigsten Bankiers in Amerika vor den Ausschuß, der obendrein am wenigsten bekannt war: Georg Blumenthal, den Teilhaber des internationalen Bankhauses *Lazard Freres* und Schwager von Eugene Meyer, Jr.

Glass begrüßte Blumenthal überschwenglich und sagte:

»*Senator O'Gorman war so freundlich, Sie uns vorzuschlagen.*«

O'Gorman spielte ein Jahr später insofern eine Rolle, als er einen Senatsausschuß daran hinderte, seinem Auftraggeber Paul Warburg einige verfängliche Fragen zu stellen, bevor er diesen zum ersten Gouverneur des *Federal-Reserve-Board* ernannte.

Georg Blumenthal erklärte: »*Seit 1893 (dem Jahr der großen von Schiff hervorgerufenen Krise) ist meine Firma* Lazard Freres *führend im Import und Export von Gold und kam daher mit jedem in Berührung, der etwas damit zu tun hatte.*«

Das Kongreßmitglied Taylor fragte ihn: »*Haben Sie eine Aufstellung darüber, welche Rolle Sie bei der Einfuhr von Gold in die Vereinigten Staaten spielten?*« Taylor fragte dies, weil die Panik von 1893 bei den Volkswirtschaftlern als das klassische Beispiel für eine Geldpanik gilt, die durch Goldbewegungen verursacht wurde.

»*Nein*«, erwiderte Blumenthal, »*Ich habe nichts darüber, weil es mit der eigentlichen Frage nichts zu tun hat.*«

Blumenthal hatte recht. Die Frage war die, ob der Kongreß das amerikanische Volk vollständig den internationalen Bankiers ausliefern konnte. Es bedeutete Zeitverschwendung, die vergangenen Verbrechen der Bankiers zu diskutieren. Sie brauchten das Zentralbank-Gesetz, um sich die Unterstützung und Förderung ihrer ungesetzlichen Pläne durch die Regierung zu sichern, was hernach dann auch geschah.

Marriner Eccles, Vorsitzender des *Federal-Reserve-Board* während der Amtszeit von Roosevelt (1933–45), veröffentlichte kürzlich seine Selbstbiographie unter dem Titel: *Beckoning Frontiers* (Schwindende Grenzen). Der begeisternde Titel wird durch den Inhalt völlig widerlegt, da Eccles dafür eintritt, Grenzen zu schließen und der individuellen Entfaltung alle

Möglichkeiten zu nehmen. Wie sein mürrischer Diktator F. D. Roosevelt, haßte Marriner Eccles die Freiheit, und langatmig legt er in seinem Buch seine Lieblingstheorie dar, die Theorie der kompensativen Wirtschaft.

Die kompensative Wirtschaft sorgt dafür, wenn Bankiers und Spekulanten das Volk ausgeplündert und in die Knie gezwungen haben, daß die Regierung einschreitet, um dem Volk wieder auf die Beine zu helfen, damit es von neuem ausgeplündert werden kann. Das ist die Aufgabe solcher Einrichtungen, wie der *Securities Exchange Commission*, der *Reconstruction Finance Corporation* und vieler anderer. Diese Theorie der kompensativen Wirtschaft untergräbt alle Moral im öffentlichen Leben und ist mitverantwortlich für die Bestechlichkeit der Beamten in Washington. Auch die Vorliebe der internationalen Bankiers, unwissende Provinzler in Schlüsselpositionen zu setzen, ist keine bloße Laune und vielleicht einer der Gründe für die unaufhörliche Anpreisung der Demokratie. Es paßt den Internationalen, daß die öffentlichen Beamten unwissend sind und unter der Maske der Demokraten wirksam überwacht werden.

In den zwanziger Jahren waren das *Federal-Reserve-System* und die Vorsitzenden des *Federal-Reserve-Board* nichts weiter als einflußreiche Verkäufer von Anleihen für Firmen, wie *J. & W. Seligman Co.* und *Kuhn, Loeb Co.* in New York. Unter der fähigen Führung von Albert Strauss, der 1919 mit Baruch in Paris weilte, Teilhaber von J. & W. Seligman war und dem *Board* in den zwanziger Jahren angehörte, gelang es den New Yorker Bankiers mit Hilfe des Systems die ganzen zwanziger Jahre hindurch die Politik des billigen Geldes zu verfolgen und dadurch die bekannten ausländischen Schuldverschreibungen unterzubringen. Während dieser Jahre übte das System in keiner Weise die ihm übertragene verantwortungsvolle Pflicht aus, die Käufer vor Anleihen zu warnen, die nur zum geringen Teil oder gar nicht gedeckt waren.

Edward B. Vreeland, Eigentümer der New Yorker Untergrundbahn und Mitverfasser des *Aldrich-Vreeland-Gesetzes* von 1908 schrieb am 25. August 1910 im *Independent* (im Besitz von Aldrich), daß

»die Monopole unter dem vorgeschlagenen Währungsplan von Senator Aldrich verschwinden werden, da sie nicht mehr als 4 % Gewinn erzielen und bei einer solch geringen Rate nicht weiterbestehen könnten. Damit würde auch die Regierung aus dem Bankgeschäft verschwinden.«

Es ist nicht klar, was Mr. Vreeland damit sagen wollte, daß die Regierung aus dem Bankgeschäft aussteigen würde, es sei denn, er meinte, in Zukunft müßte die Regierung Zinsen auf ihren eigenen Kredit zahlen oder den Kredit der Regierung auf Privatpersonen übertragen, die ihn dann zum eigenen Profit nutzen würden, was der klassischen Tradition der Zentralbanken entspräche.

Das 1914 in das *Federal-Reserve-System* eingezahlte Grundkapital von einhundertfünfundvierzig Millionen Dollar war fünfunddreißig Jahre später mehr als fünfundvierzig Milliarden Dollar wert. Zeit und Mühe hatten sich entschieden gelohnt, die Regierung aus dem Bankgeschäft hinauszudrängen.

Das *Nation Magazine* vom 19. Januar 1911 bemerkte:

»*Der Name Zentral-Bank wird sorgfältig vermieden; aber die* Federal Reserve Association – *das ist der Name, der der vorgeschlagenen Organisation gegeben wurde – ist mit all der Macht und den Verantwortlichkeiten einer europäischen Zentralbank ausgestattet.*«

Nach der Rückkehr der *National Monetary Commission* aus Europa fand zwei Jahre lang weder eine offizielle Sitzung statt, noch gab man Einzelheiten über den Verfasser des Aldrich-Planes bekannt. Und da keine Sitzung stattgefunden hatte, konnten die Mitglieder schwerlich den Plan als ihr eigenes Werk ausgeben. Das einzig greifbare Ergebnis der teuren Europa-Reise der Kommission war eine mitgebrachte Bibliothek von 30 dicken Werken über europäisches Bankwesen; keines befaßte sich jedoch mit den Geldproblemen der Vereinigten Staaten. Typisch für diese Werke war die rund tausend Seiten umfassende Geschichte der Reichsbank, jener Zentralbank, die das Geld- und Kreditwesen in Deutschland kontrollierte und deren Hauptaktionär Paul Warburgs Stammhaus *M. M. Warburg Co.* war. Die Berichte der Kommission erweisen, daß sie tatsächlich nur als beratschlagende Körperschaft tätig war. Senator Cummins brachte im Kongreß eine Entschließung durch, die von der Kommission einen Bericht und den Nachweis eines konstruktiven Ergebnisses ihrer dreijährigen Arbeit bis zum 8. Januar 1912 verlangte. Angesichts dieser Herausforderung löste sich die *National Monetary Commission* auf.

Der Aldrich-Plan stieß auf kräftigen Widerspruch bei Schriftstellern wie Wilbur L. Stonex, der in der *North American Review* vom September 1911 schrieb:

»*Senator Aldrich beabsichtigt, die absolute Kontrolle über die öffentlichen Gelder dem Volke zu nehmen und sie den Bankiers zu übergeben. Es liegt klar auf der Hand, daß in einem solchen Gremium der Bankiers das Volk oder seine Repräsentanten keine Aussicht haben, ihre Wünsche wirksam zu vertreten, wenn sie mit den Bankinteressen in Widerstreit stehen.*«

Es ist bezeichnend, daß die *North American Review,* wie viele andere Zeitschriften, die die Ziele und Absichten der internationalen Bankiers kritisierten, von der amerikanischen Bühne verschwunden sind, während andere, wie die *Nation,* ihre Haltung zugunsten der internationalen Bankiers ändern mußten, nachdem Maurice Wertheim von *Hallgarten Co.* sie aufgekauft und dadurch unter Kontrolle gebracht hatte.

Die Geschichte des *Federal Reserve Board* seit 1914 zeigt, daß niemals eine Möglichkeit bestand, durch die der Bürger seine Interessen wahren konnte, falls der *Board* sich für einen Wechsel in seiner Geld- und Börsenpolitik entschied. Carter Glass bekämpfte alle Bemühungen, die Mitgliedschaft von Bankiers im Aufsichtsrat auszuschließen oder zu begrenzen, er wurde in seinem Vorgehen durch Cordell Hull und andere mächtige Kongreßmitglieder des Jahres 1913 unterstützt. Glass wies darauf hin, wenn, wie angestrebt, die Zahl der Bankiers im Vorstand durch ein Gesetz beschränkt würde, wir die Aufsicht über unsere Banken Handwerkern und Landarbeitern übertragen würden. Glass' Entsetzen bei diesem Gedanken ist etwas seltsam, da eine große Zahl von Handwerkern und Landarbeitern dreißig Jahre lang dafür gestimmt hatte, ihn in den Kongreß zu senden. Handwerker in ihren Vereinigungen und Landarbeiter in ihren Genossenschaften haben ebenso gute Arbeit geleistet, um ihren Kredit aufrechtzuerhalten, wie die meisten amerikanischen Bankiers.

Das Kongreßmitglied Charles A. Lindbergh aus Minnesota war, wie bereits erwähnt, einer der kraftvollsten Redner gegen den Aldrich-Plan. Am 15. Dezember 1911 sagte er im Repräsentanten-Haus:

»*Der Aldrich-Plan ist ein Plan der* Wall Street. *Er ist eine klare Herausforderung der Regierung durch einen Verfechter des Geld-Trustes. Durch ihn wird wieder eine Panik hervorgerufen, um das Volk einzuschüchtern. Aldrich, der von der Regierung bezahlt wird, um das Volk zu vertreten, schlägt stattdessen einen Plan zugunsten der Trusts vor. Durch einen sehr klugen Schachzug ist die* National Monetary Commission *geschaffen worden. 1907 hatte dieses Land die reichste Ernte, die es je dort gegeben hatte. Die Industriebetriebe waren voll beschäftigt. Alle Bedingungen für ein gutes Jahr waren gegeben. Stattdessen fügte uns eine Krise enorme Verluste zu.* Wall Street *wußte, daß das amerikanische Volk einen Schutz gegen die Wiederholung dieses lächerlichen, unnatürlichen Zustandes verlangte. Die meisten Senatoren und Repräsentanten gingen in die von der* Wall Street *aufgestellte Falle und nahmen das* Aldrich-Vreeland-Gesetz *als ein Währungs-Notgesetz an. Aber dessen eigentlicher Zweck war, eine Finanzkommission zu schaffen, die unsere Währung und unsere Bankgesetze zum Vorteil des Geld-Trusts ändern sollte. Die Interessenten sind nun überall am Werke, den Aldrich-Plan dem Volke schmackhaft zu machen. Man sagt, daß eine große Summe Geldes zu diesem Zweck aufgebracht wurde. Die Spekulationen der* Wall Street *führten die Krise von 1907 herbei. Die Gelder der Sparer wurden an Spekulanten und jeden ausgeliehen, den der Geld-Trust begünstigen wollte. Als dann die Sparer ihr Geld brauchten, hatten es die Banken nicht. Das verursachte die Panik.*«

3. Kapitel

SAMUEL UNTERMYER

Die Reden und Schriften des Senators La Follette und des Kongreßmitgliedes Lindbergh bildeten die Grundlage für den Widerstand gegen den Aldrich-Plan im Jahre 1912. Sie hatten auch das allgemeine Mißbehagen gegen die Macht des Geld-Trusts erregt, sodaß der Kongreß genötigt war, Schritte gegen ihn zu unternehmen. Kongreßmitglied Lindbergh sagte:

»Die Regierung geht gerichtlich gegen verschiedene Trusts vor, aber den Geld-Trust unterstützt sie. Ich habe mehrere Jahre geduldig auf eine Gelegenheit gewartet, um die unredlichen Zustände auf dem Währungsgebiet zu enthüllen und nachzuweisen, daß die Regierung dem Geldtrust gegenüber die größte Günstlingswirtschaft betreibt.«

Senator La Follette griff die Regierung in einer Rede an und bemängelte, daß ein Geld-Trust von 50 Männern die Kontrolle über die ganze Nation ausübe. Auf drängende Fragen von Reportern über die Wahrheit dieser sensationellen Anschuldigung antwortete George F. Baker, Teilhaber von J. P. Morgan, daß das ein völliger Irrtum wäre. Er persönlich wüßte, daß nicht mehr als 8 Männer dieses Land regierten.

Die Zeitschrift *Nation* erwiderte Senator La Follette in einem Leitartikel:

»Wenn es einen Geld-Trust gibt, ist es nicht angebracht, von seinem Einfluß im guten wie im schlechten Sinne zu sprechen.«

Die Herausgeber der *Nation* hatten offenbar nie etwas von einer Panik im Jahre 1907 gehört. Gewiß ist jedenfalls, daß es nicht vorteilhaft war, von der Macht des Geld-Trusts zu sprechen. Denn in seinen Memoiren bemerkte Senator La Follette, ihn hätte diese Bemerkung die Präsidentschaft der Vereinigten Staaten gekostet, während Woodrow Wilsons Rede zugunsten des Aldrich-Planes diesem sofort die Kandidatur für dieses Amt einbrachte.

Ungeachtet der wohlmeinenden Stellungnahme der *Nation,* schien doch eine große Zahl von Beweisen vorzuliegen, daß der Geld-Trust seinen Einfluß zum Nachteil der Allgemeinheit ausübte. Er plünderte nicht nur in kürzester Zeit die Naturschätze der Vereinigten Staaten, sondern er scheute sich auch nicht, die ruchlosesten Verbrechermethoden in der Politik anzuwenden. Es lagen mehr als einleuchtende Beweise für den Verdacht vor, daß die *National City Bank* das Schlachtschiff »Maine« in die Luft gesprengt hatte, um den spanisch-amerikanischen Krieg vom Zaun zu brechen und so die Zuckerindustrie von Cuba als Beute zu gewinnen. Die Patenschaft von *Kuhn, Loeb Co.* bei Rockefeller hat Not und Elend für Tausende von kleinen Petroleum-Produzenten im ganzen Lande gebracht, während Beispiele für den zerstörenden Einfluß von Morgan und anderen New Yorker Bankiers auf zahlreichen Seiten berichtet werden könnten.

Um die Empörung des Volkes zu besänftigen, ernannte der Kongreß einen Ausschuß, der die Geld- und Kreditkontrolle der Vereinigten Staaten untersuchen sollte. Das war das bereits erwähnte *Pujo Committee*, das unter der Leitung des Kongreßmitgliedes Arsene Pujo aus Louisiana die berühmten Verhöre des »Money Trust« 1912 durchführte. Die Zeugenaussagen dieser Verhöre, die sich über fünf Monate hinzogen, ergaben vier Bände von etwa 6000 Seiten. Monat für Monat fuhren die Bankiers mit dem Zuge von New York nach Washington, machten ihre Aussage vor dem Komitee und kehrten nach New York zurück. Die Anhörungen waren äußerst langweilig und diejenigen, die sich aufsehenerregende Auskünfte durch diese Überprüfungen erhofft hatten, sahen sich getäuscht. Die Bankiers erklärten feierlich, daß sie Bankiers wären, die im Interesse der Öffentlichkeit arbeiteten, und beanspruchten für sich, daß sie beflügelt seien von den höchsten Idealen eines Dienstes für das öffentliche Wohl, ebenso wie die Mitglieder des Kongresses. Soweit es die Hearings betraf, schien es wahr zu sein. Man stellte den Bankiers ein paar verfängliche Fragen; dennoch wurde nichts herausgebracht, worüber das Volk hätte erregt sein können. Die Zeitungen spielten die Verhöre hoch, brachten große Schlagzeilen, aber die Zeilen darunter enthielten wenig Aufschlußreiches.

Man kann die Art dieser Verhöre besser verstehen, wenn man sich den Mann ansieht, der die ganze Untersuchung allein führte, Samuel Untermyer. Er gehörte zu denen, die am meisten zum Wahlkampffonds Woodrow Wilsons beisteuerten. Er war einer der wohlhabendsten Firmenanwälte in New York. In seiner Autobiographie in *Who's Who in American Jewry* berichtete er 1912, daß er einmal 775000 Dollar für eine einzige juristische Transaktion erhielt, nämlich die Verschmelzung der *Utah Copper Company* und der *Boston Consolidated and Nevada Company,* einer Firma, die zu jener Zeit einen Marktwert von mehr als 100 Millionen Dollar besaß. Ein Mann, der durch ein derartiges Tätigwerden fast eine Million Dollar verdienen konnte, pflegt die reichen Leute seines eigenen Standes nicht ernsthaft anzugreifen.

Weder Lindbergh noch La Follette, welche die Verhöre des Geld-Trusts veranlaßt hatten, wurden um Aussage oder Hilfe bei der Untersuchung gebeten. Politiker, die mit solchen Verhören verbunden sind, erfreuen sich großer Beliebtheit, und die Bankiers wollten nicht, daß einer von ihnen vom Volke beachtet würde.

Samuel Untermyer war Sonderberater des *Pujo Committee.* Den Kongreßmitgliedern im Komitee, den Vorsitzenden Arsene Pujo eingeschlossen, schien vom ersten Augenblick des Verhörs an bis zu ihrer Entscheidung der Mund gestopft gewesen zu sein. Eine Überprüfung der 6 000 Seiten des Protokolls zeigt, daß keiner der elf Kongreßmitglieder auch nur ein dutzend Fragen während der monatelangen Untersuchung stellte. Einer von diesen schweigsamen Dienern des Volkes war James Byrnes aus South-Carolina, der später als Mitarbeiter Baruchs im Mobilmachungsamt während des Zweiten Weltkrieges berühmt wurde.

Heikle Themen, wie das System der ineinander greifenden Direktorate, wodurch nur ein paar Bankiers die Finanzen und die Schwerindustrie der Nation kontrollierten, wurden bei den Verhören des *Pujo Committee* nicht berührt. Samuel Untermyer hielt es auch nicht für angebracht, bei den internationalen Goldbewegungen (der Ursache von Geldkrisen) oder den internationalen Beziehungen zwischen amerikanischen und europäischen Bankiers zu verweilen. Die internationalen Bankhäuser von *Eugene Meyer, Lazard Freres, J. & W. Seligman, Speyer Brothers, M. M. Warburg* und den Gebrüdern *Rothschild* erregten keineswegs die Neugier Herrn Untermyers, obgleich es bekannt war, daß alle diese Familien-Bankhäuser entweder Zweigstellen in New York City hatten oder Bankhäuser kontrollierten. Als Jakob Schiff vor dem Komitee erschien, gestattete ihm die geschickte Fragestellung von Herrn Untermyer minutenlang zu reden, ohne daß er dabei das Geringste über das Bankhaus *Kuhn, Loeb Co.* enthüllte, das Senator Robert L. Owen als Repräsentanten der europäischen Rothschilds in New York bezeichnet hatte.

Der alternde J. P. Morgan, der nur noch einige Monate zu leben hatte, erschien vor dem Komitee, um ein halbes Jahrhundert Piraterie zu rechtfertigen. Zu Herrn Untermyers Erbauung erklärte er: *»Geld ist eine Ware.«* Herr Untermyer stritt nicht über diese Aussage.

J. P. Morgan behauptete auch, daß er zu allererst den *Charakter* eines Mannes berücksichtigte, wenn er ein Darlehen vergab; Sicherheiten und seine Fähigkeit, es zurückzuzahlen, wären nicht so wichtig. Diese erstaunliche Bemerkung ließ die Mitglieder des Komitees aufhorchen. Hier war ein Bankier, der seine Karriere damit begonnen hatte, seine eigene Regierung zu betrügen. Während des Bürgerkrieges hatte er der Unions-Regierung mit großem Gewinn mangelhafte Gewehre verkauft und sein Geld vom Finanzministerium einkassiert, ehe er seinen eigentlichen Einkauf bezahlt hatte. Er wurde beschuldigt, die Vereinigten Staaten betrogen zu haben. 1895 zwang er den Präsidenten Grover Cleveland, Gold im Werte von 100 Millionen Dollar von den Gebrüdern Rothschild zu kaufen, nachdem er gedroht hatte, das Land durch eine neue Geldkrise lahmzulegen. Doch Herrn Untermyer berührten diese Zwischenfälle in des großen Mannes Laufbahn nicht.

Die Farce des *Pujo-Committee* ging schließlich zu Ende. Das Land war nun davon überzeugt, daß die New Yorker Bankiers ein Monopol über Geld und Kredit des Landes innehatten. Gleichzeitig jedoch verkündeten die Bankiers und die von ihnen subventionierten Zeitungen, der einzige Weg, dieses Monopol zu brechen, sei die Unterwerfung der Banken unter das Währungsgesetz, das Gesetz, das im nächsten Jahr als das *Federal-Reserve-Gesetz* erlassen wurde. Das New Yorker Monopol sollte dadurch gebrochen werden, daß man die Verwaltung des Systems dem mächtigsten aller Bankiers übertrug, nämlich Paul Warburg.

4. Kapitel
WOODROW WILSON

Das *Pujo-Committee* war Anlaß für die letzte öffentliche Beachtung, welche dem *Federal-Reserve-Gesetz* vor seiner Annahme im Dezember 1913 zuteil wurde. Der Mann, der es unterzeichnete, war Präsident Woodrow Wilson, der deshalb als sein Urheber angesehen wird. 1912 wurde Wilson zum Präsidenten der Vereinigten Staaten aufgrund seines die Währungsreform fordernden Parteiprogramms gewählt. Er versprach dem Volk seines Landes, daß er ihm ein Geld- und Kreditgesetz geben würde, das vom Einfluß der *Wall Street* frei sei. Er verkündete sogar, die Bürger würden durch das Gesetz in den vollen Genuß der Vorteile ihrer eigenen Leistung gelangen, wie es Thomas Jefferson beabsichtigt und in der Verfassung vorgesehen hatte.

Wie ehrlich auch Woodrow Wilsons Absichten gewesen sein mögen, seine Handlungsfreiheit wurde durch die Tatsache eingeengt, daß er sein Amt dem größten aller Bankhäuser der *Wall Street* verdankte, Paul Warburgs Firma *Kuhn, Loeb Co.* Sein Wahlkampf für die Präsidentschaft war gänzlich von Cleveland H. Dodge von Kuhn, Loebs *National City Bank,* von Jakob Schiff, dem Senior-Teilhaber in *Kuhn, Loeb Co.*, von Henry Morgenthau Sr., von Bernard Baruch und von Samuel Untermyer finanziert worden. Mit solchen Hintermännern und seinen früheren Reden zugunsten des Aldrich-Planes und der offen bekundeten Verehrung für J. P. Morgan war Woodrow Wilson zur Untätigkeit, wenn nicht zur Heuchelei, verurteilt.

Während des Wahlkampfes erschien er vor dem Volke mit dem Entwurf einer Währungsreform, die von Parker Willis niedergeschrieben und offiziell von der Demokratischen Partei unterstützt wurde. Das genauere Studium dieses neuen Gesetzentwurfes enthüllte eine bemerkenswerte Ähnlichkeit mit dem Aldrich-Plan. Die idealistischere, aber aus der Sicht der Bankiers wirklichkeitsfremde Forderung, daß das System nicht von

Bankiers verwaltet werden sollte, wurde bald durch den Bank- und Währungsausschuß des Repräsentantenhauses gestrichen.

Trotz des anscheinend sauberen Hintergrundes des Gesetzes der Demokratischen Partei, bekannt als *Federal-Reserve-Gesetz*, fand es im allgemeinen keine günstige Aufnahme. Einige Zeitungen waren sogar so unfreundlich, auf seine enge Verwandtschaft mit dem Aldrich-Plan hinzuweisen. Angesichts des volkstümlichen Widerstands, der sich sogar gegen den vom Volk gewählten Woodrow Wilson wandte, wollte der Kongreß das Gesetz nicht annehmen. Es bedurfte der ganzen politischen Stärke von William Jennings Bryan, der die treibende Kraft in der Demokratischen Partei war, den Kongreß zur Annahme des Gesetzes zu bewegen.

Obwohl das *Federal-Reserve-Gesetz* dem Aldrich-Plan sehr ähnlich war, wurde es als ein Volksgesetz in lauten Tönen angepriesen. Es versprach dem amerikanischen Volke alles. Zuallererst versprach es, den Farmer von dem jährlichen Bedarf an Kredit zur Einbringung und Vermarktung seiner Ernte zu befreien, für den er bis jetzt sein Eigentum verpfänden mußte. Jetzt sollte er nach dem Vorschlag des Gesetzes von der Zentralbank reichlich Kredit bekommen. Damit wollte man die Gunst der nationalen Farmerorganisationen für das Gesetz gewinnen. Aber sie ließen sich dadurch nicht ködern. Sie weigerten sich, es anzunehmen und wiesen darauf hin, daß sein Kontrollsystem nur den Bankiers zugutekäme. Das erwies sich als richtig, als das *Federal-Reserve-System* die Agrarkrise von 1920/21 verursachte.

Der nächste Vorteil des *Federal-Reserve-Gesetzes* sollte darin bestehen, daß es die Währung stabilisieren und dem Dollar eine feste und ausgewogene Kaufkraft geben sollte. Auf dieser Zustimmung bestand Senator Robert L. Owen, der Mitverfasser des Owen-Glass-Gesetzes, wie das *Federal-Reserve-Gesetz* im Kongreß genannt wurde. Glass strich diese Stabilisierungs-Verfügung und Senator Owen schrieb später:

»Ich konnte diese dringend notwendige Verfügung nicht beibehalten, da sich ein geheimer Krieg dagegen entwickelt hatte, dessen Ursprung ich damals nicht erkannte.«

Das *Federal-Reserve-Gesetz*, das Woodrow Wilson unterzeichnete, enthielt keine Vorkehrung zur Stabilisierung des Geldwertes, aber es enthielt viele Bestimmungen, die eine Stabilisierung unmöglich machten. Die durch das Gesetz ermöglichten Manipulationen des Diskontsatzes, wodurch die Menge des umlaufenden Geldes und jene Börsenspekulationen zu beeinflussen waren, bei denen große Mengen von Regierungsaktien an der New Yorker Börse gehandelt oder zurückgehalten wurden, um eine Ausweitung oder Verknappung des Kredites zu erzielen, waren direkt verantwortlich für das größte Unglück, das Amerika je betroffen hat: die große Wirtschaftskrise von 1929–31.

J.P. Morgan
Er war wesentlich an der Durchsetzung des *Federal-Reserve-Act* beteiligt und drang auf den Eintritt der USA in den Ersten Weltkrieg. Seine Aktivitäten vor und während des Krieges brachten ihm Milliardengewinne. Er war außerdem beteiligt an der Finanzierung sozialistischer Gruppen; nach seinem Tod halfen seine Partner die bolschewistische Revolution in Rußland zu finanzieren.

Paul Warburg
Er war der geistig führende Kopf bei der Schaffung des *Federal - Reserve - Systems,* das der amerikanischen Hochfinanz die Kontrolle über die Wirtschaft der USA ermöglichte und – im Verbund mit den Zentralbanken Europas, vor allem Englands, Frankreichs und Deutschlands - auch bald einen ausschlaggebenden Einfluß über die Wirtschaft der übrigen Industrie-Nationen sicherte.

»Colonel« Mandell House (links) und Woodrow Wilson (rechts)
House manipulierte Wilson im Auftrag Warburgs und dessen Anhang. Er spielte eine wesentliche Rolle bei der Erschaffung des *Federal – Reserve – Systems.* Er war auch an den Aktivitäten beteiligt, die den Eintritt der USA in den Ersten Weltkrieg verursachten.

Bernard Manasse Baruch (links) und Franklin Delano Roosevelt (rechts)
Baruch war Berater aller Präsidenten von Wilson bis Eisenhower, Organisator der Kriegsindustrie im Ersten Weltkrieg, Exponent der Hochfinanz und nach 1945 Präsident der Atomenergiekommission der UNO.

Die hinter dem *Federal-Reserve-Gesetz* stehende Feindschaft gegen jede Stabilisierung der Währung kam in den offiziellen Bekanntmachungen und Erklärungen der Aufsichtsratmitglieder klar zum Ausdruck. Marriner Eccles, Aufsichtsratvorsitzender des *Federal-Reserve-Systems,* gab am 13. März 1939 ein Memorandum heraus, in dem er erklärte:

»Der Aufsichtsrat des Federal-Reserve-Systems widersetzt sich jeder Gesetzesvorlage, die ein festes Preisniveau vorsieht.«

Zum Zweck der Propaganda für das *Federal-Reserve-Gesetz* wurde 1913 außerdem in Aussicht gestellt, daß festgelegt würde, der Regierung viele Bankdienste kostenlos zu gewähren. Bei den OPA-Verhören des Senats im Jahre 1941 wurde Marriner Eccles vom Abgeordneten Wright Patman gefragt:

»Gouverneur Eccles, wann wurden den Regierungsvertretungen zum erstenmal Kosten für Dienstleistungen des Federal-Reserve-Systems auferlegt?«

Mr. Eccles erwiderte:

»Das könnte ich wirklich nicht sagen.«

Daraufhin fragte ihn Mr. Patman:

»Als das Federal Reserve Gesetz *verabschiedet wurde, hatte man da nicht beschlossen, daß die* Federal-Reserve-Bank *diese Dienste ohne Spesenberechnung leisten würde, als Gegenleistung für die von der Regierung frei gewährten Kredite?«*

Mr. Eccles antwortete:

»Davon ist mir nichts bekannt.«

Die größte Lüge in der Flut von Reden und Artikeln, die das *Federal-Reserve-Gesetz* mit Lob bedachten, um es durchzubringen, war die, daß es das Volksvermögen und den Kredit von der Beherrschung durch *Wall Street*-Leute befreien würde. Die Entscheidungen des *Pujo-Committee* wurden dazu benutzt, das Volk einzuschüchtern, damit es sich dem Geldungeheuer fügte, in dessen Gewalt es sich befand. Ihr müßt euch selbst retten, erklärten die Fürsprecher des *Federal-Reserve-Gesetzes,* und euer Retter ist das *Federal-Reserve-System.* Diese Wortführer, die von dem Abgeordneten Carter Glass aus Virginia angeführt wurden, behaupteten, den rechten Weg gefunden zu haben, um die Macht der *Wall Street* zu brechen, und zwar durch das regionale Bank-System. Durch dieses System würde das Land in 8–12 Bankdistrikte eingeteilt werden und jeder dieser Distrikte würde gleiche Gewalt und gleiche Vertretungen in der Verwaltung des ganzen Bank-Systems haben. Es war eine völlig demokratische und perfekte Lösung. Unter dem Vorsitz von Glass (oder Warburg) würden Kansas City oder Denver ebensoviel Kontrolle über das Volksvermögen und den Kredit haben wie New York.

Nur etwas stimmte in diesem System nicht. Glass ignorierte völlig die

Tatsache, daß der Markt für das Volksvermögen in New York war. Auch Marriner Eccles wußte das, denn in den Verhören erklärte er:

»New York ist der einzige Geldmarkt in diesem Lande!«

Das bedeutete, daß die Regionalbanken zur *Federal-Reserve-Bank* in New York gehen mußten, wann immer sie etwas wünschten, und daß sie sich den Wünschen des Direktors jener Bank zu fügen hatten. Dementsprechend fiel die *Federal-Reserve-Bank* in den ersten fünfzehn Jahren in die Hände von Paul Warburg von *Kuhn, Loeb Co.* und Benjamin Strong von *J. P. Morgan Co.;* beide waren auf Jekyl Island, als das Bankgesetz entworfen wurde, und beide wußten, wie es zu handhaben war. Warburg war vier Jahre lang im Aufsichtsrat, und noch 10 Jahre lang danach beherrschte er den Rat in seiner Eigenschaft als Präsident des *Federal Advisory Council* und als Präsident des *American Acceptance Council.* Benjamin Strong war Direktor der *Federal-Reserve-Bank* von New York seit ihrer Eröffnung im Jahre 1914 bis zu seinem Tode im Jahre 1928, der während einer Überprüfung des Systems durch den Kongreß erfolgte. Auf diese Weise gab Woodrow Wilson vor, das Volksvermögen und das Kreditwesen von den New Yorker Bankleuten zu befreien! Das regionale Bank-System war nichts weiter als eine Posse. Es war nur dazu bestimmt, das amerikanische Volk zu überzeugen, daß die Kontrolle seiner Gelder nicht mehr von der *Wall Street* ausgeübt wurde, und als das gelungen war, konnten die Kongreßleute für das *Federal-Reserve-Gesetz* stimmen, ohne fürchten zu müssen, von ihren Wählern zur Rechenschaft gezogen zu werden.

Um dieses Gesetz durchzubringen, waren 1912 ein demokratischer Präsident und ein demokratischer Kongreß gewählt worden. Der Abgeordnete Carter Glass aus Virginia, Vorsitzender des Bank- und Währungskomitees, und Woodrow Wilson konnten es für sich verbuchen, das Gesetz schließlich durchgebracht zu haben, obwohl Wilson nichts weiter tat, als seinen Namen auf die vorpunktierte Linie zu setzen. Von den Führern der Demokratischen Partei wurde Woodrow Wilson als Neuling und Wichtigtuer angesehen. Infolgedessen hatte er als Präsident nur die Macht, die ihm seine Gönner verschafften. Er konnte nur wenig tun, um den Kongreß zur Annahme des *Federal-Reserve-Gesetzes* zu bewegen. Die Hauptarbeit geschah durch William Jennings Bryan, der in den Augen der Amerikaner der führende Demokrat war und als Einpeitscher der Partei handelte, um das Gesetz durchzubringen. Zur Belohnung wurde er zum Minister ernannt. Später schrieb er:

»Das einzige, was ich während meiner langen politischen Laufbahn wirklich bedaure, ist mein Mitwirken an der Bank- und Währungsgesetzgebung.«

Um das amerikanische Volk noch mehr zu verwirren und es blind gegenüber dem wahren Zweck des *Federal-Reserve-Gesetzes* zu machen, begannen die Hauptverfechter des Aldrich-Planes, Senator Nelson Aldrich und Frank Vanderlip, ein leidenschaftliches Zetergeschrei gegen die Gesetzesvorlage. Reportern und Politikern gaben sie Interviews, wo immer sie Zuhörer fanden, und behaupteten, das Bankgesetz der Demokratischen Partei sei für Bankleute und eine gute Regierung schädlich. Der Beginn einer Inflation wurde vorausgesagt, da das Gesetz die Ausgabe von Federal-Reserve-Banknoten vorsah. Beide sprachen gegen »fiat money« d.h. sie waren dagegen, daß genug Geld in Umlauf gebracht wurde, um eine gerechte Verteilung von Waren und Dienstleistungen im Volk zu sichern. Sie sprachen mit solchem Eifer gegen das *Federal-Reserve-Gesetz*, daß sie viele Dinge, die sie beim Aldrich-Plan populär gemacht hatten, in ihr Gegenteil verkehrten. Die *Nation* stellte am 23. Oktober 1913 fest:

»Mr. Aldrich erhebt ein Zetergeschrei über die Ausgabe von »fiat money«, von Geld ohne Gold- oder Silberdeckung von Seiten der Regierung, obgleich ein Gesetz im Jahre 1908, das seinen Namen als Urheber trägt, dasselbe zum Inhalt hat. Im übrigen weiß er, daß die Regierung nichts damit zu tun hätte, da der Federal-Reserve-Board *die volle Verantwortung trüge, solches Geld auszugeben.«*

Die *Nation* war die einzige öffentliche Stimme, die darauf hinwies, daß das Recht der Vereinigten Staaten, Geld in Umlauf zu bringen, einer Körperschaft von Männern übertragen werden sollte, die weder gewählt, noch ihren Wählern verantwortlich wären. Später, unter Maurice Wertheim, übte sie nicht mehr solche Kritik. Aber durch ihren Angriff auf das *Federal-Reserve-Gesetz* richteten Aldrich und Vanderlip eine derartige Nebelwand auf, daß die Allgemeinheit glaubte, die mächtigen Bankleute fürchteten sich tatsächlich vor dem Gesetz. Paul Warburg allerdings blieb während dieses Streites für oder wider das Gesetz schweigsam im Hintergrunde. Durch seinen geheimen Abgesandten, den allgegenwärtigen Colonel House, war er jedoch mit Präsident Wilson übereingekommen, daß er zu einem der ersten Direktoren gewählt werde, sobald das Gesetz in Kraft sei.

Frank Vanderlip jedoch schaltete sich mit solchem Vergnügen in diese Komödie ein, daß Senator Robert L. Owen, der Vorsitzende im Bank- und Währungskomitee des Senats, ihn offen beschuldigte, das Gesetz völlig zu verdrehen, was in Wirklichkeit auch der Fall war. Owen wies darauf hin, daß Vanderlip, der Präsident der *National City Bank* von New York, sich bezüglich des *Federal-Reserve-Plans* gegen die Verfügung wandte, für die er im Aldrich-Plan gekämpft hatte. Hätte Senator Owen gewußt, daß beide Pläne während des geheimen Unternehmens auf Jekyl Island entstanden waren, hätte er Mr. Vanderlip noch heftiger bloßgestellt. Doch der erste öffentliche Hinweis auf die Vorgänge von Jekyl Island geschah erst drei Jahre später, und niemand in Washington bemerkte das.

Praktisch sprachen sich alle größeren Zeitungen und Zeitschriften für das *Federal-Reserve-Gesetz* aus. Kein Wirtschaftsblatt wagte, das Gesetz mit dem Aldrich-Plan zu vergleichen; doch solch ein Vergleich hätte gezeigt, daß kein wesentlicher Unterschied, einschließlich der Einführung von Handelswechseln, zwischen den beiden Entwürfen bestand; sie waren von denselben Leuten verfaßt worden. Die Leitartikel von 1913 stimmten darin überein, daß die Nation einem nie zuvor gekannten Wohlstande entgegengehen würde. Diese und die weiteren Lobpreisungen des *Federal-Reserve-Gesetzes,* die angeblichen Vorteile für die Farmer, die Stabilisierung der Kaufkraft des Dollars, die spesenfreien Bankdienstleistungen für die Regierung, die völlige Befreiung des Finanzwesens von der Herrschaft der *Wall Street,* sie alle erwiesen sich durch die Ereignisse der letzten 35 Jahre als Lügen. Als größte Lüge erwies sich jedoch die Behauptung, das Gesetz würde die Geldkrise und die Rezessionen beenden, das amerikanische Volk künftig vor weiteren Bankenzusammenbrüchen, Beschlagnahmungen von Farmen durch Hypothekengläubiger, Stillegung von Fabriken und Arbeitslosigkeit bewahren. Wohl hätte das *Federal-Reserve-System* sehr viel zur Beendigung dieser Notstände beitragen können, aber es wurde in umgekehrter Richtung ausgenützt.

Die Geschichte des *Federal-Reserve-Systems* erweist, daß es die Farmer sogar doppelt betrog, indem es bei einem geheimen Treffen am 18. Mai 1920 den Diskontsatz für landwirtschaftliche Wechsel auf 7 % erhöhte und damit die Agrarkrise von 1920/21 hervorrief. Sie erweist außerdem, daß der Aufsichtsrat sich mit den Führern der großen europäischen Banken traf und Verträge schloß, die die Weltwirtschaftskrise von 1929–31 hervorriefen, nachdem der größte Teil des amerikanischen Geldes durch die Politik des billigen Geldes und die Ausweitung des Kredites in die *Wall Street* hineingeflossen war. Sie erweist schließlich, daß der Zentralbank-Mechanismus des *Federal-Reserve-Systems* uns in den Ersten und Zweiten Weltkrieg verwickelte und den Dritten Weltkrieg unvermeidbar macht.

5. Kapitel

CARTER GLASS

Trotz der wachsenen Zustimmung zum *Federal-Reserve-Gesetz* und trotz des Einflusses von William Jennings Bryan auf den Kongreß, waren viele Senatoren und Abgeordnete, die um den europäischen Import des Bank- und Währungsgesetzes wußten, nicht bereit, gegen die Verfassung zu verstoßen und ihre Wähler durch ihre Stimmabgabe für solch ein Gesetz zu betrügen. Das Bank- und Währungs-Komitee des Senats war bereit, seine eigene Version des *Owen-Glass-Gesetzes* zu schreiben, das der Abgeordnete Carter Glass, der Vorsitzende des Bank- und Währungs-Komitees des Repräsentantenhauses, ihnen zusenden wollte; aber Owens Beitrag zum Gesetz, die Stabilisierung der Kaufkraft war schon aus dem Gesetz gestrichen worden. Die Verhandlungen vor den beiden Komitees zogen sich wochenlang hin. Viele New Yorker Bankiers, die sich vor dem *Pujo-Committee* zu äußern hatten, erschienen jetzt vor dem Kongreß und sprachen sich zugunsten des *Federal-Reserve-Gesetzes* aus. Aber die Zeitungen ließen das unbeachtet.

Andrew Frame stellte im Komitee des Repräsentantenhauses fest, daß der Plan noch zu viel von den monarchischen Regierungen Europas an sich hätte und somit nicht im Einklang mit Amerikas Institutionen stünde. Das bedeutete nichts anderes, als die Feststellung, daß das Gesetz nicht der Verfassung entsprach. Das war auch tatsächlich der Fall, da es das Recht des Kongresses, über Geld und Kredit zu verfügen, einer bestimmten Körperschaft übertrug.

Frank Vanderlip erklärte vor dem Senats-Komitee, daß er das Gesetz jetzt befürworte, was seine zweite politische Kehrtwendung in zwei Monaten war. Er wäre zu dem Schluß gekommen, so sagte er, daß das Gesetz nicht gegen die demokratischen Richtlinien verstieße, da der Präsident alle Vorstandsmitglieder auf zehn Jahre ernennen würde.

Senator Weeks erkundigte sich: *»Würden die Anhörungen des* Federal-Reserve *öffentlich sein, so wie es die Anhörungen vor diesem Komitee sind?«* Darauf erwiderte Vanderlip: *»Nein, sie sind eigentlich keine Anhörungen, sie sind offizielle Zusammenkünfte.«* Der Präsident der *National City Bank* war anscheinend der Meinung, der Demokratie müßte irgendwo Halt geboten werden. Carter Glass stimmte ihm zu, als er in *Adventure in Constructive Finance* schrieb:

»Die Zusammenkünfte des Federal-Reserve-Board *sind Vorstandssitzungen, weder die Öffentlichkeit noch Reporter sollten dabei anwesend sein.«*

Weder Vanderlip noch Glass schienen die Tatsache zu bedenken, daß in diesen Sitzungen des Bankvorstandes Entscheidungen getroffen würden, die einen noch wichtigeren und direkteren Einfluß auf die Wohlfahrt des amerikanischen Volkes ausüben würden als die Entscheidungen des Kongresses.

Senator Root warnte ebenfalls vor der Inflation; nach seiner Meinung würde unter dem *Federal-Reserve-Gesetz* die umlaufende Geldmenge immer wieder vergrößert und so eine große Inflation hervorgerufen werden. Doch die Geschichte des *Federal-Reserve-Systems* widerlegte diese Befürchtung. Das System hat die Menge des umlaufenden Geldes geringer gehalten, als nötig war, um Handel und Gewerbe in Amerika aufrechtzuerhalten; eine Ausnahme bildete die Zeit der beiden Weltkriege, als die Geldmenge verdoppelt, ja verdreifacht wurde. Sogar nach der Weltwirtschaftskrise 1929–31, als so viel des Umlaufmittels der Wirtschaft entzogen worden war, daß das amerikanische Volk Notgeld auf Holz oder Papier drucken mußte, vermehrte das *Federal-Reserve-System* die Geldmenge nicht.

1913, gelegentlich der Anhörungen des Bank- und Währungs-Komitees im Repräsentantenhause, erklärte Paul Warburg:

»Ich bin Mitglied des Bankhauses Kuhn, Loeb Co. *Ich kam 1902 nach Amerika, bin in Hamburg geboren und habe das Bankwesen in Hamburg gelernt, dann in London und Paris das Bankfach studiert und bin überall in der Welt herumgekommen. In der Krise von 1907 machte ich schon den Vorschlag: »Wir müssen ein nationales Verrechnungshaus (clearing-house) haben«. Der Aldrich-Plan enthält einige der fundamentalsten Bankregeln; sie müssen in ihrem jetzigen Entwurf, dem Owen-Glass-Entwurf, enthalten sein: Zentralisierung der Reserven, Mobilisierung des Handelskredits und eine elastische Notenausgabe.«*

Paul Warburg war der klügste unter den einflußreichen New Yorker Bankiers. In all seinen Schriften, Reden und Aussagen vor dem Kongreß machte er niemals eine falsche Angabe. Bei der oben erwähnten Sitzung prahlte er nicht damit, daß das Bankhaus, in dem er gelernt hatte, seiner eigenen Familie gehörte, nämlich das Bankhaus *M. M. Warburg Co.*, ein Umstand, der hätte erwähnt werden müssen, als er in den Aufsichtsrat des *Federal-Reserve-Systems* gewählt wurde. Sein Ausdruck von der »Mobilisierung des Kredites« war im übrigen nicht zufällig; denn der Erste Weltkrieg stand vor der Tür, und das erste große Geschäft des Systems sollte es sein, die Alliierten in ihrem Kriege gegen Deutschland zu finanzieren.

Leslie Shaw, ein Bankier aus Philadelphia, stimmte mit den meisten anderen Zeugen bei diesen Anhörungen nicht überein, als er sagte:

»Nach dem Aldrich-Plan soll es Orts- und Distriktsgesellschaften geben, und wenn man eine lokale Organisation hat, ist die zentrale Kontrolle gesichert. Angenommen, wir haben eine lokale Gesellschaft in Indianapolis; dann können Sie sicher die drei Männer nennen, die diese Gesellschaft beherrschen. Und dann können sie den Mann nennen, der die Drei beherrschen wird. Dasselbe geschähe in Richmond und überall sonstwo, und wenn man die Banken zusammengekoppelt hat, werden sie den größten politischen Einfluß über alles im Lande ausüben, mit Ausnahme der Zeitungen.«

Mr. Shaw wußte noch nicht, daß viele Zeitungen bereits im Besitz großer Banken oder an sie verpfändet waren, oder daß Frank Munsey, der Agent von *J. P. Morgan & Co.*, manchmal Zeitungen aufkaufte, um Propaganda für eine einzige große Ausgabe von Aktien zu machen, und sie wieder verkaufte, sobald die Aktien auf den Markt geworfen waren.

Der glühendste Gegner des *Federal-Reserve-Gesetzes* war ein Rechtsanwalt aus Cleveland, Ohio, mit Namen Alfred Crozier. Er war der freimütigste Kritiker der Bankiers-Zunft auf der *Wall Street.* 1912 schrieb er das Buch *U.S. Money vs. Corporation Currency,* in dem er das *Aldrich-Vreeland-Gesetz* von 1908 als ein Instrument der *Wall Street* angriff und darauf hinwies, wenn unsere Regierung Geld in Umlauf brächte, das auf Sicherheiten im Privatbesitz basierte, dann würden wir aufhören, eine freie Nation zu sein. Das *Federal-Reserve-System* erlaubte aber die Ausgabe von Banknoten aufgrund von privatem Aktienkapital der *Federal-Reserve-Banken.*

Crozier gab dem Senats-Komitee folgendes zu bedenken:

»Es sollte verboten werden, Darlehen zu gewähren oder zurückzufordern, um den Preis von Wertpapieren zu regulieren, desgleichen Darlehensverträge abzuschließen oder den Zinssatz im Einverständnis mit den Banken zu erhöhen, um die öffentliche Meinung oder die Legislative zu beeinflussen. In den letzten Monaten klagt der Finanzminister der Vereinigten Staaten – wie die Presse berichtet –, daß es eine Verschwörung unter gewissen mächtigen Bankenkreisen gäbe, welche die umlaufende Geldmenge verringern und Zinsen erheben wollten, damit die Öffentlichkeit den Kongreß zwinge, das von ihnen gewünschte Währungsgesetz anzunehmen. Das sogenannte Währungs-Verwaltungsgesetz gewährt gerade das, wonach die Wall-Street und die großen Banken seit 25 Jahren streben: Private anstatt öffentliche Kontrolle der Währung, geradeso wie es der Aldrich-Entwurf vorschlägt. Beide berauben die Regierung und das Volk jeder tatsächlichen Kontrolle des Volksvermögens und verleihen ausschließlich den Banken die gefährliche Macht, Geld knapp oder reichlich unter die Leute zu bringen. Der Aldrich-Entwurf verleiht diese Macht einer Zentralbank. Das Währungs-Verwaltungsgesetz legt sie in die Hände von zwölf Regionalbanken, die alle ausschließlich das Eigentum derselben Privatpersonen sind, die die Aldrich-Bank besitzen und führen würden. Präsident Garfield erklärte kurz vor seiner Ermordung, daß jeder, der den Bedarf des Geldes kontrolliere, zugleich Handel und Gewerbe des Volkes beherrsche. Vor hundert Jahren warnte Thomas Jefferson vor einer privaten Zentralbank, die Banknoten ausgeben dürfte; sie wäre eine größere Bedrohung für die Freiheit eines Volkes als ein stehendes Heer.«

Als Sprecher der Demokraten im Repräsentantenhaus ergriff Carter Glass die Gelegenheit, den traurigen Bericht der von den Republikanern organisierten Nationalen Währungskommission bekanntzugeben, und deren Versagen darzulegen, ein geeignetes Bank- und Währungsgesetz vorzubereiten. Sein Bericht im Repräsentantenhaus von 1913 lautet:

»Senator Mac Veagh bezifferte die Kosten für die Nationale Währungskommission bis zum 12. Mai 1911 auf 207130 Dollar. Inzwischen sind weitere 100000 Dollar Steuergelder ausgegeben worden. Eine so kostspielige Arbeit kann nicht übersehen werden; aber nachdem das Bank- und Währungskomitee die vielen Veröffentlichungen der Kommission geprüft hat, findet es wenig darin, was vom gegenwärtigen Zustand des Kreditmarktes in den Vereinigten Staaten handelt. Wir erheben Einspruch gegen den Aldrich-Entwurf aus folgenden Gründen:

Der vorgesehene Bankmechanismus bietet keine angemessene Kontrollmöglichkeit durch die Regierung oder das Volk;
er überläßt die Kontrolle den großen Banken des Systems;
er bringt die ungeheure Gefahr einer Inflation mit sich;
er bietet die Unaufrichtigkeit eines Schuldentilgungsplanes, für den als Maßregel vorgesehen ist, das System werde die Regierung nichts kosten, was jedoch nur eine freche Behauptung ist;
er weist einen gefährlichen monopolistischen Aspekt auf.

Unser Komitee stand vom Beginn seiner Arbeit an dem Gedanken einer Zentralbank wohlmeinend gegenüber; sie sollte das klare Ergebnis der Arbeit sein, die die Nationale Währungskommission leisten sollte.«

Glass' Anklage gegen Aldrichs Gesetzentwurf für eine Zentralbank ignorierte, daß sein eigenes *Federal-Reserve-System* alle Funktionen einer Zentralbank erfüllen würde: die Aktien würden im Besitz privater Aktionäre sein, die den Kredit der Regierung zu ihrem eigenen Profit gebrauchen konnten, da sie das Vorrecht besäßen, Banknoten auf Kredit der Regierung auszugeben; das System würde außerdem das Volksvermögen und die Kreditquellen kontrollieren und die Regierung in Kriegszeiten durch Kreditmobilisierung mit Geld versorgen. Schon 1913 erkannten Volkswirtschaftler in dem *Federal-Reserve-System* eine Notenbank ähnlich den europäischen Zentralbanken.

Das *Federal-Reserve-Gesetz* wurde vom Repräsentantenhaus unverändert angenommen, so wie es von Carter Glass vorgelegt worden war. Es ging dann zum Bank- und Währungskomitee im Senat, wo man Verfügungen des Aldrich-Entwurfes, die man für erforderlich erachtete, wieder hinzufügte. In der Senatsdebatte über das Gesetz sagte Senator Stone am 12. Dezember 1913:

»Die großen Banken suchten seit Jahren Agenten im Schatzamt zu gewinnen und zu kontrollieren, um sie ihren Zwecken dienstbar zu machen. Lassen Sie mich folgendes aus der World *zitieren:*

›Gleich nachdem Mr. McAdoo nach Washington kam, wurde eine Angestellte entlassen, die die National City Bank *ins Schatzamt geschleust hatte, um vorzeitig Informationen über Belange der Banken und andere Angelegenheiten zu erhalten, die für die großen Finanzgruppen der* Wall

Street *von Interesse waren. Sofort wurde der Minister und sein Stellvertreter John Skelton Williams scharf von Leuten der* Wall Street-Gruppe *kritisiert.‹*

Ich selbst kenne mehrere Fälle, wo Bankiers Leuten den Kredit versagten, die sich gegen ihre politischen Ansichten und Absichten stellten. Als Senator Aldrich und andere im Lande umherreisten, um ihren Plan bekanntzumachen, sammelten die großen Banken von New York und Chikago große Geldmittel, um die Propaganda Aldrichs zu unterstützen. Bankiers meines eigenen Staates berichteten mir, daß man von ihnen Beiträge zu diesem Zwecke forderte und daß sie ihren Beitrag leisteten, weil sie fürchteten, auf die schwarze Liste gesetzt oder boykottiert zu werden. Es gibt Bankiers in diesem Lande, die Feinde des allgemeinen Wohlstandes sind. In der Vergangenheit haben einige große Banken Absichten und Ziele verfolgt, die die industrielle Produktion des Landes lähmten, um ihre ungeheure Macht über die Finanzen und den Handel Amerikas zu verewigen.«

Das *Federal-Reserve-Gesetz* mit den Änderungen des Senats wurde schließlich am 22. Dezember 1913 verabschiedet und ging zur Unterschrift an Woodrow Wilson.

Die Beziehungen von Colonel House zu Warburg und dem Gesetz sind geschildert in dem Buche: *Die vertraulichen Aufzeichnungen von Colonel House.* Dieses Tagebuch enthält folgende Niederschrift:

»19. Dez. 1912. Ich sprach telefonisch mit Paul Warburg über die Währungsreform. Ich erzählte ihm von meiner Fahrt nach Washington und was ich unternommen hätte, um sie in Gang zu setzen. Ich erzählte ihm, daß der Senat und der Kongreß eifrig bemüht zu sein schienen, seine Wünsche zu erfüllen, und daß der schon zum Präsidenten gewählte Wilson genauso über ihre Durchführung dachte.

13. März 1913, Warburg und ich hatten ein vertrauliches Gespräch über die Währungsreform.

27. März 1913, Mr. J. P. Morgan jr. *und* Mr. Denny *aus seiner Firma kamen pünktlich um fünf Uhr. McAdoo kam zehn Minuten später. Morgan hatte einen schon gedruckten Währungsgesetzentwurf bei sich. Ich schlug vor, ihn mit der Maschine schreiben zu lassen, damit nicht der Eindruck entstünde, daß alles gar zu sehr vorbereitet sei, und ihn noch heute an Wilson und mich selbst zuzusenden.*

13. Oktober 1913. Paul Warburg war heute mein erster Besucher. Er kam, um das Währungsgesetz zu besprechen. In dem Entwurf von Owen-Glass gibt es manche Stellen, die er nicht billigt. Ich versprach, ihn mit McAdoo und Senator Owen zusammenzubringen, so daß er mit ihnen darüber diskutieren könnte.

17. November 1913. Paul Warburg berichtete telefonisch über seinen

Ausflug nach Washington. Später kamen er und Jakob Schiff für ein paar Minuten herüber. Warburg führte hauptsächlich das Gespräch. Er hatte einen neuen Vorschlag in bezug auf die Gruppierung der Reserve Banken, um diese Einheiten besser zusammenzuschmelzen und leichter in Verbindung mit dem Federal-Reserve-Board *zu bringen.«**

Warburgs Plan, jene Einheiten zusammenzuschmelzen, war nichts anderes als ein Ausdruck seines Bemühens, sie so fest wie möglich unter Kontrolle zu bekommen. Houses Aufzeichnungen enthüllen auch, daß er es war, der Wilson vorschlug, Warburg als Kandidaten für den Vorsitz im ersten *Federal-Reserve-Board* zu nehmen. Wilson billigte die Wahl Warburgs, weil er sowohl unter der republikanischen als auch unter der demokratischen Verwaltung Interesse und Erfahrung in Währungsproblemen gezeigt hatte.

Wilson war verärgert über die andauernde Opposition gegen das *Federal-Reserve-Gesetz* im Kongreß und wurde von der Befürchtung geplagt, er könne die »Ware« nicht an seine Auftraggeber abliefern. Als der Gesetz-Entwurf ihm schließlich am 23. Dezember 1913 vorgelegt wurde, weigerte er sich zuerst, ihn zu unterzeichnen, und zwar wegen der Bestimmungen für die Wahl der B-Direktoren. Bernard Baruch, so erzählt William L. White in seiner Biographie dieses großen Mannes, der am meisten zu den Wahlgeldern Wilsons beigesteuert hatte, eilte hinüber ins Weiße Haus und sagte Wilson, daß es darauf nicht ankäme. Das könnte später geordnet werden. Die Hauptsache sei, daß die Sache durch seine Unterschrift Gesetz würde. Mit dieser Rückversicherung unterzeichnete Wilson das *Federal-Reserve-Gesetz* am 23. Dezember 1913. An diesem Tage hörte die Verfassung auf, die Grundlage für die Regierung des amerikanischen Volkes zu sein, und unsere Freiheiten wurden einer kleinen Gruppe internationaler Bankiers ausgeliefert.

Am selben Tage sagte der Abgeordnete Moore aus Kansas im Sitzungssaal des Repräsentantenhauses:

* Rabbi Wise spricht in seiner Autobiographie *»Challenging Years«* von House als dem inoffiziellen Minister. Es wäre richtiger, ihn den inoffiziellen Präsidenten während der Amtszeit Wilsons zu nennen, denn House war es, der uns in Versailles vertrat, und als Wilson herüberkam, lachten ihn die europäischen Politiker wegen seiner Überheblichkeit aus. Sie wußten, wer die Fäden zog.

House schreibt auch in seinen Memoiren, daß er und Wilson wußten, daß sie durch die Verabschiedung des *Federal-Reserve-Gesetzes* ein Instrument schufen, das mächtiger war als der Oberste Gerichtshof. Der Aufsichtsrat des *Federal-Reserve-Systems* ist das Oberste Gericht der Geldmacht. Er zwang 1935 das Oberste Gericht in die Knie, als die Richter veranlaßt wurden, die verbrecherische Verschwörung Roosevelts, Morgenthaus und der internationalen Goldhändler zu billigen, die darauf abzielte, den Goldpreis zu ändern. Wenn die Richter dem nicht zugestimmt hätten, so schreibt Minister Morgenthau, »wären wir bereit gewesen, die Regierung zu stürzen.«

»Der Präsident der Vereinigten Staaten wird jetzt der unumschränkte Herrscher über alle Finanzen des Landes. Er ernennt einen Kontrollrat von sieben Männern, die alle zu seiner politischen Partei gehören, selbst wenn sie in der Minderheit ist. Der Finanzminister kann selbstherrlich entscheiden, wenn es eine Meinungsverschiedenheit zwischen ihm und dem Federal-Reserve-Board *gibt. Und nur ein Mitglied des* Board *hat während der Amtszeit eines Präsidenten aus dem Amt auszuscheiden.«*

Die anfangs vorgesehene zehnjährige Amtszeit der Mitglieder wurde durch das Bankgesetz von 1935 auf vierzehn Jahre verlängert; das bedeutete, daß diese Finanzdiktatoren, obwohl sie nicht vom Volke gewählt waren, länger im Amt blieben als drei Präsidenten.

Dem Kongreßmitglied Lindbergh blieb es vorbehalten, die Schlußbemerkung zu diesem Betrug zu machen, der an dem amerikanischen Volke verübt worden war. Im Anschluß an den Abgeordneten Moore sagte er an jenem 23. Dezember 1913:

»Dieses Gesetz errichtet den gigantischsten Trust, den es auf der Erde gibt. Wenn der Präsident dieses Gesetz unterzeichnet, wird die unsichtbare Regierung der Geldmacht legalisiert. Das Volk wird das nicht sogleich erkennen, aber in einigen Jahren wird der Tag der Abrechnung kommen. Die Trusts werden erkennen, daß sie auch in ihrem eigenen Interesse zu weit gegangen sind. Das Volk müßte dann eine Unabhängigkeitserklärung erlassen, um sich von der Geldmacht zu befreien, was es erreichen könnte durch die Kontrolle über den Kongreß.

Wall Street-*Leute könnten uns nicht betrügen, hätten Sie, meine Herren Senatoren und Abgeordneten, den Kongreß nicht zu solch einem Popanz gemacht. Es ist ein Verbrechen, den Kongreß in politische Parteien aufzuspalten. Das Hauptziel der Bosse* beider *Parteien ist es, Ämter zu erlangen und auf Kosten des Volkes besondere Vergünstigungen zu gewähren. Wir haben aber eigentlich eine nationale Regierung und zwar deshalb, weil eine Parteien-Regierung in wirtschaftlichen Fragen keinen Erfolg haben kann. Hätten wir einen Volkskongreß, würde Stabilität herrschen. Das größte Verbrechen des Kongresses ist sein Währungssystem. Die Gesetzgebung begeht durch das Bank- und Währungsgesetz das schlimmste Verbrechen des Jahrhunderts. Die Wahlversammlungen der Parteien und die Parteibosse haben wieder derart operiert, daß sie das Volk daran hinderten, die Wohltaten seiner eigenen Regierung zu erlangen.«*

Lindbergh war allzu optimistisch, wenn er dachte, daß die Diktatur des Trusts in den Vereinigten Staaten nur einige Jahre dauern würde. Das amerikanische Volk wurde davon abgehalten, sich gegen die Unterdrükkung im eigenen Land zu erheben, indem es ins Ausland geschickt wurde, um in zwei Weltkriegen zu kämpfen, mit denen es weder politisch noch wirtschaftlich etwas zu tun hatte. Und zwischen den Kriegen erlebte es zwei Wirtschaftskrisen und einen Kampf ums tägliche Brot. Es hatte keine Zeit, irgendwelche Einwände zu erheben. Lindberghs Theorie, daß eine Parteien-Regierung in wirtschaftlicher Hinsicht ohne Erfolg sei, kann weder bewiesen noch widerlegt werden, da sich seit den Tagen Jeffersons und Adams keine Regierung dieser Art mit ökonomischen Problemen befaßt hatte. Die Urheber der wirtschaftlichen Ungleichheit und Unsicherheit in Amerika sind zugleich die Lenker und Herren der größeren politischen Parteien. Sie werden sich hüten, eine Wandlung zu schaffen.

6. Kapitel

PAUL WARBURG

Ein Vergleich des *Federal-Reserve-Gesetzes* von 1913 – wie es vom Repräsentantenhaus verabschiedet und wie es vom Senat verbessert wurde – zeigt folgende eindrucksvollen Veränderungen:

Abschnitt 2, Teil 2: *»Vorausgesetzt, daß die Distrikte proportional verteilt werden mit gebührender Rücksicht auf die Geeignetheit und den üblichen Geschäftsablauf der Gemeinschaft.«* Der Senat strich *›der Gemeinschaft‹*. *»Keine* Federal-Reserve-Bank *darf ein Geschäft tätigen ohne ein bares und unvermindertes Kapital von 5 Millionen Dollar«*. Der Senat strich *›bares und unvermindertes‹* und änderte den erforderlichen Betrag in 3 Millionen.

Abschnitt 4: *»Die dem Rang B zugehörigen Direktoren sollen jeweils zu dritt ihr Amt ausüben und dies als Vertreter des allgemeinen öffentlichen Interesses«*. Der Senat strich *›als Vertreter des allgemeinen öffentlichen Interesses in den Reserve-Distrikten‹* und fügte hinter *›Wahlperiode‹* hinzu: *›sollen sich aktiv in Handel, Landwirtschaft oder anderen industriellen Unternehmungen ihres Distrikts beteiligen.‹* *»Bei einer regelmäßig einzuberufenden Sitzung des Aufsichtsrates einer jeden Mitgliedsbank im Reserve-Distrikt soll* der Aufsichtsrat solcher Mitgliedsbanken *durch geheime Wahl aus* den Reihen seiner Mitglieder *einen Reserve-Distrikt-Wahlmann wählen und soll dem Aufsichtsrat der Federal-Reserve-Bank des Distriktes seinen Namen rechtsgültig mitteilen.«* Der Senat strich alle nicht kursiv gedruckten Worte.

Hinsichtlich der Wahl der Vorstandsmitglieder hieß es: *»Sie sollen in ihren Distrikten gute Repräsentanten in bezug auf Handel, Landwirtschaft und Industrie sein.«* Der ganze Satz wurde vom Senat gestrichen und ersetzt durch: *»Sie sollen Personen mit erwiesener Bankerfahrung sein.«*

Der Senat erhöhte auch die vorgeschlagenen Gehälter der Gouverneure des *Federal-Reserve-Systems* von zehn- auf zwölftausend Dollar jährlich

John D. Rockefeller sen., 8.7.1839–23.5.1937 (rechts)

John D. Rockefeller jr. II und seine fünf Söhne (unten)
Der Rockefeller-Clan dürfte der mächtigste Familien-Clan neben dem der Rothschilds sein. Seine Politik ist vielfältig, er kooperiert auch mit den Sowjets.

James de Rothschild

Baron Guy de Rothschild

Baron Edmond de Rothschild

Berlins Bürgermeister Heinrich Albertz empfängt 1966 *Baron Edmond de Rothschild*

und strich aus: »*Der* Federal-Reserve-Board *soll das Recht haben, jeden B-Direktor in irgendeiner* Federal-Reserve-Bank *zu entlassen, wenn es sich zu irgendeiner Zeit erweisen sollte, daß er die Interessen seines Distrikts in bezug auf Handel, Landwirtschaft und Industrie nicht gebührend vertritt.*«

Auch die folgende Bestimmung wurde gestrichen: »*Die Gründe für die Suspendierung von Beamten der* Federal-Reserve-Banken, *falls sie anläßlich eines Hearings schriftlich festgehalten sind, können Unfähigkeit, Pflichtverletzung, Bestechung oder Betrug sein; die Entlassung bedarf der Zustimmung des Präsidenten der Vereinigten Staaten.*« Der Senat änderte dies folgendermaßen: »*Falls ein Beamter oder Direktor einer Distriktbank suspendiert oder entlassen wird, ist der Grund für diese Entlassung dem entlassenen Beamten oder Direktor und seiner Bank sofort schriftlich durch den* Federal-Reserve-Board *mitzuteilen.*« Dies änderte völlig die Bedingungen, unter denen ein Beamter oder Direktor entlassen werden konnte. In dem Satze des Senats sind keine Bedingungen oder Gründe für eine Entlassung genannt. Anscheinend sind Unfähigkeit, Pflichtverletzung, Bestechung oder Betrug im *Federal-Reserve-System* nicht von Bedeutung. Infolge dieser Änderung hatte der entlassene Beamte auch keine Möglichkeit, den Präsidenten anzurufen. Dies beseitigte jede Möglichkeit, daß ein künftiger dem amtierenden Vorstand feindlich gesonnener Präsident irgendeine Kontrolle über den *Federal-Reserve-Board* ausüben konnte. Auf eine schriftliche Anfrage teilte der stellvertretende Schriftführer des *Federal-Reserve-Board* mit, daß in 36 Jahren nur *ein* Beamter »aus besonderen Gründen« entlassen worden wäre; Name und Einzelheiten der Angelegenheit wären »privater Natur« zwischen einer Privatbank und dem *Federal-Reserve-Board*.

Die Öffentlichkeit hatte in der Tat kein Recht, irgendeine Frage an den Vorstand zu richten, denn obwohl diese einzigartige Körperschaft vom Präsidenten, einem gewählten Beamten, ernannt wurde, erhielt sie ihr Gehalt von den Mitgliedsbanken, die in privatem Besitz waren. Daher gab es keinen Grund zu erwarten, daß sie die öffentlichen Interessen vor die der Aktionäre des *Federal-Reserve-Systems* stellen würden, und sie haben auch in den vergangenen 35 Jahren ihren Arbeitgebern unangefochten Treue bewiesen.

Dieser kleine Rückblick auf die Änderungen, die der Senat in dem *Federal-Reserve-Gesetz* vornahm, enthüllt seine kompromißlose Gegnerschaft gegen jede Bestimmung in dem Gesetzentwurf, die den lokalen Vertretungen eine Kontrolle über Geld und Kredit einräumen sollte. Die allererste Streichung des Ausdruckes »der Gemeinschaft« kennzeichnet bereits die Haltung des Senats gegenüber den Interessen des amerikanischen Volkes, die zu vertreten er geschworen hatte.

In den vergangenen zwanzig Jahren kam es zwischen den Hauptpersonen dieses Dramas gelegentlich zu Uneinigkeiten, wer am meisten dafür verantwortlich sei, dieses Joch dem amerikanischen Volke aufgebürdet zu haben. Paul Warburg blieb im Hintergrund, er sagte niemals, daß er das Gesetz entworfen hatte; er erwähnte auch niemals Jekyl Island, außer in einem privat veröffentlichten Memorandum. Doch er sammelte seine Schriften über das *Federal-Reserve-System* in einem Band von 2500 Seiten, der endgültig zeigt, daß alles seinem Kopf entsprungen war.

Der verstorbene Senator Carter Glass aus Virginia behauptete in seinem Buch *Adventure in Constructive Finance*, dieses Gesetz geschrieben zu haben. Das veranlaßte Samuel Untermyer, einen der wirklichen Verfasser, einen Brief an seinen Sohn zu schreiben, in dem er auf diese Behauptung erwiderte: Glass müsse senil sein, da er eine solch kühne falsche Behauptung veröffentliche. Später bezeichnete sich Glass selbst in *Who's who in America* nur als Förderer und Befürworter des Gesetzentwurfes im Repräsentantenhaus. Tatsächlich waren H. Parker Willis, Paul Warburg und Samuel Untermyer die Hauptverfasser der Vorlage, die die demokratische Partei im Kongreß einbrachte. Alle wichtigen Verfügungen stammten aus Paul Warburgs Arbeit auf Jekyl Island. Als ihn Carter Barron fragte, ob er mit dem Gesetz, so wie es verabschiedet wurde, einverstanden sei, bemerkte Warburg: *»Nun, es entspricht nicht ganz dem, was wir wollen; aber der Mangel kann später durch administrative Maßnahmen ausgeglichen werden.«* Um sicher zu sein, daß diese *»administrativen Maßnahmen«* auch so ausgeführt würden, wie er es wünschte, veranlaßte er Colonel House, ihn zum ersten Vorsitzenden des *Federal-Reserve-Board* ernennen zu lassen.

Die zeitgenössischen Historiker schreiben das Verdienst um das Gesetz Woodrow Wilson und Carter Glass zu; aber von allen in Frage kommenden Politikern hatte Wilson am wenigsten mit dem Kampf zu tun, der um das Gesetz im Kongreß geführt wurde. George Creel, ein erfahrener Washingtoner Korrespondent, schrieb in *Harper's Weekly* am 26. Juni 1915:

»In der Demokratischen Partei hatte Wilson nur mittelbaren Einfluß durch seine Gönner. Es war Bryan, der die Steuergesetzgebung, die Aufhebung des Panama-Kanal-Zolls und das Währungsgesetz durchpeitschte. Später schrieb Bryan: ›Es gibt eine einzige Sache in meiner öffentlichen Laufbahn, die ich bedaure – mein Bemühen um die Verabschiedung des Federal-Reserve-Gesetzes.‹«

Als Wilson am 23. Dezember 1913 das *Federal-Reserve-Gesetz* unterzeichnete, erfüllte er das Versprechen, das er den Männern gegeben hatte, die seinen Wahlkampf finanziert hatten. Cleveland H. Dodge von Kuhn, Loebs *National City Bank*, Jacob Schiff von *Kuhn, Loeb Co.*, Bernard

Baruch, der brilliante junge Spekulant und Organisator der Tabak- und Gummi-Trusts, Samuel Untermyer, Multi-Millionär und Firmenanwalt, sowie Henry Morgenthau Sr., der Häuserspekulant von Harlem, sie alle legten ihr Geld niemals besser an, als durch den Kauf des Weißen Hauses für Woodrow Wilson. Die Geld- und Kreditquellen der Vereinigten Staaten waren nun unter der vollständigen Kontrolle der Banken-Allianz zwischen J. P. Morgan's *First National Bank* und von Kuhn, Loebs *National City Bank*, die hauptsächlich den internationalen Bankinteressen dienten, deren Hauptquartier sich damals in London befand und während des Ersten Weltkrieges nach New York verlegt wurde.

Senator Nelson Aldrich bekannte nun, daß er in Wirklichkeit nicht gegen das *Federal-Reserve-Gesetz* gewesen war, und in seiner sinnigerweise *The Independent* (Der Unabhängige) betitelten Zeitschrift schrieb er:

»Vor der Verabschiedung des Gesetzes konnten die New Yorker Bankiers nur die Reserven von New York beherrschen; jetzt können wir die Bankreserven des ganzen Landes beherrschen.«

Eine interessante Bemerkung über Ursprung und Zweck des *Federal-Reserve-Gesetzes* machte Colonel Ely Garrison, der Freund und Finanzberater der Präsidenten Theodore Roosevelt und Woodrow Wilson. In seinem autobiographischen Werk *Roosevelt, Wilson and the Federal Reserve Law* schrieb er:

»Paul Warburg ist der Mann, der das Federal-Reserve-Gesetz *ersann, nachdem der Aldrich-Plan solche Empörung und Opposition in der ganzen Nation erregte. Der führende Geist beider Entwürfe aber war der Baron Alfred Rothschild in London.«*

Colonel Garrison bewegte sich im inneren Zirkel der Hochfinanz, er war ein internationaler Agent der Bankiers *Brown Brothers* aus New York.

Die wichtigste Enthüllung über die Absicht des *Federal-Reserve-Gesetzes* brachte jedoch eine kurze Notiz in der *Nation* vom 25. Dezember 1913:

»Die New Yorker Börsenkurse begannen ständig zu steigen auf die Nachricht hin, daß der Senat bereit war, das Federal-Reserve-Gesetz *zu verabschieden.«*

Dieser Satz schien den Wünschen der *Anhänger* von Woodrow Wilson und Carter Glass nicht zu entsprechen, da das *Federal-Reserve-Gesetz* eine Finanzreform einleiten sollte. Hätte das Gesetz tatsächlich irgendeine Finanzreform bewirkt und die Zentralisation von Geld und Kredit in New York vermindert, dann dürfte sich an der Börse ein ebenso verhängnisvoller Tag wie der »Schwarze Donnerstag von 1929« ereignet haben. Die New Yorker Börse ist das zuverlässigste Barometer für die wahre Bedeutung jeder Finanz-Gesetzgebung in Washington. Immer, wenn ein Gesetz verabschiedet wird, das die Diktatur der New Yorker Bankiers beschränkt, wie es bei dem *Glass-Steagall-Gesetz* von 1933 geschah, das bestimmte, daß Banken nicht gleichzeitig Investment- und Depositengeschäfte betreiben durften, dann hat die Börse einen schlechten Tag. Ist jedoch ein Gesetz so günstig für die Finanzmagnaten wie das *Federal-Reserve-Gesetz,* dann steigen rasch die Aktienwerte.

E. W. Kemmerer, der berühmte Volkswirtschaftler von Princeton stellte in seinem *ABC of the Federal Reserve System* fest:

»Die Federal-Reserve-Banken *sind im wesentlichen Banken der Bankiers.«*

Das würde bedeuten, daß alle anderen Ansprüche an das Gesetz falsch sind. Benjamin Strong schreibt in seiner Einleitung zu demselben Buch:

»Die Verwalter der neuen Federal-Reserve-Banken *fanden bald heraus, daß sie von den anderen Banken im Lande, gelinde gesagt, kühl empfangen wurden. Die Bank- und Geschäftswelt wußte bedauerlicherweise nicht, was das Gesetz wirklich bedeutete.«*

Die Propaganda für das Gesetz war so irreführend gewesen, daß die Bankiers, nachdem sie das Gesetz durchgebracht hatten, nicht imstande waren, verständlich zu machen, wie es arbeitete. S. E. Harris brachte 1931 eine gerechte Einschätzung des *Federal-Reserve-Gesetzes* in dem Vierteljahresblatt *Quarterly Journal of Economics:*

»Glass und seine Kollegen im Bank- und Währungsausschuß des Repräsentantenhauses planten 1913 ein Regionalsystem, in dem die Kontrolle einen relativ unwichtigen Teil einnahm; aber ein gewisses Maß von Kontrolle wurde durch die Vorschläge des Aldrich-Entwurfes eingeführt, den Glass annahm, ebenso wie durch den Einfluß Bryans und des Senats. Doch im Federal-Reserve-Gesetz *von 1913 blieb schließlich nur ein kleiner Teil der Vorkehrungen, die anfänglich im Entwurf von Glass vorgesehen waren. Warburg übte während der ganzen Zeit einen großen Einfluß auf die Gesetzgebung aus durch seine Arbeit an dem Aldrich-Entwurf und durch seinen direkten Kontakt mit dem Bank- und Währungsausschuß des Senats.«*

Laurence Laughlin bestätigt ebenfalls Warburgs Tätigkeit in seinem letzten Werk *The Federal Reserve Act, Its Origins and Purposes:*

»Paul Warburg von Kuhn, Loeb Co. *bot im März 1910 einen wohldurchdachten Entwurf für eine Vereinte Reserve Bank der Vereinigten Staaten an. Er wurde am 24. März 1910 in der* New York Times *veröffentlicht. Die Gruppe, die an der Gestaltung der Zielsetzung der* Nationalen Währungskommission *interessiert war, traf sich heimlich auf Jekyl Island für etwa 14 Tage im Dezember 1910 und konzentrierte sich auf den Entwurf eines Gesetzes, der dem Kongreß durch die* Nationale Währungskommission *vorgelegt werden sollte. Auf Jekyl Island waren anwe-*

send: Senator Aldrich, H. P. Davison von J. P. Morgan, *Paul Warburg von* Kuhn, Loeb Co., *Frank Vanderlip von der* National City Bank *und Charles D. Norton von der* First National Bank. *Der fähigste Bankier dieser Gruppe war ohne Zweifel Paul Warburg, der in Europa geschult worden war. Senator Aldrich hatte keine Spezialausbildung im Bankwesen.«*

Das *Federal-Reserve-Gesetz* enttäuschte viele Leute, die ihre Hoffnungen darauf gesetzt hatten. 1916 schrieb Allen in *Moody's Magazine*:

»Das Federal-Reserve-Gesetz *sollte die Geldkonzentration an den New Yorker Banken verhindern, um den Bankiers im Lande die Möglichkeit zu geben, ihre Geldmittel selbst zu nutzen; aber der Geldumlauf zeigt, daß die New Yorker Banken, seitdem das Gesetz in Kraft getreten war, ständig ihren Vorteil aus dem inneren Geschäftsbetrieb zogen, ausgenommen im Dezember 1915. Das Gesetz, das die Spekulationsgelder der* Wall Street *verringern sollte, hat den Baisse- und Hausse-Spekulanten soviel Gelder verschafft, wie nie zuvor. Weit davon entfernt, den Geldzufluß nach der* Wall Street *zu hemmen, wie Glass zuversichtlich verkündet hatte, erweiterte es die alten Kanäle und fügte zwei neue hinzu. Der erste führt direkt nach Washington und gibt der* Wall Street *ein Anrecht auf alles überschüssige Bargeld des Finanzministeriums der Vereinigten Staaten. Durch das Recht Banknoten auszugeben, versorgt sich* Wall Street *außerdem mit einem unerschöpflichen Vorrat von Kreditgeldern. Der zweite Kanal führt zu den großen Zentralbanken Europas, wobei durch den Verkauf von Wechseln an sie, für die im Grunde die Regierung der Vereinigten Staaten bürgte,* Wall Street *die Befreiung von jenen ausländischen Forderungen nach Gold erwirkte, die jede große Krise in unserer Geschichte ausgelöst haben.«*

7. Kapitel

NOCH MEHR ÜBER PAUL WARBURG

Als die *Federal-Reserve-Banken* gegründet worden waren und am 16. November 1914 mit ihrer Tätigkeit begannen, wurden ihre gesamten Aktiva mit 143 Millionen Dollar angegeben. Am 23. Dezember 1949 bewies die Rechnungslegung vor dem Bank- und Währungskomitee des Repräsentantenhauses, daß die Zentralbanken einen Überschuß von 45 Milliarden Dollar hatten, ein Betrag, der dem jährlichen Budget des Landes seit 1945 entsprach. Leute, die 1914 Aktien bei jenen Zentralbanken kauften, hatten einen so hohen Gewinn, daß es eines Volkswirtschaftlers von Rokkefellers Universität in Chikago bedurft hätte, um ihren Gewinn zu berechnen.

Die Männer, die Woodrow Wilson wählte, um den ersten *Board* des

Federal-Reserve-Systems zu bilden, gehörten jener Millionärsklasse an, der er zu schmeicheln beliebte. Als Präsident der Princeton-Universität hatte er große Ehrfurcht vor den »Kapitänen der Industrie« und den »Finanzmagnaten« gezeigt, die für die Universität neue Gebäude errichteten und neue Lehrstühle stifteten. Seine Nominierung zum Präsidenten durch die Demokratische Partei, die bis dahin das »gemeine Volk« gegen die Interessen der »Stehkragen« vertrat, bedeutete das Ende dieser Organisation als Sprecher des amerikanischen Volkes. Nach Wilsons eigener Aussage war es ihm nur gestattet, *einen* Mann in den *Federal-Reserve-Board* zu wählen. Die übrigen wurden durch die New Yorker Bankiers ernannt. Wilsons Wahl fiel auf *Thomas D. Jones* aus Chikago, den Direktor vieler großer Firmen und Kurator der Princeton Universität. Die anderen Mitglieder waren:

Adolph Miller, Volkswirtschaftler an Rockefellers Universität Chikago und Morgans Harvard Universität sowie stellvertretender Innenminister. Miller war einer jener unabhängigen, wohlhabenden Männer, die ihr Leben dem öffentlichen Wohl widmeten, später wurde er Nachbar und enger Freund von Herbert Hoover, dem Förderer des Bergbaus;

Charles S. Hamlin, der zuvor acht Jahre lang stellvertretender Finanzminister gewesen war;

F. A. Delano aus der Familie Roosevelt, ein Eisenbahn-Ingenieur, der für *Kuhn, Loeb Co.* eine Anzahl Eisenbahnen übernahm, die in Konkurs gegangen waren;

W. P. G. Harding, Präsident der *First National Bank* von Atlanta;

Paul Warburg von *Kuhn, Loeb Co.;*

Finanzminister *William McAdoo*, Präsident der *Hudson-Manhattan-Eisenbahn*, ein Unternehmen von *Kuhn, Loeb Co.*

und Währungskontrolleur *John Skelton Williams.*

Williams und McAdoo kamen während des Ersten Weltkrieges noch mehr unter die direkte Kontrolle von *Kuhn, Loeb Co.*, als sie nämlich 1917–18 von Wilson zum Direktor bzw. stellvertretenden Direktor der Eisenbahn-Verwaltung der Vereinigten Staaten ernannt wurden. Zu jener Zeit besaßen und kontrollierten *Kuhn, Loeb Co.* fast alle großen Eisenbahnlinien des Landes.

Gemäß den *Intimate Papers of Colonel House* wurde Paul Warburg in den *Federal-Reserve-Board* gewählt, weil

»der Präsident den Vorschlag (von House) übernahm, sich für Paul Warburg aus New York zu entscheiden, und zwar wegen seines Interesses und seiner Erfahrung in Währungsfragen, die er unter der republikanischen wie unter der demokratischen Verwaltung gezeigt hatte.«

In einer kurzen Geschichte von *Kuhn, Loeb Co.*, abgedruckt am 1. Februar 1936 in *Newsweek*, hieß es:

»Abraham Kuhn und Salomon Loeb waren 1850 Gemischtwarenhändler in Lafayette, Indiana. Wie üblich in neubesiedelten Gebieten, erfolgten die meisten Unternehmungen auf Kredit. Die beiden Händler fanden bald heraus, daß sie Bankgenies waren. Sie kümmerten sich bald nicht mehr um Waren und zogen westwärts. In Cincinnati bot ihnen der Bürgerkrieg beträchtliche Hilfe. Im Jahre 1867 ließen sie sich als Bankiers Kuhn, Loeb Co. *in New York nieder und nahmen einen jungen Einwanderer aus Deutschland, Jacob Schiff, als Partner. Der junge Schiff hatte wichtige Finanzverbindungen nach Europa. Zehn Jahre später wurde er Chef des Bankhauses* Kuhn, Loeb Co. *nachdem Kuhn gestorben und Loeb sich zurückgezogen hatte. Unter Schiffs Führung brachte das Haus europäisches Kapital mit der amerikanischen Industrie in Verbindung, die sich damals in Geldnot befand. Die* Union Pacific *hatte eine Menge Geld verschlungen und der Bahnbetrieb warf trotzdem keinen Gewinn ab. Die Krise von 1893 gab ihr den Rest. Dieser Fehlschlag war ein Segen für* Kuhn, Loeb Co. *Das Bankhaus finanzierte E. H. Harrimans Projekt einer neuen* Union Pacific, *und damit wurde es zum hauptsächlichen Geldgeber der amerikanischen Eisenbahnen.«*

Jacob Schiffs »wichtige Finanzverbindungen nach Europa« waren die zu den Brüdern Rothschild und ihrem Hauptvertreter in Deutschland, der Familie Warburg. Paul Emden schreibt in seinem Buch *Die Geldmacht Europas*:

»Die Warburgs erreichten ihre hervorragende Stellung während der letzten zwanzig Jahre des vorigen Jahrhunderts, gleichzeitig mit dem Wachsen des Bankhauses Kuhn, Loeb Co. *in New York, mit dem sie in persönlicher Verbindung und familiärer Beziehung standen. Mit glänzendem Erfolg führte Paul Warburg 1913 die Neuordnung des amerikanischen Bankwesens durch, an dem er mit Senator Aldrich seit 1911 gearbeitet hatte. Er festigte auf diese Weise die Währung und die Finanzen der Vereinigten Staaten.«*

Unter Festigung verstand Paul Emden, unter Kontrolle bringen, oder um Warburgs Lieblingsausdruck zu gebrauchen, »die Mobilisierung des Kredits«. Schiff war als neuer Beauftragter der Rothschilds nach Amerika gesandt worden. August Belmont war seit einigen Jahren der einzige amerikanische Beauftragte der Rothschilds gewesen, sie wünschten nun eine weitere Ausdehnung. Die Firma *Kuhn, Loeb Co.* war bestens für ihre Zwecke geeignet, und Schiff kaufte sie für die Rothschilds. Seitdem gab es keine Kuhn und Loeb mehr, sie wurden weitgehend abgelöst von Schiff, Warburg, Hanauer und Strauss. Schiff erhielt alles nötige Kapital, um amerikanische Eisenbahnen für die Rothschilds aufzukaufen. Mit dem Tod von August Belmont verlor die Familie Belmont an Bedeutung, denn der jüngere Sohn Perry Belmont widmete sich der Politik. Er wurde später

Vorsitzender der Komitees für auswärtige Angelegenheiten im Repräsentantenhaus. Seine politische Tätigkeit schied ihn jedoch nicht völlig von seinen finanziellen Interessen. So trug ihm ein Auslandsgeschäft ein Vermittlungsentgelt von zwei Millionen Dollar ein, nämlich die Durchführung des Gold-Anleihe-Geschäftes von 1895 zwischen Präsident Grover Cleveland und der Familie Rothschild.

Paul Warburg und sein Bruder Felix kamen 1902 nach Amerika, um ein Zentralbankgesetz durchzubringen. Paul Warburg widmete fast seine ganze Zeit der Propaganda für seine Vorstellung einer Finanzreform, schrieb und hielt Vorträge über das veraltete Kreditsystem der *Wall Street* und er schrieb mehrere Bände, um zu beweisen, daß Amerika ein Zentralbanksystem benötige, ähnlich dem der Reichsbank in Deutschland, der Bank von Frankreich und der Bank von England. Er griff besonders das *Sub-Treasury System* an, das Andrew Jackson 1836 gegründet hatte, um Amerikas Geldmittel in die Hände zu bekommen, nachdem er die *Second Bank* der Vereinigten Staaten in einem finanziellen Bürgerkrieg vernichtet hatte. Warburgs Vorwurf gegen das *Independent Sub-Treasury System* war, daß es in Zeiten der Geldknappheit den Krisenzentren kein Geld zukommen ließ, was der Wahrheit entsprach. Während der Krise von 1893 verschifften die New Yorker Bankiers plötzlich einhundert Millionen Dollar in Gold nach Kanada und England. Das veranlaßte den Kongreß, das *Sherman-Silver-Gesetz* zu widerrufen und den Goldstandard wieder einzuführen. Während dieser Krise sank der Kurs der *Union Pacific*-Aktien von 69 1/2 auf 47; das ermöglichte es Jakob Schiff, sich die Kontrolle über die Bahn zu verschaffen, wobei die Familie Rothschild große Gewinne erzielte. Nachdem das erreicht war, kamen die hundert Millionen Dollar in Gold aus Kanada und England zurück, und die Krise war vorüber. Amerikas Regierung war gegenüber den internationalen Goldhändlern machtlos. Warburg machte geltend, eine Zentralbank mit einem Reservesystem würde solche Krisen verhindern. Doch die Geschichte Amerikas seit 1913 hat dies nicht bestätigt.

Trotz der Tatsache, daß Paul Warburg sich nicht um die Geschäfte seiner Firma *Kuhn, Loeb Co.* zu kümmern schien, hielten die anderen Partner so viel von ihm, daß sie ihm fünfhunderttausend Dollar jährlich bewilligten, während er für die Finanzreform schrieb und redete. Vor dem Ersten Weltkrieg war das ein außerordentlich großes Gehalt. Nachdem Warburg seine Bankreform durchgeführt hatte, verzichtete er auf seine fünfhunderttausend Dollar-Tätigkeit und nahm die ihm von Woodrow Wilson angebotene Stellung an, die ihm jährlich 12000 Dollar einbrachte. Obwohl er dadurch seine Partner verließ, waren sie doch so rücksichtsvoll, ihn mit seinem alten Gehalt wiederaufzunehmen, als er im Mai 1918 plötzlich zurücktrat. Man erklärte es sich damit, daß sein Bruder Chef des deutschen Geheimdienstes und das Bankhaus seiner Familie, *M. M. Warburg & Co.* in Hamburg und Amsterdam, der Hauptgeldgeber des Kaisers war. Amerika war schon länger als ein Jahr im Kriege, ehe Warburg es für erforderlich hielt, zurückzutreten.

In *Who's who in Amercian Jewry* wird Paul Warburg als Teilhaber oder Direktor in folgenden Handels- und Aktiengesellschaften genannt: *Western Union, Westinghouse, Wells Fargo, Union Pacific Railroad, Baltimore and Ohio Railroad, Kuhn, Loeb Co., American I.G. Chemical Co. (I.G. Farben), Agfa Ansco Corp., National Railways of Mexico, International Acceptance Bank* (Vorstandsvorsitzender), *Westinghouse Acceptance Co., Warburg Co.* in Amsterdam und zahlreiche andere Banken, Eisenbahnen und Aktiengesellschaften.

Trotz Warburgs ungeheurem Einfluß gab es offenen Widerstand im Senat gegen seine Ernennung zum Gouverneur des *Federal-Reserve-Systems*. Im Juni 1914 wurde er aufgefordert, vor einem Unterausschuß des Senats zu erscheinen, um einige Fragen zu beantworten, die im Zusammenhang mit der Annahme des Gesetzes durch den Kongreß standen; doch er weigerte sich zu erscheinen.

Am 23. Juli 1914 hieß es in der *Nation:*

»Mr. Warburg hatte schließlich eine Beratung mit dem Senator O'Gorman und willigte ein, die Mitglieder des Unterausschusses des Senats zwanglos zu treffen, mit der Absicht, ihnen die gewünschten angemessenen Informationen zu geben. In Washington meint man, daß Mr. Warburgs Zustimmung gesichert ist.«

»Angemessene Informationen« würden natürlich nicht jede Information über seine Beziehungen zu Europa einschließen. Überdies kannte er die Gefahren, vor einem offiziellen Komitee zu erscheinen und befragt zu werden, dessen Verhöre später veröffentlicht werden könnten. Daher weigerte er sich, bei irgendwelchen formellen Zusammenkünften zu erscheinen und zwang den Unterausschuß, zwanglos mit ihm zusammenzukommen. Das Protokoll dieses Treffens wurde nicht veröffentlicht.

Senator Robert L. Owen legte Warburg zur Last, daß er der amerikanische Vertreter der europäischen Rothschilds wäre; doch das hinderte den Senat nicht, ihn zu bestätigen.

Die Zeitungen nahmen nur wenig Notiz von den Meinungsverschiedenheiten über Warburgs Ernennung. Sie machten ein großes Geschrei über die Ernennung von Thomas D. Jones aus Chikago durch Wilson, offenbar weil er zu jener Zeit *unter Anklage des Justizministers der Vereinigten Staaten stand.*

Die diktatorische Natur Woodrow Wilsons offenbarte sich immer, wenn seine Handlungen öffentlich kritisiert wurden. Er war durch die ungünstigen Kommentare über Warburg und Jones verärgert. Aber in dem

Versuch, die Ernennung dieser Männer zu verteidigen, machte er eine der lächerlichsten Aussagen, die je von einem Präsidenten der Vereinigten Staaten ausgesprochen wurden. Er sagte zu den Reportern:

»Die Mehrzahl der Männer, die mit dem verbunden sind, was wir das ›Große Geschäft‹ zu nennen pflegen, sind ehrlich, unbestechlich und patriotisch.«

Wilsons Unwissenheit über den wahren Lebenslauf der Männer, die er so bewunderte, ist erstaunlich und unentschuldbar bei einem Mann, der für das Wohl der Nation verantwortlich ist. Er wußte weder, daß J. P. Morgan seine eigene Regierung in der Kriegszeit belogen hatte, noch daß Otto Kahn und E. H. Harriman mehrere Male wegen ihrer rechtswidrigen Handlungen angeklagt waren, die sie in ihrem Kampf begingen, um für *Kuhn, Loeb Co.* die Kontrolle über die *Union Pacific Eisenbahn* zu erlangen. Es stehen viele Dokumente zur Verfügung, die das verbrecherische Vorgehen der internationalen Bankiers beweisen, die für Wilson Gebieter und Götter waren.

Überdies offenbarte sich Woodrow Wilson als unwissender Mann der Provinz, als er in Erwiderung auf die geplanten Verhöre vor dem Bank- und Währungs-Ausschuß des Senats in denen es um die Eignung von Thomas D. Jones als Vorstandsmitglied des *Federal-Reserve-Rates* gehen sollte, folgenden Brief an den Senator Robert L. Owen, den Vorsitzenden jenes Ausschusses, schrieb:

»White House,

18. Juni 1914.

Lieber Senator Owen:

Mr. Jones hat immer die Rechte des Volkes gegen die Rechte der Privilegierten verteidigt. Seine Verbindung mit der Harvester Company *geschah im Dienst für das allgemeine Wohl und nicht in privatem Interesse. Er ist der einzige von allen Männern, der in besonderem Sinne meine persönliche Wahl war.*

Ihr ergebener
Woodrow Wilson.«

Für Wilsons Charakter und seine Ergebenheit ist es bezeichnend, daß der einzige Mann, den er selbst für ein hohes Regierungsamt wählte, unter Anklage stand, an einer verbrecherischen Verschwörung gegen das Volk der Vereinigten Staaten teilgenommen zu haben. Solche Männer wählte er jedoch immer wieder in führende Stellungen, nachdem er die Vereinigten Staaten in den Ersten Weltkrieg gestürzt hatte.

Wilsons völlige Unbedarftheit, wie sie aus den Aussagen des vorangegangenen Briefes ersichtlich ist, wird durch die Verhöre von Thomas D. Jones vor dem Senat bewiesen. Ein Protokoll, das zuerst geheim gedruckt wurde, stellt fest, daß Jones' »Dienst für das allgemeine Wohl« als Direktor der *International Harvester Company* darin bestand, sich selbst und seinen Partnern eine Dividende von zwanzig Millionen Dollar zu bewilligen. In seinem Kampfe für »die Rechte des Volkes gegen die Rechte der Privilegierten«, fiel es Mr. Jones niemals ein, irgendwelche Anstrengungen zu machen, den kriminellen Zusammenschluß der *International Harvester Company* aufzulösen, auch nicht, als die Company vom Justizministerium 1913 angeklagt wurde. 19 Jahre später existierte sie noch genauso als Monopol, wie zur Zeit der Anklage durch den Justizminister 1913.

Die folgenden offiziellen Regierungsdokumente erweisen Woodrow Wilsons Lüge bei der Empfehlung von Thomas D. Jones:

Bericht der Exekutive, Nr. 1, 63. Kongreß, 2. Sitzungsperiode
Ernennung von Thomas D. Jones, 25. Juli 1914.
Geheime Drucksache.
21. Juli 1914. Verfügung über Geheimhaltung zurückgenommen.
Mr. Hitchcocks Gegenbericht zur Ablehnung von Thomas D. Jones als Mitglied des *Federal-Reserve-Board* durch das Bank- und Währungskomitee des Repräsentantenhauses. (Sen. Document 552).

»Das Bank- und Währungskomitee berichtet hiermit dem Senat über die Ernennung von Mr. Thomas D. Jones zum Mitglied des Federal-Reserve-Board *und empfiehlt dem Senat, die Bestätigung abzulehnen. Diese Empfehlung beruht auf der Tatsache, daß Mr. Jones leitender Direktor im* Harvester Trust *und Mitbegründer und Direktor des Zink-Trusts ist. Der erstgenannte Trust ist von Gerichten verschiedener Staaten zu einer gesetzwidrigen Verschwörung erklärt worden und wird jetzt von den Vereinigten Staaten gerichtlich verfolgt. Der zuletzt genannte Trust hat praktisch ein Monopol in Zink-Oxiden errichtet, hat den Verbraucherpreis erhöht, und erzielt bei einem Gesamtkapital von 10 Millionen Dollar einen unangemessenen Gewinn von 5 Millionen Dollar jährlich. Der* Harvester Trust *wurde 1902 unter dem Namen* International Harvester Company *mit einem Gesamtkapital von 120 Millionen Dollar gegründet. Er wurde von der* J. P. Morgan Company *entworfen und finanziert, die dafür Aktien im Werte von 4 Millionen Dollar erhielt; Aktien im Werte von 10 Millionen Dollar wurden gegen Barzahlung an die Rockefellers und andere Geldmagnaten durch die* J. P. Morgan Company *verkauft.«*

Wilsons Verkauf seines geheiligten Trusts an die Finanz-Oligarchie wird durch solche Berichte einwandfrei dokumentiert. Die Verhöre des Senats über die Ernennung von Thomas D. Jones bestätigen Wilsons Verrat am amerikanischen Volk.

Hier aus der Anhörung des Senats über die Ernennung von Thomas D. Jones am 6. Juli 1914:

Senator Shafroth: »*Nachdem das Verhör beendet ist, können wir beschließen, ob es veröffentlicht werden soll oder nicht.*«

Senator Crawfort: »*In erster Linie ist das hier niedergeschriebene Protokoll für unseren Gebrauch, und wenn wir es durchgearbeitet haben, ist es für den Gebrauch des Senats. Für ihn ist es bestimmt, weniger für das Volk.*«

Dies ist ein Beispiel, in welcher Weise die gewählten Vertreter des amerikanischen Volkes ihm gegenüber ihre beschworenen Pflichten erfüllen. Das Verhör wurde daraufhin den Zeitungen und dem Volke nicht zugänglich gemacht.

Senator Reed: »*Nun, Mr. Jones, in welcher Weise, wenn überhaupt, bemühten Sie sich um die Auflösung des Monopols von Handelsbeschränkungen hier in den Vereinigten Staaten, eines Monopols, das der Justizminister Ihnen zur Last legt?*«

Mr. Jones: »*Ich kann nicht sagen, Senator, daß ich irgendeinen Vorschlag förderte.*«

Senator Reed: »*Brachten Sie je einen Antrag bei den Sitzungen des Vorstandes ein, um das Monopol aufzuspalten und es den Forderungen des Justizministers anzupassen?*«

Mr. Jones: »*Nein.*«

Senator Reed: »*Stimmten sie je für solch einen Vorschlag?*«

Mr. Jones: »*Ein solcher Vorschlag kam niemals zur Abstimmung.*«

Senator Reed: »*Sie wußten, daß die* International Harvester Company *ein Zusammenschluß zur Handelsbeschränkung war?*«

Mr. Jones: »*Ja, Sir.*«

Senator Reed: »*Sie waren mit den Praktiken der* Company *einverstanden, solange Sie ihr angehörten?*«

Mr. Jones: »*Ich kenne aus der Zeit meines Direktorats keine Praktiken der* Company, *die ich als Zuwiderhandlung gegen Gesetz und gute Sitten ansehen könnte.*«

Senator Nelson: »*Wie hoch sind die Gewinne der* New Jersey Zinc Company, *in der Sie auch Direktor sind?*«

Mr. Jones: »*Sie zahlten ungefähr 5 Millionen Dollar Dividende im letzten Jahr und vier Millionen Dollar im Jahr davor.*«

Senator Hitchcock: »*Wie hoch war das Kapital?*«

Mr. Jones: »*10 Millionen Dollar.*«

Senator Nelson: »*Eine gewinnbringende Sache.*«

Mr. Jones: »*Die Dividenden waren, genau gesprochen, keine Gewinne.*«

Senator Reed: »*Waren Sie bei der Sitzung der* International Harvester Company *anwesend, auf der die Aktien-Dividende von zwanzig Millionen Dollar beschlossen wurde?*«

Mr. Jones: *»Ja.«*

Senator Reed: *»Stimmten Sie dafür oder dagegen?«*

Mr. Jones: *»Ich stimmte dafür.«*

Diese Verhöre widerlegen Woodrow Wilsons absurde Behauptung, daß Thomas D. Jones ein Diener des Volkes war. Die Senatoren zögerten, Jones für den *Board* vorzuschlagen und überlegten mehrere Wochen. Die Zeitungen der Nation beschimpften jedoch Senator Reed, einen solch vortrefflichen Mann wie Mr. Jones zu verleumden. Und Woodrow Wilson erklärte:

»Es gibt keinen Grund zu glauben, daß der ungünstige Bericht die Haltung des Senates selbst wiedergibt.«

Nach mehreren Wochen zog Thomas D. Jones seine Kandidatur zurück, und das Land mußte ohne seine Dienste fertig werden.

8. Kapitel

BERNARD BARUCH

Als die *Federal-Reserve-Banken* am 16. November 1914 eröffnet wurden, sagte Paul Warburg:

»Dieses Datum kann als der 4. Juli (Unabhängigkeitstag der USA, Anm. d. Ü.) in der volkswirtschaftlichen Geschichte der Vereinigten Staaten angesehen werden.«

Es war bestimmt *der* Tag, an dem alles verlorenging, was der 4. Juli bedeutete, nämlich Freiheit im Innern und Unabhängigkeit von fremden Einflüssen.

Die Journale und Zeitungen Amerikas lobten die Eröffnung als Beginn einer echten Währungsreform. Aus den vorhandenen Zeugnissen jener Zeit ist es allerdings schwer zu verstehen, wie das an sich außerordentlich leichtgläubige amerikanische Volk sogar diese Lüge schluckte. Die Zugehörigkeit Paul Warburgs zum *Board* hätte genügen müssen, um jedermann davon zu überzeugen, daß die *Wall Street* mit im Spiel war. Auch die Einsetzung eines *Federal-Advisory-Council,* einer Gruppe von Bankiers, die den *Federal-Reserve-Board* bei seiner Arbeit *unterstützen* sollte, zeigt den Einfluß New Yorks an, denn zu seinen ersten Mitgliedern zählten Winthrop, Aldrich und J. P. Morgan.

Der *Federal-Reserve-Board* ist die beste Illustration der Tatsache, daß dieses Land hauptsächlich von nicht-gewählten Beamten regiert wird. Die Laufbahn von Henry L. Stimson erweist dies. Als Teilhaber von *Winthrop and Stimson* war er der engste Mitarbeiter von Bronson Winthrop, dem Direktor vieler Aktiengesellschaften, die *Kuhn, Loeb Co.* gehörten. Stimson wurde überwältigend geschlagen, als er sich 1910 von der Republikanischen Partei zum Kandidaten für den Gouverneursposten von New York aufstellen ließ. Er kandidierte danach niemals wieder für ein Wahlamt; aber er wurde anschließend Kriegsminister im Kabinett des Präsidenten Taft und kurze Zeit auch Oberst im Ersten Weltkrieg, trat plötzlich am 8. August 1918 zurück (die Dokumente über diesen Fall sind in einer vertraulichen Akte versiegelt), wurde dann General-Gouverneur der Philippinen, Minister im Kabinett Hoover und Kriegsminister in Präsident Roosevelts Kabinett während des Zweiten Weltkrieges.

Die Wahl der *Federal-Reserve-Distrikte* gab Anlaß zu manch einem humorvollen Scherz, da jede Stadt irgendeinen Grund fand, Sitz einer der zwölf *Federal-Reserve-Banken* zu werden. Nach beträchtlich vielen Verhandlungen wählte der Organisations-Ausschuß der *Federal-Reserve-Bank*, der aus dem Finanzminister, dem Landwirtschaftsminister und dem Kontrolleur der Währung bestand, folgende zwölf Distrikte aus: New York, Boston, Philadelphia, Cleveland, Chikago, St. Louis, Richmond, Atlanta, Dallas, Minneapolis, Kansas City und San Francisco. Weite Gebiete des Westens ließ man ohne Agentur, wie Michigan und Wisconsin; es waren die Gebiete, die La Follette in seinem Kampf gegen den Geld-Trust unterstützt hatten. Ein weiterer Grund war der Widerstand von Andrew Frame und einiger westlicher Bankiers gegen das *Federal-Reserve-Gesetz* in der *American Bankers' Association.*

In Dallas und Kansas City wurde der Einfluß der neuen *Federal-Reserve-Banken* ernsthaft von der mächtigen *Dallas Joint Land and Stock Bank* und der *Kansas City Joint Land and Stock Bank* bekämpft. Eine Fehde begann zwischen den *Federal-Reserve-Banken* und diesen Banken, die unabhängige Institutionen waren und die finanziellen Bedürfnisse der Farmer und Viehzüchter vertraten. Sie endete 1928 melodramatisch, als Bundespolizisten mit gezogenen Waffen in die *Joint Stock Banken* eindrangen und sie gemäß den Befehlen des stellvertretenden Finanzministers Dewey und Eugene Meyers Jr. übernahmen. Das Bekanntwerden dieses Vorganges verursachte den Zusammenbruch dieser Banken; und so erlangten die *Federal-Reserve-Banken* von Dallas und Kansas City schließlich die gesamte Kontrolle über Geld und Kredit in ihren jeweiligen Distrikten. Wie Ferdinand Lundberg in *America's Sixty Families* ausführte, waren diese lokalen Kämpfe jedoch nicht allzu wichtig, denn

»*In der Praxis wurde die* Federal-Reserve-Bank *von New York der Urquell eines Systems von 12 regionalen Banken; denn New York war der Geldmarkt der Nation. Die anderen elf Banken glichen kostspieligen Mausoleen, die nur dazu dienten, dem lokalen Stolz zu schmeicheln und Die Jacksonsche Furcht des Hinterlandes (vor New York) zu dämpfen.*«

Lundberg fährt dann fort:

»*Benjamin Strong, einer aus der ursprünglichen Gruppe von Jekyl Is-*

land und Präsident des Bankers Trust Co. *aus New York (Morgan) wurde zum ersten Direktor der New Yorker* Federal-Reserve-Bank *gewählt. Als ein Meister der Hochfinanz manipulierte Strong jahrelang die Währungs-Systeme Amerikas nach dem Belieben der Direktoren, die die führenden New Yorker Banken vertraten. Unter Strong wurde das* Reserve-System *in ineinandergreifende Beziehungen zur Bank von England und Frankreich gebracht. Benjamin Strong behielt seine Position als Direktor der* Federal-Reserve-Bank *von New York bis zu seinem plötzlichen Tode im Jahre 1928, als es zu einer Nachforschung des Kongresses über die geheimen Zusammenkünfte von Direktoren der* Federal-Reserve-Banken *mit den führenden Köpfen der europäischen Zentralbanken kam, die dann die Weltwirtschaftskrise von 1929–31 herbeiführten.«*

Paul Warburg war stets für ein regionales System; aber er sah nicht ein, warum man für die Errichtung von zwölf Banken Geld verschwenden sollte, wenn vier denselben Zweck erreichten. Schließlich wollte er acht bewilligen; doch Carter Glass überzeugte ihn, daß sie niemals das Gesetz mit weniger als zwölf Banken im Kongreß durchbringen könnten. Das führte zu Warburgs Bemerkung, das Gesetz enthalte nicht alles, was sie sich wünschten, daß dies jedoch durch Verwaltungsmaßnahmen korrigiert werden könnte . . .

Am 29. Oktober 1915 versuchte ein Komitee, bestehend aus Paul Warburg, Delano und Hamlin, Warburgs ersten Verwaltungsakt als Vorsitzender des *Federal-Reserve-Systems* durchzuführen. Es war der Versuch, die Zweigstellen in Dallas und Kansas City infolge der Konkurrenz durch die *Joint Land and Stock Banken* in jenen Städten zu schließen. Der Generalanwalt des *Board* belehrte jedoch Warburg, daß das *Federal-Reserve-Gesetz* dem Direktorium keine Gewalt verlieh, Distrikte abzuschaffen oder einzuschränken. Daraufhin nahm sich Warburg sofort einen Spezialanwalt, der eine günstige Lösung fand (Bulletin 1916, pp. 20, 25; 1915, p. 396). Schließlich jedoch vertrat der Justizminister der Vereinigten Staaten, dem die Frage vorgelegt worden war, am 22. November 1915 die Ansicht, daß der Vorstand nicht das Recht habe, bestehende Distrikte abzuschaffen und erteilte damit Warburg seine einzige Niederlage als Diktator des *Federal-Reserve-Systems.* Er war besonders darum bemüht, den *Federal-Reserve-Banken* von Dallas und Kansas City entweder die völlige Herrschaft über ihre Distrikte zu verschaffen oder sie zu beseitigen; denn er wollte, daß das System die wichtigste Funktion einer Zentralbank ausübte, Geld und Kredit einer Nation zu mobilisieren, um einen Großkrieg zu finanzieren.

Am 13. September 1937 erklärte Bernard Baruch vor dem *Nye Committee:*

»Alle Kriege haben wirtschaftlichen Ursprung.«

Mr. Baruchs eigene wirtschaftliche Interessen haben ihn in den beiden Weltkriegen zu einer beherrschenden Macht in Amerika gemacht; im Ersten, als er Woodrow Wilson ins Weiße Haus brachte, im Zweiten, als er den Kongreß dazu bewog, sein Rationierungs-, Preis- und Arbeitskontroll-System anzunehmen, das er ihm in einer Reihe von Vorträgen im *Nye Committee* darlegte und das die Grundlagen zur Diktatur Roosevelts von 1940–1945 schuf.

Die wirtschaftlichen Gesichtspunkte des Ersten Weltkrieges sind in aller Ausführlichkeit von vielen Schriftstellern behandelt worden, die durch ihre Ausbildung durchaus dazu qualifiziert waren, sich mit diesem Thema zu befassen; aber die Fülle besonderer Studienbeihilfen an diese Leute sorgte dafür, daß wenig mehr dabei herauskam, als Mr. Baruchs eigene Erklärung. Besonders überraschend ist jedoch das völlige Stillschweigen über die direkte Verantwortlichkeit des *Federal-Reserve-Systems* für die Finanzierung Europas im Ersten Weltkrieg.

Vor 1914 und vor der Einrichtung des *Federal-Reserve-Systems* waren die Vereinigten Staaten eine Nation von Schuldnern, das heißt, sie borgten auswärts sehr viel Geld und gaben selten internationale Anleihen heraus, vor allem deswegen, weil Amerikas Geld und Kredit nicht von einer Zentralbank mobilisiert wurde. Der New Yorker Geldmarkt war wohl fähig, Industrie-Unternehmen im Auslande zu finanzieren; er finanzierte auch einen kleinen Krieg – den Krieg für Kubas Zucker-Industrie 1898 – aber er war nicht stark genug, sich selbst zu verpfänden, um nationale Anleihen herauszugeben. Das System nationaler Anleihen, das durch die Rothschilds während der napoleonischen Kriege vervollkommnet wurde, diente dazu, die kontinentalen Kriege im 19. Jahrhundert zu finanzieren, wie auch den Süden während des amerikanischen Bürgerkrieges. Diese nationalen Anleihen wurden durch die internationale Finanz-Organisation der Brüder Rothschild ermöglicht, die in allen europäischen Hauptstädten Zweigstellen errichtet hatten. Auf diese Weise konnten die Risiken und auch die Gewinne jeder Anleihe verteilt werden. Außerdem verringerte eine internationale Einrichtung die Möglichkeit des Eingriffs oder der Kontrolle durch die Regierung irgendeines Landes.

Um 1900 war es offenbar geworden, daß die europäischen Länder keinen großen Krieg führen konnten. Wohl hatten sie stehende Heere, die allgemeine Wehrpflicht und Zentralbanken, die einen Krieg finanzieren konnten; doch ihre Wirtschaft hätte sich ihn nicht leisten können. Schon im April 1887 wiesen die Herausgeber des *Quarterly Journal of Economics* darauf hin und schrieben:

»Einen ausführlichen Überblick über die öffentliche Verschuldung Europas zeigt eine Summe von 5343 Millionen Dollar jährlich an Zinsen- und Tilgungszahlungen. M. Neymarcks Schlußfolgerung entspricht weitge-

hend der von Mr. Atkinson. Die Finanzen Europas sind so in Anspruch genommen, daß die Regierungen sich fragen mögen, ob nicht ein Krieg mit all seinen schrecklichen Aussichten der Aufrechterhaltung eines so prekären und kostspieligen Friedens vorzuziehen sei. Wenn die militärischen Vorbereitungen in Europa nicht in einem Kriege enden, könnten sie zu einem Bankrott der Staaten führen. Oder, wenn solche Torheiten weder zu einem Kriege noch zu einem Untergange führen, dann weisen sie auf bevorstehende industrielle und wirtschaftliche Revolutionen hin.«

Der Erste Weltkrieg begann 1914. Die *Federal-Reserve-Banken* begannen ihren Betrieb 1914. Das »System« zwang die Amerikaner, den Alliierten 25 Milliarden Dollar zu leihen, die mit Ausnahme der Zinsen nicht zurückgezahlt wurden, und diese gingen aber an die New Yorker Bankiers. Das System drängte die USA auch in den Krieg gegen das deutsche Volk, mit dem sie keinen erdenklichen politischen oder wirtschaftlichen Streit hatten. Der deutsche Gesandte in der Türkei, Baron Wangenheim, fragte Henry Morgenthau, den amerikanischen Gesandten in der Türkei, warum die Vereinigten Staaten Krieg gegen Deutschland führen wollten, wo es doch keine Gründe für solch einen Angriff gäbe. *»Wir Amerikaner«*, erwiderte Morgenthau und sprach vermutlich für jene Gruppe von Grundstücks-Spekulanten in Harlem, deren Kopf er war, *»Wir Amerikaner gehen aus moralischem Grundsatz in den Krieg.«* Jener moralische Grundsatz verbarg eine beträchtliche Menge Gold in sich. Mr. Morgenthaus moralische Grundsätze stammten aus den New Yorker Slums, wo er Wohnungen zu hohen Preisen an arme Neger vermietet hatte. Ein weiteres Studium der moralischen Grundsätze, die den Eintritt der Vereinigten Staaten in den Ersten Weltkrieg veranlaßten, offenbart, daß die *Duponts* nach der Kriegserklärung den Preis ihres Schießpulvers für die Regierung verdoppelten und daß *J. P. Morgan Co.* die Ausgabe der ersten »Freiheits-Anleihe« gestattet wurde, um dieser Firma 400 Millionen Dollar zurückzuzahlen, die ihr England schuldete.

Woodrow Wilsons inoffizieller Kurier und Vertrauter während der ganzen Zeit seiner Regierung war Colonel House, der ihm von Paul Warburg aufs wärmste empfohlen worden war. Colonel House war mehrere Jahre hindurch Wilsons privater Abgesandter nach Europa und hielt die herzlichen Beziehungen zwischen Felix und Paul Warburg von *Kuhn, Loeb Co.* in New York und dem Rest der Familie von *M. M. Warburg & Co.* in Amsterdam und Hamburg aufrecht, einschließlich des Bruders, der Chef des deutschen Geheimdienstes war.

Wie wir schon ausführten, waren die Vereinigten Staaten vor dem Ersten Weltkriege eine Nation von Schuldnern. Viele der großen nationalen Anleihen wurden von einer oder mehreren Zweigstellen Rothschilds in England, Frankreich oder Deutschland herausgegeben; der größte Anteil jedoch wurde von der Hauptagentur Rothschilds in London, von *J. P. Morgan, Bliss & Co.* und von *J. P. Morgan, Drexel & Co.*, die Niederlassungen in New York und London hatten, getätigt.

Die Funktion dieser internationalen Gesellschaften wurde nach 1914 bedeutend verringert, als es das *Federal-Reserve-System* übernahm, das Steigen und Fallen der Aktien durch ein Herab- und Heraufsetzen des Zinssatzes vorherzubestimmen und große Mengen der Staatspapiere an der New Yorker Börse zu unterbieten. Die New Yorker *Federal-Reserve-Bank* unter der Führung von Benjamin Strong, dem Angestellten von Morgan, arbeitete eng mit der *Bank of England* zusammen, nach 1914 erlitten jedoch die Bankhäuser von Morgan einen bedeutenden Rückgang ihrer internationalen Geschäfte. Denn internationale Finanzverbindungen wurden durch das Vorhandensein von Zentralbanken in den Ländern sehr erleichtert. Die von Rothschild beherrschte *Bank of England* konnte jetzt direkt mit ihrem Hauptvertreter in den Vereinigten Staaten, mit Paul Warburg, in dem von den Rothschilds finanzierten Hause *Kuhn, Loeb Co.* verhandeln. Nach dem Kriege bewies der Völkerbund seine Ergebenheit gegenüber den Interessenten dadurch, daß er sich weigerte, Anleihen an jene Nationen zu vergeben, die keine Zentralbank hatten oder den Goldstandard nicht anerkannten.

In den Jahren 1915/16 hielt Woodrow Wilson den Bankiers, die ihm die Präsidentschaft in den Vereinigten Staaten erkauft hatten, die Treue und weigerte sich, auf die Anklagen seines Ministers William Jennings Bryan zu hören, die sich dagegen wandten, daß den Alliierten über die Rothschilds Anleihen gegeben wurden.

»Geld«, sagte Bryan, *»ist die schlimmste Schmuggelware«*, und die amerikanischen Anleihen an die Verbündeten während der zweieinhalb Jahre vor dem Eintritt in den Ersten Weltkrieg bedeuteten einen schlimmeren Angriff als die verspätete Einschiffung von Truppen im Jahre 1917, nachdem Wilsons Kriegserklärung der Angelegenheit den Anschein von Legalität gegeben hatte. Bis 1917 hatten die *Morgans* und *Kuhn, Loeb Co.* eineinhalb Milliarden Dollar als Anleihen an die Alliierten ausgegeben, verkauft in Schuldscheinen durch die großen Finanziers von New York. Diese Bankiers gaben Hunderttausende von Dollar aus, um uns zum Kriege zu bewegen; sie benutzten dazu die Veröffentlichungen der belgischen Hilfskommission, die Greuelmärchen erfand, und der *League to Enforce Peace*, einer Carnegie-Organisation, die zum Kriege schürte. Eine Schiffsladung nach der anderen mit Munition wurde nach England und Frankreich geschickt, und wir forderten Deutschland geradezu heraus, diese Schiffe zu versenken; und eins von ihnen, die Lusitania, wurde versenkt. Durch die Versenkung der Lusitania starben Amerikaner; doch die Ware an Bord, die Kriegsmunition aus den Werken von Cleveland H.

Dodge, war bezahlt.* Doch war das nichts im Vergleich zu den vielen Amerikanern, die in Frankreich sterben mußten, und zu den Vermögen, die durch den Tod amerikanischer Soldaten gewonnen wurden.

Walter Hines Page, Gesandter in Großbritannien, beklagte sich, daß er sich diese Position nicht leisten könnte. Sofort wurden ihm 25000 Dollar jährlich von Cleveland H. Dodge gespendet. H. L. Mencken klagte Page öffentlich an, im Jahre 1916 britischer Agent gewesen zu sein. Am 5. März 1917 sandte Walter Hines Page einen vertraulichen Brief an Woodrow Wilson, in dem es hieß:

»Ich glaube, daß der Druck der herannahenden Krise die finanziellen Möglichkeiten Morgans zugunsten der Briten und Franzosen übersteigt. Der Geldbedarf wird zu groß und zu dringend für jede private Agentur, die immer mit der Eifersucht von Rivalen und Behörden rechnen muß. Die größte Hilfe, die wir den Verbündeten geben könnten, bestünde in einem Kredit. Unsere Regierung könnte eine beträchtliche Summe Geldes in einer französisch-britischen Anleihe anlegen oder die Bürgschaft für eine solche Anleihe übernehmen. Natürlich kann sie diesen Kredit nur gewähren, wenn wir an dem Krieg gegen Deutschland teilnehmen.«

Noch innerhalb dieses Monats verlangte Woodrow Wilson vom Kongreß die Kriegserklärung, um amerikanische Bankiers vor dem Verlust von eineinhalb Milliarden Dollar zu bewahren und um einen Absatzmarkt für Waffen zu schaffen. Die erste *Freiheits-Anleihe* (Liberty Loan) von 400 Millionen Dollar ging an *J. P. Morgan*, um eine britische Anleihe zurückzuzahlen. Das war aber erst der Anfang. Eineinhalb Jahre lang strömten die Bankiers und die Manager der Schwerindustrie und des Transport- und Verkehrswesens nach Washington, wo sie 25 Milliarden Dollar amerikanischen Vermögens ausgaben. Diese ganze Summe ging an Unternehmungen, die ihnen gehörten. Das Schauspiel, das Eugene Meyer Jr., der Direktor der *War Finance Corporation*, bot – er benutzte seine Ernennung dazu, sich selbst für viele Millionen Dollar Staatsanleihen zu verkaufen – ist ein Maßstab für die Ränke, die während des Krieges in Washington geschmiedet wurden.

Der wirkliche Grund von Pages Brief an Wilson war die Tatsache, daß die Rothschilds über das Ausmaß der militärischen Erfolge Deutschlands beunruhigt wurden und fürchteten, die Deutschen könnten schließlich den Krieg doch noch gewinnen. Das Finanzchaos, das ihre Agenten in Deutschland herbeiführten, nämlich die Familie Warburg, die die kaiserliche Kriegsführung finanzierten, berührte die deutsche Kriegsmaschinerie nicht wesentlich, ebensowenig wie die Stellung von Paul Warburgs

* Cleveland H. Dodge, Wilsons engster Freund und Befürworter, war Eigentümer der *Remington Arms Co.* und der *Winchester Arms Co.*

Bruder, der es als Chef des deutschen Geheimdienstes genehmigte, daß Lenins Zug durch Deutschland an die russische Front fuhr, was die bolschewistische Revolution ermöglichte. Der drastische Schritt Amerikas, in den Krieg einzutreten, war notwendig, um die übersteigerten Anleihen Rothschilds zu retten und die Gefahr von ihren privaten Banken in Frankreich und England abzuwenden und dem amerikanischen Volke aufzubürden. Die finanzielle Zukunft der Vereinigten Staaten wurde also verpfändet, um Sicherheit für die Anleihen der Alliierten zu schaffen.

Die amerikanische Schwerindustrie hatte sich nach den Worten des Marinestaatssekretärs, Franklin D. Roosevelt, etwa ein Jahr auf den Krieg vorbereitet. Das Armee- und Marine-Ministerium hatten seit Anfang 1916 große Kriegsvorräte eingekauft. Cordell Hull bemerkte in seinen Memoiren:

»Der Krieg erzwang die Entwicklung des Einkommensteuer-Gesetzes. Es trat gerade zur rechten Zeit in Kraft, um den Forderungen des Krieges gerecht zu werden. Ebenso unterstützte der Krieg den Beginn der Tätigkeit des Federal-Reserve-Systems.«

Das *Journal of Political Economy* vom Oktober 1917 stellte fest:

»Der Einfluß des Krieges auf die Geschäfte der Federal-Reserve-Banken *bewirkte eine ungeheure Erhöhung des Personalbestands mit einer entsprechenden Erhöhung der Ausgaben. Die Schöpfer des* Federal-Reserve-Gesetzes *hatten dafür gesorgt, daß die* Federal-Reserve-Banken *als fiskalische Agenten der Regierung handeln sollten, aber sie waren selbstverständlich nicht imstande, so rasch in dieser Richtung so weitreichende Forderungen zu erfüllen.«*

Sowohl Hull wie die Herausgeber des *Journal of Political Economy*, stellten befriedigt und überrascht fest, daß das *Federal-Reserve-System* und der Erste Weltkrieg, die beide zur gleichen Zeit begannen, so gut zueinander paßten. Hull erkannte offenbar nicht, daß die Haupttätigkeit der Zentralbanken in der Finanzierung von Kriegen bestand.

Am 13. Oktober 1917 hielt Woodrow Wilson folgende Rede:

»Es ist ein Gebot der Stunde, daß alle Geldreserven des Landes mobilisiert werden. Die Lasten und Vorteile (von Anleihen an die Verbündeten) müssen alle Bankinstitute der Vereinigten Staaten tragen. Ich glaube, daß die Zusammenarbeit der Banken derzeit eine vaterländische Pflicht ist und daß die Mitgliedschaft im Federal-Reserve-System *ein deutlicher und wichtiger Beweis von Vaterlandsliebe ist.«*

Wilsons Rede wurde durch die Tatsache veranlaßt, daß die Staatsbank und die Trusts nicht in dem erwarteten Maße dem *Federal-Reserve-System* beitraten. Kemmerer schreibt dazu:

»Als fiskalische Vertreter erwiesen die Federal-Reserve-Banken *dem Staate nach dem Eintritt in den Krieg unschätzbare Dienste. Sie halfen vor*

allem bei der Erhaltung unserer Goldreserven, bei der Regulierung unserer ausländischen Verbindlichkeiten und bei der Zusammenfassung und wirksamen Ausnützung unserer finanziellen Kräfte. Man schaudert, wenn man bedenkt, was hätte geschehen können, wenn wir während des Krieges noch unsere frühere Dezentralisation und unser veraltetes Banksystem gehabt hätten.«

Mr. Kemmerers Schaudern war unangebracht. Wenn wir unser »veraltetes Banksystem« beibehalten hätten, wären die USA niemals imstande gewesen, die Verbündeten zu finanzieren oder selbst in den Krieg einzutreten.

Woodrow Wilson glaubte nicht an seinen Kreuzzug, zur Rettung der Welt für die Demokratie. Er schrieb später:

»Der Weltkrieg war eine Folge wirtschaftlicher Rivalität.«

Bei einer Untersuchung durch Senator McCumber bezüglich der Umstände, die zum Eintritt unseres Landes in den Krieg führten, wurde Wilson gefragt:

»Glauben Sie, daß wir an diesem Krieg teilgenommen hätten, wenn Deutschland keine Kriegshandlungen und keine Ungerechtigkeiten gegen Bürger unseres Landes begangen hätte?«

»Ich glaube es,« erwiderte Wilson.

»Sie glauben also, daß wir auf jeden Fall in den Krieg eingetreten wären?«

»Ja«, sagte Wilson.

Was auch immer Wilsons Gedanken über Amerikas Eintritt in den Krieg waren, er lieferte sein Land während des Krieges den übelsten Elementen aus. Das Schicksal des amerikanischen Volkes wurde in die Hände von drei Diktatoren gelegt, die alle drei Spekulanten der *Wall Street* waren und niemals in ein Amt gewählt worden waren. Der eine war der Sohn eines polnischen Immigranten, der andere der Sohn eines französischen Immigranten und der dritte ein deutscher Immigrant, der 1911 eingebürgert worden war.

Bernard Baruch, Eugene Meyer Jr. und Paul Warburg, alle von ihrem Strohmann Wilson ernannt, übten größere Macht über das amerikanische Volk aus als irgendein Präsident; denn hinter ihnen stand die Finanz-Oligarchie, die seit 1863 unbestritten, Macht im Lande besaß.

1890 lenkte Bernard Baruch zum erstenmal die Aufmerksamkeit auf die *Wall Street,* wo er als gewandter, junger Mann für die Börsenmakler *A. A. Housman & Co* arbeitete. Börsenmakler wie Thomas Fortune Ryan und Henry H. Rogers erkannten in ihm einen außergewöhnlichen Organisator von Gesellschaften. 1896 vereinte er die sechs wichtigsten Tabakgesellschaften der Vereinigten Staaten zur *Consolidated Tobacco Co.* und zwang James Duke von der *American Tobacco Co.*, diesem gigantischen

Trust beizutreten. Der zweite große Trust, den Baruch organisierte, war der Kupfertrust, der für die Familie Guggenheim gebildet wurde, die seit jeher die Kupferindustrie Amerikas beherrschte. Baruchs erster Kontakt mit der Firma *Kuhn, Loeb Co.* bot sich an, als er und Edward H. Harriman – der Frontkämpfer in Jacob Schiffs erfolgreichem Feldzug, die Eisenbahnen Amerikas für die Rothschilds zu gewinnen – ihre Talente vereinten, um die Kontrolle über das öffentliche Verkehrswesen der Stadt New York zu gewinnen.

1901 gründeten Bernard Baruch und sein Bruder Herman in New York die Firma *Baruch Brothers, Bankers.* 1917 wurde sie aufgelöst, damit Bernard den Vorsitz im *War Industries Board* übernehmen konnte; aus ihr wurde die Firma *Hentz Brothers, Bankers.*

In einer biographischen Skizze des *New Yorker* wurde über Baruch berichtet, daß er einmal an einem Tage 750000 Dollar durch Stahlaktien der Vereinigten Staaten gewann, nachdem ein falsches Friedensgerücht in Washington in Umlauf gebracht worden war. Mit der Verbreitung des Friedensgerüchts fielen die Aktien erheblich, und Baruch kaufte von ihnen auf, soviel er wollte. 50000 Dollar hatte er für Woodrow Wilsons Wahlfeldzug beigesteuert, und als Gegenleistung erhielt er die Kontrolle über Amerikas Schwerindustrie.

In *Who's who in American Jewry* erwähnt Baruch, daß er Mitglied der Kommission war, die während des Krieges alle Einkäufe der Alliierten tätigte. Das war eine sehr bescheidene Aussage; denn Bernard Baruch war *selbst* die Kommission. Jährlich gab er zehn Milliarden Dollar amerikanischer Steuergelder aus und achtete darauf, daß die Aufträge an solche Firmen gingen, an denen er mehr als ein höfliches Interesse hatte.

Bernard Baruch war auch das entscheidende Mitglied der Kommission, die die Preise für Munition festsetzte. Das bedeutete, daß er bestimmte, zu welchem Preis die Regierung der USA auch Kriegsmaterial von Baruchs eigenen Gesellschaften kaufte. Jedoch übte er als Vorsitzender des *War Industries Board* vor allem geradezu diktatorische Gewalt über die amerikanischen Fabriken aus. Bei den Verhören des *Nye Committees* im Jahre 1935 bezeugte Baruch:

»Präsident Wilson ermächtigte mich in einem Brief, jede Industrie und jedes Werk zu übernehmen. Mit Richter Gary, dem Präsidenten der United States Steel, *hatten wir Unanehmlichkeiten; doch als ich ihm jenen Brief zeigte, sagte er: ›Ich glaube, wir müssen das anerkennen, und er erkannte es an.‹«*

Woodrow Wilson zahlte Baruchs Wahlgelder in Höhe von 50000 Dollar zurück, indem er die gesamte amerikanische Regierung Baruchs Manipulationen auslieferte. Im Kongreß gab es jedoch Abgeordnete, für deren Wahl Baruch keine 50000 Dollar ausgegeben hatte, und sie wollten wissen, welche Qualifikationen er besitze, daß ihm während des Krieges Gewalt über Leben und Tod der amerikanischen Industrie gegeben wurde. Er war kein Fabrikant und war kaum je in seinem Leben in einer Fabrik gewesen. Von einem Komitee des Kongresses nach seinem Beruf gefragt, nannte er sich einen »Spekulanten«. Ein *Wall Street*-Spieler war der Zar der amerikanischen Industrie geworden, von einem Mann auf jenen Posten berufen, der durch den Wahlspruch »Er bewahrt uns vor dem Krieg« zum Präsidenten gewählt worden war, und der unverzüglich den Krieg erklärte, um die Rothschilds vor weiterer Gefährdung ihres Kreditsystems zu schützen.

Der zweite der drei Imperatoren der Vereinigten Staaten im Jahre 1917 war Eugene Meyer Jr., der Sohn des dominierenden Teilhabers im internationalen Bankhaus *Lazard Freres* in Paris und New York. Meyer und Baruch kauften 1915 gemeinsam die *Alaska-Juneau* Goldmine und waren Partner in anderen Finanz-Spekulationen. Auf Betreiben Baruchs und McAdoos, des Angestellten von *Kuhn, Loeb Co.* und gleichzeitigen Finanzministers, wurde Meyer von Woodrow Wilson zum Vorsitzenden der *War Finance Corporation* (Kriegsfinanzgesellschaft) ernannt. Das Spezialgebiet von Meyers Stammhaus *Lazard Freres* war der internationale Goldhandel, und sein Eigentumsrecht an der *Alaska-Juneau* Goldmine und seine Goldminenbesitzungen in Süd-Afrika machten ihn zu einem geachteten Mitglied des auserwählten Kreises internationaler Finanzleute. Als Vorsitzender des *War Finance Committee* war er damit beauftragt, große Mengen von Staatspapieren an Handelsfirmen abzusetzen. Die Mitgliedsbanken des *Federal-Reserve-Systems* standen unter der Herrschaft von Paul Warburg; doch Meyer betrieb die Kriegsfinanzierung durch jene Geldagenturen und Banken, die sich nicht unter der Kontrolle des Systems befanden. Meyer gebrauchte außerdem seine Stellung dazu, an sich selbst, d.h. an *Eugene Meyer Jr.*, New York, für Millionen Dollar Obligationen der Vereinigten Staaten zu verkaufen.

Bei der Untersuchung des Senats bezüglich Meyers Qualifikationen, in den *Federal-Reserve-Board* zu kommen – für diese Position hatte ihn Herbert Hoover vorgeschlagen – stellte ein alter Freund aus London, Senator Robert L. Owen, der Vorsitzende des Senatskomitees für das Bank- und Währungswesen am 27. Januar 1931 fest, daß Meyer ein Schwager Georg Blumenthals war, eines Mitglieds der Firma *J. P. Morgan Co.*, dem Agenten von Rothschild. Weitere Beweise enthüllten, daß unter Meyers Leitung mindestens für 24 Millionen Dollar *Liberty Bonds* (Freiheits-Obligationen) als Duplikate gedruckt worden waren und daß für 10 Milliarden *First War Obligations* heimlich vernichtet worden waren. (House Report 1635, 68.th Congress, 2nd Session). Als die Bücher dem Komitee zur Prüfung ausgehändigt waren, entdeckte man, daß sie jeden Abend in das

Finanzministerium zurückgebracht und Änderungen in den laufenden Protokollen vorgenommen wurden. Obwohl das einige Kongreßmitglieder bezeugten, wurde Meyers Berufung in den *Federal-Reserve-Board* aufrechterhalten und Hoovers Urteil gerechtfertigt.

Das dritte Mitglied des Triumvirates, das unser Land während des Ersten Weltkrieges regierte, war Paul Warburg, über den wir schon ausführlich sprachen. Im Hinblick auf seine militärische Bedeutung für unser Land während des Krieges berichtete der Marine-Geheimdienst der Vereinigten Staaten über ihn am 12. Dezember 1918:

»Warburg, Paul, New York City. Deutscher, 1911 als Amerikaner eingebürgert, 1912 vom Kaiser mit einem Orden ausgezeichnet, war stellvertretender Vorsitzender des Federal-Reserve-Board, *verfügte über große Summen, die ihm von Deutschland für Lenin und Trotzky beschafft wurden. Hat einen Bruder, der Leiter der deutschen Spionage ist.«*

Paul Warburg blieb Finanz-Diktator der Vereinigten Staaten während des Ersten Weltkrieges bis zum Mai 1918. Wie die *New York Times* berichtet, gab er in seinem Entlassungsgesuch an, daß einige Bedenken gegen ihn erhoben worden waren, weil er einen Bruder im schweizerischen Geheimdienst hätte. Wir befanden uns nicht im Krieg mit der Schweiz. Aber er wagte es nicht zuzugeben, daß sein Bruder Chef des deutschen Geheimdienstes zur selben Zeit war, als er im Vorstand des *Federal-Reserve-Board* saß. Auf jeden Fall hätte ein Mann, der vom Kaiser ausgezeichnet worden war, mit einigem Argwohn angesehen werden müssen, besonders nachdem die USA durch die antideutsche Propaganda ihrer führenden Zeitungen in den Jahren 1917/18 in einen hysterischen Zustand versetzt worden waren. Da Warburg noch fünf Jahre vor dem Kriege deutscher Staatsangehöriger gewesen war, wäre er unter der liberalen Politik Franklin D. Roosevelts in ein Konzentrationslager gebracht worden.

Diese drei von Wilson ernannten Männer beherrschten während des Ersten Weltkrieges die Finanzen und die Industrie der Vereinigten Staaten; Baruch beherrschte die Industrie, Meyer beherrschte Geld und Kredit jener Banken, die nicht zum *Federal-Reserve-System* gehörten und Warburg beherrschte das amtliche Banksystem der Nation. Neben diesen Männern kam nach Washington ein Schwarm Teilhaber, Angestellter und Verbündeter von *J. P. Morgan Co.* und *Kuhn, Loeb Co.*, um das Schicksal des amerikanischen Volkes in die Hand zu nehmen.

Die Kriegsanleihen, die an das amerikanische Volk verkauft wurden, unterstanden nominell der Zuständigkeit des Finanzministeriums der Vereinigten Staaten unter der Leitung von Wilsons Finanzminister William G. McAdoo, den *Kuhn, Loeb Co.* im Jahre 1902 mit der Verwaltung der *Hudson-Manhattan-Railway Co.* beauftragt hatte. Paul Warburg von *Kuhn, Loeb Co.* hatte mit ihm während des Krieges den größten Teil seiner Firma nach Washington verlagert. Jerome Hanauer, Teilhaber bei *Kuhn, Loeb Co.*, war stellvertretender Finanzminister und betreute die Kriegsanleihen. Die zwei Unter-Staatssekretäre des Finanzministers während des Krieges waren S. Parker Gilbert und Roscoe C. Leffingwell. Gilbert und Leffingwell kamen zum Finanzministerium aus der Anwaltskanzlei von Cravath und Henderson und kehrten dorthin wieder zurück, nachdem sie ihren Auftrag für *Kuhn, Loeb Co.* im Finanzministerium erfüllt hatten. Cravath und Henderson waren die Anwälte von *Kuhn, Loeb Co.;* Gilbert und Leffingwell wurden später Teilhaber bei *J. P. Morgan Co.*

Eine der rätselhaftesten Ereignisse des Ersten Weltkrieges war, daß Woodrow Wilson den Londoner Bergbau-Förderer Herbert Hoover zum Leiter des Ernährungswesens der USA ernannte. Noch bevor Hoover von London aus in den USA eingetroffen war, noch bevor der Kongreß überhaupt von ihm gehört hatte, richtete sein Sekretär, Lewis Lichtenstein-Strauss, Partner von *Kuhn, Loeb Co.* und Schwiegersohn von Jerome Hanauer aus derselben Firma, im Ernährungs-Ministerium der Vereinigten Staaten das Büro des Ernährungsministers ein und machte für ihn in den Zeitungen Propaganda. Ein verwirrter Kongreß bestätigte die Ernennung Hoovers durch Wilson, als wäre es eine Selbstverständlichkeit, obwohl es als recht ungehörig empfunden wurde, daß ein Mann ein Amt übernahm, bevor er dafür überhaupt ins Gespräch gekommen war.

Kuhn, Loeb Co., die größten Eisenbahn-Besitzer in den USA und Mexiko, schützten ihre Interessen während des Ersten Weltkrieges dadurch, daß sie Woodrow Wilson veranlaßten, eine Eisenbahn-Verwaltung der Vereinigten Staaten zu gründen. Der General-Direktor wurde William McAdoo, sein Stellvertreter John Skelton Williams, der Währungskontrolleur. 1918 ersetzte Warburg diese Einrichtung durch eine straffere Organisation, die er *Federal Transportation Council* (Bundes-Transport-Rat) nannte. Der Zweck beider Organisationen war, während des Krieges Streiks gegen *Kuhn, Loeb Co.* zu verhindern, falls die Eisenbahn-Arbeiter versuchen sollten, sich durch Lohnforderungen an den Kriegs-Gewinnen zu beteiligen, die *Kuhn, Loeb Co.* von der Regierung der Vereinigten Staaten erhalten hatten.

Unter den wichtigen Bankiers, die sich während des Kriegs in Washington aufhielten, befand sich Herbert Lehman von der schnell aufsteigenden Firma *Lehman Brothers, Bankers New York.* Lehman wurde sofort in den Generalstab des Heeres im Rang eines Obersten aufgenommen.

J. W. McIntosh, Direktor des Fleisch-Konserven-Trusts für die Heeresversorgung, wurde 1918 Leiter des Heeres-Versorgungsamtes. Später wurde er Währungskontrolleur während der Amtszeit von Coolidge und von Amts wegen Mitglied des *Federal-Reserve-Board.* Während der

Amtszeit von Harding machte er seinen Schnitt als Finanzdirektor der Schiffahrtsbehörde der Vereinigten Staaten, als die Behörde Schiffe zum hundertsten Teil ihres Wertes an die *Dollar Lines* verkaufte und dann zuließ, daß die *Dollar Line* nicht bezahlte. Nachdem er den öffentlichen Dienst verlassen hatte, wurde J. W. McIntosh Partner bei den New Yorker Börsen-Maklern *J. W. Wollman Co.*

W. P. G. Harding, Mitglied des *Federal-Reserve-Board,* war unter Eugene Meyer auch leitender Direktor der *War-Finance-Corporation* (Kriegs-Finanz-Gesellschaft).

Georg R. James, Mitglied des *Federal-Reserve-Board* in den Jahren 1923/24 war Leiter der Baumwoll-Abteilung im *War-Industries-Board.*

Henry P. Davison, Senior-Partner von *J. P. Morgan Co.*, wurde 1917 zum Leiter des amerikanischen Roten Kreuzes ernannt, um die Kontrolle über 370 Millionen Dollar zu bekommen, die vom amerikanischen Volk gesammelt worden waren.

Ronald Ransom, Bankier aus Atlanta und unter Roosevelt in den Jahren 1938/39 Mitglied des *Federal-Reserve-Board*, war 1918 Personaldirektor der Auslandsabteilung des Roten Kreuzes.

Währungskontrolleur John Skelton Williams wurde 1918 zum Schatzmeister des amerikanischen Roten Kreuzes ernannt.

Präsident Woodrow Wilson, der große Liberale, der das *Federal-Reserve-Gesetz* unterzeichnete und den Krieg gegen Deutschland erklärte, hatte eine ungewöhnliche Laufbahn für einen Mann, der als Verteidiger des einfachen Volkes in die Geschichte eingegangen ist. Sein größter Befürworter in beiden Wahlkämpfen für seine Präsidentschaft war Cleveland H. Dodge. Dieser kam aus der von *Kuhn, Loeb Co.* kontrollierten *National City Bank* von New York, und war zugleich Präsident der Rüstungsfirmen *Winchester Arms Company* und der *Remington Arms Company.* Dodge war sehr eng mit Präsident Wilson befreundet, solange dieser große Demokrat eine Rolle im politischen Leben spielte. Am 12. Februar 1914 hob Wilson das Waffen-Embargo gegen Mexiko auf, sodaß Dodge für eine Million Dollar Waffen und Munition nach Carranza verschiffen und damit die mexikanische Revolution fördern konnte. *Kuhn, Loeb Co.*, denen das mexikanische Eisenbahn-Netz gehörte, waren mit der Regierung Huerta unzufrieden geworden und hatten sie daraufhin gestürzt.

Als 1915 das britische Marine-Hilfsschiff Lusitania versenkt wurde, war es mit Munition aus den Fabriken von Dodge beladen. Dodge war auch dafür bekannt, daß er sich gegen Streikende in seinen Werken berufsmäßiger Gangster bediente, doch der liberale Wilson scheint dadurch niemals gestört worden zu sein. Dodge wurde Vorsitzender des »Fonds für die Überlebenden Opfer der Lusitania«, der so viel dazu beitrug, die

Öffentlichkeit gegen Deutschland zu erregen.

Den Schlüssel zu Wilsons angeblichem Liberalismus kann man in Chaplins Buch *Wobbly* finden, das davon berichtet, wie Wilson das Wort »Verweigert« quer über das Gnadengesuch des alternden und kränkelnden Eugene Debs kritzelte. Debs war ins Atlanta-Gefängnis eingeliefert worden, weil er *»gegen den Krieg sprach und schrieb«*. Die Schuld, die man ihm zur Last legte, war allein sein *»Auftreten gegen den Krieg in Wort und Schrift«*. Das war Verrat an dem Diktator Wilson, und Debs wurde verhaftet. Als Führer der Sozialistischen Partei bewarb er sich aus dem Atlanta-Gefängnis um die Präsidentschaft – was vor ihm noch keiner getan hatte – und erhielt mehr als eine Million Stimmen. Es ist eine Ironie des Schicksals, daß die Führung der Sozialistischen Partei, die damals den Wunsch vieler Amerikaner nach einer sauberen Regierung vertrat, von Debs in die Hände des schwächlichen Norman Thomas überging, einen früheren Studenten und Bewunderer Wilsons an der Princeton Universität. Unter der Führung von Thomas trat die Sozialistische Partei für nichts mehr richtig ein und verlor immer mehr an Einfluß und Ansehen.

Die derzeitigen Bewunderer Wilsons werden durch den noch immer allmächtigen Bernard Baruch angeführt, der verkündet, Woodrow Wilson sei der größte Mann gewesen, den er je kennengelernt habe. Wilsons Auswahl der Mitglieder für den *Federal-Reserve-Board*, die Überantwortung der Kriegsfinanzierung und die Auslieferung der USA während des Krieges an das Immigranten-Triumvirat stempeln ihn zum Hauptzerstörer in der Geschichte Amerikas.

Es ist nicht verwunderlich, daß Woodrow Wilson von seiner mißglückten Reise nach Europa, nachdem er in den Straßen vom französischen Volk ausgezischt und verhöhnt und in den Sälen von Versailles von Orlando und Clemenceau verlacht worden war, als kranker gebrochener Mann zurückkehrte, der das Bett hüten mußte. Der Anblick der Zerstörung und des Todes in Europa, was er direkt zu verantworten hatte, war mehr, als er ertragen konnte. Der italienische Minister Pantaleoni gab den Gefühlen der europäischen Völker treffend Ausdruck, als er schrieb: *»Woodrow Wilson ist der Typ eines hochmütigen Naserümpfers, der sich nun inmitten eines allgemeinen Zusammenbruchs aus dem Staub macht.«*

Es ist das Unglück der USA, daß sein subventioniertes Presse- und Schulwesen sich darum bemühte, einem Manne ein ehrendes Andenken zu bewahren, mit dessen Einverständnis so viel Not und Tod in der ganzen Welt verursacht wurden.

9. Kapitel

ALBERT STRAUSS

Als Paul Warburg 1918 aus dem Aufsichtsrat der *Federal-Reserve-Banken* ausschied, trat Albert Strauss an seine Stelle, ein Partner des internationalen Bankhauses *J. & W. Seligman.* Dieses Bankhaus hatte große Geschäftsinteressen in Kuba und Südamerika und spielte eine bedeutende Rolle bei der Finanzierung vieler Revolutionen in diesen Ländern. 1933 wurde diese Firma vor allem bekannt durch die Untersuchungen des Finanzausschusses des Senats, als sich herausgestellt hatte, daß *J. & W. Seligman* 415000 Dollar Bestechungsgelder an Juan Leguia, den Sohn des Präsidenten von Peru, gegeben hatte, um das Land zur Annahme einer Anleihe zu bewegen.

Eine unvollständige Liste in *Who's Who in American Jewry* gibt an, daß Albert Strauss folgende leitende Posten innehatte: Vorstandsvorsitzender der *Cuba Cane Sugar Corporation;* Direktor der *Brooklyn Manhattan Transit Co.*, der *Coney Island Brooklyn RR*, der *New York Papid Transit*, der *Pierce-Arrow*, der *Cuba Tabacco Corporation* und der *Eastern Cuba Sugar Corporation.*

William McAdoo wurde im Jahre 1918 von Carter Glass als Finanzminister abgelöst. Strauss und Glass waren bei dem geheimen Treffen des *Federal-Reserve-Board* am 18. Mai 1920 zugegen, bei dem die große Agrarkrise von 1920/21 eingeleitet wurde.

Eine der größten Lügen bezüglich des *Federal-Reserve-Gesetzes,* als es 1913 mit großem Reklamegeschrei bekanntgemacht wurde, war das Versprechen, auf das Wohl der Farmer zu achten. In Wirklichkeit hat es stets nur dem Wohl einiger großen Bankiers gedient. Prof. O. M. W. Sprague, Volkswirtschaftler an der Harvard-Universität, schreibt im Februar 1914 im *Quarterly Journal of Economics:*

»Der Hauptzweck des Federal-Reserve-Gesetzes *besteht darin, sicherzustellen, daß stets ein Vorrat an Geld und Kredit verfügbar ist, um außergewöhnlichen Bedürfnissen der Banken zu entsprechen.«*

Es enthält nichts über eine Hilfe an die Farmer.

Der Erste Weltkrieg hatte Amerika einen allgemeinen Wohlstand gebracht, wie die Aktien der Schwerindustrie an der New Yorker Börse von 1917/18, der erhöhte Geldumlauf und die enormen Bankabrechnungen von 1918 bewiesen. Das *Federal-Reserve-System* sah es als feste Pflicht an, die Kontrolle über die ungeheuren Summen an Geld und Kredit, die ihm während der Zeit des Wohlstandes entglitten war, zurückzubekommen. Das geschah durch die Agrarkrise von 1920–21.

Die Maßnahmen am offenen Markt des *Federal-Reserve-Open Market*

Committee zeigen in den Jahren 1917/18, als Paul Warburg noch den Vorsitz führte, einen ungeheuren Zuwachs beim Kauf von Bank- und Handelswechseln. Unter der Leitung des fähigen Eugene Meyer Jr. steigerte sich auch beträchtlich der Kauf von Staatspapieren der Vereinigten Staaten. Und ein großer Teil der Börsenspekulationen von 1919 wurden am Ende des Krieges, als sich der Markt noch nicht stabilisiert hatte, mit Geldmitteln finanziert, die von den *Federal-Reserve-Banken* geborgt wurden, wobei Staatspapiere als Pfand dienten. So führte das *Federal-Reserve-System* die Krise herbei, indem es zuerst die Inflation verursachte und dann den Diskontsatz erhöhte, um das Geld teuer zu machen.

1914 wurde der Zinssatz der *Federal-Reserve-Banken* von 6 % auf 4 % gesenkt, 1916 ging er weiter zurück auf 3 % und blieb bis 1920 auf dieser Höhe. Der Grund für diesen niedrigen Zinssatz war die Notwendigkeit, »Freiheitsanleihen« im Werte von Milliarden Dollars in Umlauf zu bringen. Zu Beginn eines jeden Propagandafeldzugs für die Anleihen steckte der *Federal-Reserve-Board* durch seine Operationen am offenen Geldmarkt hundert Millionen Dollar in den New Yorker Geldmarkt, um so einen Anreiz für den Verkauf zu geben. Die wichtigste Rolle der Anleihen bestand darin, die wachsenden freien Gelder aufzusaugen, die während des Krieges durch den erhöhten Banknotendruck und die gestiegene Kreditausgabe entstanden waren. Die Arbeiter erhielten hohe Löhne, und die Farmer erhielten die höchsten Preise für ihre Produkte, die sie je erzielt hatten. Diese beiden Gruppen häuften Millionen von Dollar in bar an, für die sie keine »Freiheitsanleihen« erwarben. Dieses Geld war tatsächlich den Händen der *Wall Street,* die Geld und Kredit der Vereinigten Staaten kontrollierten, entzogen. Dieses galt es zurückzugewinnen, und deshalb bekamen die USA in den Jahren 1920/21 die Agrarkrise. Ein großer Teil dieses Geldes war bei jenen kleinen Landbanken des mittleren Westens und des Westens eingezahlt worden, die sich geweigert hatten, dem *Federal-Reserve-System* beizutreten, da die Farmer und Viehzüchter jener Gegenden keinen Grund fanden, einer Gruppe internationaler Bankiers die Kontrolle über ihr Geld zu überlassen. Diese kleinen Landbanken zu vernichten, das Geld der Farmer zurückzubekommen, das sie während des Krieges an diese gezahlt hatten, und zugleich dadurch die Farmer zu ruinieren, das waren die nächsten Ziele des *Federal-Reserve-Systems.*

Zuerst wurde eine zentrale Landwirtschafts-Kredit-Anstalt gegründet, die die Farmer dazu ermutigen sollte, ihr erworbenes Geld mit langfristigen Anleihen in Land anzulegen, wozu sie gern bereit waren. Dann durfte die Inflation in den Jahren 1919/20 in Amerika und Europa ihren Lauf nehmen. Die Inflation in Europa sollte einen großen Teil der Kriegsschulden streichen, die die europäischen Alliierten dem amerikanischen Volke schuldeten, und die Inflation in Amerika sollte das überflüssige Geld abschöpfen, das der arbeitenden Bevölkerung in Form von höheren Löhnen und Zuschlägen für höhere Produktion ausgezahlt worden war. In dem Maße wie die Preise höher und höher kletterten, wurde das ersparte Geld der Arbeiter immer weniger wert, und sie wurden auf diese Weise in unredlicher Art besteuert, während die Schicht der Reichen durch die Inflation bereichert wurde, da der Wert von Grundstücken und Industrieprodukten gewaltig stieg. Die Arbeiter verarmten auf diese Weise recht wirksam; doch die Farmer, die im allgemeinen sparsamer und genügsamer waren, mußten härter angefaßt werden.

G. W. Norris erklärte in *Collier's Magazine* am 20. März 1920:

»Es hält sich das Gerücht, daß zwei Mitglieder des Federal-Reserve-Board *im Dezember 1919 ein kurzes Gespräch mit New Yorker Bankiers und Finanzleuten hatten. Unmittelbar darauf gab es einen fühlbaren Rückgang der Umsätze am Aktienmarkt, und die Propaganda der Kreditinstitute hörte auf. Es ist bekannt, daß Eingriffe in der gleichen Richtung auch in anderen Teilen des Landes stattfanden und man sieht darin einen Beweis für den Mißbrauch des* Federal-Reserve-Systems, *die Boden- und Waren-Spekulation zu fördern.«*

Senator Robert L. Owen, Vorsitzender im Bank- und Währungs-Komitee des Senats bezeugte bei den *Silver Hearings* des Senates im Jahre 1939:

»Anfang 1920 ging es den Farmern besonders gut. Sie bezahlten ihre Hypotheken, und als sie viel neues Land auf Empfehlung der Regierung gekauft und dazu auch Geld geborgt hatten, machten sie bankrott infolge einer plötzlichen Verknappung des Kredites und des Geldumlaufes im Jahre 1920. Was 1920 geschah, war gerade das Gegenteil von dem, was hätte geschehen sollen. Anstatt das Übermaß an Verschuldung, die der Krieg während einiger Jahre hindurch bewirkt hatte, abzubauen, traf sich der Federal-Reserve-Board *zu einer geheimen Sitzung am 18. Mai 1920. Man verbrachte den ganzen Tag mit Konferenzen; das Protokoll, das 60 gedruckte Seiten umfaßt, erschien als Senats-Dokument 310 vom 19. Februar 1923. Die A-Direktoren und der beratende Ausschuß des* Federal-Reserve-Systems *waren anwesend; doch die B-Direktoren, die Handel, Gewerbe und Landwirtschaft vertreten, fehlten. Auch die C-Direktoren, die Vertreter des amerikanischen Volkes, waren weder zugegen noch eingeladen. Nur die großen Bankiers waren dort, und das Ergebnis ihrer Arbeit an jenem Tage bestand in einer Kredit-Beschränkung, die das nationale Einkommen im nächsten Jahre um 15 Milliarden Dollar schmälerte, Millionen von Menschen arbeitslos machte und den Wert der Ländereien und Farmen um 20 Milliarden Dollar verringerte.«*

Carter Glass, 1920 als Finanzminister Mitglied des *Board*, schrieb in seiner 1928 veröffentlichten Selbstbiographie *Adventure in Constructive*

Finance, und zwar als Erwiderung auf die an ihm geübte Kritik, daß die Anhebung des Diskontsatzes auf 7 % die Agrar-Krise verursacht hätte:

»Berichterstatter waren natürlich nicht anwesend, da ihnen das nicht gestattet war und in der ganzen Welt bei keinem Treffen eines Bank-Vorstands üblich ist.«

Carter Glass war es, der sich darüber beklagte, daß eine vom Senator La Follette 1919 vorgeschlagene Zusatzbestimmung zum *Federal-Reserve-Gesetz* von 1913, wonach kein Mitglied des *Federal-Reserve-Board* zugleich Angestellter, Direktor oder Aktienbesitzer einer Bank, eines Trusts oder einer Versicherungs-Gesellschaft hätte sein dürfen, bei einer Annahme dieser Bestimmung dazu führen würde, daß am Ende Handwerker und Landarbeiter im Vorstand säßen. In Wirklichkeit hätten Handwerker und Landarbeiter den USA keinen größeren Schaden zufügen können als Glass, Strauss und Warburg auf dem geheimen Treffen des *Federal-Reserve-Board.*

Senator Brookhart aus Iowa bezeugte, daß der damalige Präsident des beratenden Ausschusses des *Federal-Reserve-Board,* Paul Warburg, bei jenem geheimen Treffen eine Entschließung durchbrachte, einen fünfköpfigen Ausschuß an die zwischenstaatliche Handelskommission zu entsenden, um eine Erhöhung der Eisenbahntarife zu fordern. Als Chef von *Kuhn, Loeb Co.,* denen die meisten Eisenbahnstrecken der Vereinigten Staaten gehörten, vermißte er bereits die großen Gewinne, die die Regierung während des Krieges bezahlt hatte, und daher wünschte er, dem amerikanischen Volk eine neue Preiserhöhung aufzuerlegen.

Außerdem bezeugte Senator Brookhart:

»Ich ging in Myron T. Herricks Büro in Paris und sagte ihm, daß ich hierher gekommen wäre, um genossenschaftliches Bankwesen kennenzulernen. Er erwiderte mir: ›Wenn Sie alle europäischen Länder besuchen, werden Sie bald herausfinden, daß die Vereinigten Staaten das einzige zivilisierte Land der Welt sind, das seinem Volke die Organisation eines genossenschaftlichen Systems verbietet.‹ Ich ging nach New York und sprach zu etwa 200 Leuten. Nachdem ich über Kooperation im allgemeinen und nicht spezifisch über kooperatives Bankwesen gesprochen hatte, wartete ich auf meinen Zug, als mich ein Mann beiseite nahm und zu mir sagte: ›Ich glaube, Paul Warburg ist der größte Finanzmann, den wir je hervorbrachten. Er hält mehr von Ihren kooperativen Ideen, als Sie glauben, und wenn Sie mehr über kooperative Geschäfte wissen wollen, wenden Sie sich an ihn; er hat eine gute Meinung von Ihnen, und Sie können sich auf ihn verlassen.‹ Ein paar Minuten später wurde ich Mr. Warburg gegenübergestellt, und er sagte zu mir: ›Sie haben völlig recht mit dieser kooperativen Idee. Ich möchte Sie wissen lassen, daß die großen Bankiers auf Ihrer Seite sind. Ich möchte Sie das jetzt wissen lassen, damit Sie nichts in der Rich-

tung einer Genossenschafts-Bank unternehmen, um sie nicht zu Ihren Feinden zu machen.‹ Ich sagte: ›Mr. Warburg, ich habe schon alles vorbereitet und morgen werde ich einen Abänderungsantrag zu der Lant-Vorlage *einbringen, die eine Einrichtung von nationalen Genossenschafts-Banken vorsieht.‹ Das war das vorläufige Kredit-Gesetz, das damals noch in der Schwebe war und Vollmacht zur Errichtung nationaler Genossenschafts-Banken erteilen sollte. Das war der Inhalt meines Gesprächs mit Mr. Warburg; wir haben nie wieder eines geführt.«*

Mr. Wingo sagte aus, daß den Frabrikanten und Kaufleuten im April, Mai, Juni und Juli 1920 eine sehr große Krediterhöhung gewährt wurde. Das geschah, um sie durch die Zeit der Kreditbeschränkung hindurchzuschleusen, durch die die amerikanischen Farmer zugrunde gerichtet werden sollten, denen zur gleichen Zeit jeder Kredit versagt wurde.

Bei den Senats-Anhörungen im Jahre 1923 wies Eugene Meyer Jr. auf einen Hauptgrund hin, warum der *Federal-Reserve-Board* den Zinssatz für Kredite im land- und viehwirtschaftlichen Bereich auf 7 % erhöhte:

»Ich glaube, daß sehr viel Ärger hätte vermieden werden können, wenn eine größere Zahl der diskontfähigen freien Banken Mitglieder des Federal-Reserve-Systems geworden wäre.«

Meyer sagte hier die Wahrheit. Das Ziel des Vorstandes war es, jene Staats- und vereinigten landwirtschaftlichen Banken zu vernichten, die sich beharrlich geweigert hatten, ihre Freiheit der Diktatur der internationalen Bankiers zu opfern, die durch das System geschaffen worden war. Kemmerer schrieb 1919 in *ABC of the Federal-Reserve-System:*

»Die Tendenz zielt auf eine Vereinheitlichung und Vereinfachung, was seitens der staatlichen Institutionen dadurch erreicht werden soll, daß sie in steigendem Maße Aktionäre und Sparer bei den Reserve-Banken *werden.«*

Doch die Staatsbanken gingen nicht darauf ein.

Die Senatsanhörung von 1923 über die Ursachen der Agrarkrise in den Jahren 1920/21 waren vom amerikanischen Volk gefordert worden. Das vollständige Protokoll der geheimen Zusammenkunft des *Federal-Reserve-Board* am 18. Mai 1920 wurde in dem *Manufacturers' Record,* aus Baltimore, Maryland abgedruckt, einer Zeitschrift, die die Interessen der kleineren Fabrikanten des Südens wahrnahm.

Frank Vanderlip sagte bei diesen Anhörungen aus, daß nach Inkrafttreten des *Federal-Reserve-Gesetzes* im Jahre 1913 die Staatsbanken sich nicht in erhoffter Zahl anschlossen, sondern daß viele von ihnen sogar während des Krieges austraten. Deshalb setzte der Vorstand jenen Krieg gegen die ländlichen Banken fort, der durch die Opposition entstanden war, die jene Banken gegen den Plan der *Wall Street* äußerten, den Paul Warburg für das Repräsentantenhaus ausgearbeitet hatte und der von

Woodrow Wilson unterzeichnet worden war. Den Haß der New Yorker Bankiers erweckte besonders Andrew Frame durch seinen Kampf gegen den Reserve-Plan; offen zeigte er sich zuerst bei der Verteilung der Reserve-Banken, bei der der Westen leer ausging; er setzte sich in der Zins-Politik des Vorstandes fort und führte zu der heftigen Kreditbeschränkung vom Mai 1920, die viele westliche Bankiers ruinierte.

Benjamin Marsh, Direktor des *Farmers' Council*, erklärte bei den Anhörungen:

»Die Kreditgewährung von privaten Banken ist verfassungswidrig.«

Senator Glass daraufhin: *»Sie sind also der Meinung, daß genossenschaftlichen Vereinigungen die Ausgabe von Krediten gestattet sein sollte?«*

Marsh: *»Mögen sie ihren eigenen Mitgliedern Kredite geben.«*

Senator Glass: *»Meinen Sie, daß es den genossenschaftlichen Vereinigungen gestattet sein sollte, Banknoten herauszugeben?«*

Marsh: *»Nein, das ist Sache der Regierung, aber nicht aufgrund jenes fiktiven und schwankenden Wertes des Goldstandards.«*

Senator Glass: *»Glauben Sie, daß das* Federal Farm Loan Act *(Bundes-Agrar-Anleihe-Gesetz) geradezu eine Orgie in der Landspekulation herbeiführte?«*

Marsh: *»Es ermutigte dazu. Des finanziellen Vorteils wegen versuchte man durch Förderung des offenen Markts den Gewinn der Landarbeit zunichte zu machen, ebenso wie durch die Aufhebung der Einwanderungsbeschränkungen. Dann sagte man: ›Wir haben Millionen von Farmern von ihren Farmen vertrieben: lassen wir sie in die Industrie gehen, damit sie den Arbeitsmarkt zusammenbrechen lassen.‹ Der Landwirtschaftsminister Wallace (der Vater von Henry Agard) erklärte mit großer Offenheit, daß die Vertreibung der Farmer von ihren Farmen die Parität zwischen den landwirtschaftlichen Preisen und den Arbeitslöhnen wiederherstellen würde.«*

Benjamin Strong, Direktor der *Federal-Reserve-Bank* von New York und enger Freund von Montagu Norman, dem Direktor der *Bank of England*, sagte bei diesen Anhörungen:

»Das Federal-Reserve-System *hat mehr für den Farmer getan, als er bisher bemerkt hat.«*

Und Emmanuel Goldenweiser, Forschungsdirektor des *Board*, behauptete, daß die Erhöhung des Diskontsatzes nur eine antiinflationistische Maßnahme gewesen war; doch er versäumte zu erklären, warum sie allein gegen Farmer und Arbeiter gerichtet war, während das System gleichzeitig Fabrikanten und Kaufleute schützte und ihnen erhöhte Kredite gewährte.

Eine abschließende Erklärung über den *Federal-Reserve-Board*, der

1920/21 die Agrar-Krise verursacht hatte, veröffentlichte William Jennings Bryan in *Hearst's Magazine* im November 1923:

»Die Federal-Reserve-Bank, *die für den Farmer die größte Stütze hätte sein können, wurde sein größter Feind. Die Deflation auf Kosten der Farmer war ein mit Absicht herbeigeführtes Verbrechen!«*

10. Kapitel

UND NOCH MEHR ÜBER PAUL WARBURG

Nach der Agrar-Krise von 1920/21 begünstigte der Aufsichtsrat der *Federal-Reserve-Bank* acht Jahre lang die Kredit-Expansion der New Yorker Bankiers, eine Politik, die in der großen Wirtschaftskrise von 1929–31 gipfelte, die das wirtschaftliche Geschehen der ganzen Welt lähmte.

Paul Warburg war im Mai 1918 zurückgetreten, nachdem das Geldsystem der Vereinigten Staaten von einem durch Pfandbriefe gesicherten Umlauf auf einen Umlauf übergewechselt war, der auf Handels-Obligationen und Aktien der *Federal-Reserve-Banken* beruhte. Warburg kehrte zu seinem jährlich mit 500000 Dollar bezahlten Job bei *Kuhn, Loeb Co.* zurück; beeinflußte aber immer noch stark die Politik des *Federal-Reserve-Systems* als Präsident des beratenden Ausschusses des Systems und als Vorsitzender des Exekutiv-Ausschusses des *American Acceptance Council.*

Von 1921 bis 1929 organisierte Warburg drei der größten Trusts der Vereinigten Staaten: Die *International Acceptance Bank*, die die größte Wechselbank der Welt ist, die *Agfa Ansco Film Corporation* mit dem Hauptsitz in Belgien und die *I. G. Farben Corporation*, deren amerikanische Zweigstelle von Warburg als die *American I.G. Chemical Corporation* bezeichnet wurde. Zweiter Direktor bei diesen Unternehmungen war Bronson Winthrop, der Sozius von Henry L. Stimson, während Stimson weiterhin sein Leben dem öffentlichen Dienst widmete.

Anfang der zwanziger Jahre spielte das *Federal-Reserve-System* bei dem Wiedereintritt Rußlands in die internationale Finanzstruktur eine entscheidende Rolle. Winthrop und Stimson waren hierbei wie früher die Verbindungsleute zwischen den russischen und amerikanischen Bankiers, und Henry L. Stimson führte die Verhandlungen, die schließlich zur Anerkennung der Sowjets nach Roosevelts Wahl 1932 führten. Schon lange zuvor hatten die amerikanischen und russischen Bankiers ihre Finanzbeziehungen wieder aufgenommen.

Das *Federal-Reserve-System* begann schon 1920 russisches Gold einzukaufen, und die russische Währung wurde an den Börsen angenommen. Nach der Selbstbiographie von Colonel Ely Garrison und nach dem Bericht des Marine-Geheimdienstes der Vereinigten Staaten ist die russische Revolution von den Rothschilds und Warburgs finanziert worden, und ein Mitglied der Familie Warburg trug die Kosten, die Lenin und Trotzky in Stockholm 1918 verursachten.

In einem Artikel der englischen Monatszeitschrift *Fortnightly* vom Juli 1922 stand:

»Während des vergangenen Jahres ist praktisch jede kapitalistische Einrichtung wiederhergestellt worden. Das bezieht sich auf die Staatsbank, auf privates Bankwesen, auf die Börse, auf das Recht, Geld in unbegrenzter Höhe zu besitzen, auf das Erbschaftsrecht, auf das Wechselsystem und auf andere Einrichtungen und Praktiken, die sich auf die Führung privater Industrie- und Handelsbetriebe beziehen. Einen großen Teil der vorher verstaatlichten Industrie kann man jetzt in halb-unabhängigen Trusts finden.«

Die Organisation mächtiger Trusts in Rußland unter der Maske des Kommunismus macht es möglich, ihnen beträchtliche finanzielle und technische Hilfe aus den Vereinigten Staaten zukommen zu lassen. Die russische Aristokratie war ausgelöscht worden, da sie zu kraftlos war, einen modernen Industriestaat aufzubauen. Die internationalen Finanziers versorgten Lenin und Trotzky mit Geldmitteln, um das zaristische Regime zu stürzen und Rußland die Fortführung des Ersten Weltkrieges zu ermöglichen. Peter Drucker, der Sprecher der Oligarchie in den USA, erklärte 1948 in einem Artikel der *Saturday Evening Post:*

»Rußland ist das Ideal einer geleiteten Volkswirtschaft, auf die wir uns zubewegen.«

Die Ausgabe von genügend Geld, um den Bedürfnissen seiner Wirtschaft zu genügen, konnte in Rußland erst geschehen, nachdem alle Macht in die Hände einer Regierung gelegt worden war, die die absolute Kontrolle über das Volk hatte. Während der zwanziger Jahre gab Rußland große Mengen sogenannten »Inflationsgeldes« heraus, das eine manipulierte Währung war. Im Juli 1922 wurde in demselben Artikel der *Fortnightly* die Bemerkung gemacht:

»Da wirtschaftlicher Druck die astronomischen Zahlen der Währung hervorgebracht hat, kann er sie niemals zerstören. Für sich genommen, ist das System in sich abgeschlossen, logisch perfekt, sogar intelligent. Es kann nur durch einen Zusammenbruch oder eine Vernichtung des politischen Gebäudes, das es ziert, zu Grunde gehen.«

1929 äußerte sich *Fortnightly* folgendermaßen:

»Seit 1921 ist das Leben der Sowjetbürger keineswegs verschieden von dem der amerikanischen Bürger; aber das sowjetische Regierungssystem ist sparsamer.«

Admiral Koltschak, der Führer der weißrussischen Armeen, wurde eine zeitlang von jenen internationalen Bankiers unterstützt, die britische und amerikanische Truppen nach Sibirien schickten, um einen Vorwand zu haben, Koltschak-Rubel zu drucken. 1920 manipulierten die Bankiers an der Londoner Börse zu gleicher Zeit die alten Zaren-Rubel, die Kerensky- und die Koltschak-Rubel, je nach der Bewegung der alliierten Truppen, die Koltschak halfen. Koltschak besaß auch eine beträchtliche Goldmenge, die von seinen Armeen erbeutet worden war. Nach seiner Niederlage verschwand ein ganzer Zug dieses Goldes in Sibirien. Bei den Senats-Anhörungen im Jahre 1921 über das *Federal-Reserve-System* kam heraus, daß das System dieses Gold erhalten hatte. Das Kongreßmitglied Dunbar stellte dem Mitglied W. P. G. Harding vom *Federal-Reserve-Board* folgende Fragen:

Dunbar: »*Mit anderen Worten, Rußland schickt den europäischen Staaten sehr viel Gold, die es ihrerseits nach Amerika senden?*«

Harding: »*Das geschah, um das zu bezahlen, das in Amerika gekauft worden war und um einen Dollar-Austausch zu schaffen.*«

Dunbar: »*Und zur selben Zeit kam jenes Gold aus Rußland durch Europa?*«

Harding: »*Einiges hielt man für Gold von Koltschak, das durch Sibirien kam; aber das geht die* Federal-Reserve-Banken *nichts an. Der Finanzminister hatte Anweisungen erlassen, daß die Kontrollbüros kein Gold annehmen sollten, das nicht die Prägemarke einer befreundeten Nation trüge.*«

Was Gouverneur Harding unter dem Ausdruck »einer befreundeten Nation« verstand, ist nicht klar. 1921 befand sich Amerika, militärisch wenigstens, mit keinem Land im Kriege. Auf jeden Fall begann jetzt der Kongreß sich mit dem internationalen Goldhandel des *Federal-Reserve-Systems* zu befassen. Harding konnte wohl mit den Achseln zucken und sagen, daß es nicht Sache der *Federal-Reserve-Banken* wäre, danach zu fragen, woher das Gold käme. Gold kennt keine Nationalität und keine Rasse. Seit 1906 interessierten sich die Vereinigten Staaten nicht mehr dafür, woher ihr Gold kommt; Finanzminister Shaw hatte mit mehreren größeren New Yorker Banken (an denen er selbst Interesse hatte) Vereinbarungen getroffen, Gold mit Vorschüssen des Finanzministeriums der Vereinigten Staaten zu kaufen, das dann vom Finanzministerium von diesen Banken gekauft würde. Das Finanzministerium konnte dann mit Recht behaupten, es wüßte nicht, woher das Gold käme, da sein Büro nur die Bank registriere, bei der es den Kauf getätigt hätte. Seit 1906 weiß das Finanzministerium nicht, von welchem internationalen Goldhändler es sein Gold bezieht.

Der Erste Weltkrieg änderte den Status der Vereinigten Staaten; früher waren sie Schuldner, jetzt wurden sie der Welt größte Gläubigernation und verdrängten die Engländer von diesem Platze. Da nach den Worten des Gouverneurs Marriner Eccles vom *Federal-Reserve-Board* Schuld gleich Geld ist, wurden die USA zugleich die reichste Nation der Welt. Der Krieg veranlaßte auch die Verlegung des wichtigsten Wechselmarktes der Welt von London nach New York, und Paul Warburg wurde im Wechsel-Geschäft der mächtigste Bankier der Welt. Die Hauptstütze der internationalen Finanzleute war, wie immer, dieselbe: Der Goldstandard war weiterhin die Basis für die Wechselkurse, und die kleine Gruppe von Internationalen, denen das Gold gehörte, kontrollierte das Währungssystem der westlichen Nationen.

In den zwanziger und dreißiger Jahren war der *Völkerbund* die Hauptwaffe der Bankiers für den Goldstandard. Durch diese Institution wurden die meisten Demokratien zwischen 1924 und 1928 gezwungen, zum Goldstandard zurückzukehren. Diese Länder brauchten nach dem Ersten Weltkrieg Geld zum Wiederaufbau, und der Völkerbund war bereit, es ihnen zu geben. Die einzigen Bedingungen waren, daß die sich bewerbenden Nationen eine Zentralbank besaßen und den Goldstandard anerkannten. Kredite wurden nicht gewährt, wenn diese Bedingungen nicht erfüllt wurden. Infolgedessen wurden Zentralbanken in Ländern eingerichtet, in denen sie zuvor unbekannt gewesen waren, besonders in den südamerikanischen Staaten. Paul Einzig schreibt im *London Economist:*

»Der Völkerbund und die Zusammenarbeit der Zentralbanken brachten Europa auf den Goldstandard zurück. Obwohl das Finanzkomitee des Völkerbundes die internationalen Kredite vergab, wurde seine Arbeit im allgemeinen von der Bank of England *gelenkt. Die internationale Zusammenarbeit der Nachkriegsjahre bewirkte auch einen außerordentlich engen Kontakt der Zentralbanken. Es bestand ein regelmäßiger internationaler Austausch von Informationen, und wichtige Entscheidungen, wie die Änderung des Diskontsatzes, wurden gewöhnlich im voraus den führenden Zentralbanken mitgeteilt. Die Internationalisierung der Finanzen seit dem Krieg war im allgemeinen auch für die Anhäufung eines riesigen Umlaufkapitals bei Regierungen und Banken verantwortlich.«*

Während der zwanziger Jahre betätigte sich das *Federal-Reserve-System* wie eine Zentralbank, die für Erleichterungen bei der inländischen Kreditausweitung und für Darlehen an das Ausland sorgte. Viel der verstärkten Leistungsfähigkeit der amerikanischen Schwerindustrie war im Ersten Weltkrieg ausgeschöpft worden. Nach Kriegsende sah sich die amerikanische Wirtschaft zwei Problemen gegenüber: der Überproduktion und dem Absatz. Die unzureichende Menge an Zahlungsmitteln ließ die Bürger nicht in den Genuß der erhöhten Produktion kommen, während sich die Produzenten bei vielen Artikeln einem gesättigten Markt gegenübersahen. Während dieser Zeit hielten es die amerikanischen Bankiers für vorteilhafter, ausländische Märkte zu finanzieren als den Verbrauch im eigenen Lande.

Bei den Anhörungen des Repräsentantenhauses über die Senatsvorlage 2472 vom 19. September 1919 erklärte Edmund Platt, der Vorsitzende des Bank- und Währungs-Komitees des Repräsentantenhauses:

»Vor kurzem kam ein junger Mann zu mir, der, wie er sagte, in Bulgarien gewesen war, was wohl auch zutrifft, und dort für eine Million Dollar Betten gekauft hatte. Er wollte, daß die Regierung der Vereinigten Staaten das Geld nach Bulgarien sendet, damit jene Betten bezahlt werden könnten.«

Senator Walter Edge bemerkte dazu:

»Das ist genau das, was Sie bald von den Fabrikanten unseres Landes hören werden.«

Während der zwanziger Jahre verkauften die Fabrikanten Waren ins Ausland, und das *Federal-Reserve-System* verhalf dazu, daß Milliarden Dollar ausländischer Anleihen Amerika überschwemmten. Franklin D. Roosevelt spielte bei vielen dieser Transaktionen eine bedeutende Rolle, einmal als Präsident einiger Kreditgesellschaften und zweitens als ihr Rechtsanwalt in seiner Firma *Roosevelt and O'Connor.* Durch seine Diskontsatzänderungen und durch seine Tätigkeiten am offenen Markt schuf das *Federal-Reserve-System* billiges Geld und geringe Zinsraten, sodaß das amerikanische Volk jene Anleihen kaufte. Später verfielen die Kurse der Anleihen und die Amerikaner verloren drei von vier Dollar, die sie in die Anleihen investiert hatten.

Professor Gustav Cassel schrieb 1928:

»Der amerikanische Dollar, nicht das Gold, ist der Währungs-Standard der Welt. Der amerikanische Federal-Reserve-Board *hat die Macht, die Kaufkraft des Dollars durch die Veränderung des Diskontsatzes zu bestimmen und kontrolliert auf diese Weise den Geldmarkt der Welt.«*

Wenn das wahr wäre, dann wären die Mitglieder des *Federal-Reserve-Board* die mächtigsten Finanzleute der Welt. Gelegentlich gehören ihm auch wirklich einflußreiche Männer wie Paul Warburg oder Eugene Meyer Jr. an, aber im allgemeinen ist er ein »Gummi-Stempel-Komitee« für den beratenden Ausschuß des *Federal-Reserve-Systems* und für die Bankiers der *Wall Street.*

Es gibt viele Geheimnisse um die Tätigkeiten des Systems. Die Angestellten des Systems werden gründlichst geprüft, bevor sie eingestellt werden, wobei hohe Ansprüche in bezug auf »Loyalität« und »Sicherheit« gestellt werden. Die Angelegenheit des wechselnden Diskontsatzes ist zum Beispiel niemals zufriedenstellend geklärt worden. Nachfragen beim *Federal-Reserve-Board* in Washington erbrachten die Antwort, daß »die Zustände des Geldmarktes in erster Linie die Veränderungen der Zinsrate bedingen.« Da New York der Sitz des Geldmarktes ist, bedarf es keiner großen Einbildungskraft, um daraus zu folgern, daß die New Yorker Bankiers an den Veränderungen des Zinssatzes interessiert sind und versuchen, ihn zu beeinflussen.

Norman Lombard schreibt in der Zeitschrift *World's Work:*

»Bei den Überlegungen und Anordnungen über vorgeschlagene Änderungen seiner Politik sollte sich der Federal-Reserve-Board *von dem Verfahren und den ethischen Grundsätzen unserer Gerichte leiten lassen. Vorschläge, daß der Zinssatz geändert werden oder daß die* Federal-Reserve-Banken *Wertpapiere kaufen oder verkaufen sollten, können von irgendjemandem ohne Formalien oder geschriebenen Auftrag gemacht werden. Man kann den Vorschlag einem Gouverneur oder einem Direktor des* Federal-Reserve-Systems *telephonisch übermitteln oder auch beim Lunch über den Tisch hin, ja sogar gelegentlich bei einem Telephongespräch mit irgendeinem Mitglied des* Federal-Reserve-Board. *Die Interesses des Vorschlagenden brauchen nicht enthüllt zu werden, und sein Name und seine Vorschläge bleiben geheim. Betreffen sie Operationen am offenen Markt, dann hat die Öffentlichkeit nicht die geringste Ahnung von den Vorgängen, bis der regelmäßige Wochenbericht erscheint und die Veränderungen im Aktienbesitz der* Federal-Reserve-Banken *zeigt. Doch es gibt keine öffentliche Diskussion, keinen Bericht über die Gründe der Entscheidung oder über die Namen derer, die dafür oder dagegen sind.«*

Die Aussichten eines Durchschnittsbürgers, einen Gouverneur des *Federal-Reserve-Systems* in seinem Klub zu treffen, sind gering.

Die Anhörungen im Repräsentantenhaus über die Stabilisierung der Kaufkraft des Dollars im Jahre 1928 bewiesen überzeugend, daß der *Federal-Reserve-Board* mit den führenden Köpfen der europäischen Zentralbanken eng zusammenarbeitete und daß die Wirtschaftskrise von 1929–31 bei einem geheimen Lunch des *Federal-Reserve-Board* und jener Führer der europäischen Zentralbanken im Jahre 1927 geplant wurde. Der *Federal-Reserve-Board* war dem Volke gegenüber niemals für seine Entscheidungen und Handlungen verantwortlich.

Wirkliche Treue haben die Mitglieder des *Federal-Reserve-Board* nur den großen Bankiers gehalten, und sie haben stets so gehandelt, wie es dem Wesen einer Zentralbank entspricht. Das *Federal-Reserve-System* trug während der ersten fünfzehn Jahre seines Bestehens stets die drei Kennzeichen einer Zentralbank: das Besitzrecht seitens privater Aktionäre, die mit Hilfe des nationalen Kredites Zins und Gewinn erhalten, die absolute Kontrolle über die finanziellen Hilfsquellen der Nation und die Mobilisierung des nationalen Kredites, um fremde Länder finanziell zu unterstützen.

R. H. Brand, der Vorsitzende in den Verfahren der Studiengruppe des

Chatham-Hauses über den Goldhandel in England erklärte 1930:

»Die erste und grundlegende Pflicht jeder Zentralbank ist es, den Wert ihrer Währung auf gleicher Höhe mit dem des Goldes zu halten. Die zweite Pflicht einer Zentralbank ist es, den Gold-Standard so arbeiten zu lassen, daß er soweit wie möglich ausländische und inländische Erfordernisse in Einklang bringt. Die dritte Pflicht jeder Zentralbank ist es, alles zu tun, um die Stabilität des Goldwertes an sich aufrechtzuerhalten; aber das ist ein Problem, das nicht von einer Bank allein gelöst werden kann; hierbei müssen alle Zentralbanken zusammenarbeiten.«

Der Vorsitzende Brand wies auch darauf hin, daß sich die Zentralbanken, auch das *Federal-Reserve-System*, gemeinsam bemühen müßten, den Gold-Standard in der Welt und den Gold-Preis zu erhalten. Um dies in die Tat umzusetzen, wurde der Völkerbund gegründet.

Jeremiah Smith sagte:

»Vor dem Ersten Weltkrieg arbeiteten die Zentralbanken der verschiedenen Länder nur wenig zusammen. Die Experten-Konferenz von 1929 gründete die Bank für internationalen Zahlungsausgleich (Bank for International Settlements). *Es ist eigentlich selbstverständlich, daß eine solche Institution, die Geschäfte an allen wichtigen Geldmärkten der Welt tätigt, nur im öffentlichen Interesse handeln sollte. Diese Überlegungen führten unmittelbar dazu, die Direktoren dieser internationalen Bank aus Persönlichkeiten der Zentralnotenbanken der verschiedenen Länder auszuwählen, da diese Banken verhältnismäßig frei vom Einfluß der Regierungen sind. Einen weiteren Vorteil in der Einrichtung einer Bank für internationalen Zahlungsausgleich sah man darin, daß sich in ihr die Vertreter der Zentralbanken regelmäßig treffen könnten, um allgemeine Probleme der Weltfinanzen in großzügiger Weise zu erörtern. Diese Bank sollte die Möglichkeiten einer internationalen Zusammenarbeit auf finanziellem Gebiete bedeutend erweitern. Die Regierung der Vereinigten Staaten hat verkündet, daß sie mit dieser Bank* offiziell *nichts zu tun haben wolle, anscheinend stellt sie es jedoch jedem frei, sich auf eigene Gefahr an diesem Unternehmen zu beteiligen, vorausgesetzt, er sei kein Mitglied der Regierung oder des* Federal-Reserve-Systems.*«*

Die kühle Haltung der Regierung zur *Bank für internationalen Zahlungsausgleich* war nur von kurzer Dauer. Sehr bald hatte sie bei dieser Bank einen Vertreter des Finanzministeriums, H. Merle Cochran, der Verbindungsoffizier in besonderem Auftrage bei der Pariser Botschaft der Vereinigten Staaten war. Diese Bank wurde bald als »Klub der Zentralbankiers« bekannt, in dem in großzügiger Weise, unbehelligt von Zeitungsreportern und gemeinnützig denkenden Bürgern, die Weltfinanzen diskutiert werden konnten. Paul Einzig unterstreicht, daß *»Sitzungen der Zentralbank-Leute entweder geheim stattfinden oder daß absichtlich* *falsch über sie berichtet wird.«* Die *Bank für internationalen Zahlungsausgleich* wurde zum internationalen Schlupfwinkel für sie.

Paul Warburgs ursprünglicher Plan für das *Federal-Reserve-System*, der dem Kongreß als *Aldrich-Plan* vorgelegt wurde, hatte für das System Zweigniederlassungen in den wichtigsten ausländischen Staaten vorgesehen. Der Kongreß gab dazu keine Einwilligung, er war sich nicht klar über die Erfordernisse der internationalen Geldwirtschaft; aber der Völkerbund glich später diesen Mangel aus und gründete Zentralbanken in vielen Ländern, in denen sie noch nicht vorhanden waren. Diese Zentralbanken, besonders jene in Südamerika, arbeiteten so eng mit dem *Federal-Reserve-System* zusammen, daß sie als Filialen des Systems angesehen werden konnten. Die in jenen Ländern stationierten Beamten des Außenministeriums achteten darauf, daß diese Zentralbanken ihre Aufgabe erfüllten.

In ihrem Bericht für das Jahr 1918 umriß die New Yorker *Federal-Reserve-Bank* die Abmachungen, die sie mit den ausländischen Banken zugunsten aller *Reserve-Banken*, ob diese wollten oder nicht, getroffen hatte. Diese Bank hat stets den Briefwechsel mit den ausländischen Zentralbanken geführt.

Es heißt in dem Bericht:

»Mit Billigung des Federal-Reserve-Board *sind folgende Beziehungen zwischen der* Federal-Reserve-Bank *von New York und ausländischen Banken oder Regierungen beschlossen worden:*

Bank von England: *Hier handelt es sich um eine Abmachung formalen Charakters, gesichert durch schriftliche Zustimmung, ratifiziert von den Direktoren der beiden Einrichtungen; sie bildet die Grundlage für die hauptsächlichen Finanzgeschäfte und gewährleistet eine enge, vollständige und aktive Zusammenarbeit. Die bisher durchgeführten Geschäfte waren recht begrenzt; doch durch diese Übereinkunft könnten sie, wenn nötig, jederzeit erweitert werden.*

Bank von Frankreich: *Ein begrenztes Abkommen wurde mit der Bank von Frankreich geschlossen; beiderseits wird erhofft und erwartet, daß beide Institutionen bald engere Beziehungen entwickeln.*

Bank von Italien: *Ein gegenseitiges Übereinkommen ist zwischen dieser Institution und der* Federal-Reserve-Bank *von New York getroffen worden, wobei jede ihren Korrespondenten bestimmt hat. Zwischen diesen beiden Institutionen werden wahrscheinlich nicht eher Geschäfte getätigt werden, als bis die Währungsprobleme, die durch den Krieg entstanden sind, von den Regierungen der beiden Nationen geklärt wurden.*

Bank von Japan: *Gegenseitige Abmachungen, ähnlich jenen mit der* Bank von Italien *sind mit der* Bank von Japan *getroffen worden. Obgleich bis jetzt keine Geschäfte getätigt wurden, hofft man, daß sich ähnlich wie mit anderen Banken auch hier lebhafte Beziehungen entwickeln werden, sobald der internationale Handel wieder natürlich verläuft.*

Philippinische Nationalbank: *Im Mai 1917 wurden beiderseitig Agenturen eingerichtet. Da jedoch die philippinische Nationalbank bereits eine eigene handlungsfähige Niederlassung in New York besitzt, wird diese Verbindung hauptsächlich für Notfälle dienen.*

Bank der Niederlande: *Auf Wunsch des Finanzministeriums eröffnete die* Federal-Reserve-Bank *ein laufendes Konto bei der Niederländischen Bank, auf das die Erlöse für Weizen und andere Artikel in holländischen Gulden zur Verfügung des Finanzministeriums eingezahlt werden konnten.*

Argentinien: *Zu Beginn des Jahres 1918 wurde ein wichtiges Abkommen zwischen den Regierungen der Vereinigten Staaten und Argentinien getroffen. In diesem Abkommen erkannten sich die* Federal-Reserve-Bank *von New York und die* Banco de la Nacion *als Geschäftspartner an. Außerdem erklärte sich die* Federal-Reserve-Bank *bereit, nach Friedensschluß Einlagen bis zu 100 Millionen Dollar in exportierfähigen Goldmünzen zu übernehmen und eine Einlage von über 16 Millionen Dollar vorzunehmen, die inzwischen in New York eingezahlt, gekennzeichnet, abgehoben und exportiert wurden. Der Zweck dieses Übereinkommens, das sich als sehr erfolgreich erwies, war es, die stark gestörte Zahlungsgrundlage zwischen beiden Ländern zu stabilisieren.*

Bank von Java: *Das Übereinkommen, das sich auf Einlagen auf ein laufendes Konto, auf Kapitalanlagen, Einziehungen und Kennzeichnungen von Gold bezog, führte zu lebhaften Geschäften. Die* Federal-Reserve-Bank *ernannte die Javanische Bank in aller Form zu ihrem Agenten und Geschäftspartner und sie handelte umgekehrt als Agent und Geschäftspartner der Javanischen Bank.«*

Die soeben zitierten Abmachungen sind typisch für die *Federal-Reserve-Bank* von New York, die gegenüber ausländischen Zentralbanken als Vertreterin des ganzen *Federal-Reserve-Systems* handelte. Sie bewahrte stets beträchtliche Mengen an Gold in ihren Gewölben, das die Kennzeichen ausländischer Zentralbanken trug. Der Umfang und die Bedeutung dieses Goldes, das mitunter Hunderte Millionen Dollar betrug, ließen es unangebracht erscheinen, daß internationale Goldhändler wie Albert Strauss und Eugene Meyer Jr. zum Aufsichtsrat der *Federal-Reserve-Banken* gehörten.

Ein weiterer Beweis für die internationalen Zwecke des *Federal-Reserve-Gesetzes* von 1913 ist aus dem »Verbesserungsantrag« vom 24. Dezember 1919 ersichtlich; er ermöglicht ausdrücklich die Schaffung von Aktiengesellschaften, um sich an internationalen oder ausländischen Bank- und Finanzaktionen zu beteiligen einschließlich des Handels mit Gold und Goldbarren und des Besitzes von Aktien ausländischer Aktiengesellschaften.«

E. W. Kemmerer, Volkswirtschaftler an der Princeton Universität, kommentierte diesen Antrag folgendermaßen:

»Das *Federal-Reserve-System* ist von großem Einfluß auf die Internationalisierung des amerikanischen Handels- und Finanzwesens.«

Die historische Tatsache, daß diese Internationalisierung des Handels und der Finanzen das Land in zwei Weltkriege verwickelte, stört weder Mr. Kemmerer noch irgendeinen anderen gut bezahlten Volkswirtschaftler. Es gibt eine Fülle von Beweisen, die bezeugen, daß Paul Warburg das *Federal-Reserve-System* dazu benutzte, um in den Besitz von Handelswechseln zu gelangen, die in beträchtlicher Menge von amerikanischen Geschäftsleuten angenommen worden waren. Vor 1915 war der Gebrauch von Handelswechseln, (sie sind die Währung des internationalen Handels), bei Bankiers und Aktiengesellschaften in den Vereinigten Staaten praktisch unbekannt. In gleicher Weise, wie die Macht des *Federal-Reserve-System* stieg, wuchs auch der Umlauf von Wechseln. Die Männer, die das *Federal-Reserve-System* erstrebten, gründeten auch die Wechselbanken und profitierten vom Gebrauch der Wechsel. Ihr Führer war Paul Warburg.

Schon 1910 hatte die Nationale Währungs-Kommission begonnen, Broschüren und andere Werbeschriften herauszugeben, in denen sie Bankiers und Geschäftsleute dazu aufforderte, sich bei ihren Unternehmungen des Wechsels zu bedienen. Drei Jahre lang wurde dieser Werbefeldzug weitergeführt, und der *Aldrich-Plan*, der von Paul Warburg geschrieben und dem Kongreß als Arbeit der Kommission vorgelegt worden war, enthielt eine umfangreiche Bestimmung zur Einführung und zum Gebrauch von Handelswechseln in das amerikanische Handelssystem.

Das *Federal-Reserve-Gesetz* von 1913, wie es vom Kongreß angenommen wurde, empfahl allerdings nicht ausdrücklich den Gebrauch von Wechseln. Daraufhin definierte der *Federal-Reserve-Board* 1915 und 1916 die Eigenart des Handels-Wechsels, später definierte er diese in der Vorschrift A Serie 1920 und später noch einmal in der Serie 1924. Eine der ersten offiziellen Handlungen des Aufsichtsrates war es, für Wechsel bei den *Federal-Reserve-Banken* einen vorzugsweise niedrigen Diskontsatz zu gewähren. Da der Gebrauch von Wechseln in den USA vorher nicht üblich war, konnte dieses Vorgehen auch nicht als wirtschaftlich notwendig hingestellt werden. Es war offensichtlich, daß irgendeine machtvolle Persönlichkeit im Vorstand die Annahme von Wechseln wünschte.

Das *National-Bank-Gesetz* von 1864, das die Finanzhoheit den Vereinigten Staaten bis zum November 1914 übertrug, als es durch das *Federal-Reserve-Gesetz* abgelöst wurde, verbot den Banken, Kredit über ihren eigenen Kredit hinaus zu gewähren. Infolgedessen war die Möglichkeit der Banken, Geld zu schöpfen, stark begrenzt. Amerika hatte keine Notenbank, das heißt, keine Zentralbank, die Geld in großem Umfang schöpfen konnte. Um eine Zentralbank zu bekommen, stürzten die Bankiers die Geschäftsleute der Vereinigten Staaten von einer Geldkrise in die andere, indem sie das Gold ins Ausland verschifften, dadurch eine Geldknappheit erzeugten und es dann wieder zurückbrachten. Nachdem die USA eine Zentralbank, nämlich das *Federal-Reserve-System*, bekommen hatten, bedurfte es keiner Geldkrise mehr, da die Banken nun Geld schöpfen konnten. Trotzdem wurde noch in zwei wichtigen Fällen die Krise als Machtinstrument gegenüber Handel und Finanzen eingesetzt: 1920 erzeugte man die Landwirtschaftskrise, weil Staatsbeamte und Trusts sich geweigert hatten dem *Federal-Reserve-System* beizutreten, und 1929 die Weltwirtschaftskrise, welche die gesamte Macht der USA in den Händen einiger großer Trusts zentralisierte.

Ein Handelswechsel ist eine Tratte (Forderung), die vom Verkäufer einer Ware auf den Namen des Käufers ausgestellt, vom Verkäufer anerkannt und mit dem Datum des Verfalls versehen wird. Der Gebrauch von Handelswechseln im Großhandel ermöglicht kurzfristige, sichere Kredite, um Waren herzustellen, sie zu lagern, zu transportieren und mit ihnen zu handeln. Er erleichtert den Innen- und Außenhandel. So schien es, daß die Bankiers, die das System des offenen Kontos durch das System der Wechsel ersetzen wollten, fortschrittlich gesinnte Männer waren, die den amerikanischen Import-Export-Handel beleben wollten. Viel Propaganda wurde in diesem Sinne gemacht; aber das war nicht der Kern der Sache.

Das System des offenen Kontos, das bisher bei allen amerikanischen Geschäftsleuten üblich war, gewährte bei Barzahlung einen Nachlaß. Das Wechselsystem legte keinen Wert auf Barzahlung, sondern erlaubte einen Abzug aufgrund der Kreditgewährung. Das offene Konto erlaubte leichtere Zahlungsbedingungen und eine großzügige Stundung der Schuld. Der Wechsel läßt das nicht zu. Er gewährt einen kurzfristigen Kredit, der mit dem Fälligkeitsdatum versehen ist. Er befindet sich für gewöhnlich nicht mehr in den Händen des Verkäufers sondern einer Wechselbank, die den Zahlungstermin nicht verlängert. Dadurch war es in den zwanziger Jahren leicht, Geschäftsleute, die Wechsel angenommen hatten, zu beherrschen und kleine Geschäfte den großen Trusts einzuverleiben, ein Vorgehen, das im Zusammenbruch von 1929 seinen Höhepunkt erreichte.

Vor dem Bürgerkrieg waren Handelswechsel in geringem Ausmaß verwendet worden. Während des Krieges hatten jedoch die Bedürfnisse des Handels den Wechsel als Kreditmittel beseitigt. Danach gewann er keine neue Beliebtheit, die amerikanische Geschäftswelt zog die Einfachheit und Großzügigkeit der offenen Kontenführung vor. Offene Konten tragen nur den Namen des Schuldners; Wechsel führen den Namen des Schuldners und des Gläubigers. Daher werden sie von den Banken eher angenommen. Beim System des offenen Kontos ist die Schuld für den Gläubiger eine Verbindlichkeit. Für eine Wechselbank, die einen Wechsel besitzt, ist die Schuld hingegen ein Wertobjekt. Die Männer, die unter der Leitung von Paul Warburg in unserem Land Wechselbanken gründeten, sicherten sich auf diese Weise die Kontrolle über die Milliarden-Kredite, welche bis dahin als offene Konten in den Büchern der amerikanischen Geschäftsleute geführt worden waren. Gouverneur Marriner Eccles vom *Federal-Reserve-Board* erklärte vor dem Bank- und Währungskomitee des Repräsentantenhauses:

»Schulden sind die Grundlage der Geldschöpfung.«

Die Inhaber von Handelswechseln erhielten die Verfügungsgewalt über Kreditgelder in Milliardenhöhe und erhoben nebenbei noch Zinsen auf die Wechsel selbst. Darum kann man es verstehen, warum Paul Warburg so viel Zeit, Geld und Tatkraft aufwandte, um den Wechsel in den USA heimisch zu machen.

Am 4. September 1914 nahm die *National City Bank* die erste Tratte an, die unter den gesetzlichen Bestimmungen des *Federal-Reserve-Gesetzes* von 1913 auf eine nationale Bank gezogen wurde. Das war der Anfang vom Ende der offenen Konten als einem wichtigen Faktor im Großhandel. Beverly Harris, der Vize-Präsident der *National City Bank* von New York, gab 1915 eine Flugschrift heraus, in der er feststellte:

»Kaufleute, die offene Konten benutzen, maßen sich widerrechtlich die Funktionen der Bankiers an.«

Das war eine offene Verkündung der Absichten Warburgs und seines Klüngels, die eine Währungsreform in den USA erstrebten. Sie waren darauf aus, Kontrolle über alle Kredite in den Vereinigten Staaten zu erlangen, und sie erreichten ihr Ziel durch das *Federal-Reserve-System* und das Wechselgeschäft.

Der Erste Weltkrieg war die beste Gelegenheit für die Einführung des Handelswechsels, und der Umfang des Wechselgeschäftes stieg 1917 bis auf 400 Millionen Dollar, wuchs in den zwanziger Jahren auf mehr als eine Milliarde Dollar jährlich an und erreichte seinen Höhepunkt gerade vor der Weltwirtschaftskrise von 1929–31. Die Statistiken der New Yorker *Federal-Reserve-Bank* zeigen, daß der Gebrauch von Wechseln im November 1929, dem Monat des Börsenkrachs, seinen Höhepunkt erreicht hatte und danach stark zurückging. Die an Wechseln interessierten Leute hatten ihr Ziel erreicht: die Kontrolle über Handel und Industrie der USA.

Das *Fortune Magazine* wies im Februar 1950 darauf hin:

»Der Umfang des Wechselgeschäfts fiel von 1732 Millionen Dollar im Jahre 1929 auf 209 Millionen Dollar 1940 zurück infolge der Konzentration der Wechselbanken in wenigen Händen und infolge der Politik der niedrigen Zinsen des Finanzministeriums, wodurch direkte Darlehen billiger wurden als Wechsel. Seit dem Kriege ist eine leichte Aufwärtsbewegung zu verzeichnen; aber für große Gesellschaften ist es oft billiger, ihre Importe aus eigenen Hilfsquellen zu finanzieren.«

Mit anderen Worten, die »großen Gesellschaften«, genauer gesagt, die großen Trusts haben nun die Kontrolle über den Kredit und bedürfen der Wechsel nicht. Ihre Anwendung erhöhte sich in der amerikanischen Geschäftswelt nicht schnell, und sehr viel Propaganda war notwendig, sie beliebt zu machen. Neben der Propagandawelle, die das *Federal-Reserve-System* startete, wandten die *National Association of Credit Men,* die *American Bankers' Association* und andere brüderliche Vereinigungen der New Yorker Bankiers viel Zeit und Geld auf, Propaganda für das Wechselgeschäft zu betreiben. Doch selbst die Flut ihrer Schriften und Reden erwies sich als unzureichend, und daher organisierte Paul Warburg 1919 den *American Acceptance Council*, der sich ausschließlich mit der Propaganda für das Wechselgeschäft befaßte. Am 9. Juni 1919 hielt diese Gesellschaft in Detroit, Michigan, ihre erste Zusammenkunft ab, die mit der Jahresversammlung der *National Association of Credit Men,* zeitlich und örtlich zusammenfiel, sodaß »interessierte Beobachter mit Leichtigkeit an den Vorträgen und Begegnungen beider Gruppen teilnehmen« konnten, wie es eine Schrift des *American Acceptance Council* verkündete.

Paul Warburg wurde zum Präsidenten dieser Organisation gewählt; später wurde er Vorsitzender des Exekutiv-Ausschusses, eine Position, die er bis zu seinem Tode 1932 innehatte. Die Organisation veröffentlichte Listen von Aktiengesellschaften, die Handelswechsel benutzten; alle von ihnen waren Unternehmen, über die *Kuhn, Loeb Co* und ihre Geschäftspartner Kontrolle ausübten. Vorträge, die vor dem Rat oder von Mitgliedern des Rates gehalten wurden, wurden geschmackvoll gebunden und kostenlos von der *National City Bank* von New York an die Geschäftsleute des Landes verteilt.

1922 beschuldigte Louis T. McFadden, der Vorsitzende des Bank- und Währungskomitees des Repräsentantenhauses, den *American Acceptance Council,* einen ungebührlichen Einfluß auf den *Federal-Reserve-Board* auszuüben und forderte eine Untersuchung durch den Kongreß. Aber der Kongreß war nicht daran interessiert.

Bei der zweiten Jahresversammlung jener Organisation, die in New York am 2. Dezember 1920 stattfand, stellte der Präsident Paul Warburg fest:

»Es ist eine Genugtuung, berichten zu können, daß sich während des

Berichtsjahres die Beziehungen zwischen dem American Acceptance Council *und dem* Federal-Reserve-Board *weiter entwickelt und gefestigt haben.«*

Paul Warburg war, weil sein Bruder Chef des deutschen Geheimdienstes war, an sich aus dem *Federal-Reserve-Board* ausgeschieden, nachdem er dort während des Krieges ein Jahr lang den Posten eines Gouverneurs innegehabt hatte. Trotzdem übte er in den zwanziger Jahren weiter seinen direkten persönlichen Einfluß auf den *Federal-Reserve-Board* aus, und zwar dadurch, daß er sich mit ihm als Präsident des *Federal-Advisory-Board* und als Präsident des *American Acceptance Council* traf. Er war seit der Gründung der *International Acceptance Bank of New York* bis zu seinem Tod im Jahre 1932 der Vorstandsvorsitzende dieser größten Wechselbank der Welt. Sein Bruder Felix M. Warburg, auch ein Partner von *Kuhn, Loeb Co.*, war Direktor dieser Bank, und Paul Warburgs Sohn, James Paul Warburg, war ihr Vize-Präsident. Außerdem war Paul Warburg Direktor anderer wichtiger Wechselbanken des Landes, z.B. der *Westinghouse Acceptance Bank,* die unmittelbar nach dem Kriege in den Vereinigten Staaten gegründet wurde, nachdem das Hauptquartier des internationalen Wechselmarktes von London nach New York verlegt worden war. Paul Warburg wurde so der mächtigste Wechselbankier der Welt.

Die Verlegung des Wechselmarktes von England nach den USA veranlaßte Thomas Lamont 1917 zu einer begeisterten Rede vor der Akademie für Politische Wissenschaft, in der er ausrief:

»Der Dollar und nicht das Pfund ist jetzt die Basis für die internationale Währung.«

Einen sichtbaren Beweis für den ungebührlichen Einfluß des *American Acceptance Council* auf den *Federal-Reserve-Board,* über den sich das Kongreßmitglied McFadden beklagt hatte, ist die Statistik des Zinssatzes der *Federal-Reserve-Bank* von New York in den zwanziger Jahren. Genau neun Jahre lang schwankte der offizielle Diskontsatz dieser Bank ebenso wie der 90-Tage-Wechsel-Zins der Wechselbanken, d.h., die *Federal-Reserve-Bank* von New York bestimmte den Diskontsatz aller übrigen *Reserve-Banken.* Andere Zinsen jener Bank, z. B. die Zinsen für sofort verfügbares Geld, weisen während dieser Zeit bemerkenswerte Schwankungen auf, nur der offizielle Diskont- und Wechselzins blieben stets dieselben.

11. Kapitel
ANDREW MELLON

1921 lobte man Präsident Harding, daß er sich für das Finanzministerium der Dienste Andrew Mellons versichert hatte. Mr. Mellon war Mitglied des verrufenen »Black Cabinet«; zwei seiner Mitglieder wurden wegen Betrugs der Vereinigten Staaten angeklagt und vor Gericht gestellt: Justizminister Harry M. Daugherty und Innenminister Albert Fall. Der stellvertretende Marineminister Theodore Roosevelt Jr., der Sohn des 26. Präsidenten der Vereinigten Staaten, überredete Präsident Harding dazu, das Schriftstück zu unterzeichnen, durch das Ölreserven der *Teapot Dome* im Werte von 100 Millionen Dollar an Roosevelts Arbeitgeber Harry Sinclair übertragen wurden. Roosevelt war einst Direktor der *Sinclair Oil Company* gewesen. Sein Bruder Archibald hatte dieselbe Stellung zur Zeit des Schwindels inne. Trotzdem wurde Roosevelt niemals wegen seiner Schlüsselrolle bei dieser verbrecherischen Verschwörung gegen das amerikanische Volk angeklagt. Aber während seiner zehnjährigen Amtszeit als Finanzminister übertraf Andrew Mellon alle diese Männer durch die Ungeheuerlichkeit seiner Betrügereien am amerikanischen Volke. Als ein von Amts wegen berufenes Mitglied des *Federal-Reserve-Board* unterstützte er die Kredit-Expansion der zwanziger Jahre, die in der Weltwirtschaftskrise von 1929–31 gipfelte. Noch weit schuldiger und straffälliger wurde er durch seine unerhörte Steuer-Rückzahlungs-Politik während seiner Amtszeit. So wurden an so große Gesellschaften wie die *United States Steel,* an der er führend beteiligt war, mehr als 20 Milliarden Dollar Steuer-Rückzahlungen geleistet, zu denen auch die Körperschafts-Steuern gehörten, die *United States Steel* in den Jahren 1917 und 1918 für ihre riesigen Gewinne im Ersten Weltkriege gezahlt hatte. Andrew Mellon war einer der zehn reichsten Männer der USA, und nur Paul Warburg übertraf ihn an Macht in der Finanz- und Industriewelt. Mellon war der größte Bankier in Pennsylvania und alleiniger Eigentümer so großer Gesellschaften wie der *Aluminum Corp. of America.* Er war mit Henry Frick Inhaber von Fricks Koksherstellungs-Patenten und zusammen mit Bernard Baruch Teilhaber vieler weiterer Unternehmen. Sein Bruder Richard erlangte eine besondere Art Berühmtheit durch seinen Ausspruch:

»Man kann ohne Maschinengewehre kein Kohlenbergwerk in Betrieb halten.«

1932 gab Andrew Mellon nur zögernd seinen Posten als Finanzminister auf, nachdem er im Kongreß wiederholt wegen seiner Steuer-Rückzahlungs-Politik an Gesellschaften der Mellon-Familie offen angeklagt worden war. Ihm folgte ein Mann nach seinem Herzen, Ogden Mills, der Direktor riesiger Aktiengesellschaften war, z.B. der *Cerro de Pasco Copper Mines* in Peru, der *National Biscuit Company* und der *Morgenthaler Linotype Company.*

Andere Mitglieder des *Federal-Reserve-Boards* während der zwanziger Jahre, die die Weltwirtschaftskrise als ein wohlüberlegtes Mittel zur Kontrolle von Finanzen und Industrie Amerikas planten und ausführten waren:

Albert Strauss von *J. & W. Seligman Company* in New York und Paris. Seine Firma war stark an der kubanischen Zuckerproduktion und an New Yorker Untergrundbahnen beteiligt.

Edmund Platt, ehemals Vorsitzender des Bank- und Währungskomitees des Repräsentantenhauses, wurde 1920 ernannt. 1930 trat er zurück, gerade als man ihn für eine zweite zehnjährige Amtszeit gewählt hatte, und zwar mußte er im *Federal-Reserve-Board* Platz für Eugene Meyer Jr. machen. Dafür erhielt er einen Posten als Vizepräsident bei der *Marine Midland Corporation.*

D. R. Crissinger, Währungs-Kontrolleur unter Harding, ein alter Freund aus Marion, Ohio, war einer der berühmten Poker spielenden Freunde des Präsidenten.

George R. James wurde 1924 Mitglied. Er war Leiter der Baumwollabteilung im *War Industries Board* unter Bernard Baruch. Man konnte sich darauf verlassen, daß er den Anordnungen Baruchs folgen würde.

David C. Wills wurde 1920 Mitglied. Er war Vizepräsident der *Mellon National Bank* in Pittsburg und kehrte zu dieser Stellung nach seiner Amtszeit zurück.

Henry M. Dawes, der an großen öffentlichen Versorgungsunternehmen in Chicago beteiligt war, tat 1923 seine Dienste als Währungskontrolleur.

J. W. McIntosh löste 1924 Dawes als Währungskontrolleur ab. 1928 trat er zurück, um Mitglied der Börsenmakler-Firma *W. Wollman Company,* New York, zu werden.

R. A. Young, Gouverneur der *Federal-Reserve-Bank* von Minneapolis, kam 1927 in den *Federal-Reserve-Board.* 1930, nachdem er seine Rolle in der Weltwirtschaftskrise gespielt hatte, wurde er Gouverneur der *Federal-Reserve-Bank* von Boston.

Während der zwanziger Jahre gehörten dem *Board* noch zwei seiner ersten Mitglieder an: C. S. Hamlin und Adolph C. Miller.

Diese beiden Männer machten Karriere als Schiedsrichter der Währungspolitik der Nation. Hamlin war Mitglied des *Federal-Reserve-Board* von 1914 bis 1936, danach wurde er dessen Sonderberater. Miller war von 1914 bis 1931 Mitglied des *Board.* Man hatte diese beiden Männer so viele Jahre im *Federal-Reserve-Board* gelassen, da sie beide hoch geachtete Persönlichkeiten waren, denen kein Verdacht materialistischer Beweggründe anhaftete, weshalb sie dem *Board* ein gewisses öffentliches Ansehen verliehen. Das war in jenen Jahren notwendig, als ein großer Bankier nach dem anderen in den *Board* gewählt wurde, eine Weile seinen Dienst tat und dann sich lohnenderen Dingen zuwandte.

Jedoch widersprachen weder Miller noch Hamlin dem, was die New Yorker Bankiers wünschten. Sie wechselten den Diskontsatz und spekulierten am offenen Markt mit Wertpapieren der Regierung, wann immer es die *Wall Street* von ihnen verlangte. Doch hinter ihnen stand in den zwanziger Jahren Paul Warburg. Dieser übte einen fortwährenden, beherrschenden Einfluß aus, und zwar als Vorsitzender des Exekutiv-Ausschusses des *American Acceptance Council* und als Präsident des *Federal Advisory Council,* wo er solche Männer von öffentlichem Interesse um sich hatte wie Winthrop Aldrich und J. P. Morgan. Warburgs Pflichten als Organisator großer internationaler Konzerne wie *I.G. Farben, Westinghouse* und *Agfa Ansco* hinderte ihn nicht, die Finanzstrukturen der Nation in den Griff zu bekommen. Sein Einfluß von 1902 an, als Warburg als deutscher Immigrant nach Amerika kam, bis 1932, dem Jahre seines Todes, war der unheilvollste und zerstörendste Einfluß, der sich je auf das amerikanische Volk ausgewirkt hatte. Dieser Einfluß übertraf sogar noch den seines Werkzeugs Woodrow Wilson und den des internationalen Anleihe-Förderers Franklin D. Roosevelt. Paul Warburgs Sohn, James Paul Warburg, setzte diesen Einfluß fort, nachdem er beim Regierungsantritt Roosevelts im Jahre 1933 sofort zum Direktor des Staatshaushalts ernannt wurde und das Büro für Kriegspropaganda einrichtete, die amtliche Propaganda-Agentur der USA im Zweiten Weltkrieg. Außerdem übte Warburg der Zweite einen mächtigen Einfluß auf die Auslandspolitik der Vereinigten Staaten aus.

Die internationalen Goldgeschäfte des *Federal-Reserve-Systems* und seine aktive, dem Völkerbund geleistete Unterstützung, um alle Staaten Europas und Südamerikas zum Goldstandard, und zwar zum Nutzen internationaler Goldhändler wie Eugene Meyer Jr. und Albert Strauss, zurückzuzwingen, werden am besten durch ein klassisches Ereignis, den Sterling-Kredit von 1925, bewiesen.

J. E. Darling schrieb am 10. Januar 1925 in der englischen Zeitschrift *Spectator:*

»Anscheinend ist es das Wichtigste für die Vereinigten Staaten, England so bald wie möglich zur Wiederaufnahme des Goldstandards zu zwingen. Ein von Amerika kontrollierter Goldstandard müßte unweigerlich dazu führen, daß die Vereinigten Staaten die oberste Finanzmacht der Welt

werden, England zum Trabanten und New York zum Finanzzentrum der Welt.«

Mr. Darling versäumte, darauf hinzuweisen, daß weder das amerikanische noch das britische Volk etwas mit der Wiederaufnahme des Goldstandards zu tun hatte, daß dies vielmehr nur jener kleinen Gruppe von internationalen Goldhändlern zugute kommen würde, die das Gold der Welt besitzen. Es war darum kein Wunder, daß das *Banker's Magazine* im Juli 1925 frohlockend bemerkte:

»Das überragende Ereignis im Finanzwesen des letzten halben Jahres war die Wiederherstellung des Goldstandards.«

Im Mai 1925 erließ das britische Parlament das Goldstandard-Gesetz, das Großbritannien auf den Goldstandard zurückbrachte. Die maßgebende Rolle, die dabei das *Federal-Reserve-System* spielte, wurde am 16. März 1926 von George Seay, dem Gouverneur der *Federal-Reserve-Bank* von Richmond, enthüllt, als er vor dem Bank- und Währungskomitee des Repräsentantenhauses aussagte:

»Eine mündliche Abmachung, durch Briefe bestätigt, gewährte Großbritannien einen Kredit in Höhe von 200 Millionen Dollar in Gold. Alle Besprechungen wurden zwischen dem Gouverneur der Federal-Reserve-Bank *von New York, Benjamin Strong, und Mr. Montagu Norman, dem Gouverneur der* Bank of England, *getroffen und schriftlich bestätigt. Dieser Kredit sollte England helfen, auf den Goldstandard zurückzukommen, und er sollte durch Anlage von* Federal-Reserve-Fonds *in Wechseln und ausländischen Wertpapieren gedeckt werden.«*

Das wird durch das *Federal-Reserve-Bulletin* vom Juni 1925 bestätigt:

»Nach Übereinkunft mit der Bank of England *verkauft die* Federal-Reserve-Bank *von New York in den nächsten zwei Jahren von Zeit zu Zeit auf Kredit Gold an die* Bank of England, *doch nicht mehr als höchstens 200 Millionen Dollar.«*

Ein Kredit in Höhe von zweihundert Millionen Dollar in Gold war durch ein mündliches Abkommen zwischen den internationalen Bankiers Benjamin Strong und Montagu Norman vereinbart worden. Zu dieser Zeit war es offensichtlich, daß dem *Federal-Reserve-System* andere Interessen am Herzen lagen, als die Bedürfnisse des amerikanischen Handels und der Industrie zu befriedigen.

Großbritanniens Rückkehr zum Goldstandard wurde außerdem durch einen zusätzlichen Kredit erleichtert, den *J. P. Morgan Company* in Höhe von 100 Millionen Dollar in Gold gewährte. Winston Churchill, damals britischer Finanzminister, klagte später, daß dieses Darlehen bereits im ersten Jahr die britische Regierung 1 125 000 Pfund kostete, eine Summe, die dem damaligen Gewinn der *J. P. Morgan Company* entsprach.

In dem bei Macmillan 1931 erschienenen Buch *The Fight of Financial*

Supremacy (Kampf um die finanzielle Vorherrschaft) schrieb Paul Einzig, Verfasser von Leitartikeln im Londoner *Economist:*

»Kurz nach dem Ersten Weltkrieg wurde eine enge Zusammenarbeit zwischen der Bank of England *und dem* Federal-Reserve-System *von Amerika, besonders mit der* Federal-Reserve-Bank *von New York eingerichtet. Dies war hauptsächlich auf die herzlichen Beziehungen zurückzuführen, die zwischen Mr. Montagu Norman von der* Bank of England *und Mr. Benjamin Strong, dem Gouverneur der* Federal-Reserve-Bank *von New York bis 1928, bestanden. Bei einigen Gelegenheiten wurde die Diskontsatz-Politik der* Federal-Reserve-Bank *von New York vom Wunsche geleitet, der* Bank of England *zu helfen. In der Festsetzung des Diskontsatzes bestand eine enge Zusammenarbeit zwischen London und New York.«*

H. Parker Willis, einer der Autoren des *Federal-Reserve-Gesetzes* und Erster Sekretär des *Federal-Reserve-Board* fragte bei den Senatsanhörungen über das *Federal-Reserve-System* im Jahre 1931 scharf gezielt den Gouverneur Harrison, Strongs Nachfolger als Gouverneur der *Federal-Reserve-Bank* von New York:

»Welche Beziehungen bestehen zwischen der New Yorker Federal-Reserve-Bank *und dem Geldkomitee der Aktienbörse?«*

»Es gibt keine Beziehungen zwischen ihnen,« antwortete Harrison.

»Es gibt also keine Hilfe und keine Zusammenarbeit, um den Zinssatz in irgendeiner Weise festzusetzen?« fragte Willis.

»Nein«, antwortete Gouverneur Harrison, *»obgleich sie uns bei verschiedenen Gelegenheiten vom Stand der Geldsituation unterrichteten und über die Höhe des Zinssatzes berieten.«*

Dies stand völlig im Widerspruch zu seiner Aussage, daß es »keine Beziehungen« gäbe. Es war in der Tat so, daß die New Yorker *Federal-Reserve-Bank,* die den Diskontsatz für die anderen Reserve-Banken festsetzte, in enger Verbindung zum Geldkomitee der Börse stand.

Die 1928 stattfindenden Anhörungen im Kongreß bezüglich der Stabilisierung des Geldwesens bewiesen überzeugend, daß die Gouverneure des *Federal-Reserve-Systems* Konferenzen und Absprachen mit den führenden Männern der großen europäischen Zentralbanken vornahmen. Eine Anzahl von Kongreßmitgliedern wußte, daß etwas Großes bevorstand; doch sie hatten keinen Begriff davon, wie groß und wie vernichtend seine Wirkung sein würde. Und selbst wenn sie die Einzelheiten der Verschwörung gekannt hätten, die ihren Höhepunkt in der Weltwirtschaftskrise von 1929–31 erreichte, sie hätten wirklich nichts tun können, um sie aufzuhalten. Die internationalen Bankiers, die die Goldbewegungen kontrollierten, konnten jedem Land ihren Willen aufzwingen; die Vereinigten Staaten waren ihnen gegenüber ebenso hilflos wie andere Regierungen.

Es folgen einige Auszüge aus den Protokollen der Anhörungen im Kongreß:

Mr. Beedy: *»Aus Ihrer Tabelle ersehe ich, daß die Linien, die die größten Schwankungen aufweisen, sich auf die ›Zinsraten in New York‹ beziehen. So wie die Zinssätze in den großen Städten steigen und fallen, scheinen die Kredite für Investitionen bei den augenblicklich gewaltigen Schwankungen ihren Vorteil daraus zu ziehen, im Gegensatz zur Industrie, denn deren Kurve verläuft in der Tabelle ziemlich gradlinig, ohne große Schwankungen.«*

Gouverneur Adolph Miller: *»Das geschah mehr oder weniger im Interesse der internationalen Lage. Es wurden Kredite auf Goldbasis in New York verkauft, um das Londoner Pfund zu stützen.«*

Abgeordneter Strong (kein Verwandter von Benjamin Strong): *»Hat der* Federal Reserve-Board *die Macht, Gold in unser Land zu ziehen?«*

E. A. Goldenweiser, Forschungsdirektor des Board: *»Durch Erhöhung der Zinsraten konnte der* Federal-Reserve-Board *Gold ins Land ziehen.«*

Gouverneur Adolph Miller: *»Ich glaube, wir sind nahe an dem Punkt angelangt, wo unsere Bemühungen um die Geldangelegenheiten Europas revidiert werden können. Im Sommer 1927 eröffnete der* Federal-Reserve-Board *die offene Marktpolitik, dem folgte ganz selbstverständlich eine Herabsetzung des Diskontsatzes an den* Reserve-Banken, *um die Kreditsituation zu erleichtern und die Kosten der Geldaufnahme zu verringern. Offiziell wurde bekanntgegeben, daß die neue Kreditpolitik den internationalen Wechselkurs stabilisieren und die Goldausfuhr anregen sollte.«*

Vorsitzender McFadden: *»Wollen Sie uns kurz erklären, wie diese Angelegenheit vor den* Federal-Reserve-Board *kam und welche Einflüsse zur endgültigen Beschlußfassung führten?«*

Gouverneur Adolph Miller: *»Es ist mir unmöglich, diese Frage zu beantworten.«*

Vorsitzender McFadden: *»Vielleicht kann ich deutlicher fragen – woher kamen die Anregungen, die zur Änderung des Zinssatzes im letzten Sommer führten?«*

Gouverneur Adolph Miller: *»Die drei größten Zentralbanken Europas sandten ihre Vertreter nach Amerika: Montagu Norman, den Gouverneur der* Bank von England, *Hjalmar Schacht, den Präsidenten der* Deutschen Reichsbank, *und Professor Rist, den Vize-Gouverneur der* Bank von Frankreich. *Diese Herren konferierten zunächst mit Bankiers der New Yorker* Federal-Reserve-Bank. *Nach ein oder zwei Wochen erschienen sie in Washington. Sie kamen abends, am nächsten Tage waren sie Gäste der Gouverneure des* Federal-Reserve-Board *und fuhren noch am selben Nachmittag zurück nach New York.«*

Vorsitzender McFadden: *»Waren die Mitglieder des* Board *bei diesem Essen zugegen?«*

Gouverneur Adolph Miller: *»Oh ja, es wurde von den Gouverneuren eigens dazu veranstaltet, uns alle einander näher zu bringen.«*

Vorsitzender McFadden: *»War es eine rein gesellschaftliche Angelegenheit oder wurden wichtige Themen erörtert?«*

Gouverneur Miller: *»Ich meine, es war mehr eine gesellschaftliche Angelegenheit. Ich persönlich hatte vorher eine lange Unterredung mit Dr. Schacht allein, dann auch eine von beträchtlicher Dauer mit Professor Rist. Nach dem Essen begann ein Gespräch mit Mr. Norman, an dem auch Gouverneur Strong aus New York teilnahm.«*

Vorsitzender McFadden: *»War es eine formelle Sitzung des Vorstandes?«*

Gouverneur Adolph Miller: *»Nein.«*

Vorsitzender McFadden: *»Es war also nur eine zwanglose Diskussion der Angelegenheiten, die sie zuvor in New York besprochen hatten?«*

Gouverneuer Miller: *»Ich nehme an, es war in der Hauptsache ein gesellschaftliches Ereignis. Was ich sagte, war meist allgemeiner Natur. Die Leiter jener Zentralbanken äußerten sich ebenso.«*

Mr. King: *»Was wollten sie?«*

Gouverneur Miller: *»Sie beantworteten sehr offen unsere Fragen. Ich wollte mich mit Mr. Norman unterhalten, und wir blieben deshalb beide nach dem Essen zurück, doch da gesellten sich die anderen ausländischen Vertreter und die Herren der New Yorker* Federal-Reserve-Bank *zu uns. Diese Herren interessierten sich vor allem dafür, wie sich der Goldstandard auswirkte. Sie wünschten daher dringend billiges Geld und niedrige Zinsraten auf dem New Yorker Markt, was das Einströmen von Gold nach Amerika verhindern würde. Das wäre im Interesse der damals herrschenden internationalen Geldsituation.«*

Mr. Beedy: *»Kam es zu einer Abmachung zwischen den Vertretern jener ausländischen Banken, dem* Federal-Reserve-Board *oder der New Yorker* Federal-Reserve-Bank?

Gouverneur Miller: *»Ja.«*

Mr. Beedy: *»Sie wurde nicht protokolliert?«*

Gouverneur Miller: *»Nein. Später fand jedoch eine Sitzung des Komitees für offene Marktpolitik statt, dem Investitionskomitee des* Federal-Reserve-Systems, *bei dem dann gewisse Empfehlungen gegeben wurden. Meiner Erinnerung nach wurden planmäßig im August für 80 Millionen Dollar Wertpapiere gekauft.«*

Vorsitzender McFadden: *»Gab es irgendeine Konferenz zwischen den Mitgliedern des* Open-Market-Committee *und jenen ausländischen Bankiers?«*

Gouverneur Miller: *»Sie mögen sich privat begegnet sein, aber nicht als Komitee.«*

Lord Alfred Milner, wohlhabender Engländer und Strohmann der *Rothschilds*, diente während der bolschewistischen Revolution als Zahlmeister der Hochfinanz in Petersburg. Er fungierte später als Leiter einer geheimen Gesellschaft, die als *Round Table* bekannt wurde und eine Weltregierung anstrebte. Eine Gruppe superreicher Finanziers sollte – um diesen Plan zu verwirklichen – die Welt unter der Maske des Sozialismus kontrollieren. Die amerikanische Stütze dieser Bestrebung wurde *Council on Foreign Relations* genannt, sie besteht heute noch.

Jacob Schiff finanzierte laut seinem Enkel *John* die kommunistische Revolution in Rußland mit Beträgen in Höhe von insgesamt 20 Millionen Dollar. Er war langjähriger Teilhaber der *Rothschilds* und nach einem Bericht in den Akten des Außenministeriums finanzierte seine Firma, *Kuhn-Loeb & Co*, auch den ersten Fünfjahresplan für *Stalin*. Schiffs Partner und Verwandter *Paul Warburg* fädelte die Gründung der *Federal Reserve* ein, während er bei *Kuhn-Loeb* beschäftigt war. Die Nachkommen Schiffs sind heute im *Council on Foreign Relations* aktiv tätig.

Eaton Joins Rockefellers
To Spur Trade With Reds

Cleveland and New York
Financiers to Set Up an
East-West Exchange

David Rockefeller, Vorstandsvorsitzender der *Chase Manhattan Bank*, ist die bedeutendste und erfolgreichste Persönlichkeit in den Vereinigten Staaten, die für Hilfe zugunsten der Kommunisten eintritt. Er strahlte über das ganze Gesicht (oben), nachdem er ein Abkommen mit *Tschou En-lai* in Rotchina getroffen hatte; ihm schloß sich *Cyrus Eaton Jr.*, an, um den Handel mit der Sowjetunion weiter zu fördern (siehe Zeitungsausschnitt links). Die untenstehende Abbildung zeigt *David Rockefeller* nach einem erfolgreichen Geschäftsabschluß mit dem sowjetischen Finanzminister *W. F. Garbusow.*

Mr. King: »*Wie entwickelt das* Open-Market-Committee seine Planungen?«

Gouverneur Miller: »*Die Herren kommen zusammen und sprechen darüber. Ich weiß nicht, wessen Plan es war. Es war eine Zeit, in der ein kooperativer Geist herrschte.*«

Vorsitzender McFadden: »*Sie haben hier Verhandlungen von höchster Wichtigkeit skizziert.*«

Gouverneur Miller: »*Ich möchte lieber sagen: Gespräche.*«

Vorsitzender McFadden: »*Es ereignete sich aber etwas sehr Bestimmtes?*«

Gouverneur Miller: »*Ja.*«

Vorsitzender McFadden: »*Es handelt sich um eine Änderung der Politik bezüglich unseres gesamten Finanzsystems, die zu einer der ungewöhnlichsten Situationen führte, denen dieses Land je gegenüberstand (der Spekulationsboom an der Aktienbörse von 1927–29). Mir scheint, eine derart wichtige Angelegenheit hätte in Washington zum Gegenstand eines Berichts gemacht werden sollen.*«

Gouverneur Miller: »*Ich bin ganz Ihrer Meinung.*«

Abgeordneter Strong: »*Wäre es nicht gut gewesen anzuordnen, das* Federal-Reserve-System *solle seine Macht dazu benutzen, für eine dauerhafte Kaufkraftstabilisierung des amerikanischen Dollars zu sorgen, anstatt sich von europäischen Interessen beeinflussen zu lassen?*«

Gouverneur Miller: »*Ich wende mich gegen den Ausdruck ›beeinflussen‹. Außerdem gibt es keine Stabilisierung des Dollar ohne Stabilisierung jeder anderen Goldwährung. Sie sind durch den Goldstandard miteinander verknüpft. Andere bedeutende Männer stellen es sehr geschickt an, um an die Leute des* Federal-Reserve-Board *heranzukommen.*«

Mr. Steagall: »*Hatte der Besuch jener ausländischen Bankiers zur Folge, daß das Geld in New York billiger wurde?*«

Gouverneur Miller: »*Ja, ganz richtig.*«

Vorsitzender McFadden: »*Ich würde in das Protokoll gern die Namen aller Herren aufnehmen, die bei dem Essen in Washington zugegen waren.*«

Gouverneur Miller: »*In Ergänzung zu den Namen, die ich Ihnen schon genannt habe, war dort ein jüngerer Herr von der* Bank von Frankreich. *Ich glaube, alle Mitglieder des* Federal-Reserve-Board *waren dort. Außerdem der Unterstaatssekretär des Finanzministeriums Ogden Mills, der stellvertretende Finanzminister Mr. Schunemann, zwei oder drei Herren vom Auswärtigen Amt und Mr. Warren von der Auslandsabteilung der New Yorker* Federal-Reserve-Bank. *Ach ja, Gouverneur Strong war auch da.*«

Vorsitzender McFadden: »*Diese Konferenz mit all ihren ausländischen*

Bankiers fand natürlich nicht zufällig statt. Auf wessen Veranlassung kamen diese prominenten Bankiers von Deutschland, Frankreich und England in die USA?«

Gouverneur Miller: »*Für London hatte sich eine peinliche Lage ergeben. Es drohte der* Bank of England *der Abzug einer bestimmten Goldmenge durch Frankreich. Ursprünglich war diese Goldmenge von der französischen Regierung dorthin verschifft und als Kriegskredit deponiert worden. Es entstanden einige Meinungsverschiedenheiten, da Frankreich damit begann, seine Wirtschaft für eine Rückkehr zum Goldstandard in Ordnung zu bringen. Dadurch wurde eine Lage geschaffen, die einen beruhigenden Einfluß erforderlich machte.*«

Mr. King: »*Wer war der treibende Geist, der diese Leute zusammenbrachte?*«

Gouverneur Miller: »*Das ist eine Einzelheit, mit der ich nicht vertraut bin.*«

Abgeordneter Strong: »*Wäre es nicht ehrlich zuzugeben, daß diejenigen, die das Gold haben wollten, auch die Zusammenkunft betrieben?*«

Gouverneur Miller: »*Sie kamen halt herüber.*«

Abgeordneter Strong: »*Allerdings, sie kamen herüber, hatten eine Zusammenkunft, ein Festessen, sie plauderten miteinander, veranlaßten den* Federal-Reserve-Board, *den Diskontsatz zu senken und Käufe am offenen Markt zu tätigen, und sie bekamen das Gold.*«

Mr. Steagall: »*Stimmt es, daß diese Aktion die europäischen Währungen stabilisierte und unsere in Unordnung brachte?*«

Gouverneur Miller: »*Ja, und gerade das hatte man beabsichtigt.*«

Vorsitzender McFadden: »*Ich möchte auf die kürzlich in Paris stattgefundene Konferenz hinweisen, bei der Mr. Goldenweiser, der Forschungsdirektor des* Federal-Reserve-Board, *und Dr. Burgess von der New Yorker* Federal-Reserve-Bank *Beratungen mit den Vertretern anderer Zentralbanken führten. Wer berief diese Konferenz ein?*«

Gouverneur Miller: »*Soweit ich mich erinnere, geschah das durch die* Bank von Frankreich.«

Gouverneur Young: »*Nein, der* Völkerbund *veranlaßte sie.*«

Gouverneur Miller: »*Je wissenschaftlicher man die Verwaltung der* Federal-Reserve-Banken *gestaltet, um so mehr werden ihre Mitarbeiter von Ratgebern abhängig sein. Ich halte viel von Experten, vorausgesetzt, man versteht sie richtig einzusetzen. Gestern nachmittag besuchte mich ein New Yorker Bankier, der mich fragte: ›Warum macht man solch ein Geheimnis um die Goldbewegungen? Wir erhalten Zahlenangaben über die erlaubte Ausfuhrmenge; aber es scheint eine große Geheimnistuerei um die Herkunftsbezeichnung des Goldes zu bestehen!‹*«

Vorsitzender McFadden verlas einen Artikel von H. Parker Willis im

Journal of Commerce vom 17. Mai 1928, betitelt: »Internationaler Pfusch bei den Banken«:

»*Solange das* Federal-Reserve-System *besteht, leidet es an Hintertreppen-Einflüssen und Konferenzen hinter verschlossenen Türen. Diese Konferenzen zielten zunächst auf die Zerstörung der Autorität des* Board, *sodann gaben sie Anlaß zur Bildung des berüchtigten Beirates* (Federal Advisory Council), *dessen Tätigkeiten niemals in der Öffentlichkeit bekannt wurden.*«

Professor Gustav Cassel, der skandinavische Volkswirt, bestätigte bei diesen Anhörungen:

»*Wenn man den Wert des Goldes stabilisieren will, muß man mit anderen Ländern zusammenarbeiten, besonders mit deren Zentralbanken.*«

Das geheime Treffen der Gouverneure des *Federal-Reserve-Board* mit den führenden Köpfen der europäischen Zentralbanken fand nicht statt, um irgendetwas zu stabilisieren. Man wollte darüber sprechen, wie man am besten das Gold, das in den Vereinigten Staaten vom System gelagert wurde, zurück nach Europa bringen könnte, um zu erreichen, daß die dortigen Staaten zum Goldstandard zurückkehrten. Der Völkerbund hatte das nicht erreicht, obwohl er hauptsächlich deswegen gegründet worden war. Das lag vor allem daran, daß der Senat der Vereinigten Staaten es abgelehnt hatte, durch Woodrow Wilson an eine internationale Geldmacht verraten zu werden. Es bedurfte dazu des Zweiten Weltkrieges und eines Franklin D. Roosevelts. Doch inzwischen mußte Europa das Gold haben, das wir besaßen, und das *Federal-Reserve-System* gab es ihm im Werte von 500 Millionen Dollar. Die Ausfuhr dieses Goldes führte zum Börsenkrach, beendete die Wirtschaftsblüte der zwanziger Jahre und veranlaßte die Weltwirtschaftskrise von 1929–31, das größte Elend, das die USA je getroffen hatte. Das amerikanische Volk mußte diese Krise als Folge und Strafe erleiden, weil es dem Völkerbund nicht beigetreten war. Die Bankiers wußten, was eintreten würde, wenn das Gold im Werte von 500 Millionen Dollar nach Europa geschickt würde. Sie wollten diese Krise, weil durch sie Handel und Finanzen der Vereinigten Staaten völlig in ihre Hände fielen.

Die Anhörungen gehen folgendermaßen weiter:

Mr. Beedy: »*Mr. Ebersole vom Finanzministerium schloß gestern abend bei dem Essen, dem wir beiwohnten, seine Ausführungen mit der Bemerkung, daß weder das* Federal-Reserve-System *noch der amerikanische Geschäftsmann eine Stabilisierung wünschten. Sie begrüßten diese Preisschwankungen nicht nur bei Wertpapieren sondern auch bei Waren und ganz allgemein beim Handel, weil diejenigen, die an der Macht sind, ihre Gewinne gerade aus dieser Unsicherheit ziehen. Wenn die Kontrolle dieser Leute nicht auf eine gesetzliche Grundlage gestellt wird, könnte der*

Versuch gemacht werden, dies durch eine allgemeine Umwälzung zu erreichen, so, wie wir es in früheren Zeiten erlebt haben. Revolutionen werden durch Unzufriedenheit mit den bestehenden Verhältnissen hervorgerufen, wobei sich die Macht nur in Händen von wenigen befindet, während die übrigen die Rechnung bezahlen.«

Vorsitzender McFadden: *»Ich habe hier einen Brief von einem Mitglied des* Federal-Reserve-Board, *das hier erscheinen sollte. Ich möchte ihn zu Protokoll geben. Er stammt von Gouverneur Cunningham:*

›Lieber Herr Vorsitzender:
Mehrere Wochen war ich wegen Krankheit an mein Heim gefesselt und nun bereite ich mich darauf vor, einige Wochen außerhalb Washingtons zu verbringen, um meine Genesung zu beschleunigen.
Edward H. Cunningham.‹

Das ist seine Antwort auf eine Einladung, hier vor unserem Komitee zu erscheinen. Ich habe auch einen Brief vom stellvertretenden Gouverneur der New Yorker Federal-Reserve-Bank, *George Harrison:*

›Mein lieber Herr Kongreßabgeordneter:
Gouverneur Strong fuhr letzte Woche mit dem Schiff nach Europa. Schon seit dem Anfang dieses Jahres fühlte er sich nicht wohl, und kurz bevor er vor Ihrem Komitee im März erscheinen sollte, erlitt er einen schweren Anfall von Gürtelrose, der seine Nerven arg mitnahm.
Georg L. Harrison
19. Mai 1929‹

Ich möchte auch eine Aussage aus Washington ins Protokoll aufnehmen, abgedruckt im New Yorker Journal of Commerce *vom 22. Mai 1928:*
›In gut informierten Kreisen steht hier fest, daß das Hauptthema der Gespräche, die Gouverneur Strong von der New Yorker Federal-Reserve-Bank *bei seinem jetzigen Besuch in Paris führen wird, die Vereinbarung eines festen Kredits für Frankreich, Rumänien und Jugoslawien betrifft. Eine zweite wesentliche Frage wird sich mit der Goldmenge beschäftigen, die Frankreich aus den USA abziehen soll.‹«*

Weitere Fragen des Vorsitzenden McFadden über die seltsame Krankheit Benjamin Strongs ergaben am 23. Mai 1928 folgende Aussage des Gouverneurs Charles S. Hamlin vom *Federal-Reserve-Board:*

»Alles, was ich weiß, ist, daß Gouverneur Strong sehr krank war und sich hauptsächlich aus Gesundheitsgründen nach Europa begeben hat. Natürlich kennt er die Büros der europäischen Zentralbanken recht gut, und zweifellos wird er sie aufsuchen.«

Gouverneur Benjamin Strong starb einige Wochen nach seiner Rückkehr aus Europa, ohne vor dem Komitee zu erscheinen. Die Umstände seines Todes erinnern an den Tod von J. P. Morgan, einige Wochen, nachdem er anläßlich der Geld-Trust-Anhörungen im Jahre 1913 zur Aussage vor das Pujo-Komitee geladen worden war. Die Anhörungen im Jahre 1928 vor dem Bank- und Währungskomitee des Repräsentantenhauses sollten erforschen, ob es notwendig wäre, das *Federal-Reserve-System* zu ermächtigen, eine Stabilisierung der Kaufkraft des Dollars herbeizuführen, wie es eine Gesetzesvorlage des Abgeordneten Strong (kein Verwandter von Benjamin Strong, dem internationalen Bankier) forderte und wie es ursprünglich im *Federal-Reserve-Gesetz* von 1913 vorgesehen war. Dies war eines der Versprechen von Carter Glass und Woodrow Wilson, als sie das *Federal-Reserve-Gesetz* 1913 im Kongreß einbrachten. Eine solche Bestimmung war auch tatsächlich durch Senator Robert L. Owen in den Gesetzestext eingefügt, aber später vom Bank- und Währungsausschuß des Repräsentantenhauses unter der Leitung von Carter Glass gestrichen worden. Die Händler und Spekulanten wollten keinen stabilen Dollar, er hätte sie um ihre Gewinne gebracht. Die hierdurch erzeugte allgemeine Instabilität verführte die Bürger unseres Landes dazu, in den zwanziger Jahren an der Börse zu spekulieren.

1928 wurde im Kongreß die Gesetzesvorlage von Strong abgelehnt. Die Vertreter des Volkes wünschten keine Stabilität des Dollar. Niemand außer den Arbeitern und den Verbrauchern wünschte sie; doch jene hatten keine Stimme im Getriebe der Demokratie. Am besten war jemals der Verbraucher im Kongreß vertreten, als die Arbeitergewerkschaften, die von New Yorker Bankiers bezahlt wurden, kommunistisch geschulte Abgeordnete während der dreißiger Jahre in den Kongreß und den Senat sandten. Es ist ein trauriges Zeichen für die Entwicklung unseres Bürgersinnes, daß die einzigen Leute, denen wir je erlaubten, wirklich für uns zu sprechen, Männer einer fremden Ideologie waren.

Gebrauchsgüter könnten ihre eigenen Preise finden, wenn sie nicht von Börsenspekulanten beherrscht würden, die durch Kauf und Verkauf bei Termingeschäften die Preise für Gebrauchsgüter hinauf- und hinabtrieben. Das Gesetz über Angebot und Nachfrage wirkt sich nicht auf die Preise für Gebrauchsgüter aus, worauf Senator Elmer Thomas 1938 hinwies.

Die finanzielle Lage der Vereinigten Staaten wurde in den zwanziger Jahren bestimmt durch eine Überflutung mit spekulativen Werten. Es war eine von Händlern geschaffene Lage. Die Preise für Gebrauchsgüter blieben ziemlich niedrig, trotz der unglaublichen Überbewertung von Wertpapieren an der Börse, die weit die Grenzen überschritt, bei denen sie einen Ertrag eingebracht hätten. Die Verkäufer erwarteten von ihren Wertpapieren keine Dividende. Ihr Gedanke war nur darauf gerichtet, die Papiere eine Weile zu behalten, um sie dann wieder mit Gewinn zu verkaufen. Das mußte irgendwann aufhören, wie Paul Warburg im März 1929 bemerkte, wobei er hoffte, den Zusammenbruch dadurch einzuleiten. Aber die *Wall Street* hörte nicht auf, bis das Volk alle seine Ersparnisse in die preislich überhöhten Wertpapiere gesteckt hatte. Wir hatten sogar das traurige Schauspiel, daß der Präsident der Vereinigten Staaten, Calvin Collidge, als Antreiber für die Börsenmakler auftrat, als er nämlich 1927 dem Volke empfahl, weiter Käufe an der Börse zu tätigen. Es gab wohl einiges Unbehagen über die inflationären Zustände an der Börse, doch die Bankiers zeigten ihre Macht, indem sie den Präsidenten der Vereinigten Staaten, den Finanzminister und den Aufsichtsratsvorsitzenden des *Federal-Reserve-Systems* zu Erklärungen veranlaßten, daß die Darlehen der Makler nicht zu hoch und die Bedingungen auf dem Börsenmarkt völlig gesund wären.

Irving Fisher warnte uns 1927, daß die Bürde einer Preisfestigung in aller Welt bald auf die Vereinigten Staaten fallen würde. Ein Hauptergebnis des Zweiten Weltkrieges war die Errichtung eines internationalen Geldfonds, der diese Aufgabe hatte. Professor Gustav Cassel bemerkte in demselben Jahr:

»Die Abwärtsbewegung der Preise war nicht das zufällige Ergebnis von Kräften außerhalb unserer Kontrolle. Sie ist das Ergebnis einer wohlüberlegt entworfenen Politik, die Preise zu senken und der Geldeinheit einen höheren Wert zu geben.«

Nachdem die Demokratische Partei das *Federal-Reserve-Gesetz* verabschiedet und die USA in den Ersten Weltkrieg gestürzt hatte, übernahm sie in den zwanziger Jahren die Rolle einer loyalen Opposition. Sie stand außerhalb des politischen Geschehens und wurde während dieser mageren Jahre durch freigebige Spenden von Bernard Baruch unterstützt, wie er in seiner Biographie berichtet. Wie weit sie außerhalb stand und wie wenig Aussichten sie 1928 hatte, verdeutlicht eine Stelle aus dem Parteiprogramm, das am 28. Juni 1928 in Houston angenommen wurde:

»Die Tätigkeit des Federal-Reserve-Systems *zum Nutzen der Börsenspekulanten sollte aufhören. Es muß zum Nutzen der Farmer, Lohnempfänger, Kaufleute, Fabrikanten und anderer handeln, die mit konstruktiver Arbeit beschäftigt sind.«*

Dieser Idealismus bestimmte die Niederlage seines Vorkämpfers, Al Smith, der von Franklin D. Roosevelt ernannt worden war. Der Feldzug gegen A. Smith war auch durch niedrige Appelle an die religiöse Intoleranz gekennzeichnet, weil er Katholik war. Die Bankiers erzeugten landweit eine antikatholische Bewegung, um zu erreichen, daß Herbert Hoover, ihr Gönner im Ersten Weltkrieg, zum Präsidenten gewählt wurde.

Obwohl Woodrow Wilson bei der Verabschiedung des Gesetzes versprochen hatte, daß sich der *Federal-Reserve-Board* um finanzielle Stabilität bemühen würde, hat er stets nur finanzielle Unsicherheit gefördert. Ein offizielles Memorandum, das am 13. März 1939 vom *Board* herausgegeben wurde, stellte fest:

»Der Aufsichtsrat des Federal-Reserve-Systems *widersetzt sich jeder Gesetzesvorlage, die ein festes Preisniveau vorschlägt.«*

1944 sagte K. R. Bopp vor der *American Economic Association* aus, daß das *Federal-Reserve-System* seine Operationen während der zwanziger Jahre am offenen Markt nicht nur darauf ausrichtete, die Bankzinsen wirksam zu nutzen, sondern auch als gleichgerichtetes Werkzeug der Politik diente, um die »Wirkungen der Goldbewegungen auszugleichen«. Der Ausverkauf des Staatsschatzes der Vereinigten Staaten an internationale Goldhändler geschah 1906, als Finanzminister Shaw eine Politik des Goldkaufes begann, indem er den großen New Yorker Banken Geld überwies, um Gold im Ausland zu kaufen, dessen Ursprung vom Finanzministerium nicht registriert zu werden brauchte.

Auf politischem Gebiet diente der *Federal-Reserve-Board* in den zwanziger Jahren dazu, die Wahl der Kandidaten der Bankiers zu fördern. Als der *Federal-Reserve-Board* in einem Wahljahr den Diskontsatz auf 5 % erhöhte, schrieb der *Literary Digest* am 4. August 1928:

»Das stößt die so wünschenswerte Politik des billigen Geldes aus dem Jahre 1927 um und erleichtert die Bedingungen am Börsenmarkt. Diese Maßnahme wurde von der Zeitschrift Peoples' Lobby *in Washington mit den Worten angegriffen: ›Diese Erhöhung zu einer Zeit, da die Farmer billiges Geld brauchten, um die Einbringung ihrer Ernte zu finanzieren, war ein direkter Schlag gegen sie, die gerade anfingen, die Folgen der Agrar-Krise von 1920/21 zu überwinden.‹«*

Die New Yorker *World* schrieb bei dieser Gelegenheit:

»Die Kritik an der Politik des Federal-Reserve-Board *seitens vieler Investoren bezieht sich nicht auf den Versuch, dem Aktienmarkt Geld zu entziehen, sondern auf den Vorwurf, daß der* Board *infolge seiner letztjährigen Politik voll für die bestehende Geldschwemme auf dem Aktienmarkt verantwortlich ist.«*

In welcher Weise der *Federal-Reserve-Board* die Geldschwemme am Börsenmarkt in den zwanziger Jahren und die anschließende Wirtschaftskrise verursachte, erklärte genau Emmanuel Goldenweiser, der Forschungsdirektor des *Board* seit 1920. Im Jahre 1947 äußerte er vor der *American Economic Association:*

»Im Jahre 1923, beim Übergang zu Operationen am offenen Markt verfolgte der Federal-Reserve-Board *das Ziel, Handel und Gewerbe der allgemeinen Kreditlage Amerikas anzupassen. Die Politik des offenen Mark-*

tes und die des Diskontsatzes standen auf derselben Grundlage. Ein Teil der Operationen am offenen Markt jedoch blieb außerhalb der Kontrolle des Open Market Committee *und sogar des* Federal-Reserve-Board, *nämlich Kauf und Verkauf von Wechseln durch die* Federal-Reserve-Banken. *Das Wechselgeschäft wurde weiterhin von den* Federal-Reserve-Banken *als eigenständige Tätigkeit betrieben.«*

Das geschah, weil das Wechselgeschäft der ganz private Bereich Paul Warburgs war.

Goldenweiser fuhr fort:

»Die Politik des billigen Geldes im Jahre 1924 führte zu einer Herabsetzung des Diskontsatzes und zu vermehrten Käufen am offenen Markt. Es war eine Zeit, wo die Geschäfte zurückgingen. Der Kredit war billig, und Gold strömte nach Amerika. Die Politik des Board *wurde weitgehend von internationalen Interessen bestimmt. Zu jener Zeit wurde die Grundlage für eine zukünftige Kreditausweitung gelegt, denn die Gewinne aus dem Gold und den Aktienverkäufen wurden nicht dazu benutzt, den Diskontsatz herabzusetzen – der schon niedrig genug war – sondern sie wurden den Reserven der Mitgliedsbanken hinzugefügt. Diese zusätzlichen Reserven bildeten im großen und ganzen die Grundlage der spekulativen Kreditexpansion der nächsten vier oder fünf Jahre.«*

Goldenweiser deckt hier den Irrtum jener Kritiker auf, die versuchen, das *System* mit der Schande des Zusammenbruchs von 1929 zu belasten, indem sie erklären, die Politik des billigen Geldes von 1927 wäre für den Börsenboom verantwortlich gewesen. Aber die Politik von 1927 konnte eine solch enorme Kreditausweitung nicht geschaffen haben. Sie wuchs seit 1923 und 1924 pyramidenartig, als Gold im Wert von Hunderten von Millionen Dollar aus Frankreich und England nach Amerika strömte. Goldenweiser sagt:

»Ein ähnliches, aber weniger wichtiges Programm des billigen Geldes wurde 1927 verfolgt.«

Ein noch mehr belastender Überblick über die ersten fünfzehn Jahre des *Federal-Reserve-Systems* erschien im Mai 1929 in der *North American Review* des Volkswirts H. Parker Willis, der einer der Verfasser des *Federal-Reserve-Gesetzes* und erster Sekretär des *Board* von 1914 bis 1920 war:

»Mein erstes Gespräch mit dem für die Präsidentschaft vorgesehenen Wilson war 1912. Unsere Unterhaltung bezog sich ausschließlich auf die Bankreform. Ich fragte ihn, ob er glaube, daß wir die Annahme und Durchführung eines entsprechenden Gesetzes sichern könnten und wie wir das anstellen sollten. Er antwortete:

›Wir müssen uns auf den amerikanischen Geschäftsidealismus verlassen.‹

Er suchte nach etwas, was dem amerikanischen Idealismus eine sichere Gelegenheit biete, sich auszuwirken. Das Gesetz diente dann dazu, den Weltkrieg zu finanzieren und die amerikanischen Bankgebräuche zu ändern. Doch das Element des Idealismus, das der Präsident voraussetzte und das er, entsprechend dem Grundsatz »Adel verpflichtet«, bei amerikanischen Bankiers und Geschäftsleuten anzutreffen glaubte, war nicht vorhanden. Seit dem Erlaß des Federal-Reserve-Gesetzes haben wir eine der schlimmsten finanziellen Krisen und Umwälzungen in unserer Geschichte erlitten, die Krise von 1920–21. Amerikas Agrarwirtschaft erlebte eine lange Zeit des Leidens und Umsturzes. Eine Million Farmer verließen ihre Farmen infolge der Schwierigkeiten, die sich aus den Landpreisen und den sonderbaren Kreditbedingungen ergaben. Nie zuvor gab es über einen derart langen Zeitraum Zusammenbrüche von Banken. 4500 Banken schlossen ihre Tore, seit das Federal-Reserve-System begann, tätig zu werden. In einigen Städten des Westens gab es Zeiten, da alle Banken des Gemeinwesens in Konkurs gingen, und es gab Banken, die immer wieder Bankrott machten. In der Anfälligkeit für Konkurse bestanden zwischen Mitglieds- und Nichtmitgliedsbanken des Federal-Reserve-Systems nur geringe Unterschiede.

Wilsons Auswahl der ersten Mitglieder des Federal-Reserve-Board war nicht sehr glücklich. Es war eine zusammengewürfelte Gruppe, nur zu dem Zweck gewählt, unterschiedlichen mächtigen Interessen Genüge zu tun. Es geschah nicht selten, daß die Erwählten ihre Posten dazu benutzten, ihre Schulden zu bezahlen. Als der Board infolge der offenkundigen Unfähigkeit einiger Mitglieder erwog, seine Auswahl zukünftig nur nach der Leistung zu treffen, stellte Währungskontrolleur John Skelton Williams den Antrag, das Wort ›nur‹ auszustreichen, und der Board unterstützte ihn darin. Die Beibehaltung bestimmter Elemente im Board (Warburg, Strauss u.a.) schuf Gelegenheit, besondere Interessen zu vertreten, die sich später als unheilvoll erweisen sollten.

Präsident Wilson irrte, wie er sich oft irrte, als er annahm, ein wichtiges Amt ändere einen Amtsträger und belebe seinen Patriotismus neu. Zur Zeit Wilsons erreichte der Federal-Reserve-Board seinen Tiefstand, als ein Mitglied nur wegen seiner Fähigkeit ernannt wurde, Abgeordnete für eine demokratische Präsidentschaftskandidatur zu gewinnen. Noch tiefer sank er unter Präsident Harding. Er ernannte einen alten Bekannten, D. R. Crissinger, zum Gouverneur des Board und schob mehrere andere übereifrige Politiker auf andere Posten. Bis zu seinem Tode tat er sein Möglichstes, das ganze Unternehmen abzuwirtschaften. Seitdem ging es mit dem System ständig bergab.

Kaum waren die Federal-Reserve-Banken eingerichtet, als sich herausstellte, daß örtliche Bankiers versucht hatten, sie als Unterkunft für soge-

nannte ›favorite sons‹ zu benutzen, d.h. Leute, die durch allgemeine Zustimmung eine Art Universalauftrag für die Bankgemeinschaft besaßen oder irgendwie unfähig waren. Sollten Reserve-Direktoren gewählt werden, so weigerten sich oft die Bankiers auf dem Lande abzustimmen, oder, wenn sie wählten, so folgten sie den Weisungen von städtischen Korrespondenten. Unter diesen Umständen war eine allgemeine, demokratische Kontrolle der Zentralbanken unmöglich. Eine angemessene Leistungsfähigkeit wäre gewährleistet gewesen, wenn ehrenhafte Männer, die sich ihrer Pflicht dem Volke gegenüber bewußt gewesen wären, die Macht übernommen hätten. Waren solche Männer vorhanden, kamen sie nicht in den Federal-Reserve-Board. *So liegt heute die Leitung einer* Reserve-Bank *in den Händen eines Mannes, der nie zuvor auch nur einen Tag in einer Bank gearbeitet hatte, während in einer anderen Reserve-Einrichtung frühere Leiter jetzt eingegangener Banken Gouverneur und Vorsitzender sind. Sie haben natürlich in ihrem Distrikt einen Rekord an Konkursen. In der Mehrzahl der Distrikte ist der Leistungsstandard der verantwortlichen* Reserve-Beamten, *verglichen mit jenem bei fähigen Banken, beschämend niedrig. Die* Federal-Reserve-Bank *von Philadelphia ist im ganzen System als die »Bank der Freunde und Verwandten« bekannt.*

Zur Zeit der beträchtlichen Kriegsgewinne kam einer auf die Idee, die Profite für die Errichtung eigener außerordentlich kostspieliger Gebäude zu nutzen. Heute müssen die Reserve-Banken *eine volle Milliarde Dollar ständig bereithalten, nur um ihre eigenen normalen Ausgaben bestreiten zu können. Das beste Beispiel für das Wirken des Systems sind die Erfahrungen mit der Spekulation im Mai 1929. Drei Jahre zuvor war die gegenwärtige Hausse gerade dabei, sich zu entwickeln. Im Herbst 1926 traf sich eine Gruppe von Bankiers – unter ihnen ein weltbekannter Mann – in einem Washingtoner Hotel. Einer unter ihnen warf die Frage auf, ob der niedrige Diskontsatz nicht die Spekulation ermutige.*

›Ja‹, erwiderte der berühmte Bankier, ›das wird so sein, aber das läßt sich nicht ändern. Es ist der Preis, den wir bezahlen müssen, um Europa zu helfen.‹

Es wäre zu klären, ob die Förderung der Spekulation durch den Board *der Preis für die Hilfe an Europa war, oder ob der Preis dafür gezahlt wurde, eine bestimmte Klasse von Finanzleuten in den Stand zu setzen, Europa zu helfen. In jedem Fall sollten europäische Verhältnisse nichts mit der Diskontpolitik des* Board *zu tun haben.*

Der ›kleine Mann‹ von Maine bis Texas wurde allmählich dazu gebracht, seine Ersparnisse an der Börse anzulegen mit dem Resultat, daß die Welle der Spekulation in immer schnellerem Tempo heranrollte und das legitime Geschäft des Landes überspülte.

Im März 1928 wurde Roy A. Young, ein Gouverneur des Board *vor ein*

Senatskomitee gerufen und gefragt:

›Sind Sie der Meinung, daß die Darlehen der Börsenmakler zu hoch sind?‹

›Ob sie zu hoch oder zu niedrig sind‹, erwiderte er, ›kann ich im Augenblick nicht sagen; doch ich bin überzeugt, daß sie zuverlässig und ordnungsgemäß zustandegekommen sind.‹

Finanzminister Mellon gab eine formelle Erklärung ab, in der er versicherte, daß sie nicht zu hoch seien. Collidge, der sich auf Material stützte, das ihm der Federal-Reserve-Board *gegeben hatte, gab die gleiche Erklärung ab. Auf diese Weise strengte sich der* Board *aufs äußerste an, dem Durchschnittsbürger, dessen Interessen er vertreten sollte, zu versichern, daß er sich nicht um seine Ersparnisse zu ängstigen brauche. Doch am 2. Februar 1929 sandte derselbe* Federal-Reserve-Board *ein Rundschreiben an die Direktoren der Banken, in dem er sie vor der Gefahr weiterer Spekulationen warnte. Was konnte man auch von Männern erwarten, wie sie im* Board *versammelt waren; diese waren nur darauf bedacht, drohenden Gefahren aus dem Wege zu gehen, sonst aber entfalteten sie einen Ochsen- und Kaninchenhunger nach Glaubwürdigkeit und Lob, wobei sie eifrigst um die Gunst der ›großen Herren‹ buhlten, die sie als Meister im amerikanischen Finanz- und Bankwesen kannten?«*

H. Parker Willis' völlige Enttäuschung über das *Federal-Reserve-System*, für das er mitverantwortlich war, zeigt, daß ihm der internationale Einfluß auf den Aufsichtsrat bewußt war, aber er konnte diese Einflüsse nicht näher benennen oder angreifen.

12. Kapitel
HERBERT HOOVER

R. G. Hawtrey, der englische Volkswirtschaftler, sagte im März 1926 in der *American Economic Review:*

»Wenn ausländische Kapitalanlagen die allgemeinen Spareinlagen übersteigen, muß der Kapitalmarkt den Mehrbedarf an Geld von den Banken borgen. Ein Heilmittel ist die Kreditkontrolle durch Anhebung der Bankzinsen.«

Der *Federal-Reserve-Board* wandte diese Kreditkontrolle aber im Jahre 1926 nicht an, auch nicht als Heilmittel. Sie wurde erst 1929 angewendet, als der Zinssatz als Strafmaßnahme angehoben wurde, um jedermann – mit Ausnahme der großen Trusts – auszuschalten.

Prof. Cassel schrieb im *Quarterly Journal of Economics,* August 1928: *»Wenn es eine Zentralbank unterläßt, ihre Zinsen im Einklang mit der tatsächlichen Lage auf dem Kapitalmarkt zu erhöhen, verstärken sich in hohem Maße die zyklischen Bewegungen im Handelswesen mit all ihren verderblichen Wirkungen auf die Sozialökonomie. Eine rationale Regulierung der Bankzinsen liegt in unserer Hand. Sie kann aber nur durchgeführt werden, wenn wir ihre Notwendigkeit erkennen und uns dafür entscheiden. Mit einem in dieser Richtung regulierten Bankzins würden sich die Bedingungen für die Entwicklung der Handelszyklen grundlegend ändern und die uns vertrauten Zyklen würden der Vergangenheit angehören.«*

Das ist die maßgebendste Aussage eines Experten, die je zu der Tatsache gemacht worden ist, daß die wirtschaftlichen Krisen Amerikas künstlich hervorgerufen worden waren. Alle drei Krisen – 1907, 1920 und 1929 – ereigneten sich in Jahren guter Ernten und großen nationalen Wohlstandes: das sollte ein Neger in seinen Holzpflock einkerben.

Lord Mayard Keynes wies daraufhin, daß die meisten Theorien bezüglich des Geschäftszyklus daran krankten, daß sie ihre Analysen nicht mit den Vorgängen auf dem Geldmarkt abstimmten. Jede Darstellung oder Untersuchung einer Krise, die versäumt, Tatsachen wie Goldbewegungen und Druck auf ausländische Währungen zu berücksichtigen, ist wertlos. Aber kein amerikanischer Volkswirtschaftlicher richtete sich danach.

Um 1928 hatte der Völkerbund sein Ziel erreicht, die Nationen Europas zum Goldstandard zurückzubringen. Doch nun befanden sich drei Viertel des Goldes auf der Welt in Frankreich und den Vereinigten Staaten. Es ergab sich deshalb die Frage, wie das Gold in jene Länder zu bringen sei, die es als Grundlage für Geld und Kredit benötigten. Die Antwort gab das *Federal-Reserve-System.*

Nach dem geheimen Treffen des *Board* mit den führenden Männern der ausländischen Zentralbanken im Jahre 1927 verdoppelten die *Federal-Reserve-Banken* in wenigen Monaten ihre Bestände an Staatspapieren und Wechseln, was in jenem Jahr den Export von 500 Millionen Dollar in Gold zur Folge hatte. Das billige Geld des Systems und die Käufe der Staatspapiere am offenen Markt hielten die Zinsen für tägliches Geld an der Börse niedrig und schafften das Gold aus dem Lande. Auch Ausländer nahmen die Gelegenheit wahr, für billiges Geld Staatspapiere in großem Maße zu kaufen.

Am 6. Februar 1929 kam Mr. Montagu Norman, Gouverneur der *Bank of England,* nach Washington und führte ein Gespräch mit Andrew Mellon, dem Finanzminister. Unmittelbar nach diesem geheimnisvollen Besuch änderte der *Federal-Reserve-Board* seine Politik des billigen Geldes, mit der er im Jahre 1927 nach einem früheren Besuch Mr. Normans begonnen hatte, in die des teuren Geldes. Der Börsenkrach und die Deflation der amerikanischen Finanzstruktur wurden für den März 1929 geplant. Um die Kugel ins Rollen zu bringen, gab Paul Warburg den Händlern den Rat, aus dem Markt auszusteigen. In seinem Jahresbericht für die Aktionäre seiner *International Acceptance Bank* schrieb Mr. Warburg im März 1929:

»Wenn es den Orgien ungezügelter Spekulationen gestattet wird, sich auszubreiten, wird der unvermeidliche Zusammenbruch nicht nur die Spekulanten selbst, sondern das ganze Land in eine allgemeine Krise stürzen.«

Während einer drei Jahre andauernden »ungezügelten Spekulation« hielt es Mr. Warburg nicht für nötig, etwas über die Lage auf dem Aktienmarkt zu sagen. Eine befreundete Zeitung, die *New York Times,* stellte für diesen Bericht nicht nur zwei Spalten ihrer Titelseite zur Verfügung, sondern kommentierte im Leitartikel die Weisheit und Wissenschaftlichkeit der Beobachtungen Warburgs. Jetzt war seine Sorge echt, denn der Börsenschwindel hatte ein viel größeres Ausmaß angenommen, als man beabsichtigt hatte. Die Bankiers fürchteten nun die Folgen, wenn das Volk begriff, was man ihm angetan hatte. Als aufgrund seines Berichtes in der *New York Times* eine Verkaufswelle auf dem Börsenmarkt einsetzte, gerieten die Bankiers in Panik und beschlossen, den Markt ein wenig zu beruhigen. Infolgedessen warf die *National City Bank* Warburgs 25 Millionen Dollar in bar auf den Markt, und vertagte so den Börsenkrach.

Wohl hatte am 6.2.1929 der *Federal-Reserve-Board* die Aktionäre der *Federal-Reserve-Banken* gewarnt und ihnen geraten, aus dem Aktiengeschäft auszusteigen. Er gab sich aber keine Mühe, der übrigen Bevölkerung irgendetwas zu sagen. Niemand wußte, was wirklich vorging, bis auf die Bankiers der *Wall Street,* die das Schauspiel leiteten. Die Goldbewegungen, welche die Lage hätten erkennen lassen, wurden in fast völliger Geheimhaltung durchgeführt, und amtliche Berichte darüber waren völlig unzuverlässig.

Das *Quarterly Journal of Economics* bemerkte:

»Es erhob sich die Frage nicht nur in diesem Lande, sondern auch in mehreren europäischen Ländern, ob die Zollstatistiken genau die Edelmetalltransporte wiedergeben. Als dann Nachforschungen gemacht wurden, verringerte sich noch das Vertrauen in jene Zahlen, anstatt sich zu verstärken. Zum Beispiel sollte jede Bewegung zwischen Frankreich und England in jedem Lande gleich verzeichnet werden, aber ein Vergleich zeigt einen durchschnittlichen jährlichen Unterschied von 50 Millionen Francs in Frankreich und 85 Millionen Francs in England. Über diese enormen Unterschiede wird keine Rechenschaft abgelegt.«

Der ehrenwerte Reginald McKenna stellte fest:

»Das Studium der Beziehungen zwischen den Goldvorräten und den Bewegungen des Preisniveaus zeigt, was an sich leicht ersichtlich ist, aber unter keinen Umständen anerkannt wird, daß nämlich der Goldstandard keineswegs automatisch wirkt. Der Goldstandard kann und wird nutzbringend angewandt und kontrolliert zum Nutzen einer kleinen Gruppe internationaler Händler.«

Im August 1929 erhöhte der *Federal-Reserve-Board* den Diskontsatz auf 6 %; die *Bank of England* steigerte ihn im nächsten Monat von 5,5 auf 6,5 %. Dr. Friday erklärte in der September-Ausgabe der *Review of Reviews*, daß er keinen Grund für die Maßnahme des *Board* erkennen könnte.

»Die Erklärung des Federal-Reserve-Board *vom 7. August 1929 beweist, daß die Bedürfnisse für den Herbst gedeckt sind. Die Goldvorräte sind beträchtlich höher als im vorangegangenen Jahr, und zum finanziellen Verdruß Deutschlands und Englands strömt weiterhin Gold ins Land. Die Gründe für das Vorgehen des* Board *müssen also anderswo gesucht werden. Der Öffentlichkeit wurde nur der Hinweis gegeben, daß ›gewisse besondere Bedingungen das Problem schwierig gestaltet hätten‹. Alle Gründe, die Gouverneur Young letztes Jahr für die Senkung der Zinsen vorbrachte, liegen jetzt vor. In den vergangenen vier Monaten stiegen bereits die Importe des gelben Metalls, eine Erhöhung des Zinssatzes erhöht nur die Gefahr, Gold vom Ausland hereinzuziehen. Eine Förderung dieses Vorganges hieße die Verantwortung einer weltweiten Geldverknappung auf sich laden.«*

Daraus ergibt sich, daß das *Federal-Reserve-System* nicht nur für den Ersten Weltkrieg verantwortlich war, weil es den Vereinigten Staaten die Möglichkeit gab, die Verbündeten zu finanzieren, sondern es war durch seine Politik auch für die Weltwirtschaftskrise von 1929–31 verantwortlich. Gouverneur Adolph Miller stellte gelegentlich der Untersuchung des *Federal-Reserve-Board* durch den Senat im Jahre 1931 fest:

»Ich glaube nicht, daß wir je in solch übermäßige Spekulationen hineingeraten wären, wenn wir kein Federal-Reserve-System *gehabt hätten.«*

Carter Glass erwiderte:

»Sie haben es klar erkannt, daß der Federal-Reserve-Board *durch seine Transaktionen am offenen Markt eine erschreckende Kreditausweitung hervorrief.«*

Emmanuel Goldenweiser erklärte:

»In den Jahren 1928/29 war der Federal-Reserve-Board *damit beschäftigt, eine Beschränkung des schnellen Anwachsens der Spekulation in Staatsanleihen und Aktien herbeizuführen. Die Fortführung seiner Politik der Beschränkung wurde jedoch im Herbst 1928 und im Sommer 1929 durch die Herabsetzung der Kreditzinsen unterbrochen.«*

Sowohl *J. P. Morgan* wie *Kuhn, Loeb Co.* hatten »Vorzugslisten« für

Personen, denen sie im voraus gewinnbringende Aktien ankündigten. Ihnen wurden die Aktien zum »Nettopreis« angeboten, d.h. sie zahlten zwei bis fünfzehn Punkte weniger für eine Aktie als die übrigen Käufer. Diese Listen umfaßten befreundete Bankiers, prominente Industrielle, einflußreiche städtische Politiker, führende Mitglieder der Republikanischen und Demokratischen Partei und die Herrschenden fremder Länder. Sie wurden auch von dem kommenden Zusammenbruch benachrichtigt, und sie verkauften alles bis auf die sogenannten ›gilt-edged‹, d.h. erstklassige Aktien wie General Motors, Dupont etc. Die Preise dieser Aktien sanken zwar auch auf einen bisher unerreichten Tiefstand, aber sie stiegen bald danach wieder.

Wie die großen Bankiers 1929 handelten, enthüllt eine Geschichte in der *Newsweek* vom 30. Mai 1936, als der von Roosevelt ernannte Ralph W. Morrison aus dem *Federal-Reserve-Board* ausschied:

»Es besteht die einmütige Meinung, daß der Federal-Reserve-Board *einen fähigen Mann verloren hat. Er verkaufte seine Aktien texanischer Fabriken an* Insull *für zehn Millionen Dollar, und im Jahre 1929 berief er eine Sitzung ein und befahl seinen Banken, alle Staatsanleihen bis zum 1. September zu verkaufen. Infolgedessen kamen sie ungeschoren durch die Krise.«*

Ist es nicht erstaunlich, daß alle großen Bankiers »ungeschoren durch die Krise« kamen?

Wer unter der Krise litt, das waren die Arbeiter und Farmer, die ihr Geld in ›schnell-reich-machenden‹ Aktien angelegt hatten, wozu sie durch den Präsidenten der Vereinigten Staaten, Calvin Coolidge, und den Finanzminister, Andrew Mellon, überredet worden waren.

In England gab es einige Warnungen vor dem bevorstehenden Börsenkrach, nur amerikanische Zeitungen sahen nichts. Der *London Statist* schrieb z.B. am 25. Mai 1929:

»Die Bank-Autoritäten in den Vereinigten Staaten wünschen anscheinend eine geschäftliche Panik, um die Spekulation zu zügeln.«

Der *Londoner Economist* schrieb am 11. Mai 1929:

»Die Ereignisse des vergangenen Jahres zeigten die Anfänge einer neuen Technik, der es, wenn sie beibehalten und weiterentwickelt wird, gelingt, die Spekulation einzudämmen, ohne den Berufshandel zu schädigen.«

In Übereinstimmung hiermit stellte Gouverneur Charles S. Hamlin bei den Senatsverhören des Jahres 1931 fest:

»Gewisse Mitglieder des Vorstandes glaubten, daß man den Spekulanten den Bankkredit sperren sollte, ohne den Berufshandel zu schädigen.«

Die »Spekulanten«, die Gouverneur Hamlin auf diese Weise hinausdrängen wollte, waren Schullehrer und kleine Stadtkaufleute, die ihre Ersparnisse im Börsengeschäft angelegt hatte; doch zum »Berufshandel«, den er schützen wollte, gehörten die großen Spekulanten der *Wall Street*, wie Bernard Baruch und Paul Warburg.

Als die *Federal-Reserve-Bank* von New York am 9. August 1929 den Diskontsatz auf 6 % erhöhte, begannen jene Zustände am Börsenmarkt, die in den ungeheuren Verkaufsaufträgen vom 24. Oktober bis in den November hinein gipfelten und 160 Milliarden Dollar an Wertpapieren vernichteten. Das waren 160 Milliarden Dollar, die das amerikanische Volk in dem einen Monat noch besaß und im anderen verloren hatte. Man kann sich eine Vorstellung von der Größe des Verlustes machen, wenn man sich erinnert, daß die gesamten Kosten des Zweiten Weltkrieges in den USA kaum mehr als zweihundert Milliarden Dollar betrugen, wobei ein großer Teil als börsenfähige Wertpapiere zu Lasten des Staats übrig blieb. Der Börsenkrach ist das größte Unglück, das die Vereinigten Staaten je betroffen hat.

Die Akademie für politische Wissenschaft an der Columbia-Universität veranstaltete gelegentlich ihres Jahrestreffens im Januar 1930 eine »Leichenschau« des Börsenkrachs von 1929. Ihr Vize-Präsident Paul Warburg sollte den Vorsitz führen und Direktor Ogden Mills eine wichtige Rolle in der Diskussion spielen. Die beiden Herren erschienen jedoch nicht. Oliver M. W. Sprague von der Harvard-Universität bemerkte zu dem Krach:

»Wir haben hier ein schönes Musterbeispiel, wie ein Aktienmarkt anscheinend durch sein eigenes Gewicht zusammenbrechen kann.«

Man wies darauf hin, daß es weder eine Kreditausschöpfung wie 1893 gab, noch einen Geldmangel wie in der Krise von 1907 (als man seine Zuflucht zu den Bescheinigungen der Abrechnungsbörse nahm), noch einen Sturz der Warenpreise wie 1920. Es gab auch keine Zusammenbrüche von Banken. Was also hatte den Börsenkrach verursacht? Die Leute hatten Aktien zu hohen Preisen gekauft und hofften, daß die Kurse weiter steigen würden. Die Kurse mußten wieder fallen, und sie fielen. Den Volkswirtschaftlern und Bankiers, die bei Kognak und Zigarren im Hotel Astor beisammensaßen, war es klar, daß die Leute sich auf falscher Fährte bewegten. Gewiß hatten sie den Fehler gemacht, Aktien zu überhöhten Preisen zu kaufen; doch jeder führende Politiker vom Präsidenten ab hatte sie dazu überredet. Jede große Zeitschrift und Zeitung, jeder prominente Bankier, Wirtschaftler und Politiker, alle beteiligten sich am großen Spiel um das Vertrauen, damit das Volk die überbewerteten Aktien kaufte. Als die *Federal-Reserve-Bank* von New York im August 1929 den Diskontsatz auf 6 % erhöhte, begannen die Leute zu verkaufen, und das steigerte sich zu einer Panik, die die Aktienkurse weit unter ihren eigentlichen Wert sinken ließ. Wie in früheren Krisenzeiten griffen jetzt eingeweihte Speku-

Nelson Rockefeller begrüßt Nikita Chruschtschow.
Begrüßen sich so Todfeinde?

David Rockefeller (links), der Präsident der *Chase-Manhattan-Bank*, besucht den sowjetischen Premierminister *Alexei Kossygin* in Moskau.

Bernard Manasse Baruch (links) besucht Andrej Gromyko
Es geht um Fragen der internationalen Atomenergie-Kontrolle.

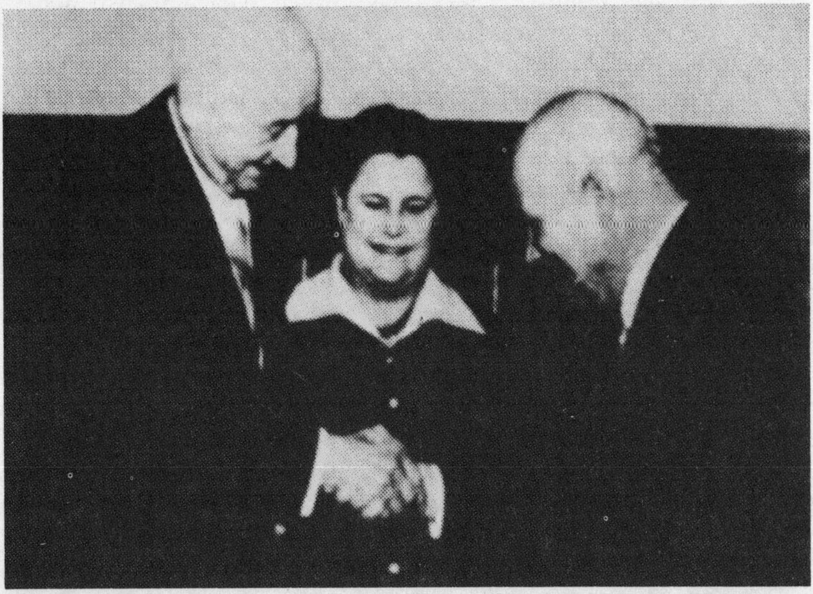

Besuchen Führer der Sowjetunion die USA, pflegen sie vor allem Kontakte zur Hochfinanz und Industrie, nicht zu den Arbeiter- und Gewerkschaftsorganisationen. Hier begrüßt *Nikita Chruschtschow* den prokommunistisch eingestellten Großindustriellen *Cyrus Eaton*, der seine Laufbahn als Sekretär von *John D. Rockefeller* begann.

lanten der *Wall Street* und des Auslandes zu, um krisensichere Wertpapiere für einen Bruchteil ihres wirklichen Wertes zu ergattern.

Der Krach von 1929 brachte auch die Bildung riesenhafter Holding-Gesellschaften mit sich, die diese billigen Anleihen und Wertpapiere aufkauften, wie die *Marine Midland Corporation*, die *Lehman Corporation* und die *Equity Corporation.* 1929 organisierte *J. P. Morgan Company* den gigantischen Nahrungsmittel-Trust *Standard Brands.* Für Konzern-Gründer war es eine einmalige Gelegenheit, ihre Anteile zu vergrößern und abzusichern.

Emmanuel Goldenweiser, Forschungsdirektor des *Federal-Reserve-Systems*, erklärte 1947:

»Im Rückblick ist klar zu erkennen, der Board *hätte die spekulative Ausweitung ignorieren und durch ihr eigenes Gewicht zusammenbrechen lassen müssen.«*

Dies Eingeständnis eines Fehlers, achtzehn Jahre nach dem Ereignis, war ein geringer Trost für jene, die ihre Ersparnisse bei dem Krach verloren hatten. Der Börsenkrach an der *Wall Street* im Jahre 1929 war der Beginn einer weltweiten Kreditverknappung, die bis 1932 anhielt und von der die westlichen Demokratien sich erst erholten, als sie anfingen, für den Zweiten Weltkrieg zu rüsten. Während dieser Krise erlangten die Konzerne noch größere Macht durch die Unterstützung seitens dreier internationaler Schwindler: der Gebrüder Van Sweringen, Samuel Insull und Ivar Kreuger. Diese Männer häuften in phantastischer Höhe Wertpapiere im Werte von Milliarden Dollar an. Die Bankiers, die sie förderten und ihre Aktien auflegten, hätten sie jederzeit zugrunde richten können, allein durch den Abruf eines Darlehens von weniger als einer Million Dollar; doch sie ließen ihnen freie Hand, bis sie viele Industrien und Finanzinstitute in Dachgesellschaften vereinigt hatten, die von den Banken dann aufs billigste übernommen wurden. Insull sammelte im mittleren Westen Aktienpakete von Gesellschaften der Gebrauchsgüterindustrie. Ivar Kreuger wurde von *Lee Higginson Company*, vermutlich einem der angesehensten Bankhäuser Amerikas, unterstützt; von der *Saturday Evening Post*, wurde er »mehr als ein Finanz-Titan« genannt, und die *English Review Fortnightly* schrieb im Dezember 1931 in einem Aufsatz unter dem Titel »Ein Kapitel konstruktiven Finanzwesens«:

»Kreuger ist für Europa als finanzieller Berieseler von lebenswichtiger Bedeutung geworden.«

Wenn wir uns erinnern, war »finanzieller Berieseler« die Bezeichnung, die das *Newsweek Magazine* Jacob Schiff gegeben hatte, als es beschrieb, wie Schiff die amerikanischen Eisenbahnen mit Rothschilds Geld aufkaufte.

Die *New Republic* bemerkte am 25. Januar 1933, als sie die Tatsache kommentierte, daß *Lee Higginson Company* mit Kreuger und Toll Aktien auf dem amerikanischen Markte handelte:

»Drei Viertel einer Milliarde Dollar wurden beseitigt. Wer hat der französischen Polizei befehlen können, die Nachricht von diesem außergewöhnlich bedeutsamen Selbstmord (Kreugers) für einige Stunden geheimzuhalten, solange, bis irgendjemand Kreuger-Aktien in großen Mengen verkauft hatte und so vor dem Zusammenbruch aus dem Markt aussteigen konnte?«

Der *Federal-Reserve-Board* hätte die enorme Kreditgewährung an Insull und Kreuger aufhalten können, indem er die Sicherheiten prüfte, auf denen die Kredite fußten. Doch die Gouverneure kümmerten sich nicht darum. Die moderne Bank mit den ihr offenstehenden Kreditmöglichkeiten gibt einem Spekulanten wie Kreuger die Gelegenheit, ein großes Kapital mit geborgtem Gelde vorzutäuschen und Wertpapiere mit Wertpapieren zu kaufen. Die einzige Grenze seines Kredits ist jene, bis zu der die Bank ihm den Rücken decken will. Wenn er aber von einem angesehenen Bankhaus unterstützt wird, wie Kreuger durch *Lee Higginson Company,* gibt es nur einen Weg, seinen Spekulationen Einhalt zu gebieten: die Überprüfung seiner tatsächlichen Geldmittel. Im Falle Kreuger hätte sich herausgestellt, daß sie gleich Null waren.

Herbert Hoover war während des Börsenkrachs von 1929 und in der nachfolgenden Zeit der Präsident des amerikanischen Volkes. Nach dem ersten schwarzen Tag am 24. Oktober, an dem 5 Milliarden Dollar Wertpapiere verschwanden, sagte er:

»Die geschäftlichen Grundlagen unseres Landes, nämlich Produktion und Absatz, befinden sich auf gesunder und einträglicher Grundlage.«

Sein Finanzminister, Andrew Mellon, erklärte am 25. Dezember 1929:

»Das Gechäft der Regierung ist in gesundem Zustande.«

Sein eigenes Geschäft, die *Aluminum Company of America,* schien allerdings nicht so gut zu gehen, denn er reduzierte den Lohn der Arbeitnehmer um 10 %. Aber wahrscheinlich war das nur eine Sparmaßnahme und kein Maßstab für die finanzielle Lage der Gesellschaft.

13. Kapitel

FRANKLIN D. ROOSEVELT

Am 8. Mai 1931 senkte die *Federal-Reserve-Bank* von New York den Diskontsatz von 6 %, wie er seit 1. November 1929 bestanden hatte, auf 1,5 %. Augenscheinlich hatten die großen Spekulanten alles gekauft, was sie zu haben wünschten.

1930 berief Herbert Hoover einen alten Freund aus dem Ersten Weltkrieg in den *Federal-Reserve-Board*, Eugene Meyer Jr. Dieser hatte seit 1915, seit er Partner von Bernard Baruch in der *Alaska-Juneau Gold Mining Company* geworden war, eine ganze Reihe von Tätigkeiten im öffentlichen Dienst aufzuweisen. Meyer war Sonderberater im Kriegsindustrierat für Nicht-Eisen-Metalle (Gold, Silber usw.). Er war Sonderberater im Kriegsministerium bezüglich der Flugzeugproduktion. 1917 wurde er in das *National Committee on War Savings* (Kriegs-Ersparnisse) berufen. Von 1918 bis 1926 war er Vorsitzender der *War Finance Corporation.* Von 1927 bis 1929 war er Vorsitzender des *Federal Farm Loan Board* (Amt für landwirtschaftliche Bundesanleihen). 1930 kam er durch Hoover in den *Federal-Reserve-Board.* Franklin D. Roosevelt schuf 1932 für ihn die *Reconstruction Finance Corporation* (Finanzierungsgesellschaft für Wiederaufbau) und 1946 wurde er Leiter der *International Bank for Reconstruction and Development* (für Wiederaufbau und Entwicklung).

Meyer muß ein Mann von außerordentlichen Fähigkeiten gewesen sein, daß man ihm so viele wichtige Posten anvertraute. Es gab allerdings Senatoren, die meinten, er sollte überhaupt kein Regierungsamt bekleiden, und zwar wegen seiner früheren Tätigkeit als internationaler Goldhändler und wegen seiner im Ersten Weltkrieg erfolgten mysteriösen Spekulationen mit Staatspapieren, die einen Wert von mehreren Milliarden Dollar umfaßt hatten. Daher veranstaltete der Senat einige Anhörungen, um zu entscheiden, ob Meyer geeignet sei, dem *Federal-Reserve-Board* anzugehören.

Bei diesen Anhörungen sagte der Abgeordnete Louis T. McFadden, Vorsitzender des Bank- und Währungskomitees des Repräsentantenhauses:

»Eugene Meyer Jr. hatte, seitdem er in der Regierung tätig war, seine eigene Mannschaft. Sein Personal bei der War Finance Corporation *übernahm das* Federal Farm Loan System *und fast unmittelbar darauf gingen die* Kansas City Joint Stock Land Bank *und die* Ohio Joint Stock Land Bank *in Konkurs.«*

Abgeordneter Rainy: *»Als Herr Meyer formell aus dem Vorstand des* Federal Farm Loan Board *zurücktrat, hörten seine Tätigkeiten in ihr nicht wirklich auf. Er hinterließ einen fähigen Stab von Strandräubern. Dieser setzte seine Politik fort und holte von ihm Rat. Vor seiner Ernennung hatte er häufig Unterredungen mit dem Stellvertretenden Finanzminister Dewey. Unmittelbar vor seiner Ernennung waren die* Kansas City Joint Stock Land Bank, *die* Chikago Joint Stock Land Bank, *die* Dallas Joint Stock Land Bank *und die* Des Moines Land Bank *durchaus in Ordnung. Ihre Anleihen wurden zum Nennwert verkauft. Der damalige Beauftragte für landwirtschaftliche Anleihen hatte mit Minister Dewey ein*

Übereinkommen getroffen, daß nichts ohne Einwilligung und Bewilligung des Vorstandes im Federal Farm Loan Board *geschehen sollte. Einige Tage danach betraten Bundespolizisten mit umgeschnallten, zum Teil sogar gezogenen Pistolen diese fünf Banken und verlangten, daß diese ihnen übergeben würden. Alle Zeitungen in den Vereinigten Staaten berichteten davon. Die Banken waren daraufhin ruiniert. Dies führte zum Bruch mit dem alten* Federal Farm Loan Board, *zum Rücktritt dreier seiner Mitglieder und zur Ernennung von Herrn Meyer zum Vorsitzenden.«*

Senator Carey: *»Wer bevollmächtigte die Polizisten, die Banken zu übernehmen?«*

Abgeordneter Rainey: *»Der stellvertretende Minister Dewey. Mit diesem Vorgang begann der Zusammenbruch all dieser ländlichen Banken, und die Gianninis kauften viele von ihnen auf.«*

In *World's Work* vom April 1931 stand:

»Neunzig Prozent aller Zusammenbrüche von Banken ereigneten sich in Städten mit weniger als zehntausend Einwohnern. Unsere ländlichen Gemeinden hatten zu viele Banken, die nicht genügend kapitalkräftig waren, um den Anspannungen der Nachkriegsbedürfnisse gewachsen zu sein. Wir brauchen weniger Banken und mehr Verordnungen. Das Federal-Reserve-System *ruht auf fester Grundlage, aber auf dem Gebiet des lokalen Geldwesens brauchen wir mehr echte Fachleute.«*

Von ländlichen Banken konnte man wirklich nicht erwarten, daß sie den internationalen Machenschaften der *Wall Street* begegnen konnten. In *World's Work* hieß es im Februar 1931:

»Als der Weltkrieg für uns 1917 begann, war Mr. Eugene Meyer Jr. unter den ersten, die nach Washington gerufen wurden. Im April 1918 ernannte ihn Präsident Wilson zum Direktor der War Finance Corporation. *Diese Gesellschaft verlieh 700 Millionen Dollar an Bank- und Geldinstitute.«*

Die Anhörungen wegen Eugene Meyer Jr. wurden folgendermaßen fortgesetzt:

Abgeordneter McFadden: *»Lazard Freres, das internationale Bankhaus in New York und Paris, war ein Unternehmen der Familie Meyer. Es spielte oft eine Rolle bei Ein- und Ausfuhrgeschäften mit Gold, und eine der wichtigsten Funktionen des* Federal-Reserve-Systems *sind Goldbewegungen, um die eigenen Operationen aufrechtzuerhalten. Bei der Durchsicht des Protokolls der Anhörung vom letzten Donnerstag, stellte ich fest, daß Senator Fletcher Herrn Meyer gefragt hatte: ›Haben Sie irgendwelche Verbindungen zu internationalen Bankhäusern?‹ Herr Meyer antwortete: ›Ich? Nicht persönlich‹. Diese letzte Frage und Antwort erscheinen nicht in der stenographischen Niederschrift. Senator Fletcher erinnert sich an die* *von ihm gestellte Frage und an die darauf erfolgende Antwort. Es ist eine recht merkwürdige Lücke!«*

Senator Brookhart: *»Ich nehme an, Herr Meyer sah die Niederschrift zwecks Korrektur durch.«*

Abgeordneter McFadden: *»Herr Meyer ist ein Schwager von George Blumenthal, einem Mitglied der Firma* J. P. Morgan Company, *die die Interessen Rothschilds vertritt. Er ist auch Verbindungsmann zwischen der französischen Regierung und J. P. Morgan. Edmund Platt, der noch acht Jahre bis zum Ende seiner zehnjährigen Amtszeit hatte, trat als Gouverneur des* Federal-Reserve-Board *zurück, um Platz für Herrn Meyer zu machen. Platt wurde dann Vizepräsident der* Marine Midland Corporation *von Meyers Schwager Alfred A. Cook. Eugene Meyer, Jr., dem es als Leiter der* War Finance Corporation *oblag, Regierungsanleihen in Höhe von zwei Milliarden Dollar unterzubringen, erteilte viele Verkaufsaufträge zuerst an ein Bankhaus, das sich jetzt in* Wall Street *Nr. 14 unter dem Namen Eugene Meyer Jr. befindet. Herr Meyer ist jetzt Großaktionär der* Allied Chemical Corporation. *Ich möchte ihre Aufmerksamkeit auf den Kongreß-Bericht Nr. 1635, 68. Kongreß, zweite Sitzung lenken, in dem enthüllt wird, daß mindestens vierundzwanzig Millionen Dollar in Anleihen doppelt gedruckt wurden. Zehn Milliarden Dollar in Anleihen wurden heimlich vernichtet. Unser Bank- und Währungskomitee fand die Aufzeichnungen der* War Finance Corporation *unter Eugene Meyer Jr. höchst fehlerhaft. Als die Bücher von den Leuten, die sie in Obhut hatten, in unser Komitee gebracht wurden und dann am Abend zurück in das Finanzministerium, entdeckte das Komitee, daß Veränderungen an den laufenden Aufzeichnungen vorgenommen worden waren.«*

Die Erinnerung an seine »öffentlichen Verdienste« hinderte Eugene Meyer Jr. nicht, weiter dem amerikanischen Volke im *Federal-Reserve-Board,* als Leiter der *Reconstruction Finance Corporation* und als Leiter der *International Bank* zu »dienen«.

Präsident Rand von der *Marine Midland Corporation,* befragt über seinen plötzlichen Wunsch, Edmund Platt in seinen Diensten zu haben, äußerte:

»Wir zahlen Herrn Platt jährlich 22000 Dollar, und wir übernahmen natürlich auch seinen Sekretär.«

Das machte noch einmal 5000 Dollar jährlich.

Senator Brookhart wies nach, daß Eugene Meyer Jr. den *Federal Farm Loan Board* gegen die Interessen der amerikanischen Farmer verwaltete. Er sagte:

»Herr Meyer verlieh nie mehr als 180 Millionen von 500 Millionen Dollar Kapital, das dem Vorstand für landwirtschaftliche Kredite zur Verfügung stand. Somit war er bei seiner Hilfe für die Farmer nicht einmal be-

reit, die Hälfte des Kapitals zu nutzen.«

Herr Meyer: *»Senator Kenyon schrieb mir einen Brief, der beweist, daß ich mit großem Nutzen für die Leute von Iowa arbeitete.«*

Senator Brookhart: *»Sie zogen aus und traten in Opposition zu den Leuten der* Wall Street. *Diese schicken immer jemand aus, das zu tun. In Ihren Berichten habe ich noch nicht entdeckt, daß Sie den Farmern großzügig Kredite gaben oder irgendwelche echten Anstrengungen machten, deren Lage zu verbessern. In Ihren zwei Jahren als Leiter des* Federal Farm Loan Board *gaben Sie recht wenige Darlehen, gemessen an Ihrem Kapital. Gemäß Ihren eigenen Feststellungen liehen Sie nur ein Achtel der erwünschten Summe aus.«*

Trotz der ihn belastenden Beweise, die durch die Anhörungen vor dem Senat aufgedeckt wurden, blieb Eugene Meyer im *Federal-Reserve-Board.*

1932 wählte das amerikanische Volk Franklin D. Roosevelt zum Präsidenten der Vereinigten Staaten. Das wurde vom Volk als die Befreiung von dem bösen Einfluß begrüßt, der die Weltwirtschaftskrise herbeigeführt hatte, zugleich als ein Ende der Herrschaft der *Wall Street* und als das Verschwinden der Bankiers aus Washington.

Einer der Männer, den Roosevelt von New York aus als Sonderberater des Finanzministeriums mitbrachte, war Earl Bailie von der *J. & W. Seligman Company,* der dadurch allgemein bekannt geworden war, daß er Juan Leguia, dem Sohn des Präsidenten von Peru, 415000 Dollar Bestechungsgelder aushändigte, um den Präsidenten zu veranlassen, ein Darlehen von *J. & W. Seligman* anzunehmen. Es gab viel Kritik an dieser Ernennung, und Roosevelt, getreu seiner neuen Rolle als Verteidiger des Volkes, sandte Earl Bailie zurück nach New York, um dort zu bestechen.

Franklin D. Roosevelt selbst war ein internationaler Bankier von schlechtem Ruf, weil er in den zwanziger Jahren unser Land mit ausländischen Obligationen überschwemmt hatte. Die Obligationen verfielen, und unsere Bürger verloren dadurch Millionen Dollar. Trotzdem wünschten sie Roosevelt zu ihrem Präsidenten. Das New Yorker Adreßbuch der Direktoren verzeichnet Roosevelt in den Jahren 1923 und 1924 als Präsidenten und Direktor der *United European Investors, Ltd.*, zu einer Zeit, als dieses Land von vielen Millionen deutscher Mark überschwemmt wurde, die alle verlorengingen. Poor's Adreßbuch der Direktoren verzeichnet ihn im Jahre 1928 als Direktor der *International Germanic-Trust-Company.* Franklin D. Roosevelt war auch Berater der *Federal International Banking Corporation,* eines englisch-amerikanischen Unternehmens, das mit ausländischen Anleihen in Amerika handelte.

Roosevelts Anwaltsbüro *Roosevelt and O'Connor* vertrat während der zwanziger Jahre viele internationale Bankgesellschaften. Sein Partner Basil O'Connor war Direktor folgender Aktiengesellschaften: *Cuban-American Manganese Corporation, Venezuela-Mexican Oil Corporation, Honduras Timber Corporation, Federal International Corporation, West India Sugar Corporation, American Reserve Insurance Corporation, Warm Springs Foundation.* Außerdem war er noch Direktor in anderen Gesellschaften und später Leiter des Amerikanischen Roten Kreuzes.

Als Franklin D. Roosevelt das Amt des Präsidenten der Vereinigten Staaten übernahm, ernannte er zum Haushaltsdirektor James Paul Warburg, den Sohn von Paul Warburg und Vizepräsidenten der *International Acceptance Bank* und anderer Gesellschaften. Zum Finanzminister ernannte Roosevelt W. H. Woodin, einen der größten Industrie-Magnaten des Landes, Direktor der *American Car and Foundry Company* und zahlreicher anderer Lokomotiv-Fabriken, sowie der *Remington Arms, The Cuba Company, Consolidated Cuba Railroads* und anderer großer Gesellschaften. Woodin wurde später durch Henry Morgenthau Jr. ersetzt, dem Sohn des Harlemer Häusermaklers, der Woodrow Wilson ins Weiße Haus verholfen hatte. Mit einer solchen Mannschaft hatte Roosevelts Versprechen, eine durchgreifende Änderung der sozialen Verhältnisse herbeizuführen, wenig Aussicht, erfüllt zu werden. Eine seiner ersten Handlungen war es, ein Moratorium für die Bankiers zu verkünden, um ihnen Gelegenheit zu geben, ihre Bücher in Ordnung zu bringen.

World's Work schrieb dazu:

»*Der Kongreß hat es Charles G. Dawes und Eugene Meyer Jr. überlassen*, frei nach ihren Methoden *die Sicherheiten abzuschätzen, die künftige Kreditnehmer von zwei Milliarden Dollar bieten.*«

Roosevelt gründete auch die *Securities Exchange Commission*, die dafür zu sorgen hatte, daß keine neuen Gesichter in der *Wall Street* auftauchten, was das folgende Gespräch im Kongreß veranlaßte:

Abgeordneter Wolcott: »*Bei den Anhörungen vor diesem Komitee im Jahre 1933 bewiesen uns die Volkswirtschaftler anhand ihrer Schaubilder ohne Zweifel, daß der Wert des Dollar in bezug auf Verbrauchsgüter dem Preisniveau des Goldes folgte. Tat er das nicht oder tat er das?*«

Leon Henderson: »*Nein.*«

Abgeordneter Gifford: »*Wurde Joe Kennedy nicht vom Präsidenten berufen, weil er mit dem großen Geschäft sympathisierte?*«

Leon Henderson: »*Ich denke wohl.*«

Paul Einzig äußerte 1935:

»*Präsident Roosevelt war der erste, der sich offen als Förderer einer Geldpolitik bekannte, die auf einen absichtlich herbeigeführten Preisanstieg abzielte. In einem negativen Sinne war seine Politik erfolgreich. Zwischen 1933 und 1935 gelang es ihm, die private Verschuldung zu mindern, aber dies geschah durch Erhöhung der öffentlichen Verschuldung.*«

Mit anderen Worten, er nahm die Schuldenlast von den Schultern der Reichen und legte sie auf die der Armen; denn es gibt wenig Reiche aber viele Arme.

Am 13. Dezember 1932 stellte Louis T. McFadden, der Leiter des Bank- und Währungskomitees des Repräsentantenhauses, einen Antrag im Kongreß, öffentlich Anklage gegen Präsident Herbert Hoover zu erheben. Nur fünf Männer standen ihm zur Seite, und so wurde der Antrag abgelehnt. Der Führer der republikanischen Mehrheit des Hauses sagte:

»Louis T. McFadden ist nun politisch tot.«

Am 23. Mai 1933 stellte McFadden im Kongreß erneut Anträge auf Erhebung der öffentlichen Anklage, und zwar gegen den Finanzminister, zwei stellvertretende Finanzminister, den *Federal-Reserve-Board* und die Angestellten und Direktoren der *Federal Reserve-Banken*, um sie wegen ihrer Schuld an der Weltwirtschaftskrise 1929–1931 zur Rechenschaft zu ziehen. Die Anträge wurden mit großer Mehrheit abgelehnt, und bei den nächsten Kongreßwahlen fiel er durch, weil gegen ihn in seinem heimatlichen Wahlkreis Canton, Pennsylvania, Tausende von Dollar aufgewandt worden waren. Seine Kollegen im Kongreß begannen eine Flüsterkampagne, in der verbreitet wurde daß McFadden im Begriff sei, seinen Verstand zu verlieren, so wie jedes Kongreßmitglied seinen Verstand verloren haben müsse, das im Sitzungssaal des Kongresses aufstünde, um gegen die internationalen Spekulanten zu sprechen.

Senator Robert L. Owen, der vor dem Bank- und Währungskomitee des Repräsentantenhauses als Zeuge auftrat, erklärte:

»Ich schrieb in das Gesetz, das am 26. Juni 1913 von mir in den Senat eingebracht worden waren, daß die Macht des Federal Reserve Systems *dazu benutzt werden sollte, ein stabiles Preisniveau zu schaffen. Das bedeutete, daß der Dollar dieselbe Kauf- und Schuldentilgungskraft behalten sollte. Diese Bestimmung wurde gestrichen. Die mächtigen Geldleute erlangten die Kontrolle über den* Federal-Reserve-Board *durch Paul Warburg, Albert Strauss und Adolph C. Miller. Sie brachten es außerdem fertig, jene geheimnisvolle Zusammenkunft am 18. Mai 1920 zu veranstalten, die eine so heftige Kreditbeschränkung mit sich brachte, daß fünf Millionen Menschen arbeitslos wurden. Im Jahre 1920 führte der* Federal Reserve Board *absichtlich die Panik von 1921 herbei. Dieselben Leute, die auf dem Aktienmarkt uneingeschränkt spekulierten und zwischen 1926 und 1929 eine überhöhte Kreditausweitung betrieben, erhöhten die Aktienkurse zu fantastischer Höhe, bei der sie unmöglich Dividenden erzielen konnten, und als dem Volk das klar wurde, versuchten sie aus dem Börsengeschäft auszusteigen, was den Börsenkrach vom 24. Oktober 1929 zur Folge hatte.«*

Senator Owen ging nicht auf die Frage ein, ob der *Federal-Reserve-Bo-*

ard dem Volke gegenüber verantwortlich gemacht werden sollte. Tatsächlich konnte er das nicht. Die Mitglieder waren Beamte, die vom Präsidenten ernannt worden waren; aber ihre Gehälter werden gezahlt von den privaten Aktionären der *Federal-Reserve-Banken.* Offensichtlich sind sie den Leuten treu, die ihre Gehälter zahlen. Und deshalb ist die Geschichte ihrer Verschwörung gegen das amerikanische Volk seit 1913 nicht anders als die Geschichte von *Imperial Chemicals, I. G. Farben* oder anderen großen Gesellschaften, die gegen die Interessen des Volkes handeln.

Gouverneur W. P. G. Harding vom *Federal-Reserve-Board* bezeugte 1921:

»Die Federal-Reserve-Bank *ist eine Institution, die im Besitz der aktienführenden Mitgliedsbanken ist. Die Regierung ist nicht mit einem einzigen Dollar beteiligt.«*

Die Regierung überläßt jedoch dem *Federal-Reserve-System* den Gebrauch seiner Milliarden-Kredite und das gibt dem System den Charakter einer Zentralbank, die die Macht hat, Geld auszugeben auf Kredit der Regierung. Wir haben keine Banknoten der Bundesregierung oder Goldzertifikate als allgemeine Währung. Wir haben *Federal-Reserve*-Banknoten, die von den *Federal-Reserve-Banken* herausgegeben wurden, und jeder Dollar, den sie drucken, ist ein Dollar in ihre Taschen.

W. Randolph Burgess von der *Federal-Reserve-Bank* von New York stellte vor der Akademie für politische Wissenschaft im Jahre 1930 fest:

»In den geschäftlichen Grundprinzipien unterscheidet sich das Federal-Reserve-System *nicht von anderen Notenbanken wie der* Bank von England, *der* Bank von Frankreich *oder der* Reichsbank.«

Alle diese Zentralbanken haben die Macht, in ihren entsprechenden Ländern Banknoten in Umlauf zu bringen. Auf diese Weise sind die Völker Europas nicht im Besitz ihres eigenen Geldes, ebensowenig wie in den USA. Es wird privat gedruckt zu privatem Gewinn. Das Volk hat kein Hoheitsrecht über sein Geld, und die Entwicklung geht dahin, daß es auch kein Hoheitsrecht über andere wichtige Gebiete der Politik hat, wie z.B. die Außenpolitik.

Als zentrale Notenbank hatte das *Federal-Reserve-System* den ungeheuren Reichtum des amerikanischen Volkes hinter sich. Als es 1913 mit seinen Unternehmungen begann, wurde es zu einer ernsten Bedrohung der Zentralbanken in den verarmten Ländern Europas. Weil es diesen großen Reichtum verkörperte, zog es weit mehr Gold an, als in den zwanziger Jahren wünschenswert war, und es wurde offensichtlich, daß bald das Gold der ganzen Welt in diesem Lande aufgehäuft sein würde. Das würde den Goldstandard in Europa zur Farce machen; denn sie würden dort kein Gold haben, um ihre Banknoten und den Kredit zu decken. 1927 war es das erklärte Ziel des *Federal-Reserve-Systems* nach dem geheimen

Treffen mit den Führern der Zentralbanken im Auslande, einen großen Teil dieses Goldes nach Europa zurückzusenden. Die Methode, die es anwandte, nämlich die Festsetzung niedriger Zinssätze und der starke Kauf von Staatspapieren, wodurch ungeheure Summen neuen Geldes geschaffen wurden, verstärkten die Spekulationen auf dem Aktienmarkt und verursachten den Börsenkrach mit der sich daraus ergebenden Wirtschaftskrise von der Größe einer nationalen Katastrophe.

Da das *Federal-Reserve-System* schuld an diesem Unheil war und wußte, daß es schuldig war, hätte man vermuten können, daß versucht wurde, es auf irgendeine Weise zu mildern. Aber die Gouverneure des *Federal-Reserve-Board* sahen wohl, wie sich in den düsteren Jahren 1931 und 1932 die wirtschaftliche Lage des amerikanischen Volkes ständig verschlechterte, sie taten jedoch nichts, um ihm zu helfen. Das war verbrecherischer als die Herbeiführung der Krise selbst. Jeder, der in diesen Jahren in diesem Lande lebte, erinnert sich an die weitverbreitete Arbeitslosigkeit, die Not und den Hunger unseres Volkes. Zu jedem Zeitpunkt in diesen Jahren hätte der *Federal-Reserve-Board* handeln können, um diese Lage zu erleichtern.

Das Problem bestand darin, wieder Geld in Umlauf zu bringen. Viel Geld, das normalerweise benötigt wurde, um Mieten und Nahrungsmittel zu bezahlen, war von der *Wall Street* aufgesogen worden. Dadurch gab es nicht genug Geld, um die lebenswichtigen Geschäfte fortführen zu können. In vielen Bezirken druckten deshalb die Leute ihr eigenes Geld auf Holz oder Papier zum Gebrauch in ihren Gemeinden, und dieses Geld war gut, da es gegenseitige Verpflichtungen darstellte, die man unter sich erfüllte.

Das *Federal-Reserve-System* war eine zentrale Notenbank. Es hatte die Macht und übte sie aus, wann immer es seinen Eigentümern paßte, Millionen von Dollar herzustellen und in Umlauf zu bringen. Warum geschah das nicht in den Jahren 1931 und 1932? Die Bankiers der *Wall Street* waren fertig mit Herbert Hoover, sie wollten, daß Franklin D. Roosevelt auf einer Welle des Ruhmes als Retter der Nation sein Amt antreten sollte. Deshalb mußte das amerikanische Volk hungern und leiden, bis im März 1933 der »Weiße Ritter« hoch zu Roß mit seiner Mannschaft von *Wall Street*-Bestechern angeritten kam und einiges Geld in den Betrieb steckte. Das war alles, was nötig war. Kaum hatte Roosevelt sein Amt übernommen, begann das *Federal-Reserve-System* Staatsanleihen im Werte von zehn Millionen Dollar wöchentlich zehn Wochen lang zu kaufen. Es schuf dadurch hundert Millionen Dollar neues Geld, das den bedenklichen Mangel an Geld und Kredit milderte und die Fabriken wieder Leute einstellen ließ.

Neben den Silberspekulationen, die Roosevelt zum Nutzen der englischen Familie Sassoon betrieb und die weitverbreitetes Elend in China und Indien herbeiführten, ist Roosevelt durch seine Goldspekulationen mit seinem Finanzminister Henry Morgenthau Jr. berühmt geworden. Das Goldhandelsgesetz, das er durch den Kongreß peitschte, erlaubte dem Finanzminister, Gold irgendwo zu kaufen, ohne es der Regierung bekanntzugeben oder durch sie dazu ermächtigt zu sein.

Abschnitt 8 des *Federal-Reserve-(Gold)-Gesetzes* von 1934 sah vor:

»Mit der Billigung des Präsidenten kann der Finanzminister für jeden Betrag Gold im In- oder Auslande kaufen gegen jede gesetzlich zugelassene Schuldverschreibung, Münze oder ein anderes Zahlungsmittel.«

Roosevelts internationale Goldgeschäfte wurden durch den Obersten Gerichtshof geprüft. Dieses Gericht, man wird sich erinnern, entschied zugunsten von E. H. Harriman und Otto Kahn im Jahre 1908, als es feststellte, daß diese Männer nicht verpflichtet waren, die Berichte über ihre Börsengeschäfte der zwischenstaatlichen Handelskommission vorzulegen. Das geschah in Verbindung mit der Besitzergreifung der Union-Pacific-Eisenbahn durch *Kuhn, Loeb Co.* Der Oberste Gerichtshof hat ständig im Interesse der Geldmächte gehandelt, Richter Owen Roberts ist sogar Direktor der von Morgan finanzierten *Telephone und Telegraph Corporation.* Bis 1919 wurden nur 33 Gesetze für verfassungswidrig angesehen, es wurden aber 223 Gesetze vom Obersten Gerichtshof gestrichen, weil dieser seit 50 Jahren für eine Machtzentralisation eintritt.

Wie sich Roosevelt und Morgenthau in den internationalen Goldhandel stürzten, wird von Alsop und Kintner, zwei Kolumnisten aus Washington, in der *Saturday Evening Post* vom 15. April 1939 erzählt:

»Die erste Tat Morgenthaus war, Dean Acheson von J. P. Morgan Company, *den stellvertretenden Finanzminister, zu entlassen, weil Acheson nicht mit seinen Plänen übereinstimmte. Durch das Goldgesetz erzielten Roosevelt und Morgenthau einen Buchgewinn von zwei Milliarden 800 Millionen Dollar, indem sie das ganze Gold mit 35 Dollar anstatt mit 20,67 Dollar die Unze bewerteten. Noch unter der Vollmacht des Gold-Reserve-Gesetzes benutzten sie dann dieses Kapital, Gold zu kaufen und zu verkaufen, um den Preis des Dollars auf den Weltbörsen zu manipulieren. Dadurch erlangten sie die Kontrolle über alles Geld der Welt. (Der führende Kopf im Hintergrund war Bernard Baruch.) Morgenthau war früher Farmer, zeigte aber viel Verstand bei Geldgeschäften. H. Merle Cochran und Dr. Herbert Feis sind zwei Männer, mit deren Hilfe das Finanzministerium seinen Finger am Puls der ganzen Welt hält. Einmal im Monat fährt Cochran nach Bern in der Schweiz, um mit den Leitern der europäischen Zentralbanken anläßlich der Zusammenkunft der* Bank für internationalen Zahlungsausgleich, *die sie »ihren Klub« nennen, zu dinieren und Neuigkeiten zu hören. Pearl S. Bucks früherer Mann, J. Lessing*

Buck, ist Professor an einer chinesisch-amerikanischen Universität, um auf diese Weise den eigentlichen Zweck seines Aufenthaltes in China zu verbergen, nämlich seine Tätigkeit für Morgenthau. Das chinesische und das amerikanische Finanzministerium arbeiten eng zusammen, und eine direkte Verbindung ist notwendig. Butteworth übt die gleiche Tätigkeit wie Cochran in London aus. Cochran ist offiziell nur Sekretär bei der Pariser Botschaft. Tatsächlich ist er der führende Dollar-Mann in Europa, der im geheimen die Hand Amerikas im großen Geldspiel darstellt. An diesem ergreifenden internationalen Schauspiel können Sie sehen, wie die Weltpolitik wirklich arbeitet. Die Handelnden sind die führenden Männer der Vereinigten Staaten, Frankreichs und Englands, ihre hervorragendsten Finanzbeamten, Bankiers und Finanziers. T. K. Bewley übt eine ähnliche Tätigkeit für England bei der britischen Botschaft in Washington aus, und Harry Dexter White, Sonderberater für Silber des Finanzministeriums der Vereinigten Staaten, arbeitet eng mit ihm zusammen. Der Präsident selbst nennt die Übersiedelung des Finanzkapitals von New York nach Washington eine der beiden großen Errungenschaften des ›New Deal‹.«

Roosevelts Goldmanipulationen kamen 1934 vor den Obersten Gerichtshof, als der Kläger F. E. Nortz Schadenersatz von den Vereinigten Staaten forderte, weil er 65000 von 106000 Dollar an Goldpfandbriefen verloren hatte, die er beim Finanzministerium einlösen wollte, nachdem Roosevelt den Goldpreis von 20,67 Dollar auf 35 Dollar die Unze heraufgesetzt hatte. Der Oberste Gerichtshof sah sich in der schwierigen Lage, Roosevelts Tun zu billigen, ohne seine Sympathie für ihn zu verraten. Er hatte sich in verstärktem Maße nach Dienststellen der Regierung gerichtet, so wie es alle ernannten Beamten tun, aber in diesem Prozeß mußte er vorsichtig vorgehen. Am 9. Februar 1935 schreibt *Newsweek:*

»Der Oberste Gerichtshof verhandelt noch immer über die Gold-Bestimmungen im Bankgesetz von 1935. Morgenthau traf Vorsorge, das Gesetz im Kongreß durchzupeitschen, falls eine Entscheidung gegen die Verwaltung getroffen würde. Der Bürovorsteher meldete, daß sie sich nicht vor dem folgenden Montag entscheiden würden. Niemals zuvor hatte der Oberste Gerichtshof eine Nachricht verbreitet, die sich auf zukünftige Handlungen bezog.«

Am 16. Februar bemerkte *Newsweek:*

»Zum zweitenmal verbreitete das Gericht die Nachricht, daß keine Entscheidung erzielt werden würde, womit es erneut innerhalb von zwei Wochen gegen den bisherigen Brauch verstieß. Zwei Tage zuvor hatten die Richter des Obersten Gerichts mit Roosevelt im Weißen Haus diniert.«

Dieses Essen mit Roosevelt während der Verhandlung über ein höchst anfechtbares Gesetz hatte natürlich nichts mit der Entscheidung des Obersten Gerichtshofes zu tun.

Am 23. Februar 1935 meldete *Newsweek:*

»In einer Entscheidung mit 5 zu 4 Stimmen entschied das Oberste Gericht zugunsten Roosevelts, rügte aber teilweise den Kongreß. Es bestätigte das Recht des Kongresses, die Währung zu regulieren, den Goldgehalt des Dollars zu ändern und die Goldklauseln in den nicht von der Regierung herausgegebenen Anleihen für ungültig zu erklären, bestimmte aber, daß der Kongreß kein Recht hätte, Schulden durch Nichtanerkennung eines Vertrages zu senken und daß es ungesetzlich wäre, Goldklauseln in Regierungsanleihen zu streichen.«

Nach nochmaliger Überprüfung der Goldgesetze des Kongresses erklärte der Vorsitzende des Gerichts, Hughes:

»Wir bemühen uns nicht um ein weises Urteil, vor dem Gerichtshof dreht es sich um Macht und nicht um Klugheit.«

Richter McReynolds sprach mit lauter und bitterer Stimme für die Minderheit:

»Die Verfassung, wie wir sie gekannt haben, ist dahin. Das ist Nero in seiner übelsten Art. Was heute hier geschehen ist, kann nicht ernst genug genommen werden. Die gesetzlichen Grundlagen, die Männer und Frauen bisher als Schutz ihrer Interessen betrachteten, sind alle hinweggefegt worden. Es gibt gewisse Verpflichtungen, die ein Mann auf dieser Richterbank hat, nämlich in aller Offenheit zu enthüllen, was geschehen ist. Wir sind Bedingungen gegenübergestellt, mit deren Hilfe der Wert des Dollar heute auf 50 Cents, morgen auf 30 Cents und übermorgen auf 10 Cents herabgesetzt werden kann. Der Verlust unseres Rufes, ehrbar zu handeln, wird uns alle verderben. Das uns bevorstehende gesetzliche und moralische Chaos ist erschreckend.«

Richter McReynolds brauchte 21 Jahre, um herauszufinden, daß die Verfassung dahin war. Das amerikanische Volk weiß es immer noch nicht. Die Rede von McReynolds wäre zeitgemäß gewesen, wenn er sie am 23. Dezember 1913 gehalten hätte, als Woodrow Wilson das *Federal-Reserve-Gesetz* unterschrieben hatte. Dieses Gesetz nahm dem Kongreß das Recht, Geld herauszugeben und gab es privaten Bankiers, denen das *Federal-Reserve-System* gehörte.

»Die Verwaltung hatte bereits erraten, welche Entscheidung bevorstand. Minister Morgenthau speiste mit Roosevelt im Weißen Hause. Frau Morgenthau und Frau Dorn, die Frau des Kriegsminister, waren schon vor den Frauen der Richter im Gerichtssaal.«

Newsweek bemerkte außerdem:

»Die Nachricht von der Entscheidung des Obersten Gerichtes ließ die Preise für Staatspapiere und Waren raketenhaft ansteigen. Auslands-Währungen schossen in die Höhe. Voller Jubel über die Entscheidung, hielt Roosevelt das nationale Wiederaufbau-Gesetz zwei Tage lang zurück,

damit der Sieg der Verwaltung allein auf den Titelseiten der Zeitungen prangen konnte. Dem Kläger Nortz, der 65 000 Dollar an Goldanleihen verloren hatte, verweigerte man den Schadenersatz, da er den Kaufkraftverlust nicht hatte nachweisen können.«

14. Kapitel
MARRINER ECCLES

Während Roosevelts Amtszeit wurde der *Federal-Reserve-Board* einem völligen Wechsel seiner Mitglieder unterzogen. Charles S. Hamlin, das älteste Mitglied, das schon 1914 ernannt worden war und als einziges der alten, ursprünglich sieben Mitglieder zählenden Gruppe immer noch dem *Board* angehörte, übernahm 1936 die niedrigere Stelle eines Sonderberaters.

Ein anderer Bekannter im *Board* war Emmanuel Goldenweiser, Forschungsdirektor für den *Federal-Reserve-Board* seit 1919. Goldenweiser, ein Einwanderer aus Kiew, kam 1906 in die USA. Er trat sofort in öffentliche Dienste. Von 1906–1910 war er im Einwanderungsamt der Vereinigten Staaten beschäftigt. Von 1910–1914 war er im Landwirtschaftsministerium tätig und von 1914–1919 im Amt für Volkszählung. 1919 begann er für den *Federal-Reserve-Board* zu arbeiten. Während der dreißig Jahre, die er als Forschungsdirektor des *Board* wirkte, hat er viele maßgebende politische Berichte herausgegeben und zweifellos weiß er über die Arbeit des *Federal-Reserve Systems* mehr, als irgendein anderer.

Ein von Roosevelt 1936 ernannter Mann im *Board* war Joseph A. Broderick, ein alter Freund aus New York. Broderick stieß 1919 zum *Federal-Reserve-System.* Von 1929 bis 1934 führte er die staatliche Oberaufsicht über die Banken des Staates New York. Während seiner Amtszeit wurde er angeklagt wegen strafbarer Pflichtverletzung im Zusammenhang mit dem Konkurs der *Bank of the United States.* Jene Bank hatte große Summen in New Yorker Grundstücken investiert, besonders in der Nähe des *Central Parks West,* und sich dabei ernstlich übernommen. Da Broderick die Oberaufsicht über die Banken hatte, war ihm der Zustand jener Bank bewußt; aber aus Gründen, die bei dem Prozeß nicht geklärt werden konnten, kümmerte er sich nicht darum. Die Bank schloß ihre Tore, die Kontoinhaber verloren Millionen von Dollar, und Broderick, so schien es, würde eine harte Gefängnisstrafe für seine Pflichtverletzung erhalten. Aber Gouverneur Franklin D. Roosevelt erschien, um bei seinem Prozeß auszusagen. Roosevelt verteidigte ihn so brilliant, daß Broderick nicht nur freigesprochen wurde, sondern die Oberaufsicht über die Banken des

Staates behielt. 1936 berief Roosevelt ihn sogar in den *Federal-Reserve-Board.* 1937 trat er aber zurück, um die Stelle des Präsidenten der *East River Savings Bank,* einer der ältesten und größten Banken der New Yorker City, anzunehmen.

J. F. T. O'Connor gab 1933 sein Amt als Währungskontrolleur auf, um in Los Angeles dem Anwaltsbüro von McAdoo beizutreten, der im Ersten Weltkrieg Finanzminister und jetzt Anwalt der gigantischen Bank-Holding-Gesellschaft von *A. P. Giannini,* der *Trans-America Corporation* und der *Bank of America* war. O'Connor wurde bald darauf Bezirksrichter in Kalifornien.

Andere Mitgliedes des *Board* suchten sich bessere Posten aus. John McKee beispielsweise, von 1937 bis 1946 im *Board,* wurde Präsident der *Continental Bank and Trust Company.* Chester C. Davis, Mitglied von 1936 bis 1941, war unter Henry Wallace im Landwirtschaftsministerium gewesen, dann ging er zur *Commodity Credit Corporation,* von dort zur *Export-Import-Bank* und dann in den *Federal-Reserve-Board.* Er schied dann aus, um Präsident der *Federal-Reserve-Bank* in St. Louis zu werden. Der *Federal-Reserve-Board* wurde während der Amtszeit Roosevelts öffentlich von Marriner Eccles vertreten, einem Nacheiferer und Bewunderer des Chefs. Eccles war ein Bankier aus Utah, Präsident der *First Securities Corporation,* eines Anlage-Trusts seiner Familie, der aus mehreren Banken bestand, die Eccles billig während der Agrarkrise von 1920/21 aufgekauft hatte. Eccles war auch Direktor anderer Firmen, wie *Pet Milk Company, Mountain States Implement Company* und *Amalgamated Sugar.* Als Großbankier paßte Eccles sehr gut in die Gruppe mächtiger Männer, die Roosevelt lenkten.

Es gab einige Diskussionen im Kongreß darüber, ob Eccles überhaupt im *Federal-Reserve-Board* sein dürfte, da er so viele Banken in Utah besäße; aber er erklärte, daß er mit der *First Securities Corporation* sehr wenig zu tun hätte, außer daß er ihr Präsident sei. Und daraufhin wurde er als Vorsitzender des *Board* bestätigt.

Eugene Meyer Jr. trat jetzt zurück, um noch mehr Zeit darauf zu verwenden, die zwei Milliarden Dollar der *Reconstruction Finance Corporation* (Wiederaufbau-Finanzierungsgesellschaft) auszuleihen und nach seinem Gutdünken den Wert von Sicherheiten einzuschätzen.

Das Bankgesetz von 1935, das Roosevelts Macht über die Finanzen der Nation noch mehr erhöhte, war Bestandteil der Gesetzgebung, durch die er beabsichtigte, seine absolute Herrschaft in den Vereinigten Staaten auszubauen. Es wurde vom Volk nicht angegriffen wie das Wiederaufbau-Gesetz, weil es nicht so offenkundig seine Freiheiten verletzte. Trotzdem war es eine wichtige Maßnahme. Zuallererst verlängerte es die Amtszeit der Gouverneure des *Federal-Reserve-Board* auf 14 Jahre oder dreieinhalb Amtszeiten des Präsidenten der USA. Das hatte den Sinn, daß ein neuer Präsident, der gegen die Mitglieder des *Board* eingestellt wäre, unmöglich eine Mehrheit nach seinen Wünschen erreichen konnte, und daß eine Geldpolitik, die vor seiner Ernennung zum Präsidenten eingeschlagen worden war, ohne Rücksicht auf seine Wünsche fortgesetzt werden konnte.

Wie Abgeordneter Wright Patman klarlegte, führten die Zusatzbestimmungen von 1935 zu einer Entmachtung der Beamten und Direktoren in den zwölf *Federal-Reserve-Banken.* Er bemerkte, jetzt hätten die Beamten und Direktoren einer *Federal-Reserve-Bank* nicht mehr Macht über unser Geldsystem als ein Pförtner, weil die Zusatzbestimmungen von 1935 alle Macht dem *Board* und dem *Open Market Committee* gaben.

Die Einwendungen des Abgeordneten Patman gegen das Komitee stellen klar heraus, daß dieses nur aus Mitgliedern des *Board* zusammengesetzt sein sollte und nicht wie bisher aus Vertretern der privaten Banken. Diese übertriebene und gefährliche Konzentration der Geldmacht, die im Zweiten Weltkrieg notwendig gewesen sein mag, um die Ausweitung des öffentlichen Kredits in den Griff zu bekommen, ist eine wirkliche Bedrohung der Friedenswirtschaft. Das beweist die unheilvolle Inflation in der Nachkriegszeit. Die Frage ist: Wer konnte 1935 weit genug voraussehen, daß er die Macht der Banken für die Kreditausweitung der vierziger Jahre zentralisierte? Henry Morgenthau, Harry Dexter White, Herbert Feis und Jacob Viner trafen die Vorbereitungen für eine Finanzierung des Krieges, indem jene Zusatzbestimmungen in die Gesetzgebung eingefügt wurden, und zwar für eine Kriegsfinanzierung in Ausmaßen, von denen niemand zuvor auch nur geträumt hatte.

Das Bankgesetz von 1935 hob auch die Verfügung des *Glass-Steagall Bankgesetzes* von 1933 auf, wonach ein Bankhaus nicht zugleich an der Börse und im Investment-Geschäft tätig sein durfte. Diese Bestimmung befand sich im Bankgesetz von 1933, um die Leute zu beruhigen, die die Bankiers für die große Wirtschaftskrise verantwortlich machten. Sie war gut, weil sie eine Bank daran hinderte, Geld an eine Aktiengesellschaft zu verleihen, die ihr selbst gehörte. Andererseits muß daran erinnert werden, daß dieses Gesetz noch andere Vorsichtsmaßnahmen enthielt, z.B. die Gründung der Bundesversicherungsanstalt für Depositengelder, die Versicherungsgelder in Höhe von 150 Millionen Dollar vorsah, um Einlagen von 15 Milliarden Dollar zu decken. Doch das erhöhte die Macht der großen Banken über die kleinen und gab den großen noch einen Vorwand, die kleinen zu überprüfen. Das Bankgesetz von 1935 setzte im übrigen fest, daß alle Gewinne der *Federal-Reserve-Banken* diesen selbst zufließen sollten. Gleichzeitig wurde die alte Bestimmung gestrichen, daß die Regierung am Gewinn beteiligt sein sollte. Diese Bestimmung war freilich nie beachtet worden, die Steigerung der Einnahmen der *Federal-Reserve-Banken* von 143 Millionen Dollar im Jahre 1913 auf 45 Milliarden Dollar im Jahre 1949 war ausschließlich den privaten Aktieninhabern der Banken zugutegekommen. Auf diese Weise wurde aber im Jahre 1935 die einzige positive Gesetzesbestimmung widerrufen. Die *Federal Reserve Banken* durften aufgrund des neuen Gesetzes jetzt sogar direkt an die Industrie Kredite geben, damit traten sie in Konkurrenz zu den Mitgliedsbanken, die niemals hoffen konnten, bei der Vergabe großer Kredite mithalten zu können.

Als 1935 die Bestimmung aufgehoben wurde, daß Banken nicht gleichzeitig an der Börse und im Investment-Geschäft tätig sein durften, wurde Carter Glass, der Urheber dieser Bestimmung, von Reportern gefragt:

»Bedeutet das, daß J. P. Morgan sich wieder am Investment-Bankgeschäft beteiligen kann?«

»Nun, warum nicht?« antwortete Senator Glass. *»Durch das ganze Land war ein Aufschrei gegangen, daß die Banken keine Kredite mehr geben würden. Jetzt können die Morgans wieder zum Unterschreiben zurückkehren.«*

Weil jene Bestimmung für die Bankiers ungünstig gewesen war, hatten sie einfach solange aufgehört, Kredite zu geben, bis sie widerrufen wurde. Der Kongreß brachte es einfach nicht fertig, irgendein Gesetz zu erlassen, das sie einengte.

Am 14. März 1936 hieß es in *Newsweek:*

»Der Federal-Reserve-Board *entließ neun Vorsitzende von* Federal-Reserve-Banken *und erklärte, ›er beabsichtige, das Amt der Vorsitzenden weitgehend in eine besoldete Teilzeitbeschäftigung umzuwandeln.‹ Das war wieder ein Schritt zur allmählichen Verengung und Zentralisierung der Kontrolle im* Federal-Reserve-System. *Das regionale Distrikt-System war niemals ein bedeutender Faktor in der Durchführung der Geldpolitik gewesen, und der* Board *ging nun daran, die Zahl seiner Beamten außerhalb Washingtons zu verringern.«*

Der *Federal-Reserve-Board* selbst verlor seine Unabhängigkeit im Jahre 1920, als Warburg und Strauss ausschieden. Warburg beherrschte weiterhin den *Board,* aber seine Autorität wurde allmählich vom Finanzminister Mellon übernommen, zum Teil mit Rücksicht auf die Spekulationen des *Board* mit Staatspapieren auf dem offenen Markt. Deshalb fragte der Vorsitzende des Bank- und Währungsausschusses des Senats während der Anhörungen im Jahre 1934, betreffend die Goldreserven:

»Stimmt es nicht, Gouverneur Young, daß in den letzten zwölf Jahren der Finanzminister die Politik der Federal-Reserve-Banken *und den* Federal-Reserve-Board *in Hinblick auf den Kauf von Anleihen der Vereinigten Staaten beherrscht hat?«*

Gouverneur Young verneinte dies. Aber man hatte schon entdeckt, daß Montagu Norman von der *Bank of England* auf seinen beiden eiligen Reisen in die USA im Jahre 1927 und 1929 direkt zu Andrew Mellon, dem Finanzminister, gegangen war, um ihm die Politik für das *Federal-Reserve-System* vorzuschreiben und ihn zu veranlassen, Regierungsanleihen auf dem offenen Markte zu kaufen und Goldbewegungen aus den USA zurück nach Europa einzuleiten.

Die Anhörungen ließen auch eine Gruppe von Leuten aufmarschieren, die mehr als ein vorübergehendes Interesse an den Tätigkeiten des *Federal-Reserve-Systems* hatten. James Paul Warburg, der gerade von der Londoner Wirtschaftskonferenz mit Professor O. M. W. Sprague und Henry L. Stimson zurückgekommen war, erschien und erklärte, nach seiner Meinung müßte der Goldstandard modernisiert werden. Frank Vanderlip schlug vor, den *Federal-Reserve-Board* abzuschaffen und dafür eine Bundesbehörde einzurichten. Das hätte für die New Yorker Bankiers keinen Unterschied bedeutet, da sie in jedem Falle das Personal ausgesucht hätten.

Und Senator Robert L. Owen, der seit langem das System kritisierte, machte folgende Aussage:

»Die Bevölkerung wußte nicht, daß die Federal-Reserve-Banken *eingerichtet worden waren, um Gewinne zu erzielen. Sie sollten den Bedarf an Kredit und Geld stabilisieren. Das ist nicht erreicht worden. Im Gegenteil, seitdem das System seine Tätigkeit begann, erfolgten höchst bemerkenswerte Schwankungen in der Kaufkraft des Geldes. Die Männer des* Federal-Reserve-Systems *werden von den großen Banken ausgewählt als Ergebnis kleiner geheimer Kämpfe, und sie dienen natürlich den Idealen, die ihnen vom finanziellen Standpunkte aus als die vorbildlichsten bezeichnet werden.«*

Benjamin Anderson, Volkswirtschaftler der *Chase National Bank* in New York sagte:

»Im Augenblick, im Jahre 1934, haben wir 900 Millionen Dollar Überschuß an Reserven. Im Jahre 1924 erreichte man mit Reserven, die um 300 Millionen höher waren, sehr schnell eine Kreditausweitung bei den Banken um etwa drei bis vier Milliarden. Dieses Zusatzgeld wurde 1924 durch die Federal-Reserve-Banken *in den Verkehr gebracht und zum Kauf von Regierungsanleihen benutzt; dadurch entstand die schnelle Ausweitung der Bankkredite. Die Banken fuhren dann fort, überschüssige Reserven anzulegen, weil immer mehr Gold hereinkam und weil die Leute des* Federal-Reserve-Systems, *wann immer ein Nachlassen war, neues Geld auf den Markt warfen. 1926 hielten sie sich ein wenig zurück, und die Lage festigte sich etwas. Doch dann brachten sie im Jahre 1927 weniger als 300 Millionen zusätzliche Reserven auf den Markt, bewirkten dadurch den*

wilden Börsenverlauf und das stürzte uns dann mitten hinein in den Börsenkrach von 1929.«

Dr. Anderson erklärte außerdem:

»Das Geld der Federal-Reserve-Banken *wird von diesen selbst geschaffen. Wenn sie Regierungsanliehen kauften, schaffen sie folgendermaßen Reserven: Sie bezahlen die Regierungsanleihen mit Schecks, die auf sie selbst ausgestellt sind, und diese Schecks kommen zu den Handelsbanken und werden von diesen bei den* Federal-Reserve-Banken *deponiert. Auf diese Weise entsteht Geld, das vorher gar nicht vorhanden war.«*

Senator Bulkley: *»Und die Geldmenge wird dadurch überhaupt nicht erhöht?«*

Anderson: *»Nein.«*

Das ist eine Erklärung dafür, wieso die *Federal-Reserve-Banken* ihre Aktiva von 143 Millionen Dollar auf 45 Milliarden innerhalb von 35 Jahren erhöhen konnten. Sie produzierten überhaupt nichts, sie waren unproduktive Unternehmen, und doch hatten sie diesen ungeheuren Gewinn, einfach dadurch, daß sie Geld schufen, von dem 95 % Kredite waren, die nichts zur umlaufenden Geldmenge hinzufügten. Das Geld wurde nicht an die Leute in Form von Löhnen verteilt, es erhöhte auch nicht die Kaufkraft der Farmer und Arbeiter. Es war Kredit-Geld, von Bankiers zum Gebrauch und zum Profit von Bankiers geschaffen, was deren Besitz in wenigen Jahren um mehr als 40 Milliarden Dollar vergrößerte, einfach dadurch, daß sie 1913 die Kontrolle über die Regierungskredite mithilfe der Durchsetzung des *Federal-Reserve-Gesetzes* erhielten.

Auch Marriner Eccles hatte einiges über die Geldschöpfung zu sagen. Er betrachtete sich selbst durchaus als Volkswirtschaftler und war von Stuart Chase und Rexford Guy Tugwell, zwei der frühen Gehirn-Trust-Leute Roosevelts, in den Regierungsdienst geholt worden. Eccles war einer von jener Gang, die mit Roosevelt ins Amt kam und während seiner ganzen Amtszeit darin verblieb. Jeder andere hätte die Art, mit der Roosevelt Amerika der *Wall Street* auslieferte, verabscheut und seinen Abschied genommen, doch Eccles, selbst ein Bankier, war's zufrieden. Er verehrte sogar den großen Demokraten, und so hatte er Grund genug, geschäftlich und persönlich unentwegt Hussa zu schreien.

Am 24. Juni 1941 sagte Gouverneur Eccles vor dem Bank- und Währungskomitee des Repräsentantenhauses:

»Geld wird aus dem Recht geschaffen, Kredite zu geben.«

Dadurch, daß man den Regierungskredit im Jahre 1913 an private Banken übergab, erhielten sie die unbegrenzte Möglichkeit, Geld zu schöpfen. Das *Federal-Reserve-System* konnte aber auch Geld in großen Mengen durch seine Spekulationen am offenen Markt vernichten. Bei den *Silver-Hearings* im Jahre 1939 sagte Eccles:

»Wenn man Anleihen auf dem offenen Markte verkauft, löscht man Reserven aus.«

Auslöschung von Reserven bedeutet die Zerstörung eines Fundaments der Geld- und Kreditausgabe, oder eine Verknappung von Geld und Kredit, ein Zustand, der gewöhnlich für Bankiers vorteilhafter als die Geldschöpfung ist. Zurückziehung oder Verknappung des Geldes verschafft den Bankiers eine direkte und unbegrenzte Kontrolle über die Finanzlage; denn sie sind die einzigen, die über Geld verfügen und über die Macht, bei einer Geldverknappung neues Geld auszugeben. Die Geldkrisen von 1873, 1893, 1907, 1920–21 und 1929–31 waren alle dadurch gekennzeichnet, daß das umlaufende Geld abgezogen wurde. In der nüchternen Fachsprache klingt das nicht sehr schlimm; doch wenn das bedeutet, daß vielen Menschen das Geld fehlt, um ihre Miete oder Nahrung zu bezahlen, daß Arbeitgeber drei Viertel ihrer Mitarbeiter entlassen müssen, weil sie kein Geld zu ihrer Entlohnung leihen können, dann bedeutet das, daß für die Schuldigen unter den Bankiers keine Strafe zu hart ist, um sie für die Verbrechen zu bestrafen, die sie an ihren Mitmenschen begangen haben.

Am 30. September 1940 sagte Gouverneur Eccles:

»Wenn es in unserem System keine Schulden gäbe, dann gäbe es auch kein Geld.«

Das ist eine zutreffende Feststellung über unser Geldwesen. Anstatt, daß Geld durch die Produktion des Volkes, durch das jährliche Anwachsen von Gütern und Dienstleistungen geschaffen wird, entsteht es durch die Bankiers mit Hilfe der Verschuldung des Volkes. Der Hauptgrund hierfur liegt an unserem torichten Festhalten an dem veralteten Goldstandard, den wir als die Grundlage für die Ausgabe von Geld und die Gewährung von Kredit ansehen. Viele Bankiers und Volkswirtschaftler haben festgestellt, daß der Goldstandard ungeeignet ist, und daß ein großer Teil des Hungers und der Armut der Bevölkerung der Tatsache entspringt, daß kein geeignetes Geldsystem besteht. Die Unzulänglichkeit des jetzigen Geldsystems bringt wenigen große Gewinne, aber vielen ein Leben von der Hand in den Mund. Weil es ungeeignet ist, ist es großen Schwankungen unterworfen und in seinen Grundlagen nicht fest. Diese Schwankungen sind wiederum eine Quelle großen Profits. Aus diesem Grunde hat sich der *Federal-Reserve-Board* jeder Gesetzgebung entgegengestellt, die das Geldsystem festigen sollte. Die Haltung des *Board* wird deutlich in dem Brief umrissen, den Gouverneur Eccles am 9. März 1939 an Senator Wagner schrieb, außerdem in dem Memorandum, das der Rat am 13. März 1939 herausgab.

Gouverneur Eccles schrieb:

». . . Sie werden davon unterrichtet, daß der Aufsichtsrat des Federal-

Reserve-Systems *die Annahme der Gesetzesvorlage Nr. 31, die das* Federal-Reserve-Gesetz *erweitert, oder irgendein anderes Gesetz von diesem allgemeinen Charakter nicht billigt.«*

Der *Federal-Reserve-Board* erklärte in seinem »Memorandum über Vorschläge, die Preise festzuschreiben«:

»Der Board *widersetzt sich jeder Gesetzesvorlage, die ein festes Preisniveau vorsieht, und zwar deshalb, weil Preise nicht in erster Linie vom Wert oder den Kosten des Geldes abhängen, die Kontrolle des* Board *über das Geld nicht vollständig gemacht werden kann und feste Preise, selbst wenn sie durch amtliche Verfügung erzielt werden, keinen dauernden Wohlstand sichern können.«*

Trotzdem behauptete William McChesney Martin, der augenblickliche Vorsitzende des *Board,* am 10. März 1952 vor dem Unterausschuß für Schulden-Kontrolle, dem *Patman-Committee:*

»Ein grundlegender Zweck des Federal-Reserve-Gesetzes *ist es, den Wert des Dollars zu schützen.«*

Senator Flanders fragte ihn:

»Ist das ausdrücklich in dem ursprünglichen Gesetz festgelegt, auf das sich das Federal-Reserve-System *stützt?«*

»Nein«, erwiderte Herr Martin, *»aber es befindet sich im Einklang mit der gesamten Geschichte dieses Gesetzes und den Begleitumständen.«*

Senator Robert L. Owen hat uns berichtet, wie gegen seinen Willen diese Bestimmung aus dem ursprünglichen Gesetz herausgenommen wurde und wie der *Board* sich einer solchen Gesetzesbestimmung widersetzte. Anscheinend weiß Herr Martin nichts davon.

Feste Durchschnittspreise sind in der Tat nicht möglich, solange die Spekulanten an der Börse die Preise hinauf- oder heruntertreiben, um für sich selbst Gewinne herauszuholen. Ungeachtet der Behauptung von Gouverneur Eccles, feste Preise würden keinen dauernden Wohlstand sichern, könnten sie doch viel dazu beitragen. Ein Mann mit einem jährlichen Einkommen von 2500 Dollar wird nicht dadurch wohlhabender, daß ein Laib Brot um fünf Cents im Laufe des Jahres teurer wird.

1935 sagte Eccles vor dem Bank- und Währungskomitee des Repräsentantenhauses:

»Die Regierung kontrolliert die Goldreserven, das heißt, die Macht, Geld auszugeben und Kredit zu gewähren, und sie reguliert damit weitgehend die Preise.«

Diese Aussage Eccles steht in genauem Gegensatz zu seiner Aussage im Jahre 1939, wo er behauptete, die Preise seien nicht in erster Linie vom Wert und den Kosten des Geldes abhängig.

1935 stellte Gouverneur Eccles vor dem Kongreßkomitee fest:

»Der Federal-Reserve-Board *hat das Recht, Geschäfte auf dem offenen*

Markt zu tätigen. Diese Geschäfte sind das wichtigste Mittel, Umfang und Kosten des Kredites im Lande zu kontrollieren. Wenn ich in diesem Zusammenhang von Kredit spreche, meine ich Geld, weil bei weitem der größte Teil des Geldes, das bei den Leuten dieses Landes in Gebrauch ist, aus Bankkrediten oder Bankguthaben besteht. Wenn die Federal-Reserve-Banken *auf dem offenen Markt Wechsel oder Wertpapiere kaufen, vermehren sie die Geldmenge im Volk und senken den Geldwert; wenn sie sie aber auf dem offenen Markt verkaufen, verringern sie die Geldmenge und erhöhen den Geldwert. Die Vollmacht zu diesen Geschäften, die das Wohlergehen des ganzen Volkes betreffen, muß in den Händen einer Körperschaft liegen, die das nationale Interesse vertritt.«*

Das war ein Vorwand, die Befugnisse des *Federal-Reserve-Board* durch das Bankgesetz vom Jahre 1935 zu erweitern, was auch erreicht wurde. Die Behauptung, der *Federal-Reserve-Board* vertrete die Interessen der Nation, ist die reinste Heuchelei. Wenn der Erste Weltkrieg im nationalen Interesse, wenn die Agrarkrise im nationalen Interesse, wenn die Weltwirtschaftskrise im nationalen Interesse erfolgten, dann vertrat in der Tat der *Federal-Reserve-Board* die Interessen der Nation.

Bei den *Silver-Hearings*, die das Finanzkomitee des Senates im Jahre 1939 abhielt, sagte Senator Robert L. Owen:

»Als die Amtszeit Präsident Roosevelts vor sechs Jahren begann, betrug die Geldmenge, die am 15. März 1939 im Umlauf war, 7,2 Milliarden Dollar. Dann wurde sie durch den Federal-Reserve-Board *verringert und nur vermehrt durch Ankauf von Silber-Zertifikaten, und zwar auf die jetzige Höhe von 6,7 Milliarden. Während des ersten Jahres der Amtszeit Roosevelts verminderte der* Federal-Reserve-Board *die umlaufende Geldmenge um zwei Milliarden Dollar. Augenblicklich beträgt der vom* Federal-Reserve-System *ausgeliehene Kredit eine Milliarde weniger als zu Beginn der Amtszeit Roosevelts. Unter dem Einfluß und der Leitung des* Federal-Reserve-Systems *gingen durch die Mißwirtschaft des Systems 16000 Banken in 16 Jahren in Konkurs. Der Produktionsverlust erreichte in den letzten zehn Jahren eine Höhe von 200 Milliarden Dollar. Wenn das Volk eine Führung zu seinem Wohl gehabt hätte, wären ihm die entgangenen Waren und Dienstleistungen zugute gekommen und das Land wäre frei von Schulden und schwerer Zinsbelastung. Diese Tatsachen werden durch die Berichte des* Federal-Reserve-Board *bewiesen. Ich erhebe keine Beschuldigungen gegen die Verantwortlichen, soweit sie nicht sich selbst überführten durch ihre eigenen Reden und Veröffentlichungen. Das System selbst mit seiner ungeheuren Macht, seinen großen Forschungseinrichtungen, die jede Möglichkeit besitzen, die Lage zu erkennen und uns tatkräftig zu helfen, hat dem Lande keinerlei Unterstützung gewährt, sondern hat alles getan, was es konnte, um die Lage zu verschlimmern.*

Das einzige, wofür sich der Board *einsetzte, war, seine eigene Stellung zu festigen und zu verhindern, daß der Kongreß den Wert des Geldes bestimmte. Die Art, wie die Stabilität unseres Wirtschaftslebens durch die Mißwirtschaft des* Federal-Reserve-Systems *gestört wurde und die Hilfsmittel dazu, sind klargestellt worden im Senats-Dokument 23 des 76. Kongresses, 1. Sitzung. Die Mitglieder des Aufsichtsrates sollten keine Bankiers sein. Der Vorstand und die großen Bankiers haben die Macht, diese Wirtschaftskrise sofort zu beenden, indem sie den* Reserve-Banken *die Anweisung geben, täglich für 50 Millionen Dollar Staatspapiere der Vereinigten Staaten auf Rechnung der Vereinigten Staaten zu kaufen, bis das nicht-flüssige Geld der Staatspapiere, in flüssiges Geld umgewandelt, den Mangel an flüssigem Gelde beheben würde, der durch das Horten gesuchter Anlagegelder hervorgerufen worden war.«*

Im Jahre 1938 brachte das Kongreßmitglied Wright Patman den Gesetz-Entwurf HR 7230 ein, der eine Übernahme der *Federal-Reserve-Banken* durch die Regierung vorsah. Da diese Banken mit dem Kredit der Regierung arbeiteten, wäre das nur gerecht gewesen; aber der Gesetzentwurf wurde vom Kongreß abgelehnt. Wright Patman erklärte bei den Anhörungen über diesen Gesetzentwurf:

»Wenn der Marktpreis der Wertpapiere in irgendeiner Weise gefährdet ist, wird der Board *sehr aktiv. Ich betone, hätte der* Board *seine Macht so zum Wohle unseres Landes genutzt, wie er die Preise der Staatspapiere schützte, dann würde es unserem Lande besser gehen. Mr. Eccles gab vor diesem Komitee im Februar 1937 zu, daß der* Board *die Politik des teuren Geldes eingeschlagen hätte, um den Anlegern einen besseren Ertrag ihrer Anlagen zu sichern.«*

Während der Anhörungen vor dem *Patman-Committee* am 17. März 1952 sagte Senator Flanders:

»Mir scheint, daß es die unsinnigste geschäftliche Maßnahme in der Welt war, als die Federal-Reserve-Banken *den Aktienmarkt vor Kursschwankungen bewahren wollten. So waren sie gezwungen, Aktien zu kaufen, wenn der Rohstoff billig war, und zu verkaufen, wenn das Produkt teuer war.«*

C. F. Ross äußerte auf der Jahresversammlung der amerikanischen Wirtschaftsvereinigung im Jahre 1947:

»Eine Einschränkung des Bankkredites, wie sie das Federal-Reserve-System *1920–21, 1929–32 und 1937–38 durchsetzte, hat eine wichtige, dreifach ungünstige Wirkung auf das Geschäftsleben, die erst 6 Monate später erkennbar wird. Erstens mindert eine Erhöhung des Zinssatzes bei langfristigen Krediten die Kapitalbildung aus laufenden Einnahmen. Sodann ergibt sich ein Anwachsen der Arbeitslosigkeit und der Produktion (aufgrund des Schrumpfens der Einheitslöhne) mit der Folge, daß die*

Preise für nicht-landwirtschaftliche Produkte schneller fallen als die für Metalle und Metallprodukte. Das wiederum hat zur Folge, daß die Nachfrage nach Anlagen zusammenbricht, sechs Monate nachdem der Federal Reserve Board *seine deflationistische Politik begonnen hat.«*

R. C. Hawtrey, der englische Volkswirtschaftler, schreibt von der Wirkung, die der Wechsel des Zinssatzes auf die Bestände des Großhandels hat. Die Großhandelsbestände in den Vereinigten Staaten haben durchschnittlich einen Warenwert von 20 Milliarden Dollar, der leicht in Bargeld umgewandelt werden kann. Deshalb berührt der Wechsel des Zinssatzes einen solchen Warenwert. Wenn der Markt Waren braucht, bedeutet die Zurückhaltung der Ware Wertverminderung und Lagerspesen, aber wenn die Zinssätze steigen, müssen die Waren in Bargeld umgewandelt werden, während bei fallenden Zinssätzen, wenn also das Geld billiger wird, die Ware zurückgehalten werden muß, bis das Geld wieder teurer wird.

Gegen Ende des Jahres 1936 und durch das ganze Jahr 1937 breitete sich eine Wirtschaftskrise über die Vereinigten Staaten aus, allgemein bekannt als die Rezession von 1936/37. Wie bei anderen Krisen, die durch das *Federal-Reserve-System* hervorgerufen wurden, konnten die Geschäftsleute sie sich nicht erklären. Das Land befand sich im Wohlstand. Roosevelt war gerade gegen eine unbedeutende Opposition wiedergewählt worden. Und doch entstand eine Krise, in der die Existenz vieler Menschen vernichtet wurde, die gerade angefangen hatten, nach dem Börsenkrach von 1929 wieder auf die Füße zu kommen.

Emmanuel Goldenweiser, Forschungsdirektor des *Federal-Reserve-Board*, äußerte:

»Im Sommer 1936 hatten die Banken überschüssige Reserven. Der Federal-Reserve-Board *entschloß sich, seine neuerworbene Macht zu gebrauchen, um die überschüssigen Reserven durch Erhöhung des Grundkapitals festzulegen. Der Rat wiederholte diese Maßnahme im Frühjahr 1937 und steuerte auf diese Weise in die ernste Krise von 1937/38.«*

Reserven festzulegen bedeutete ebensoviel, wie sie zu beseitigen, soweit es den verfügbaren Bedarf an Geld und Kredit betraf. Und, wie Gouverneur Eccles bezeugt hatte, bedeutete die Beseitigung von Reserven die Beseitigung von Grundlagen für die Ausgabe von Geld und Kredit, und damit die Einengung des Geldmarktes. Das aber *mußte* zu einer Geschäftskrise führen.

Senator Robert L. Owen bezeugte bei den Anhörungen über die Gesetzesvorlage HR 7230, die eine Verstaatlichung der *Federal-Reserve-Banken* vorsah:

»1937, als der Federal-Reserve-Board *von den Banken verlangte, das Grundkapital auf das Doppelte ihres jetzigen Bestandes zu erhöhen, trat*

eine Beschränkung des Kredites um zwei Milliarden Dollar ein.«

H. B. Elliston, Herausgeber der *Washington Post*, schrieb in einem Artikel im *Atlantic Monthly* vom Juli 1938:

»Der Zusammenhang zwischen dem Anziehen der Bremsen durch das Federal-Reserve-System *und dem Niedergang der Wirtschaft ist in den Jahren 1936/37 offensichtlich!«*

Paul Einzig schreibt 1938 in Macmillans *World Finance:*

»Im März 1937 verurteilte Roosevelt den starken Preisanstieg für Konsumwaren, was er seit 1933 gefördert hatte, und er kündete Maßnahmen dagegen an. Das war hauptsächlich für die Goldkrise und den Geschäftsrückgang in den Vereinigten Staaten verantwortlich. Professor O. M. W. Sprague, Befürworter des Aldrich-Planes von 1910–12, später Wirtschaftsberater der Bank of England, *schied dort 1933 aus und trat ins Finanzministerium der Vereinigten Staaten ein, das er zusammen mit Paul Warburg und Henry L. Stimson auf der Londoner Wirtschaftskonferenz vertrat. 1934 trat er zurück. Während seines Aufenthaltes in Europa im Jahre 1936, der sowohl im öffentlichen als auch im privaten Interesse erfolgte, stellte Professor Sprague fest, daß es wahrscheinlich zu einer Senkung des amerikanischen Goldpreises käme. Diese Bemerkung wurde auf allen Märkten wiederholt. Es mag seltsam erscheinen, daß eine solch private Bemerkung eines Professors, der zu jener Zeit keinerlei öffentliches Amt bekleidete, obwohl er die* Bank of England *als seine Postanschrift benutzte und dort ein Büro zu seiner Verfügung stand, soviel Bedeutung besaß. Die Goldkrise wurde künstlich durch Gold-Unruhestifter am Leben erhalten. Dr. L. G. Tripp von der* Niederländischen Bank *und Präsident der* Bank für internationalen Zahlungsaustausch *brachte in dem jährlichen Bericht von 1936/37 ein Kapitel, das er nannte »Ein Jahr steigender Goldvorräte«. Professor Cassel setzte die Propaganda gegen Gold fort. Roosevelt erklärte öffentlich, daß der Goldpreis jetzt nicht gesenkt würde, was aber eine künftige Preissenkung erwarten ließ, wodurch die Lage noch verschlimmert wurde.«*

Ein Präsident der Vereinigten Staaten, der hilft, eine Gruppe internationaler Goldhändler zu fördern, mag manchem als fragwürdige Tatsache erscheinen; doch das war nur einer der Fälle, wo Roosevelt sein hohes Amt gebrauchte, um seine Freunde zu unterstützen.

Einer der schlimmsten Gestalten dieser Chronik ist der soeben erwähnte Professor Oliver M. W. Sprague. Er spielt in der Angelegenheit vom Anfang bis zum Ende eine Rolle. Im Jahre 1904 finden wir ihn eifrig dabei, Artikel zu schreiben, in denen er darauf besteht, daß wir eine Zentralbank haben müßten. Im Jahre 1911, als Professor für Volkswirtschaft an der Harvard Universität, schrieb er Propaganda-Artikel für den *Aldrich-Plan.* 1913 schrieb er die Propaganda für das *Federal-Reserve-Ge-*

setz und behauptete, daß es eine Wohltat der Bankiers wäre. In den zwanziger Jahren schrieb er eine Reihe von Artikeln, in denen er den Goldstandard verteidigte. In den dreißiger Jahren hüpfte er in den Finanz-Metropolen der ganzen Welt umher, um Botengänge für die internationalen Goldhändler zu erledigen. Wie selbstverständlich verfügte der kleine Professor über ein Büro in der *Bank of England*! Dieser Harvard-Volkswirtschaftler befand sich erst einige Monate im Finanzministerium der Vereinigten Staaten, und schon wurde er zur Londoner Wirtschaftskonferenz gesandt, um die Interessen der USA zu vertreten, ein Mann, der niemals zuvor für die Regierung gearbeitet hatte. 1937 war er dann eine Schlüsselfigur im *Economists' Committee on Monetary Policy,* einer Lobby-Organisation der *Wall Street,* die gemäß ihren eigenen Angaben 45 000 Dollar für Schriften ausgab, um gegen die Reformideen von Senator Elmer Thomas zu opponieren, der damals ein Waren-Dollar-System vorschlug.

15. Kapital

HERBERT LEHMAN

Der neueste Name in der internationalen Finanzhierarchie ist Herbert Lehman. Von 106 Firmen, die 1870 die New Yorker Baumwollbörse gründeten, überlebten bis zum Jahre 1940 nur zwei: *Lehman Brothers* und *Hentz and Company. Hentz and Company* wurde 1917 von den Gebrüdern Baruch übernommen, zur gleichen Zeit, als Bernard Baruch in öffentliche Dienste trat, und es nicht ratsam war, zugleich das Bankhaus *Baruch Brothers* zu vertreten. Anna Rochester schrieb 1935, daß der Führungsstil des Bankhauses *Kuhn, Loeb Co.* durch die fortschrittlicheren Methoden der Gebrüder Lehman abgelöst wurde. Im Jahre 1935 fand auch die Untersuchung gegen die Kriegsgewinnler des Ersten Weltkrieges durch das *Nye Committee* statt. Die *DuPonts* wurden zum Sündenbock gestempelt, um den Kongreß einzuschüchtern, damit er alle Vorschläge Baruchs für eine Kontrolle Amerikas im Zweiten Weltkrieg ohne Abänderungen annehmen sollte. In einer Reihe von Vorträgen vor dem *Nye Committee* skizzierte Baruch Schritt für Schritt den Entwurf, der sich mit der Rationierung der Nahrungsmittel und des kriegswichtigen Materials (wie Öl und Gummi, woran er große Beteiligungen hatte), außerdem mit den erhöhten Industriekosten, der Preiskontrolle und der Besteuerung der außerordentlichen Gewinne der Aktiengesellschaften befaßte. Baruchs Vorschläge wurden bis in alle Einzelheiten befolgt und begründeten die Militärdiktatur, die in den USA von 1940–1945 herrschte.

Lister Hill, der Vorsitzende des *Nye Committee* erklärte am 28. Januar 1937:

»Wir sind sehr glücklich, heute als unseren Zeugen Herrn Bernard Baruch unter uns zu sehen. Wie Sie, meine Herren, sich erinnern werden, war Herr Baruch Vorsitzender des War Industries Board, *der von Woodrow Wilson während des Ersten Weltkrieges geschaffen worden war. Man kann ohne Übertreibung sagen, daß es im ganzen Lande keinen Mann wie Mr. Baruch gibt, der mehr Zeit und mehr Überlegung dem Gedanken gewidmet hat, wie man aus einem Kriege Gewinn ziehen kann.«*

Ob Vorsitzender Hill sehr witzig sein wollte, können wir nicht sagen. Auf jeden Fall hat Herr Baruch mehr Gewinne aus dem Krieg gezogen als irgendjemand in diesem Lande. Wie früher schon erwähnt, hat Herr Baruch allein durch ein telefonisch verbreitetes Friedensgerücht an einem Tag 750000 Dollar an der Börse mit Aktien der *United States Steel* gewonnen. Im Jahre 1935 hat Herr Baruch vor dem *Nye Committee* bezeugt:

»Alle Kriege sind ihrem Ursprung nach wirtschaftlich bedingt.«

Weitere lesenswerte Aussagen Baruchs werden in den folgenden Auszügen wiedergegeben:

»Wenn die Deutschen schlau genug gewesen wären, hätten wir den Krieg nicht gewonnen. 35 % der benötigten Nitrate konnten wir nicht bekommen. Es entstand ein heftiger Kampf um diesen Rohstoff zwischen den beiden Wirtschaftssystemen. Wir besaßen das Gold, das wir der chilenischen Regierung versprechen wollten. Wir versprachen, das Gold sechs Monate nach Unterzeichnung des Friedensvertrags zu übergeben. Wir kennzeichneten das Gold in unseren Schatzkammern für sie unter der Bedingung, daß sie gewisse Dinge für uns tun würden. Auf diese Weise konnten wir mit Hilfe des Nitrats das erreichen, was wir wollten.«*

Mr. Faddis: *»Meinen Sie, daß Abschnitt 5 Ihres Vorschlages weit genug gefaßt ist, um die Kontrolle der Kriegsdienstverweigerer einzuschließen, die wir in Kriegszeiten haben würden? Das ist eine Gruppe, die schnell anzuwachsen scheint.«*

Mr. Baruch: *»Ihr Gesetzentwurf wird darauf achten müssen.«*

Mr. Costello: *»Ich hatte den Gedanken, ob es möglich wäre, den Kriegsdienstverweigerer dazu zu zwingen, an einer nützlichen Beschäftigung teilzunehmen.«*

Mr. Baruch: *»Er arbeitet oder kämpft. Wir werden ihn an eine Stelle setzen, an der er etwas Nützliches tut.«*

Im Jahre 1935 sprachen die Vertreter des Volkes der Vereinigten Staaten in aller Ruhe über die Diktatur, die sie über ihr eigenes Volk errichten wollten. Hören wir nochmals Mr. Baruch vor dem *Nye Committee:*

Mr. Baruch: *»Der Präsident (Wilson) übergab mir eines Tages ein*

** Nitrate sind Ausgangsstoffe für die Schießpulverherstellung (Anm. d. Übers.)*

Schreiben, in dem er mich ermächtigte, jeden beliebigen Industriebetrieb zu übernehmen. Mit Richter Gary, dem Präsidenten von United States Steel *hatten wir Schwierigkeit, aber als ich ihm das Schreiben zeigte, sagte er: ›Ich glaube, wir müssen das anerkennen‹, und er erkannte es an. Sie, meine Herren, werden zunächst ihre Anfangspreise festsetzen, und sie können jedweder Fabrik während des Krieges befehlen.«*

Miss Jeanette Rankin bemerkte dazu während der Nye-Anhörungen:

»Es ist durchaus möglich, Gewinne aus dem Kriege zu ziehen, aber dies ist nur möglich für Reiche und nicht für Arme.«

Die Anhörungen vor dem *Nye Committee* bewiesen, daß der Kongreß schon 1935 die Teilnahme unseres Landes im Zweiten Weltkrieg als unvermeidlich in Betracht zog, obwohl wir vermeintlich im Frieden mit aller Welt lebten.

Mr. Baruch stellte außerdem fest:

»Geld würde genauso mobilisiert werden wie Menschen und Materialien, weil ein Wert festgesetzt werden würde, zu dem Geld gebraucht werden könnte und sollte. Ich war einer der ersten, die im Weltkrieg Festpreise vorschlugen; aber ich glaube nicht, daß man die Preise und die Verteilung in Friedenszeiten festlegen kann.«

Vielleicht wird jetzt erkennbar, was das alles mit dem *Federal-Reserve-System* zu tun hat. Das *Federal-Reserve-System* ist eine Zentralbank, deren gewinnbringendste Aufgabe es ist, Kriege zu finanzieren. Seine Verbindung mit der *Wall Street* bringt uns zurück zu der öffentlichen Laufbahn Herbert Lehmans.

Mayor und Babette (Neugass) Lehman hatten drei Söhne. Arthur ging nach Harvard, Irving nach Columbia und Herbert nach Williams. Als sie die Universitätszeit beendet hatten, traten sie in das Familien-Bankhaus *Lehman Brothers* in New York ein, wo sie die Verwickeltheit der Weltfinanz begreifen lernten, in der ihre Firma eine so wichtige Rolle spielte. Herbert lernte z.B., die russische Volkswirtschaft sei die der Zukunft und die amerikanische Volkswirtschaft bedürfe sehr der Verbesserungen, wie sie jetzt in Rußland entwickelt würden.

Herbert Lehman hat jetzt mehr als zwanzig Jahre im öffentlichen Dienst hinter sich. Er war Oberst im Generalstab der Armee im Ersten Weltkrieg, ein recht seltsamer Posten für einen Mann, der weder eine militärische Ausbildung noch Erfahrung dafür besaß. Er war Vize-Gouverneur und Gouverneur von New York, Militär-Gouverneur von Italien 1944 und 1945, Leiter der UNRRA nach dem Zweiten Weltkrieg, und augenblicklich ist er Senator von New York.

In *Who's Who in American Jewry* vom Jahre 1928 ist Herbert Lehman als Direktor vieler wichtiger Firmen eingetragen, von denen hier ein Teil wiedergegeben sei:

Abraham & Straus Department Store (ein Rothschild-Unternehmen), *County Trust Company of New York, Jewel Tea Company, Van Raalte Company, Kelsey-Hayes Wheel Company, Pierce Oil Corporation, Spear Company, Studebaker Corporation, Franklin Simon Company, Robert Reis and Company, General American Investors Limited, Knott Hotels, Fidelity Trust Company* und Vize-Präsident der *Palestine Economic Corporation,* die für die industrielle Entwicklung Palästinas zuständig ist. Bei der letztgenannten Tätigkeit half ihm vor allen Edmund M. M. Warburg, Direktor der *Jewish Telegraphic Agency* und Erster Vorsitzender der *United Jewish Appeal.*

1939 begann das Kongreßmitglied Jerry Voorhis aus Kalifornien Fragen zu stellen, warum die *Federal-Reserve-Banken* nicht Eigentum der Regierung wären. Seiner Selbstbiographie nach forderte ihn Roosevelt auf, ins Weiße Haus zu kommen. Sie sprachen miteinander, und Roosevelt sagte, es schiene ihm an der Zeit zu sein, die *Federal-Reserve-Banken* zu übernehmen, die jetzt einen Wert von 45 Milliarden Dollar besäßen gegenüber den 143 Millionen Dollar, mit denen sie angefangen hätten.

Am nächsten Tag rief Roosevelts Sekretär Jerry Voorhis an und sagte, er möge das gestrige Gespräch vergessen, da sie es in nächster Zeit doch nicht tun könnten.

Der Hinderungsgrund war das Herannahen des Zweiten Weltkrieges. Wir brauchten die private Zentralbank, um den Krieg zu finanzieren.

Einzig bemerkt hierzu in Macmillans *World Finance,* 1939/40:

»Der Übergang von der Friedenswirtschaft zur Kriegswirtschaft im Jahre 1939 vollzog sich, im Vergleich zu der übereilten Umstellung im Jahre 1914, ohne größere Störungen.«

Von 1942–1945 erhöhte das *Federal-Reserve-System* seinen Besitz an Staatspapieren um 22 Milliarden Dollar. Mit anderen Worten, seine Aktiva verdoppelten sich während des Zweiten Weltkrieges, – ein eigenartiger Zufall.

Es gab keine größeren Störungen, weil die großen Zentralbanken in den Jahren zwischen den beiden Weltkriegen die Kontrolle über Geld und Kredit der Welt erlangten und festigten. Das *Federal-Reserve-System* hatte in der Weltwirtschaftskrise jeden Widerstand erstickt, und es gab zahlreiche Organisationen, die den Nachrichtenaustausch und die Zusammenarbeit zwischen den Zentralbanken erleichterten. Zuerst war da das Finanzkomitee des *Völkerbundes,* dann in Basel die *Bank für internationalen Zahlungsausgleich,* besser bekannt als »Klub der Zentralbank-Leute«, und schließlich gab es die regelmäßigen *Wirtschafts-Konferenzen,* bei denen die Bankiers der Zentralbanken zusammenkamen, um sich über die Beherrschung der Welt zu unterhalten.

Während Amerikas Teilnahme am Zweiten Weltkrieg übernahm das

Federal-Reserve-System außer seiner normalen Aufgabe, den Krieg zu finanzieren, mehrere neue Aufgaben totalitärer Kontrolle; eine der wichtigsten war die Verwaltung des Verbraucher-Kredits, das heißt, es entschied darüber, wofür der Arbeiter seinen Lohn ausgeben konnte.

Gouverneur Marriner Eccles sagte 1941 bei den Anhörungen des Senats über das Amt für Preis-Verwaltung folgendes aus:

»Der Federal-Reserve-Board *hat im Einverständnis mit dem Stabe Hendersons gehandelt. (Leon Henderson, Volkswirtschaftler der Regierung, wurde von Roosevelt zum Leiter des Amtes für Preis-Verwaltung während des Krieges ernannt.) Er ist an der Frage des Verbraucher-Kredits sehr interessiert, weil die Kontrolle des Teilzahlungskredites an den Verbraucher eine sehr wichtige Rolle bei der grundsätzlichen Kreditbeherrschung spielt. Während des letzten Krieges herrschte eine Geld-Knappheit, außerdem waren wir während des ganzen Krieges in einem solchen Ausmaß an den Goldstandard gebunden, daß er unser gesamtes Finanzwesen bestimmte. Seitdem haben wir viel gelernt. Als der Krieg vorüber war, erzwang das* Federal-Reserve-System *eine Krediteinschränkung durch eine Geldpolitik, die natürlich nichts anderes tun konnte, als einen großen Verkauf von Staatspapieren voranzutreiben* (an dieser Stelle fehlt die Diskussion des Berichts, wie es häufig geschah, wenn bestimmte finanzielle Angelegenheiten besprochen wurden). *Sie haben den Kurs der Staatspapiere zu stützen. Der Zinssatz und der Geldmarkt sind künstliche Dinge. New York ist der einzige vorhandene Geldmarkt.«*

Mr. Smith: *»Die Kosten für die Goldkäufe erscheinen nirgends in den Büchern des Finanzministeriums. Werden sie unmittelbar den öffentlichen Schulden zugerechnet?«*

Eccles: *»Das ist korrekt.«*

Mr. Patman: *»Gouverneur Eccles, wann fing das* Federal-Reserve-System *damit an, von den Regierungs-Agenturen Gebühren zu verlangen?«*

Eccles: *»Das kann ich wirklich nicht sagen.«*

Mr. Patman: *»Als das* Federal-Reserve-Gesetz *verabschiedet wurde, war da nicht beabsichtigt, die* Federal-Reserve-Bank *ihre Dienste gebührenfrei leisten zu lassen, da die Regierung die Nutznießung ihres Kredits kostenlos zugestand?«*

Eccles: *»Ich denke, so war es nicht.«*

Emmanuel Goldenweiser schrieb über den *Board* während dieser Zeit:

»Während des Krieges wurden viele Kontrollen aufgegeben, um die Finanzen der Regierung zu schützen.«

Das nennt sich dann Kriegsfinanzierung.

Der Zweite Weltkrieg erlaubte auch den großen Bankiers, denen das *Federal-Reserve-System* gehörte, Milliarden Dollar, die schon 1930 gedruckt worden waren, im Land abzuladen. Es war das größte Falschmün-

links: *Henry Morgenthau Jr.*, Schatzminister der USA, Abgesandter der Hochfinanz und Verfasser des von Roosevelt und Churchill unterzeichneten »Morgenthau-Plans«; rechts: *Harry Dexter White,* Morgenthaus engster Mitarbeiter, Verbindungsmann zur Hochfinanz und zur sowjetischen Führung.

links: *Bernard M. Baruch* und *Winston Churchill* (1949); rechts: *Nelson Rockefeller* in freundschaftlicher Berührung mit seinem Adlatus *Henry Kissinger* (1973).

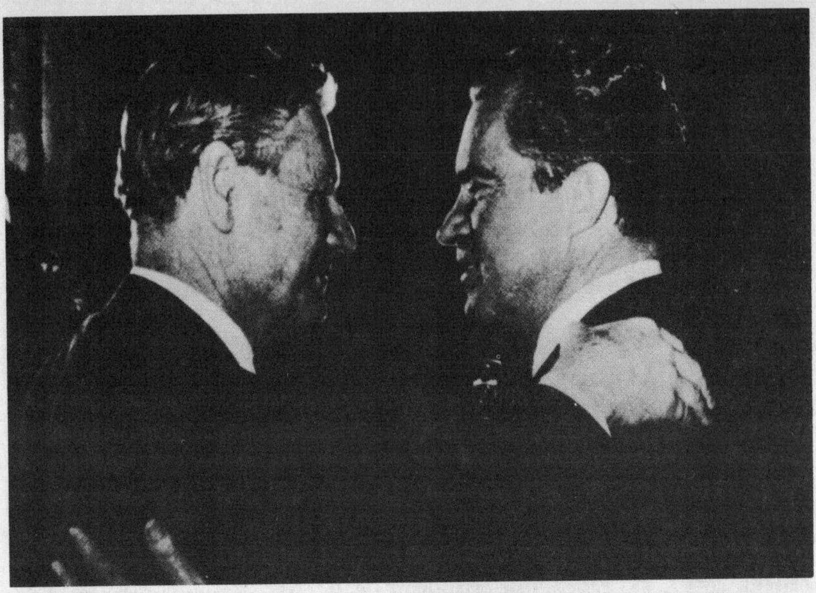

Nelson Rockefeller in enger Berührung mit *Richard Nixon* (oben rechts) und dem israelischen Außenminister *Jigal Allon* (unten links).

zer-Unternehmen der Geschichte; aber es wurde natürlich von Roosevelts Regierung völlig legalisiert. Henry Hazlitt schreibt im *Newsweek Magazine*, Ausgabe vom 4. Januar 1943:

»Das Geld, das vor einer Woche, am 21. Dezember 1942, begann, im Umlauf zu erscheinen, war in vollstem Sinne des Wortes Geld aus der Druckerpresse, das heißt, es besaß keinerlei Deckung. Nach Aussage des Federal-Reserve, *hat der* Board *nach Beratung mit dem Finanzministerium die* Federal-Reserve-Banken *ermächtigt, die vorhandenen, Anfang der dreißiger Jahre gedruckten Banknoten, die als ›Federal-Reserve-Banknoten‹ bekannt waren, jetzt zu benutzen. Wir wiederholen, diese Banknoten haben keinerlei Deckung.«*

Im Jahre 1944 berichtete Gouverneur Eccles, anläßlich der Anhörungen des Senats über das Amt für Preis-Verwaltung, noch über weitere interessante Aspekte der Kriegsfinanzierung:

»Das umlaufende Geld erhöhte sich in vier Jahren von sieben Milliarden Dollar auf 21,5 Milliarden Dollar. Wir verlieren durch den Krieg einen beträchtlichen Teil unseres Goldbestandes. Da unsere Exporte ausfallen, hauptsächlich aufgrund von Leih- und Pachtverträgen, mußten wir unsere Importe mit Dollarüberschüssen ausgleichen. Diese Länder ziehen nun diese Dollarüberschüsse in Form von Gold ab.«

Mr. Smith: *»Gouverneur Eccles, worum handelt es sich bei dem Plan der ausländischen Regierungen, wonach wir Gold an einen internationalen Fonds abführen müßten?«*

Gouverneur Eccles: *»Ich möchte jetzt lieber über OPA sprechen und erst dann über den Stabilierungsfonds, wenn ich darauf vorbereitet bin.«*

Mr. Smith: *»Einen Augenblick, bitte. Ich habe das Gefühl, daß dieser Fonds sehr wohl zu dem gehört, wovon wir heute sprechen.«*

Mr. Ford: *»Ich glaube, daß der Stabilisierungsfonds nichts mit OPA zu tun hat; darum sollten wir uns mit der vorliegenden Aufgabe befassen.«*

Den Kongreßmitgliedern gelang es niemals, über den *Stabilisierungsfonds* zu sprechen. Dieser Fonds stellte eine weitere Einrichtung dar, um den verarmten Ländern Europas das Gold zurückzugeben, das sie herübergeschickt hatten.

Am 22. Januar 1945 kommentierte Henry Hazlitt in *Newsweek* die Rede Roosevelts vor dem Kongreß über den jährlichen Haushaltsplan und zitierte folgende Worte des Präsidenten:

»Ich werde später ein Gesetz empfehlen, durch das die jetzigen hohen Goldreserveanforderungen der Federal-Reserve-Banken *eingeschränkt werden.«*

Hazlitt wies darauf hin, daß die Reserveanforderungen gar nicht hoch waren; sie waren gerade so hoch wie in den vergangenen 30 Jahren. Roosevelts Absicht war, mehr Gold aus dem *Federal-Reserve-System* abzuziehen, um es für den *Stabilisierungs-Fonds* verfügbar zu machen, der später der *Internationale Geldfonds* genannt wurde und ein Bestandteil der *Weltbank für Wiederaufbau und Entwicklung* war. Er stellte das Gegenstück zum Finanzkomitee des *Völkerbundes* dar, das die Finanzhoheit der Vereinigten Staaten beseitigt hätte, wenn der Senat es zugelassen hätte, ihm beizutreten. Folglich mußte das amerikanische Volk die Weltwirtschaftskrise erleiden, weil es dem Völkerbund nicht beigetreten war.

16. Kapitel
THOMAS B. McCABE

Unmittelbar nach dem Zweiten Weltkrieg begann Gouverneur Marriner Eccles darauf hinzuwirken, daß die kurzfristigen, von Rüstungsarbeitern und Soldaten gekauften Regierungsanleihen, die einen Wert von 160 Milliarden Dollar besaßen, wieder unter die Kontrolle des *Federal-Reserve-Systems* gelangten. Bei den *Bretton-Woods-Anhörungen* sagte Eccles über die Errichtung des *Internationalen Geldfonds:*

»Bei der Art, wie wir den Krieg finanzierten, waren zu viele Banken beteiligt. Die Federal-Reserve *ist gezwungen, diese kurzfristigen Regierungs-Anleihen (Kriegsanleihen) zum festgelegten Preis aufzukaufen. Die Banken haben hingegen die Möglichkeit, sich mit Reserven durch den Verkauf derartiger Anleihen zu versorgen. Deshalb ist eine strengere Kontrolle durch unsere Zentralbank notwendig. Die Kontrolle über die Umwandlung der nationalen Schuldtitel in Geld ist auf dem Wege, in die Hände privater Banken überzugehen, wenn sie nicht wieder der Zentralbankgewalt des* Federal-Reserve-Systems *unterstellt wird. Man kann sich dabei nicht der althergebrachten Mittel bedienen, die Zinspreise durch Maßnahmen auf dem offenen Markt zu erhöhen. Ich glaube, die Handhabung des Kredits ist von geringer Bedeutung, wenn es gilt, eine Inflation zu vermeiden. Wir müssen diesen* Internationalen Geldfonds *haben. Eine internationale Währung ist gleichbedeutend mit einer internationalen Regierung.«*

Was Gouverneur Eccles befürchtete, war, daß die Banken außerhalb des *Systems* jetzt dieselben Möglichkeiten wie die *Federal-Reserve-Banken* besäßen, nämlich das Vorrecht, Geld zu schöpfen, indem sie sich Reserven schufen durch den Verkauf der kurzfristigen Regierungs-Anleihen, die während des Zweiten Weltkrieges ausgegeben worden waren. Wie das gemacht worden ist, wurde am besten von Gouverneur Eccles selbst bei den Anhörungen vor dem Bank- und Währungskomitee des Repräsentantenhauses am 24. Juni 1941 enthüllt:

Eccles: »*Das gesamte Bankwesen schafft oder vernichtet Bankeinlagen, vergibt Darlehen oder legt Geld an, sei es durch den Kauf von Regierungs-Anleihen oder Wertpapieren, sei es durch Darlehen an Farmer.*«

Mr. Patman: »*Ich bin durchaus einverstanden mit dem, was Sie, Gouverneur, sagen. Es bleibt aber die Tatsache bestehen, daß sie Geld neu schufen, nicht wahr?*«

Eccles: »*Nun ja, die Banken schaffen dadurch neues Geld, daß sie Darlehen vergeben und Geld anlegen.*«

Am 30. September 1941 wurde Gouerneur Eccles vor demselben Komitee vom Abgeordneten Patman gefragt:

»*Wie kamen Sie zu dem Geld, für das Sie 1933 Regierungs-Anleihen im Werte von zwei Milliarden Dollar kauften?*«

Eccles: »*Wir schufen es.*«

Patman: »*Woraus?*«

Eccles: »*Einfach aus dem Recht, Kreditgeld zu geben.*«

Patman: »*Und dahinter steckt nichts als der Kredit unserer Regierung?*«

Eccles: »*So ist eben unsere Geldwirtschaft. Wenn es keine Schulden gäbe, hätten wir auch kein Geld.*«

Am 17. Juni 1942 wurde Gouverneur Eccles von Mr. Dewey befragt.

Eccles: »*Ich bin der Meinung, daß die* Federal-Reserve-Banken *bei Geschäften auf dem offenen Markt, d.h., beim Kauf von Regierungs-Anleihen, den Banken neues Geld verschafften und damit nur faules Kapital.*«

Dewey: »*Und es gibt keine überschüssigen Reserven für diesen Zweck?*«

Eccles: »*Wann immer das* Federal-Reserve-System *Regierungs-Anleihen auf dem offenen Markt oder direkt vom Finanzministerium kauft, es arbeitet immer auf dieselbe Weise.*«

Dewey: »*Womit bewerkstelligen Sie den Kauf. Werden Sie neuen Kredit ausgeben?*«

Eccles: »*Das haben wir immer getan. Auf diese Weise betätigt sich das* Federal-Reserve-System. *Das* Federal-Reserve-System *schafft neues Geld. Es ist eine Notenbank.*«

Bei den Anhörungen im Jahre 1947 fragte Mr. Kilburn Mr. Eccles:

»*Was verstehen Sie darunter, die öffentlichen Schulden zu Geld zu machen?*«

Eccles: »*Ich meine damit, daß die Bank durch den Kauf von Regierungs-Anleihen Geld schafft. Alles Geld wird durch Schulden geschaffen, entweder durch private oder durch öffentliche Schulden.*«

Fletcher: »*Vorsitzender Eccles, wann, glauben Sie, wird sich eine Möglichkeit ergeben, zum freien und offenen Markt zurückzukehren, anstatt dieses gefesselten und künstlich kontrollierten Geldmarktes, den wir jetzt haben?*«

Eccles: »*Niemals. Weder zu Ihren noch zu meinen Lebzeiten.*«

Wir haben einen künstlich kontrollierten Markt zu haben, weil die großen Bankiers nicht wollen, daß ihnen die Macht genommen wird, neues Geld zu schaffen. Die Anhörungen erweisen es, daß Banken neues Geld entstehen lassen können, wenn sie Mengen solcher kurzfristiger Regierungs-Anleihen oder Kriegsanleihen besitzen, wie sie während des Krieges verkauft wurden. Die Bankiers hatten keineswegs die Absicht, den Leuten ihr Geld für diese Schuldscheine zurückzugeben. Eccles' Gruppe wollte, daß der Monetarisierung der öffentlichen Schuld Einhalt geboten würde durch die Ausübung einer Finanzdiktatur, die den Banken den Verkauf der Kriegsanleihen verbieten sollte, um dadurch neues Geld zu schaffen. Das wäre ganz im Sinne des *Internationalen Geldfonds.* Eccles war, wie sein toter Meister Roosevelt, ein glühender Internationalist. Aber seine Methode, die herumschwimmenden 160 Milliarden Dollar zu kontrollieren, fand nicht die Zustimmung von Präsident Trumans Leuten; deshalb wurde er seines Amtes als Vorsitzender des *Federal-Reserve-Board* enthoben, und an seine Stelle Thomas B. McCabe gesetzt, der Leiter des *Toilet-Paper-Trusts* und der *Scott Paper Company.* Nach Aussage von Drew Pearson, war McCabe damit einverstanden, mit der Truman-Snyder-Gruppe zusammenzugehen, die sich dazu entschlossen hatte, die 160 Milliarden, die sich in den Händen der Bürger und Banken außerhalb des *Federal-Reserve-Systems* befanden, durch eine sehr einfache Methode zu beseitigen, nämlich durch Inflation. Subventionen für landwirtschaftliche Erzeugnisse und Gebrauchsgüter wurden von der Regierung Truman erhöht; seit 1945 betrieb sie ständig eine Inflationspolitik mit der Absicht, jenen Teil der Regierungs-Anleihen, den man den amerikanischen Bürgern schuldete, zu beseitigen. Wie Thomas D. Jones im Jahre 1914 und Eugene Meyer Jr. im Jahre 1931 hatte auch Thomas B. McCabe einen sehr schlechten Ruf. Trotzdem sollte ihm das wichtigste Amt im Finanzwesen der Vereinigten Staaten übergeben werden. Bis 1945 war er Präsident der *Scott Paper Company* gewesen, als er zum Leiter der *Foreign-Liquidation-Commission* ernannt wurde, die über überschüssige Armeegüter im Wert von 12 Milliarden Dollar verfügte, die im Ausland lagerten. Praktisch alle diese Güter fanden ihren Weg auf die Schwarzmärkte der Welt oder wurden nach Methoden des Schwarzmarktes von den Beauftragten McCabes verkauft. Die Industrieellen kümmerten sich nicht darum, was mit dem Material geschah. Sie hatten ihr Geld bekommen, und die Rechnung war nun ein Teil der Staatsschulden. McCabe hatte nur darauf zu achten, daß das Material nicht in die Vereinigten Staaten zurückkehrte und mit der Nachkriegsproduktion konkurrierte. Er konnte es verschenken, verkaufen oder sonst etwas tun, um es vom Markt zu bekommen.

Die Anhörungen durch den Senat bewiesen überzeugend, daß Thomas McCabe voll verantwortlich war für die Verkäufe, die auf dem Schwarzmarkt durch Leute erfolgten, die unmittelbar seiner Leitung unterstanden. Ein besonders widerwärtiges Vorkommnis war der Verkauf des in China lagernden Blutplasmas, das treue Amerikaner für die Truppen in Übersee gespendet hatten und das dann geschäftstüchtige Chinesen in ihren Zeitungen anboten, wobei sie die voraussichtlichen Käufer ausdrücklich darauf hinwiesen, daß es sich um *amerikanisches* Blut handle. Außerdem enthüllten die Anhörungen die interessante Tatsache, daß große Mengen an Betäubungsmitteln – hauptsächlich Morphium und Kodein aus Erste-Hilfe-Taschen – durch McCabes Kommission in den internationalen Rauschgifthandel geflossen waren.

Diese Milliardenwerte von Heeresgut, die verschenkt oder zu einem Bruchteil ihres Wertes verkauft wurden, hatten obendrein einen verderblichen Einfluß auf die Innenpolitik jener Länder, in denen sie in großen Mengen lagerten. Vor allem in England, China, Indien und den Philippinen löste die Kommission kriminelle Aktivitäten unter Politikern aus, die erst jetzt, sechs Jahre später ans Tageslicht kamen.

Walter B. Schleiter, ein Angestellter von *Muller-Phipps Asia Ltd.*, New York, die einen Export-Import Handel mit China und Indien trieb, war einer von McCabes Agenten in Indien gewesen. Er geriet in Schwierigkeiten, weil er versuchte, ehrlich zu sein und offene Angebote für die Ware zu bekommen, über die er verfügen sollte. Eine britische Firma, vertreten durch Sir Archibald Rowlandson, hatte jedoch schon über Schleiters Kopf hinweg ein Abkommen getroffen, diese Ware zu einem selbstbestimmten Preis zu kaufen. Und Schleiter wurde nach Hause geschickt. Bei den Anhörungen im Senat über Thomas B. McCabe erzählte Schleiter folgende amüsante Geschichte:

Senator Tobey, Vorsitzender: *»Sie beschuldigen Sir Archibald Rowlandson, Ihnen dreihundert Millionen Dollar, das ist doch die Zahl, auf lustige Weise gestohlen zu haben?«*

Schleiter: *»Das war mehr oder weniger lustig.«*

Tobey: *»Aber es ist ein schlechter Scherz, einen Mann zu beschuldigen, dreihundert Millionen Dollar gestohlen zu haben.«*

Schleiter: *»Das hat er meiner Meinung nach getan. Er hat es mehr oder weniger auch zugegeben, Herr Senator.«*

Tobey: *»So, tat er das?«*

Schleiter: *»Er tat es.«*

Tobey: *»Hat er wenigstens das Essen bezahlt?«*

Schleiter: *»Er bezahlte die Getränke.«*

Trotz der Aufdeckung einer unglaublichen Korruption, in die eine hohe Regierungsagentur, die *Foreign Liquidation Commission*, offiziell verwickelt war, die sogar Rauschgiftschmuggel und den Verkauf amerikanischen Blutes auf dem chinesischen Schwarzmarkt betrieb, billigte der

Senat die Tatsache, daß Thomas B. McCabe überschüssige Heeresbestände im Wert von 12 Milliarden Dollar auf den Schwarzmärkten der Welt losgeworden war, und bestätigte seine Ernennung zum Vorsitzenden des *Federal-Reserve-Board* durch Präsident Truman.

Thomas B. McCabe erklärte daraufhin:

»Unser Grundproblem ist, Reserven (Rücklagen) im Federal-Reserve-System *zu absorbieren.«*

Das war eine grobe Vereinfachung des Problems. Die Reserven, die er abschöpfen wollte, lagen außerhalb der Zuständigkeit des Systems. Die Verwaltung konnte sie deshalb nur durch Preissteigerungen beseitigen. Daher wurde die umlaufende Geldmenge – die deckungslosen *Federal-Reserve*-Banknoten aus eigener Druckpresse – von sieben Milliarden Dollar im Jahre 1940 auf 21,5 Milliarden Dollar im Jahre 1944 erhöht, was an sich nichts anderes als Falschmünzerei bedeutete. Nach dem Kriege sank die Geldmenge zunächst und schwoll dann bis zum Frühjahr 1951 wieder auf mehr als 27 Milliarden Dollar an, um die Inflation anzuheizen und jenen Teil der Schulden zu streichen, den man an treue Arbeiter und Soldaten hätte zurückzahlen müssen, die man im Kriege beschwatzt und gedrängt hatte, Kriegsanleihen zu kaufen. Das *Federal-Reserve-System* mußte die zweite Geige für John Snyder und das Finanzministerium der Vereinigten Staaten spielen, um mit diesem ausstehenden Kredit fertig zu werden. Zugleich gab das Finanzministerium Milliarden Dollar aus, um den Preis dieser kurzfristigen Regierungs-Anleihen an der Börse zu halten, damit die großen Spekulanten wie Baruch und Lehman, welche die meisten besaßen, geschützt waren.

Eccles letztes Eintreten für die Macht des *Federal-Reserve-Systems* mit diktatorischen Methoden diesen freien Kredit zu behandeln, erfolgte im Jahre 1946 bei den Anhörungen im Kongreß bezüglich des Weiterbestehens des Amtes für Preisfestsetzung:

»Unser Geldvorrat erweitert sich durch das Borgen. Die Regierung kann der weiteren Schaffung von Kredit Einhalt gebieten, indem sie einen ausgewogenen Haushaltsplan vorlegt. Sie könnte den vorhandenen Geldvorrat verringern, wenn sie die öffentlichen Schulden bezahlt und die Handelsbanken veranlaßt, einige ihrer Regierungs-Anleihen an Anleger zu verkaufen, die keiner Bank angehören, wie wohltätige oder erzieherisch tätige Stiftungen. Das Unterbinden der Rückzahlung der öffentlichen Schulden wird die Zinssätze stabilisieren.«

Diese Aussage stand in direktem Gegensatz zu den Wünschen der Männer, die Truman und Snyder unterstützten. Sie verlangten weiterhin Monetisierung der Anleihen als wesentlichen Teil ihrer inflationären Politik, und sie wollten auf keinen Fall, daß die Staatsschulden getilgt würden. Bei fünf Milliarden Dollar jährlicher Zinsen dürfte es auch kaum einen

Bankier geben, der die Staatsschulden getilgt sehen wollte.

Bei den Anhörungen vor dem Bank- und Währungskomitee des Repräsentantenhauses am 21. Februar 1945 über die Ausweitung der Staatsschulden, verlas Unterstaatssekretär Bell eine vorbereitete Erklärung, wonach sich die Staatsschulden damals auf 232 Milliarden Dollar beliefen. Mr. Jenkins aus Ohio widersprach und behauptete, die tatsächlichen Schulden würden mindestens 100 Milliarden mehr betragen. Mr. William Lemke aus Nord-Dakota bezifferte das Ausmaß der Schulden, wenn alle langfristigen Verpflichtungen der Regierung berücksichtigt würden, sogar mit *613 Milliarden;* das ist eine Zahl, deren endgültige Diskussion noch aussteht.

Als Antwort auf Mr. Jenkins Protest, daß es 100 Milliarden mehr wären, sagte Unterstaatssekretär Bell:

»Oh, Sie müssen noch 67 bis 68 Milliarden Dollar unbezahlte Obligationen hinzuzählen, die durch Verträge seitens der verschiedenen Ressorts der Regierung ausgegeben wurden.«

Die unbezahlten Obligationen waren Schulden. Bei den *Bretton-Woods-Anhörungen* vor dem Ausschuß des Repräsentantenhauses im Mai 1946 sprach der damalige Finanzminister Fred Vinson von Englands Schulden aus dem Ersten Weltkrieg, die durch die Tätigkeiten Woodrow Wilsons und des Gesandten Walter Hines Page von *J. P. Morgan Company* entstanden waren. Er sagte:

»Englands erste Schuld betrug 4,25 Milliarden Dollar. Von denen bezahlte es ungefähr 2 Milliarden, wobei die eigentliche Schuld 450 Millionen Dollar und die Zinsen 1,6 Milliarden betrugen.«

Die Bedeutung dieser Zahlen sollte nicht vergessen werden. Das Kapital gehörte dem amerikanischen Volk durch die Erträge der *Freiheits-Anleihen.* Die Zinsen wurden an internationale Bankiers gezahlt. Drei Viertel der gesamten Rückzahlung gingen an Bankiers in Form von Zinsen, ein Viertel gelangte an das Finanzministerium der Vereinigten Staaten zurück, und mehr als die Hälfte der gesamten Schuld wurde von der britischen Regierung nicht als Staatsschuld anerkannt.

Minister Vinson erklärte außerdem:

»Ein Grund, weshalb wir die Clearing Union (Vereinigte Abrechnungsstelle) *nicht anerkannten, war, daß sie Kreditschöpfung erlaubte. Der* Bretton Woods Plan *war ganz anders. Ich war bei seiner Ausarbeitung dabei. Der Gedanke, Kredit zu schöpfen, wurde von der* Internationalen Bank *zurückgewiesen.«*

Die *Internationale Bank für Wiederaufbau und Entwicklung* mit Eugene Meyer Jr. an der Spitze und der *Internationale Geldfonds* waren geschaffen worden, um die ungeheure Höhe des Kredits, die während des Zweiten Weltkrieges entstanden war, zu beseitigen. Nach dem Ersten

Weltkrieg hatten wir zwei Krisen, um den während des Krieges entstandenen Kredit zu löschen. Nach dem Zweiten Weltkrieg sollten derartige Krisen unnötig werden, und zwar durch Übertragung der *absoluten Diktatur* an die beiden neugegründeten Organisationen, die die *Währungshoheit für alle Länder der Erde* erhalten sollten. Gouverneur Eccles hatte vor dem Senats-Ausschuß bemerkt:

»Eine internationale Währung ist gleichbedeutend mit einer internationalen Regierung.«

Der Völkerbund hatte versagt, da er es verabsäumt hatte, eine internationale Währung zu schaffen. Er konnte das auch nicht zustandebringen, weil es ihm nicht gelang, den Kredit der Regierung der Vereinigten Staaten für sich buchen zu lassen. Die Weltwirtschaftskrise von 1929–1931 war das unvermeidliche Ergebnis.

Colonel Ely Garrison hatte in seinem 1915 veröffentlichten Buch *Roosevelt, Wilson and the Federal Reserve Act,* darauf hingewiesen:

»In Finanzsachen kann es keinen Zweifel über den stabilisierenden Einfluß des Internationalismus geben, wo eng geknüpfte Verbindungen von Geldgruppen und -mächten in weit verstreuten Teilen der Welt ihren bedrängten Freunden zu Hilfe kommen können.«

Im wesentlichen bedeutet dieser Internationalismus auch, daß ein Land verantwortlich für die Schulden eines anderen gemacht werden kann. Durch die Zentralbanken haben die großen Bankiers den Kredit jeweils ganzer Länder und durch den Zusammenschluß von Zentralbanken den Kredit ganzer Ländergruppen organisiert. Durch die Schaffung ungeheurer untilgbarer Schulden beabsichtigen sie nun, ungehindert über alle Völker der Erde zu herrschen.

In seinem Lehrbuch *Readings in Money and Banking* schrieb Philips:

»Der Bankier braucht im Grunde keine menschlichen Faktoren zu berücksichtigen.«

Am 16. August 1948 äußerte Henry Hazlitt in *Newsweek:*

»Die Dollar-Knappheit in der Welt wird solange andauern, wie die Kontrolle der Weltbörse andauert. Und der amerikanische Steuerzahler wird fortfahren, für die Rechnungen geradezustehen.«

Dafür können wir Eugene Meyer Jr. und dem *Internationalen Geldfonds* Dank sagen. Young schrieb im September 1947 in der *American Economic Review:*

»Der internationale Geldfonds sorgte für eine Neuregelung der Zinssätze; doch nur für den Fall einer schweren Störung des Gleichgewichts. Die Tage der schwankenden Zinssätze sind vorbei. Zinssätze sind jetzt eine Angelegenheit wohlüberlegter Entscheidungen in einem größeren Maße als je zuvor.«

Eine schwere Störung des Gleichgewichts bedeutet natürlich jede Zeitspanne, in der die Leute ihr Geld zurückhaben wollen, wie nach dem Zweiten Weltkrieg, als sie ihre Kaufkraft in den von ihnen erworbenen Kriegsanleihen hatten.

R. S. Sayers gibt im *Quarterly Journal of Economics* vom Mai 1949 eine klare Zusammenfassung der Ziele des *Federal-Reserve-Systems* seit Ende des Krieges. Er schreibt:

»Die letzten Jahrzehnte brachten eine Festigung der Macht bei den größten Zentralbanken der Welt, des Federal-Reserve-Systems *und der* Bank of England. *Macht bedeutet hier die Beherrschung ihrer betreffenden Geldsysteme. Die Gouverneure des* Federal-Reserve-Board *sind jedoch mit der Ausweitung ihrer Macht über den gesamten Geldbestand nicht zufrieden. Zu den neueren Mächten gehörend, haben sie versucht, vom Kongreß hartnäckig freiere Hand bei der Veränderung der Reserve-Bestände in barem Geld zu erlangen und das Recht zu erhalten, den Handelsbanken eine Mindestmenge von anzukaufenden, kurzfristigen Regierungspapieren vorzuschreiben. Obwohl der letzte Vorschlag seinen Ursprung in der besonderen Form der Bankstatistiken der Nachkriegszeit hatte, wird er doch grundsätzlich dem Wunsch des* Federal-Reserve-Board *zugeschrieben, sich die völlige Kontrolle über Menge und Preis der gewährten Kredite zu sichern. Die Zeit ist vorüber, wo man sich mit einer einfachen Kontrolle über die gewährten Kredite begnügte, wie es in dem ursprünglichen* Federal-Reserve-Gesetz *von 1913 vorgesehen war. Das Streben des* Federal-Reserve-Systems *nach einer ständigen Macht von der Art, wie sie die Notverordnungen im Krieg ermöglichten, um den Teilzahlungs-Kredit zu regeln, entsprach im wesentlichen den Vorstellungen von Eccles nach Kontrolle des Verbraucherkredits und der Regelung von Hauskauffinanzierungen, obwohl Zentralbankmaßnahmen schwerlich dort vonnöten sein konnten, wo die Regierung in erheblichem Maße subventionierte und dies als Teil der allgemeinen Beschäftigungspolitik auf verschiedene Weise gestalten konnte.«*

Eccles war genauso machthungrig wie sein Mentor Roosevelt. Er war darauf aus, die diktatorische Kontrolle über den Verbraucherkredit zu erhalten und dem *Federal-Reserve-Board* das Recht der Wohnungsbaufinanzierung zu sichern, worin die Vereinigten Staaten bereits ein Monopol besaßen.

Abgeordneter H. O. Talle wies in diesem Zusammenhang darauf hin:

»Wenn eine Zentralbank eine Kreditkontrolle beabsichtigt, wie wir es in unserem Federal-Reserve-System *wollten, als wir den Rediskontsatz gebrauchten und Geschäfte auf dem offenen Markt tätigten, dann aber die Regierung zugleich eine Politik des billigen Geldes verfolgt, wird die Zentralbank in ihrem Versuch, den Kredit zu kontrollieren und die Preise zu stabilisieren, behindert. Unser Geld- und Banksystem sind ein und dassel-*

be. Wir sind Sklaven unserer öffentlichen Schuld.«

Die 643 Milliarden Dollar Staatsschulden sind der beherrschende Faktor im amerikanischen Finanzsystem, und der *Federal-Reserve-Board* hat sie gehandhabt, wie eine Zentralbank eine Schuld handhabt, das heißt, der Kredit der Regierung ist nun an sie verpfändet, und es gibt keinen Weg innerhalb unseres derzeitigen Geldsystems, auf dem der Kredit des Volkes der Vereinigten Staaten je wieder dessen rechtmäßiges Eigentum werden kann.

Edward C. Simmons äußerte im September 1947 in der *American Economic Review:*

»Es kann kein Zweifel darüber bestehen, daß die zwölf Federal-Reserve-Banken *und die mit ihnen zusammenarbeitende Maschinerie, die durch den* Board *und das* Open Market Committee *vertreten wird, eine Zentralbank darstellen, die dazu geschaffen wurde, um die gesamte Geldmenge beliebig verändern zu können.«*

Das ist die kompliziertere Art, um zu sagen: »Kontrolle des Geldes und des Kredites.«

C. R. Whittlesey von der Universität von Pennsylvania sagte 1944 vor der *American Economic Association:*

»Bankkredite haben eine Veränderung erfahren. Früher waren sie reine Handelskredite. Heute gibt es sie für Grunderwerb, für Termingeschäfte und für persönliche Belange. Sie haben weitgehend aufgehört, handelsbedingt zu sein oder sich von selbst zu tilgen. Zusätzlich bilden die Einkommen aus Dienstleistungen, besonders die Gebühren für Scheckkonten, eine bedeutende Einnahmequelle für die Banken. Eine zweite größere Veränderung im Bankwesen war die Ansammlung beträchtlicher überschüssiger Reserven über Jahre hin, trotz aller Bemühungen, sie zu reduzieren. Während in der Vergangenheit überschüssige Reserven nur für kurze Zeit vorhanden waren, bedeutete dieser Vorgang, der bemerkenswerterweise erst nach Einrichtung des Federal-Reserve-Systems *auftrat, eine deutliche Abkehr von der Tradition der Wechselbanken. Keynes hatte es zum volkswirtschaftlichen Gesetz erhoben, daß Reserven restlos aufgebraucht werden sollten. Weitere Veränderungen waren die Einrichtung der* Federal Deposit Insurance Corporation *(Bundes-Depositen-Versicherungsgesellschaft), und die aktive Mitarbeit des* Federal-Reserve-Boards *bei der Ausgabe von Regierungs-Anleihen und der Festsetzung der Zinssätze.«*

Whittleseys Überblick über die Veränderungen im Bankwesen weisen auf den bedeutendsten Faktor hin: das Nachlassen bis fast völlige Verschwinden der ältesten und wichtigsten Tätigkeit der Banken, nämlich Geld auszuleihen, damit Geschäfte gegründet und die Produktion gefördert werden können, d.h., Darlehen zu vergeben, die sich ihrem Wesen nach selbst tilgen. Einerseits kontrollierten und finanzierten die gigantischen Trusts, die während und nach der Weltwirtschaftskrise 1929–1931 entstanden, selbst fast jede weitere Geschäftsausweitung in diesem Lande, sodaß für die Banken die Einnahme aus Kapitalanlagen versperrt war. Andererseits geschah es im eigensten Interesse der Bankiers, die Darlehen von tilgbaren in untilgbare zu verwandeln, wie die folgende Bemerkung von Henry Ford zeigt:

»Das einzige Ziel dieser Geldleute ist die Beherrschung der Welt durch unauslöschbare Schulden. Und da Gold ein Metall ist, das weder durch Gesetze noch Erfindungen vermehrt werden kann und in der Natur nur sehr beschränkt vorkommt, wurde die Beherrschung über den Goldstandard eine sehr einfache Sache.«

Nach dem Ende des Zweiten Weltkriegs entstand sprunghaft und weltweit ein Schwarzmarkt für Gold, an dem das *Federal-Reserve-System,* als der Welt größter Goldbesitzer, und die Regierung der Vereinigten Staaten, die den Goldpreis auf 35 Dollar die Unze festsetzte, unlösbar beteiligt sind. Unsere Regierung verkauft Gold für 35 Dollar die Unze an Schwarzhändler, die sie für 57 bis 75 Dollar dann weiterverkaufen. Unsere Regierung widersetzt sich dem Goldhandelsgesetz von 1949, durch das wieder ein freier Goldmarkt hergestellt werden sollte, weil die Vereinigten Staaten von diesen internationalen Gold- und Schwarzhändlern beherrscht werden. Einige Auszüge aus den Anhörungen zu diesem Gesetz seien nachfolgend wiedergegeben.

Mr. Lawrence, ein New Yorker Bankier, sagte:

»Die Armaco *(Arabian-American-Oil-Company) schloß mit Ibn Saud einen Vertrag, in dem sie sich zur Zahlung von u.a. achtzig Millionen Dollar in Gold-Sovereigns verpflichtete. Man versuchte auf der ganzen Welt, die achtzig Millionen britischer Sovereigns aufzutreiben. Und Sie mögen genauso überrascht sein, meine Herren, wie ich es war, zu erfahren, daß diese achtzig Millionen britischer Gold-Sovereigns schließlich im Besitze eines Herrn mit Namen Peron gefunden wurden. Ein Handel wurde abgeschlossen und zusätzlich zwanzig Millionen Dollar britischer Gold-Sovereigns beschafft, die zur Zeit, für welche Zwecke kann ich nicht klar erkennen, in Griechenland verwendet werden. Wir, die wir im Besitz von 75 % des Goldes der Welt sind, müssen nach Südamerika gehen und dort einen Handel unter dem Ladentisch abschließen, bei dem wir fünfzig bis sechzig Dollar die Unze bezahlen anstatt fünfunddreißig, wie es Mr. Roosevelt festgesetzt hatte. Ist es nicht befremdlich, daß wir bei einem so wichtigen Geschäft wie diesem genötigt sind, zu Peron zu gehen, um von ihm zu Bedingungen, die wir zur Zeit nicht genau ermitteln können, Gold zu bekommen, das genügt, um einen solch einfachen Vertrag zu erfüllen? Der freie Goldmarkt in den USA von 1862–1879 oder der freie Goldmarkt, der von 1919–1925 in Großbritannien vorherrschte, schufen kein Wäh-*

rungschaos. Während des Krieges und in den Nachkriegsjahren waren die Gelder der Welt in den Händen von Männern, die glaubten, das Währungswesen steuern zu können. Der Urheber dieser Theorie ist Georg Friedrich Knapp. Dieser Mann, zur Zeit des Kaisers lebend, glaubte, ein Staat könne seiner Währung jeden gewünschten Wert geben. Er erläuterte zum erstenmal das verwickelte Gefüge einer Devisenbewirtschaftung, die später von Schacht in NS-Deutschland durchgeführt wurde. Dieselbe Theorie wurde, nur leicht verändert, der angelsächsischen Welt durch Lord Keynes verkauft. Eine gesteuerte Währung in den USA bedeutet, daß der Kongreß auf sein verfassungsmäßiges Recht verzichtet und es einer nicht gewählten und politisch niemandem verantwortlichen Bürokratie übertragen muß. Die Männer, die den Federal-Reserve-Board *und den* Internationalen Geldfonds *vertreten, sind nicht von der Billigung oder Mißbilligung ihrer Wählerschaft abhängig. Weitgehend unter englischem Einfluß entstanden in den USA die Bretton-Woods-Einrichtungen, der* Internationale Geldfonds *und die* Weltbank für Wiederaufbau und Entwicklung. *Von dem gesamten Grundkapital von acht Milliarden Dollar steuerten die USA zwei Milliarden siebenhundertfünfzig Millionen Dollar in Gold bei.«*

Vorsitzender: *»Wir haben all das Gold zusammengebracht?«*

Mr. Lawrence: *»Ja.«*

Bei denselben Anhörungen gab Mr. Searles, Präsident der *Newmont Mining Company* zum erstenmal die Geschichte bekannt, die sich hinter den Kulissen der dramatischen »Berliner Luftbrücke« abspielte.

Mr. Searles:

»Ich habe die Kosten der Luftbrücke errechnet. Sie belaufen sich auf 350 Millionen Dollar. Wenn wir mit diesen 350 Millionen Dollar in Gold die Berliner Mark gestützt hätten, wäre jene Luftbrücke nicht nötig gewesen. Die Ursache der Luftbrücke und der russischen Blockade war der Streit um die Berliner Währung und die Einführung der D-Mark. Und das Versagen der Vereinten Nationen, die Blockade im letzten Herbst zu beenden, wurde, wie Sie sich erinnern werden, dadurch verschuldet, daß die Vereinten Nationen nicht genügend Zeit gewähren wollten, um über die Berliner Währung zu verhandeln. Ich schrieb einmal an Mr. Sproul vom Federal-Reserve-Board, *wenn diese Regierung den Export neu geschürften Goldes erlaube, dann würde es in kurzer Zeit den Schwarzmarkt in Gold beseitigen.«*

Die internationalen Goldhändler wollen keinen freien Goldmarkt, und so auch nicht die Regierung der Vereinigten Staaten.

Im Jahre 1946 trug Seltzer vor der *American Economic Association* vor:

»Seit 1929 ist das System unserer Handelsbanken umgewandelt worden, und zwar von einem System, in dem Bankguthaben und Bankgewinne in

der Hauptsache auf Kundenkrediten beruhten, in ein System in dem die Banken hauptsächlich Eigentümer der Staatsschulden sind und daraus ihre Gewinne erzielen.«

Das riesige Einkommen der Handelsbanken aus dem Besitz der Staatsschuld und das sich daraus ergebende mangelnde Interesse, Darlehen zu vergeben, ließ viele kleine Kreditgesellschaften und Auto-Leih- und Finanzierungsgesellschaften entstehen, die außergewöhnlich hohe Zinsen verlangen.

Im Juni 1943 schrieb H. A. Dulan in der *Southwestern Quarterly:*

»Vor 1943 beruhte das Einkommen der Mitgliedsbanken des Federal-Reserve-Systems *zum größten Teil auf den Zinsen und dem Diskont für Darlehen. Seit 1943 tragen die Zinsen und Dividenden aufgrund von Staatspapieren für die staatlichen Schulden den größten Teil an ihren Gewinnen bei.«*

Neben bedeutenden Bankiers gehören seit kurzem auch große Industrielle zu den Mitgliedern des *Federal-Reserve-Board* wie Ernest G. Draper, Präsident der großen Firmen *California, Hill Brothers* und *Dromedary Date Company,* Thomas B. McCabe, Leiter des *Toilet-Paper Trusts* und der *Scott-Paper Company.* Im März 1951 schied McCabe als Vorsitzender des *Federal-Reserve-Board* aus und wurde durch William McChesney Martin ersetzt, dem früheren Präsidenten der Aktienbörse und der *Export-Import Bank.* Martins Vater war ein enger Mitarbeiter Paul Warburgs im *American Acceptance Council;* er arbeitete mit ihm darauf hin, daß sich das amerikanische Finanzwesen und die Industrie zum intensiveren Gebrauch von Wechseln entschließe, wo Warburg in den USA ein wirksames Monopol ausübte. Er war im übrigen Gouverneur der *Federal-Reserve-Bank* von St. Louis. Wer auch immer den *Federal-Reserve-Board* führte, er festigte seine Vormachtstellung im Finanzwesen der Vereinigten Staaten immer mehr. Bernard Baruch bezeugte vor dem Kongreß:

»Seit dem ersten Weltkrieg haben wir keine freie, wettbewerbsfähige Wirtschaft.«

Gouverneur Eccles versicherte, daß wir Zeit unseres Lebens den Geldmarkt nicht mehr frei von der Herrschaft der Geldmächte sehen würden.

Gouverneur Mencius Szymczak vom *Federal-Reserve-Board,* der von Boss Kelly aus Chikago in jenes Amt berufen worden war, äußerte im *Time Magazine* vom September 1950:

»Je mehr wir mittels unserer Geld-, Kredit- und Finanzpolitik erreichen können, um so weniger werden autoritäre Bewirtschaftung oder andere direkte Eingriffe notwendig sein.«

Der verhängnisvollste Ausspruch der wirklichen Herrscher des Landes, der Eigentümer der Trusts, die das Geldwesen und die Geschäftswelt beherrschen, stammt von einem ihrer Sprecher, Peter Drucker. Anläßlich der *Bretton-Woods-Abkommen* schrieb er am 28. Oktober 1944 in der *Saturday Evening Post:*

»Sollte die Welt je ein gesteuertes Wirtschaftssystem annehmen, dann würde die Führung logischerweise an die Sowjetunion fallen. Rußland würde das Modell einer solchen Diktatur sein, denn Rußland entwickelte als erstes Land die Technik der internationalen Wirtschaftskontrolle mit Hilfe der Monopolisierung des Außenhandels und der Devisenwirtschaft. Rußlands Unabhängigkeit und seine militärischen Erfolge haben uns natürlich gezeigt, was durch solch eine Politik zu erreichen ist. Das erklärt auch, warum unabhängige Arbeiter-Vereinigungen und politische Parteien in aller Welt diese Politik übernehmen.«

Zunächst einmal hat Rußland keine Unabhängigkeit, soweit sie sich auf seine Bevölkerung bezieht, und statt eines militärischen Erfolgs brach es zusammen, als Hitler gegen Moskau marschierte. Rußland wurde nur durch Amerikas Produktion und Verschiffung von Nachschub gerettet, den unser Volk zur Verfügung stellte. Nichtsdestoweniger bewundern unsere Trustbesitzer von ganzem Herzen die Art, in der Stalin und das Politbüro das russische Volk ihrer Diktatur unterworfen haben, und die hiesigen Versionen von Stalin und dem Politbüro sind auf dem besten Wege, das gleiche hier zu tun.

Diese Art Diktatur kann nicht ohne Beherrschung von Geld und Kredit durchgeführt werden. Wenn der Kongreß im Jahre 1919 tatkräftig seine Souveränität gewahrt und es Woodrow Wilson und Carter Glass verweigert hätte, die Finanzhoheit an private Bankiers zu übergeben, dann stünde das amerikanische Volk heute nicht am Rande der Sklaverei. Das *Federal-Reserve-System* war der Tod für unsere Verfassung. Der *Federal-Reserve-Board,* von mächtigen internationalen Bankiers gewählt und für sie arbeitend, hat unserem Volk eine Katastrophe nach der anderen beschert. Er hat uns in zwei Weltkriege verwickelt. Er hat zwei der schwersten Wirtschaftskrisen, die wir je erlitten, geplant und durchgeführt. Und das amerikanische Volk wurde in Unwissenheit gehalten, wer gegen es arbeitete. Die Liebe zur Freiheit, das angeborene Selbstvertrauen und der kompromißlose Individualismus des eingeborenen Amerikaners müssen sich gegen die Herrschaft des *Federal-Reserve-Board* wehren, wenn wir die amerikanische Republik erneuern wollen.

AUSZÜGE AUS DEM ANHANG ZUR ZWEITEN AMERIKANISCHEN AUSGABE (1954).

Einer der geachtetsten Volkswirtschaftler der *Wall Street* äußerte kürzlich, daß *»die Zentralbank selbstverständlich deshalb geschaffen wurde, um uns aus der Umklammerung des Goldstandards zu befreien«*. Seit langem hatte sich der Goldstandard als ungeeignet für den modernen Handel erwiesen. Die Ausgabe von Gold und Kredit in genauer Anlehnung an den Goldstandard war ungeeignet, nur die industrielle Entwicklung zu finanzieren. Die internationalen Elemente, die den Goldstandard kontrollierten, erkannten, daß sie ihn würden aufgeben müssen und mit ihm ihre ungeheure politische und wirtschaftliche Macht, wenn sie nicht eine geeignete Alternative anbieten könnten. Diese Alternative war das Zentralbank-System.

Durch den Hokus-Pokus um die Reserven konnten die Zentralbanken die Ausgabe von Geld und Kredit viele Male erhöhen. Als dann Wertpapiere zur Grundlage der Geldausgabe gemacht wurden, steigerten sich die papiernen Kredite in ungeheurem Ausmaß, und die Spekulanten errichteten fantastische finanzielle Kartenhäuser, die zu gegebener Zeit zusammenbrachen und den Investoren unvermeidliche Verluste einbrachten. Diese Mißbräuche führten direkt zur Krise von 1929 unter der aktiven Mitwirkung des *Federal-Reserve-Board.* Der Zusammenbruch der Weltwirtschaft blieb lange Zeit unbehoben, mit Ausnahme dort, wo mit finanziellen Maßnahmen dagegen vorgegangen wurde.

Die Zukunft einer Finanzierung durch langfristige Schuldverschreibungen ist äußerst ungewiß. Da die Bankiers der Zentralbanken die nationalen Schulden weit über den Punkt hinausgetrieben haben, wo sie möglicherweise zurückgezahlt werden können, sind sie praktisch nur Guthabenverwalter der jährlich anfallenden Zinsen. Diese Bankiers sind daher verzweifelt bemüht, den wirtschaftlichen Zustand aufrechtzuerhalten und sicherzustellen, daß sie weiterhin die Zinsen einkassieren können. Sie streichen jährlich rund 50 Milliarden Dollar Zinsen für die öffentlichen Schulden der Regierung der Vereinigten Staaten ein, eine Summe, die größer ist als die ganze Nachkriegsschuld Deutschlands. Diese Zinsen sind natürlich wichtiger als das astronomisch hohe, nicht rückzahlbare Kapital. Diese 50 Milliarden Dollar jährlich sind gleichsam die Rente, die die Zentralbank-Bankiers dem amerikanischen Volke auferlegen, weil sie den Kredit des Volkes während des Zweiten Weltkriegs genossen.

Die Bankiers der Zentralbanken haben versucht, ihre Interessen durch eine Internationalisierung ihres Systems astronomisch hoher öffentlicher Schulden zu wahren und dadurch, daß sie das einzige finanziell gesunde große Land, die Vereinigten Staaten, für den Bankrott europäischer Staaten verantwortlich machten. Das geschah durch die Gründung des *Internationalen Währungsfonds* in Bretton Woods 1944. Darüber schrieb Henry Hazlitt im *Newsweek Magazine* vom 31. Dezember 1951:

»Das Haupt-Hindernis für eine Wiederherstellung des Weltfriedens und gesunder Finanzen ist der Internationale Währungsfonds, *eine unnötige Einrichtung, die unter dem Einfluß des verstorbenen Lord Keynes und Harry Dexter White auf vollkommen ungesunder Grundlage aufgebaut wurde.«*

Der Architekt des internationalen Fonds war Harry Dexter White, der Sohn von Immigranten und einer der drei bedeutendsten kommunistischen Agenten in den USA. Mit ihm waren Frank Coe, Lauchlin Currie, William L. Ullmann und Nathan Silvermaster in Bretton Woods gewesen. Sie sind alle als kommunistische Agenten identifiziert worden. Präsident Truman ernannte White zum Direktor des *Internationalen Währungsfonds,* nachdem ihn das FBI über den kommunistischen Hintergrund informiert hatte. Currie war Franklin D. Roosevelts persönlicher Assistent während des Zweiten Weltkriegs. Currie, Hiss, White und Coe genossen den direkten Schutz des Präsidenten, um nicht als kommunistische Agenten bloßgestellt zu werden.

Currie und White waren Finanzexperten, darauf bedacht, die letzte freie Wirtschaft in der Welt, Amerikas freies Unternehmertum, zu zerstören. Es mag verwunderlich erscheinen, daß das internationale Bankwesen so eng mit dem Kommunismus verbunden ist, da er sich doch selbst als ein Feind der Bankiers erklärt. Aber der Kommunismus ist die letzte Reaktion auf ein überholtes auf dem Goldstandard beruhenden Banksystems, das von diesen Bankiers finanziert und politisch unterstützt wurde, und zwar bis zu dem Grade, daß das amerikanische Volk von dem großen Kreuzfahrer Franklin D. Roosevelt sogar ausgesandt wurde, um den Kommunismus vor dem Untergang zu bewahren, als die deutschen Armeen ihn bedrohten.

Das amerikanische Volk hat die Last der Hunderte von Milliarden Dollarschulden nur auf sich nehmen müssen, weil es einer Handvoll feindlich gesinnter Fremden sein Geldsystem überließ. Die drei wichtigsten Architekten des augenblicklichen amerikanischen Geldwesens sind dem amerikanischen Durchschnittsbürger fast völlig unbekannt, obwohl er ihre Manipulationen jedes Jahr mit einer hohen Steuer bezahlen muß.

Es sind dies: Paul Warburg, der das *Federal-Reserve-Gesetz* verfaßte, Emmanuel Goldenweiser, der die Maßnahmen des *Federal-Reserve-Board* in den ersten dreißig Jahren überwachte und Harry Dexter White, der den *Internationalen Währungsfonds* gründete. Paul Warburg gehörte außerdem zu den Finanziers, die die kommunistische Revolution in Rußland finanzierten, während Harry Dexter White eine Schlüsselfigur der kommunistischen Verschwörung in Amerika bildete.

Im Nachruf für Dr. Goldenweiser in der *New York Times* vom 6. April 1953, sagte Elliott Thurston, Gouverneur des *Federal-Reserve-Board:*

»Über eine lange Zeit hat er die Politik der Vereinigten Staaten mehr beeinflußt als irgendein anderer Beamter.«

Doch welcher amerikanische Bürger hat je von Dr. Goldenweiser gehört? Wer hat je von Harry Dexter White gehört, der unserem Land z.B. Hunderte von Millionen Dollar in Deutschland nach dem Zweiten Weltkrieg kostete, als er die Druckplatten für Besatzungsgelder aus dem U.S. Finanzministerium seinen kommunistischen Auftraggebern übergab? Die amerikanischen Bürger müssen von diesen Eindringlingen das Recht der Notenausgabe zurückverlangen oder den Zusammenbruch ihrer Wirtschaft und der westlichen Zivilisation ertragen.

Bericht des Abgeordneten Wright Patman vom Bank- und Währungsausschuß des Repräsentantenhauses:

»Am 14. April 1952 richtete der Board of Governors *einen Brief an mich, als den Vorsitzenden des Unterausschusses für allgemeine Kreditkontrolle und Schuldenverwaltung des Vereinigten Ausschusses für den Wirtschaftsbericht, als Antwort auf meinen Brief, in dem ich um Informationen gebeten hatte. Der Vorsitzende des* Board *erklärte, daß er ein Memorandum mitschicke, das vom* Federal-Reserve-Board *ausgearbeitet worden wäre und den gesetzlichen Status des* Board *und der* Federal-Reserve-Banken *betreffe. Natürlich war die vom Vorsitzenden vorgetragene Auffassung die des* Board.

Hier einige Auszüge aus dem Bericht:

Bestimmungen zur Lage des Aufsichtsrates des *Federal-Reserve-Systems* und der *Federal-Reserve-Banken:*

»Der Board of Governors *wurde vom Kongreß geschaffen. Er ist ein Teil der Regierung der Vereinigten Staaten. Seine Mitglieder werden vom Präsidenten ernannt auf den Rat und mit der Zustimmung des Senats. Der Justizminister hat bestätigt, daß er eine Einrichtung der Regierung ist (30 Op. Atty. Gen., 308, 1914).*

Die zwölf Federal-Reserve-Banken *sind Gesellschaften, die aufgrund des* Federal-Reserve-Gesetzes *geschaffen wurden, um unter Aufsicht der Regierung öffentlichen Interessen zu dienen.*

Die Federal-Reserve-Banken *leiten ihr Bestehen und ihre Rechte von Gesetzen ab, die durch den Kongreß verabschiedet wurden. Sie können daher praktisch als Agenturen des Kongresses angesehen werden.*

Im Hinblick auf die öffentliche Natur ihrer Tätigkeiten haben die Gerichte die Federal-Reserve-Banken *zu Agenturen oder Instrumenten der Bundesregierung erklärt. Es gibt keinen freien Markt, der mit einer Staats-*

schuld von 272 Milliarden Dollar fertig werden kann. Freier Markt bedeutet private Handhabung von Krediten. Der Federal-Reserve-Board *hat sich meiner Meinung nach der gröbsten Mißwirtschaft schuld gemacht, als er es versäumte, die Regierung der Vereinigten Staaten zu der Zeit zu unterstützen, als sich die Regierungsanleihen in größter wirtschaftlicher Gefahr befanden. Obwohl er ein Teil der Regierung ist, versagt er hier und weigert sich, der Regierung und dem Volke zu Hilfe zu kommen.*

Das Open Market Committee *des* Federal-Reserve-Systems *besteht aus den 7 Mitgliedern des Board und 5 Mitgliedern, die Leiter von* Federal-Reserve-Banken *sind und nach privaten Handelsbank-Interessen gewählt werden. Das* Komitee *hat das Recht, Banknoten der Vereinigten Staaten –* Federal-Reserve-Noten – *aus der amtlichen Druckerei zu erhalten und wechselt diese Banknoten, die natürlich keine Zinsen bringen, in Regierungsobligationen der Vereinigten Staaten um, die Zinsen bringen. Nachdem dieser Umtausch vollzogen wurde, verbleiben diese zinstragenden Obligationen bei den 12* Federal-Reserve-Banken *und die jährlichen Zinsen gehen in ihre eigenen Fonds. Diese Fonds werden von dem System ohne einen entsprechenden Bericht an den Kongreß verwendet. Noch nie hat eine unabhängige Revision stattgefunden, weder der 12 Banken noch des* Federal-Reserve-Board, *die vom Kongreß registriert worden wäre und die man hätte einsehen können. Der oberste Rechnungshof besaß keine Gerichtsgewalt über das System. 40 Jahre lang verfügte man frei über die Gelder der Regierung und legte niemals einen Rechenschaftsbericht vor.*

Die Tätigkeit des Open Market Committee *ist das Wichtigste im ganzen* Federal-Reserve-System. *Es liefert entweder teures oder billiges Geld; es gestaltet unsere Lage gut oder schlecht. Es bestimmt, ob das Land in Wohlstand weiterleben kann oder in eine Wirtschaftskrise gerät.«*

VERZEICHNIS DER WICHTIGSTEN BENUTZTEN QUELLEN

Carter Glass, *Adventure In Constructive Finance,* Doubleday, 1927.

E. W. Kemmerer, *A B C of the Federal Reserve System,* Princeton University Press, 1919.

Paul Moritz Warburg, *Banking Reform in the United States,* Academy of Political Science, Columbia University, July, 1914.

Paul Moritz Warburg, *The Federal Reserve System,* MacMillan, 1930.

H. Parker Willis, *The Federal Reserve System,* Ronald Co., 1923.

Poor's Directory of Directors, Standard and Poor Publishing Corp. Volumes referred to from 1928 to 1951.

Who's Who In America, A. N. Marquis Co. Volumes referred to from 1896 to 1951.

Who's Who In American Jewry, 1926–1939.

U. S. Federal Reserve Board Bulletins. Volumes referred to from 1914 to 1951.

U. S. Federal Reserve Board Annual Reports. Volumes referred to from 1914 to 1950.

Senate Committee Hearings on Federal Reserve Act, 1913.

House Committee Hearings on Federal Reserve Act, 1913.

House Committee Hearings on the Money Trust (Pujo Committee) 1913.

House Report on Nomination of Thomas D. Jones to be a Governor of the Federal Reserve Board. 1914.

House Investigation of Federal Reserve System, 1927–1928.

Senate Investigation on Fitness of Eugene Meyer to be a Governor of the Federal Reserve Board, 1930.

Senate Hearings on Office of Price Administration. 1941.

Senate Hearings on Office of Price Administration, 1944.

House Committee Hearings on Extension of Public Debt, 1945.

Senate Hearings on Thomas B. McCabe to be a Governor of the Federal Reserve System, 1948.

WEITERFÜHRENDE ODER ERGÄNZENDE LITERATUR*

Derzeit lieferbar über den Buchhandel:

Eberhard Beißwenger, *Freie, sittlich gestaltete Wirtschaft* (Struckum 1983)
Hier wird klare Übersicht über Vorgänge und Ursachen gegeben und ein überzeugender Weg zur Befreiung gezeigt.

Yoshito Otani: *Untergang eines Mythos* (Neu-Ulm 1978)
Kapitalismus und Sozialismus werden hier als Irrwege erwiesen und einer alternativen Wirtschaftsordnung gegenübergestellt.

Hans Kühn, *5000 Jahre Kapitalismus* (Hann. Münden 1977)
Ein kurzgefaßter, recht informativer Überblick auf 48 Seiten. Die 4. Auflage erschien 1981.

Reiner Bischoff, *Geld- und Bodenwucher – Grundursache der Umweltzerstörung* (Köln 1982)
Eine gründliche, sehr schlüssige und knappe Untersuchung.

Felix G. Binn, *Silvio Gesell – Der verkannte Prophet* (1978)
Eine kurze Darstellung über den Vorkämpfer der freiwirtschaftlichen Lehre.

Hans Georg Amsel: *Die Kehrseite des Geldes* (1976)
Über den Zusammenhang zwischen Geld und Kriminalität.

Gerhard Müller, *Überstaatliche Machtpolitik im 20. Jahrhundert* (Pähl 1972)
Äußerst lesenswerte Darstellung über Ziele, Gründe und Hintergründe der Weltpolitik.

Gerd Schmalbrock, *Die politischen Falschspieler* (1978–1981, 5 Bände)
Über die Rolle der Freimaurerei und ähnlicher Geheimbünde im Weltgeschehen; enthält sehr viel Hintergrundinformation. Sehr lesenwert.

Randolph Charles Darwin: *Die Entwicklung des Priestertums und der Priesterreiche* (Wobbenbüll 1980)
Die Geschichte der letzten Jahrtausende ist vor allem eine Geschichte priesterlicher Männer- und Geheimbünde.

Fr. Wichtl/R. Schneider: *Weltfreimaurerei – Weltrevolution – Weltrepublik* (Wobbenbüll 1981)
Eine Fundgrube an Material über politische Geheimbünde.

Karl Heise: Ententefreimaurerei und Weltkrieg (Wobbenbüll 1982)
Eines der wichtigsten Bücher über einen Teil jener Gruppen, die zum Ersten Weltkrieg trieben. Diese Gruppen waren auch erheblich an der Verursachung des Zweiten Weltkriegs beteiligt, wie das folgende Buch zeigt:

Réné d'Argile u.a.: *Geheimnisse um die Ursachen des Zweiten Weltkrieges* (Wobbenbüll 1982)

* zusammengestellt durch Roland Bohlinger

Adolf Rossberg: *Freimaurerei und Politik im Zeitalter der französischen Revolution* (Struckum 1983)
Ein wissenschaftlich besonders tiefschürfendes, viele unbekannte Tatsachen enthüllendes Werk. Insgesamt allein 889 Quellenhinweise!

Hans Schick: *Das ältere Rosenkreuzertum* (Struckum 1983)
Ein Beitrag zur Entstehungsgeschichte der Freimaurerei. Ein weiteres, wissenschaftlich tiefschürfendes Werk.

Hans Riegelmann: *Die europäischen Dynastien in ihrem Verhältnis zur Freimaurerei* (Struckum 1985)
Gründliche Darstellung der Wechselbeziehungen zwischen den »nationalen« Dynastien Europas und der »überstaatlichen« Organisation der Freimaurerei.

Leopold Engel: *Geschichte des Illuminaten-Ordens* (Nachdruck, Bremen 1985)
Adam Weishaupt (1748–1830) und die Geschichte seines Ordens bringen Licht in das Wesen der meisten Geheimbünde.

Ivan Mužić: *Die Freimaurerei in Frankreich und Jugoslawien* (Struckum 1987)
Eine Studie über das politische Wirken der Freimaurerei in der Vergangenheit bis hin zur Gegenwart. Hierbei werden auch wichtige Aspekte freimaurerischen Wirkens in anderen europäischen Ländern, vor allem in Deutschland, berücksichtigt.

Wolfgang Borowsky: *Kommt Luzifer an die Macht?* (Aglasterhausen 1985)
Über freimaurerische und andere politische Hintergründe aus der Sicht eines Pfarrers.

Des Griffin, *Die Herrscher* (Wiesbaden 1981)
Etwas einseitig, enthält aber hochinteressantes Material.

Des Griffin: *Wer regiert die Welt* (Wiesbaden 1979)
Etwas einseitig, enthält aber interessantes Hintergrundmaterial und wichtige neue Gesichtspunkte.

Felix Franz Egon Lützeler: *Hinter den Kulissen der Weltgeschichte* (3 Bände, Struckum 1986)
Umfangreiche Darstellung der wichtigsten Orden, Geheimbünde, Verschwörungen, Revolutionen u.a.m. von der Frühzeit bis ins 20. Jahrhundert.

Gary Allen, *Die Insider* (Wiesbaden 1974)
Berichtet über die *Bilderberger*, den *Council on Foreign Relations* und andere mehr oder weniger verdeckt operierende Lenkungsgremien der Hochfinanz und ihrer Verbindungen zur Sowjetunion.

Gary Allen: *Die Rockefeller-Papiere* (Wiesbaden 1976)
Fortsetzung und Ergänzung des Buches: *Die Insider.*

Peter Blackwood: *Die Netzwerke der Insider* (Leonberg 1986)
Ein Nachschlagewerk über die Arbeit, die Pläne und Ziele der Internationalisten.

Fritz Schwarz: *Morgan – der ungekrönte König der Welt* (Bremen 1982, Faksimile-Nachdruck)

Jean Ledraque, *Springers Nazionismus* (Genf 1979)
Berichtet vor allem über die Finanzierung Hitlers durch Bankiers der Wall-Street.

Ekkehard Franke-Griksch (Hrsg.): *So wurde Hitler finanziert* (Leonberg 1984)
Über die Finanzierung Hitlers durch die Hochfinanz.

James u. Suzanne Pool: *Hitlers Wegbereiter zur Macht* (Gütersloh 1982)
Über geheime deutsche und internationale Geldgeber Hitlers.

Avro Manhattan: *Der Vatikan und das XX. Jahrhundert* (Struckum 1984)
Eine etwas einseitige aber recht umfassende Darstellung des politischen Wirkens der römisch-katholischen Kirche im 20. Jahrhundert. Enthüllt insbesondere die engen Verbindungen zu vielen Diktaturen und antidemokratischen bis totalitären Strömungen in Europa.

Stingl/von Preradovich: *»Gott segne den Führer«* (Leoni 1985)
Eine Dokumentation von Bekenntnissen und Selbstzeugnissen. Nach dem Zusammenbruch 1945 wurde eine Fülle von Legenden entwickelt, um die wahre, dem Nationalsozialismus gegenüber gezeigte Haltung zahlreicher kirchlicher Würdenträger zu vertuschen.

E.R. Carmin: *»Guru« Hitler* (Zürich 1985)
Die »Geburt des Nationalsozialismus aus dem Geiste von Mystik und Magie«. Bisher blieb ein wichtiger Aspekt jener Form des Nationalsozialismus, die sich im Dritten Reich durchsetzte, und vor allem dessen Herkunft weitgehend unbeachtet: die »Religion« der eigentlichen »Macher«, die Verbindungen zu Geheimlogen, okkulten und esoterischen Strömungen, außerdem das, was hinter der Entstehung dieses Hintergrundes stand und heute an anderer Stelle und in anderem Gewand weiterwirkt. Leider arbeitete der Autor etwas einseitig und unvollständig, viele seiner Aussagen sind zu wenig belegt und öfters auf trübe Quellen gestützt.

Hamilton Ll. D. Fish: *Der zerbrochene Mythos* (Tübingen 1982)
F.D. Roosevelts Kriegspolitik und ihre Hintergründe.

Curtis B. Dall: *Amerikas Kriegspolitik* (Tübingen 1972)
Der Schwiegersohn Roosevelts über die Hintergründe der angloamerikanischen Politik vor und im Zweiten Weltkrieg.

Helmut Gordon: *»Zions« Griff zur Weltherrschaft* (Leoni 1986)
Amerikas unbekannte Außenpolitik 1789–1973.

David Irving: *Der Morgenthau-Plan* (Bremen 1986)
Anhand des erstmals vollständig und zweisprachig veröffentlichten »Morgenthau-Planes«, der von Roosevelt und Churchill ratifiziert worden ist, und anhand von über hundert im Faksimile abgedruckten Begleitdokumenten wird gezeigt, worin die eigentliche Bedeutung des »Morgenthau-Planes« liegt.

James P. Warburg: *Deutschland – Brücke oder Schlachtfeld* (New York 1947/Stuttgart 1949)
Wenn Deutschland nicht botmäßige Brücke zwischen Ost und West sein will, wird es vernichtet.

David A. Yallop: *Im Namen Gottes?* (München 1984)
Über viele interessante Tatsachen und Hintergründe im Zusammenhang mit der Politik und den Finanzen des Vatikan wird hier berichtet.

William J. Chamblin: *Eine kriminelle Vereinigung* (Tübingen 1978)
Über Politik und Verbrechen in den USA.

Roland Bohlinger: *Der Fall Lingen* (Struckum 1987)
Eine fast kriminologisch zu nennende Studie über die etablierte Wissenschaft und Presse, über Behörden und Justiz, über Konzerne, Hochfinanz und allerlei Hinter- und Untergründe anhand eines Musterbeispiels: dem Fall Lingen.

Zeitschrift für Sozialökonomie (Hann. Münden)
Mensch und Maß (Pähl)
Diagnosen (Leonberg)
Deutschland in Geschichte und Gegenwart (Tübingen)
Neue Solidarität (Wiesbaden)
u.a.

Lieferbar nur über den Antiquariatsbuchhandel:

Hans Schumann: *Kriege der Milliardäre – Transaktionen des Hauses Morgan* (Ludendorffs Verlag München, 1937)

Ben B. Seligmann: *Sie kauften sich Amerika* (Kindler, München 1971)

Fritz Schwarz: *Segen und Fluch des Geldes in der Geschichte der Völker* (Bern 1931)

Erich Ludendorff: *Kriegshetze und Völkermorden in den letzten 150 Jahren* (Ludendorffs Verlag München, 1929)
Grundlegendes Werk über die Vorder- und Hintergründe von der Französischen Revolution bis zur Zeit nach dem Ersten Weltkrieg.

Erich Ludendorff: *Die Vernichtung der Freimaurerei durch Enthüllung ihrer Geheimnisse* (München, Erstauflage 1927)
Enthüllung des Wesens des freimaurerischen Geheimbunds.

Dietrich Bronder: *Bevor Hitler kam* (Genf 1974)
Über Hintergründe und Strömungen, die zur Machtergreifung Hitlers führten.

Rose L. Martin, *The Fabian Freeway* (Boston und Los Angeles, Western Islands, 1966)
Allgemeiner Rückblick auf die Aktivitäten der *Insider* auf anderen Gebieten als denen der Finanz.

Nesta Webster, *Secret Societies and Subversive Movements* (Neudruck bei Christian Book Club, Hawthorne, Calif., 1967)
Ein grundlegender Text über dies Thema von einem gewissenhaften englischen Historiker.

Nesta Webster, *The French Revolution* (Neudruck bei Christian Book Club, Hawthorne, Calif., 1969).
Die Rolle der Illuminaten in der ersten Kommunistischen Revolution.

Nesta Webster und Anthony Gittens, *World Revolution* (Britons, Devon, England, 1972)
Dieser grundlegende Text wurde seit seiner Veröffentlichung im Jahre 1921 durch Mr. Gittens, einen Mitarbeiter Mrs. Websters aus den 20er Jahren, auf den neuesten Stand gebracht.

Count Egon Corti, *The Rise of the House of Rothschild* (New York, Grosset & Dunlap, 1928)
Ausgewogene Studie über die Rothschilds.

Proctor Hansl, *Years of Plunder* (New York, Smith & Haas, 1935)
Berichtet über Begebenheiten, die zum Zusammenbruch von 1929 führten.

Charles A. Lindbergh Sr., *The Economic Pinch* (Phil., Dorrance & Company, Inc., 1923)
Chronologisiert die Art und Weise, wie die Federal Reserve und die Internationalen Bankiers die Wirtschaft nach der Etablierung der Federal Reserve zweifach hereinlegten.

Ferdinand Lundberg, *America's 60 Families* (New York, Vanguard, 1938)
Beschreibung der Wallstreet-Kontrolle über Woodrow Wilson.

A Primer On Money A, – Subcommittee on Domestic Finance, Committee on Banking and Currency, House of Representatives, 88th Congress, U.S. Govt. Printing Office, Washington, D.C.
Berichtet über die Kontrolle der *Federal Reserve* über das Geld- und Bankwesen.

Sereno S. Pratt, *The Work of Wall Street* (New York, Appleton & Company, 1961)
Deckt die Rolle von Wall Street bei der Beschleunigung des Börsenzusammenbruchs von 1929 auf.

Carroll Quigley, *Tragedy and Hope,* New York (Macmillian, 1966)
Obwohl Quigley nicht im Widerstreit mit den *Insidern* ist, enthüllt sein Werk ein Jahrhundert der Machenschaften der *Insider* der internationalen Finanz.

Murray Rothbard, *America's Great Depression* (Los Angeles, Nash Publishing, 1972)
Informiert über die Art und Weise, in der die *Federal Reserve* den großen Zusammenbruch herbeiführte.

Paul Warburg, *The Federal Reserve System* (New York, Macmillian, 1930)
Die Geschichte aus »erster Hand«, jedoch mit vielen wichtigen Abstrichen.

Joseph Wechsberg, *The Merchant Bankers* (Boston, Little, Brown and Co., 1966)
Kurze Darstellung der englischen *Insider*, einschließlich der Rothschilds, Warburgs und Lehmanns.

Dr. E. J. Dillon, *The Inside Story of the Peace Conference* (New York, Harper & Brothers, 1920)
Zeigt die Hilfe, die den Bolschewiken durch die *Insider* in Versailles zuteil wurde.

B. O. Forbes, *Men Who Are Making America* (New York, B. C. Forbes Publishing Company, Inc., 1922)
Enthält die Biographie von Schiff und beschreibt dessen Rolle im Establishment der *Federal Reserve* wie auch seine Sympathie für die Bolschewiken.

Hermann Hagedorn, *The Magnate* (New York, John Day)
Bezieht sich auf Morgans Strohmann, der in den Geld-Transfer an die Bolschewiken verwickelt war.

Papers Relating to the Foreign Relations of the United States – Russia, 1918, House of Representatives Document Nr. 1868, Band 1, U. S. Govt., Printing Office, Wash., D.C.
Bericht über die Finanzierung der Bolschewistischen Revolution.

Charles Seymour, *Intimate Papers of Colonel House* (New York, Houghton-Mifflin, 1928, 4 Bände)
Stellenweise sehr enthüllend in Verbindung mit anderen Informationen.

Edgar Sisson, *One Hundred Red Days: A Personal Chronicle of the Bolshevik Revolution* (New Haven, Yale, 1931)
Der Anhang enthält einen Bericht über die Bolschewistische Verschwörung.

Alexander und Juliette George, *Woodrow Wilson and Colonel House* (New York, John Day, 1956)
Erwähnt, daß der Erste Weltkrieg viele Jahre zuvor von europäischen geheimen Gesellschaften geplant worden war.

Otto Strasser, *History In My Time* (London, Jonathan Cape, 1941)
Berichtet über die Gruppen hinter der Ermordung des Erzherzogs Franz Ferdinand im Jahre 1914.

Duff Cooper, *The Second World War* (New York, Scribner's, 1939)
Die Ansicht eines britischen *Insiders,* der mit Lord Halifax zusammen großen Anteil daran hatte, den Konflikt zu fördern, über den er schrieb.

James Martin, *All Honorable Men* (New York, Little, Brown & Co., 1950)
Schildert die Manöver der Internationalen Bankiers hinter den Kulissen, um den Zweiten Weltkrieg voranzutreiben und aus seinen Nachwirkungen Nutzen zu ziehen.

Francis Neilson, *The Makers of War,* (Appleton, Wisc., C. C. Nelson Co., 1950)
Ein aufschlußreiches Buch über die Machenschaften der *Insider* in Amerika und England.

Richard Sasuly, *I.G. Farben (*New York, Boni & Gaer, 1947)
Die Geschichte des Deutschen Chemie-Konzerns, der Hitlers Aufstieg erheblich unterstützte und dessen juristische Probleme durch Allen Dulles' Rechtsanwaltspraxis gehandhabt wurden.

Prince Michel Sturdza, *The Suicide of Europe* (Boston und Los Angeles, Western Islands, 1968)
Der ehemalige Außenminister von Rumänien behandelt die Rolle der *Insider* in der europäischen Politik vor Beginn des Ersten Weltkriegs bis zum Ende des Zweiten Weltkriegs.

A. J. P. Taylor, *Origins Of The Second World War* (London, Hamish Hamilton, 1961)
Eine gründliche Studie über die Ursachen des Zweiten Weltkriegs.

Fritz Thyssen, *I Paid Hitler* (New York, Farrar & Rinehart, 1941)
Thyssen offenbart die Rolle, die die Bankiers und Industriellen bei Adolf Hitlers Aufstieg zur Macht spielten.

Gary Allen, *Richard Nixon – The Man Behind the Mask* (Boston und Los Angeles, Western Islands, 1971)
Studie über den Aufstieg und die Regierungszeit von Richard Nixon; umfaßt seine Beziehung zu den Rockefellers.

John Flynn, *Men of Wealth* (New York, Simon and Schuster, 1941).
Enthält zusammengefaßte Biographien verschiedener *Insider* der Vergangenheit.

Francis X. Gannon, *Biographical Dictionary Of The Left* (Band 1 und 2, Boston, Western Islands, 1971)
Biographische Berichte über viele *Insider*.

John Hamill, *The Strange Career of Mr. Hoover Under Two Flags* (New York, William Faro, Inc., 1931)
Schildert Mr. Hoovers Leben als Laufbursche der *Insider*.

William Hoffmann, *David: Report On A Rockefeller* (New York, Lyle Stuart, 1971)
Trotz des starken Linksdralls ist dies eine aufschlußreiche Untersuchung über die Macht der Rockefellers, der Standard Oil und der Chase Manhattan Bank.

Major George Racey Jordan, *From Major Jordan's Diaries* (Boston, Western Islands, 1965)
Die Geschichte des Transfers amerikanischer Technologie, Patente und Materialien an die Sowjets während des Zweiten Weltkriegs

Louis T. McFadden, *Collective Speeches of Congressmann Mc Fadden* (Hawthorne, Calif., Omni Publications, 1970)
Informationen über die internationalen Finanziers, vom ehemaligen Vorsitzenden des House Banking Committee.

Sarah Getrude Millin, *Cecil Rhodes*, (Harper & Brothers, New York and London, 1933)

Robert Neumann, *Zaharoff* (Alfred A. Knopf, New York, 1935)

A. Phyllis Schlafly, *Choice Not An Echo* (Alton, III., Pere Marquette Press, 1963)
Informiert über die CFR-*Insider*-Kontrolle der Republikanischen Partei.

Whitney H. Shepardson, *Early History of the C.F.R.* (Stanford, Conn., The Overbrook Press, 1960)
Eine privat gedruckte, begrenzte Auflage mit einer Darstellung der Gründung des Council on Foreign Relations (CFR), worin die hervorragend gespielten Rollen von Colonel House, Paul Warburg und anderen *Insidern* erwähnt werden.

Alan Stang, *The Actor* (Boston and Los Angeles, Western Islands, 1968)
John Foster Dulles und sein Bruder Allen waren Schlüssel-*Insider* während nahezu vier Jahrzehnten. Ein bedeutendes Buch über die Verschwörung.

Antony C. Sutton, *Western Technology and Soviet Economic Development* (Band 1 und 2, Hoover Institution, Stanford, 1968)

Nesta Webster, *The Surrender of an Empire* (London, Boswell, Ltd., 1931)
Über den Ersten Weltkrieg, die Bolschewiken und die Arbeit des Königlichen Instituts für Internationale Angelegenheiten bei der Preisgabe des Britischen Empire.

Theodore White, *The Making Of The President* (New York, Athenum Publishers, 1960.)
Nixons Auslieferung an Rockefeller.

John K. Winklen, *Morgan the Magnificent, The Life of J. Pierpont Morgan* (Doubleday, Doran & Co., Inc., Garden City, New York, 1932).

Anhang

zusammengestellt von

Roland Bohlinger

Sklaverei der Dollar-Barone

Ungeachtet des Namens ist das 1913 in den USA gegründete Federal Reserve System – im nachfolgenden Fed genannt – ein privates Bankensystem, ausgestattet mit dem Monopol der Geldausgabe und Kreditregulierung. Geld wird nur gegen Erhalt von US-Staatsschulden (Schatzwechsel, Schatzscheine und Schuldverschreibungen) ausgegeben. Diese werden in diesem Jahr eine Trillion Dollar übersteigen. Die Fed arbeitet unter Kontrolle eines zentralen Aufsichtsrates mit einer Zentralbank (Federal Reserve Bank) in jedem ihrer 12 Distrikte. Die Statuten der Fed enthalten die Bestimmung, daß sie keiner Art politischer Kontrolle unterliegen darf. Der Vorsitzende wird vom Präsidenten der Vereinigten Staaten ernannt, der seinerseits vom Council on Foreign Relations (CFR) oder der Trilateral Commission ausgewählt wird.

Die Politik der *US-Federal Reserve* wird in der Hauptsache durch drei verwandte und sich ergänzende Intrumente in die Praxis umgesetzt. Alle drei steuern die Reserveposition des Bankensystems:

1. Das Offen-Markt-Komitee für US-Wertpapiere,
2. Diskont-Transaktionen,
3. Festlegung der Mindestreserven.

Die Rolle in der Welt

Offen-Markt-Transaktionen in ausländischen Währungen wirken zwar auch zu einem gewissen Grad auf die Reservepolitik ein, doch ist ihr Hauptziel das Erreichen eines Ausgleichs von Dollarangebot und Dollarnachfrage auf ausländischen Devisenmärkten. Kauft die *Federal Reserve* US-Staatsanleihen auf dem Markt, so erhöht sie damit die Reserveposition ihrer Mitgliedsbanken und somit deren Möglichkeiten zu erhöhter Kreditvergabe und Wertpapierkäufen.

Umgekehrt, wenn die *Fed* US-Staatsanleihen verkauft, verringert sie die Reserven ihrer Mitgliedsbanken und schränkt damit deren Möglichkeiten zu Kreditvergabe und Wertpapierkäufen ein. Die Verkäufe der Staatsanleihen durch die *Fed* erfolgen auf einer Zug-um-Zug-Basis, während die Käufe der *Fed* auch unter einer Rückkaufvereinbarung erfolgen können, durch die sich der Verkäufer zu einem Rückkauf der Papiere zu einem Termin von innerhalb 15 Tagen oder weniger verpflichtet. Diese Art von Arrangement gibt der *Fed* zeitlich begrenzten Kredit.

Durch das Versprechen, daß andere Zentralbanken jeweils 35 Dollar gegen eine Unze Gold eintauschen können, wurde der Dollar – allmählich das Pfund ersetzend – nach dem Ende des Zweiten Weltkrieges die wichtigste internationale Reservewährung.

Dieses bis 1971 eingehaltene Versprechen – 1971 wurde das »Goldfenster geschlossen« – machte den Dollar zum idealen Instrument der privaten Nutznießer der *Fed*. Sie erlaubte ihnen, weltweit Industrien und Rohstoffe aufzukaufen, ohne Rücksicht nehmen zu müssen auf die US-Handelsbilanz, die Höhe der US-Verpflichtungen, die den Zentralbanken der »Freien Welt« aufgezwungen wurden, alles unter Umgehung nationaler Kartellgesetze.

Internationales Geldmonopol

Einige Länder, wie Frankreich, Spanien und Japan – trotz seiner bedingungslosen Unterwerfung unter die USA – schützen ihr Volksvermögen durch ausländisches Eigentum beschränkende Gesetze. Internationale Institutionen, wie *Internationaler*

Währungsfonds, Weltbank, OECD, gehören zum Instrumentarium, durch das die *Fed* – nach Abdankung des Pfundes in dieser Rolle – ein internationales Geldmonopol auf weltweiter Basis führen kann.

Damit eine Gesellschaft frei ist oder frei bleibt, muß die Geldprägung in staatlichen Händen sein. Einlageausweitung oder erweiterte Kreditvergabe durch Bucheintragungen ist das gleiche wie Prägung und Druck eines Geldersatzes – eine Praxis, die nicht das Monopol nur eines Teiles des freien Wirtschaftssystems sein kann.

Welchem Teil auch immer es erlaubt sein sollte, durch Bucheintragungen Geld zu drucken und es durch Schecks weiterzugeben, wird früher oder später die Regierungen beherrschen und Handel, Politik und die Gesellschaft dominieren. Nur ein Staat mit einer eigenen Bank wird ein wirklicher souveräner Staat.

Die Mächte des Finanzkapitalismus stellten sich ein zusätzliches, weitreichendes Ziel, nämlich nichts weniger als die Schaffung eines weltweiten Systems finanzieller Kontrolle in privaten Händen, das in der Lage war, das politische System eines jeden Landes und die Weltwirtschaft als Ganzes zu dominieren.

Die unkomplizierte Art von Geld

Die Entdeckung eines riesigen, leeren Kontinents, offen für Kolonialisierung, bot den ersten Siedlern die Möglichkeit, ein neues Leben zu beginnen. Dieses nicht besiedelte Land versprach großen Reichtum. Es bot ihnen außerdem die Möglichkeit, den verschiedenen Formen der Verfolgung zu entgehen, denen sie in Europa ausgesetzt waren, und unter viel freieren Bedingungen zu leben.

Die Niederlage der spanischen Armada (1588) signalisierte den Untergang spanischer Macht und den Aufstieg Englands als Weltmacht. Demzufolge war die Besiedlung der Neuen Welt weitgehend eine englische Angelegenheit, zumindest am Anfang.

Die englische Krone war zufrieden, daß private Bürger diese Besiedlung vornahmen, und gewährte ihnen deshalb Privilegien, die sie mehr oder weniger selbst bestimmen konnten. Jeder Kolonie war es gestattet, ihre eigenen Gesetze zu machen, solange sie nicht zu den Gesetzen in England in Widerspruch standen.

Unter den den Kolonien gewährten Hoheitsrechten war auch das Recht, eine eigene Währung zu schaffen – rechtliche Zahlungsmittel. Zu diesem Zeitpunkt in der Geschichte wurde die Ausgabe von Papiergeld weltweit immer gebräuchlicher. Auch die Kolonien begannen, diese unkomplizierte Art von Geld einzuführen, und brachten es mittels öffentlicher Ausgaben in den Verkehr. Dies waren gesunde Währungen, auf die keine Zinsen an private Bankiers zu zahlen waren.

P. A. del Valle, Präsident der *Verteidiger der amerikanischen Konstitution,* schreibt in *Task Force,* 1975: *»Als Benjamin Franklin England besuchte, wurde er gebeten, die für alle Welt sichtbare Prosperität der Kolonien zu erklären. Seine Antwort: ›Das ist einfach. Es liegt daran, daß wir in den Kolonien unser eigenes Geld ausgeben. Es wird Colonial script genannt, und wir geben es im richtigen Verhältnis zur Nachfrage von Handel und Industrie aus‹.«*

Privileg der privaten Geldherstellung

Christopher Hollis meint dazu in seinem Buch *The Breakdown of Money: »Im Jahre 1694 war die Regierung von William III. von England in großer Geldverlegenheit. Unter der Führung von William Patterson erbot sich eine Gruppe reicher Männer, William 1200000 englische Pfund (rund 6 Mil-*

lionen US-Dollar) zu 8 Prozent Zinsen zu leihen unter der Voraussetzung, daß der ›Gouverneur und die Gesellschaft der Bank von England‹, wie sie sich selbst nannten, das Recht erhalten sollte, Banknoten bis zur vollen Höhe seines Kapitals auszugeben. In anderen Worten, die Bank erhielt das Recht, 1200000 englische Pfund in Gold und Silber einzunehmen und es in 2400000 englische Pfund zu konvertieren, wovon 1200000 Pfund, das Gold und Silber, an die Regierung verliehen wurden, und sie die restlichen 1200000 Pfund in Banknoten selbst benutzen konnten. Patterson gab offen zu, daß dieses der Bank gegebene Privileg ein Privileg war, Geld zu machen. Intelligente Kritiker sahen an diesem Experiment, daß es ohne weiteres möglich war, Geld ohne Deckung in Metall herzustellen, aber sie erkannten auch, daß es gefährlich und von Übel war, dieses Privileg der Geldherstellung in private Hände zu geben.«

In dem Buch heißt es weiter: *»Große Änderungen zeichneten sich aber ab, als diese neugegründete private Bank – unter dem Namen ›Bank of England‹ verkleidet – damit begann, ihr eigenes privates Geld zu drucken und auszugeben. Ihre Eigentümer warfen jedoch bald neidische Blicke in Richtung der sich schnell entwickelnden amerikanischen Kolonien. Unzufrieden mit den Gewinnen, die sie aus dem normalen Handel mit den Kolonien erzielten, begannen die Bankiers ein wohldurchdachtes Manöver zur Ausbeutung und Kontrolle der fleißigen Kolonisten. Mehr als jeder andere Faktor war diese Kampagne der Hauptgrund für den Unabhängigkeitskrieg. Die Schriften Benjamin Franklins, in denen ständig die große Wichtigkeit von ehrlichem und gesundem Geld betont wird, legt die wahren Motive von Englands Wirtschaftskrieg gegen Amerika offen.«*

Obwohl in England eine »Überproduktion« herrschte, wurden für die nach den Kolonien verschifften Waren exorbitante Preise verlangt. Da England vorschrieb, in Hartgeld bezahlt zu werden (Gold- oder Silbermünzen), wurden die Kolonien dieser Edelmetalle beraubt, die sie aus dem Handel mit anderen Nationen erlösten.

Geldwechsler versklaven die Kolonien

Es wurde ferner ein Embargo verhängt, das den Kolonien verbot, mit anderen Nationen außer England Handel zu treiben. Dieser Schachzug machte es Amerika unmöglich, Metallwährung zur Bezahlung der britischen Produzenten, diese bereits zu reinen Fabrikmanagern der Bankiers degradiert, zu erlangen. Die Amerikaner waren somit gezwungen, von der *Bank of England* zu leihen und Schuldverschreibungen und Zinsversprechen in Anerkennung dieser Schulden einzugehen ...

Das Ziel war klar: Die europäischen Geldwechsler wollten die Kolonien über den durch zu zahlende Zinsen entstehenden Schuldenberg versklaven. Die Anstrengungen, die Rechte der Kolonisten an sich zu reißen, waren ganz auf die Interessen der internationalen Bankiers ausgerichtet und sollten Amerika wirtschaftlich in die Knie zwingen.

Nach Erreichung der Unabhängigkeit (1776) und Einsetzung einer konstitutionellen Regierung begann ein neuer Abschnitt in der amerikanischen Geschichte. Die Tatsache, daß die Vereinigten Staaten politische Freiheit erreicht hatten, hinderte die europäischen Bankiers nicht, ihren großen Reichtum und Einfluß sofort für eine Beseitigung von Artikel 1, Absatz 8, Unterabsatz 5, der Konstitution einzusetzen, der dem US-Kongreß das Recht zur Geldausgabe und zu dessen Wertfestsetzung einräumte.

Deshalb kam es, daß der erste Kongreß mit Hilfe von Alexander Hamilton (1755–1804, erster US-Finanzminister und anerkannter Monarchist und jemand, der das europäische System von Zentralbanken bei weitem vorzog) zusammen mit Robert Moris davon überzeugt werden konnte, die Konstitution so zu interpretieren, als würde diese auch Rechte mitenthalten, deren Einschluß die Väter der Konstitution gar nicht beabsichtigt hätten. Durch Gewinnung des bestechlichen Teiles des Kongresses fiel die Kontrolle über die Ausgabe der Währung – und damit die Kontrolle über Volksbesitz und Regierung – den gerade besiegten Feinden zu. Das Ergebnis war die Gründung der nach Vorbild der *Bank of England* modellierten *Bank of North America* im Jahre 1781.

Glücklicherweise wurde die *Bank of North America* von der Mehrheit der Bundesstaaten nicht anerkannt, und sie ging 1790 unter.

»Ihr seid eine Schlangenhöhle«

Patriotische Amerikaner warnten vor einem Zentralbanksystem. Thomas Jefferson sagte: *»Sollte das amerikanische Volk jemals zulassen, daß die Banken die Währungsausgabe kontrollieren, werden seine Kinder erst durch Inflation, dann durch Deflation allen Besitzes durch die sie umgebenden Banken und Gesellschaften beraubt und eines Tages heimatlos sein auf dem Kontinent, den ihre Eltern eroberten.«*

Während der Wahlkampagne von 1828 sprach sich General Andrew Jackson (1776–1845, 7. Präsident der Vereinigten Staaten 1829–1837) scharf gegen ein von internationalen Geldmagnaten kontrolliertes Zentralbanksystem aus. Den Banken verkündete er: *»Ihr seid eine Schlangenhöhle. Ich will Euch ausrotten und beim Ewigen Gott, ich werde Euch ausrotten.«*

Als sich Präsident Abraham Lincoln (geboren 1809, 16. US-Präsident von 1861 bis zu seiner Ermordung im Jahre 1865) weigerte, den von den Banken geforderten hohen Zinssatz für die Finanzierung des Bürgerkriegs zu zahlen und 450 Millionen US-Dollar in legalen Geldnoten drucken ließ, die sogenannten »Lincoln Greenbacks«, zog er sich die ewige Feindschaft des Finanzsektors zu.

Die Bankiers erhielten nicht einen Cent Zinsen. Aber sie gaben ihren Kampf zur Erlangung der Kontrolle über das Währungssystem der Vereinigten Staaten nicht auf.

Nach seiner Wiederwahl, aber noch bevor er Gesetze durchbringen konnte, die die neue Macht der Bankiers beschnitten hätten, wurde Lincoln durch John Wilkes Booth ermordet, der, wie sich später herausstellte, Beziehungen zu den internationalen Bankiers hatte. Offensichtlich fürchteten die Bankiers, daß ihnen ein so brillanter Kopf wir Lincoln überlegen wäre und ihr einziger Ausweg darin läge, ihn zu beseitigen. Später, als Beamte Booths Sachen durchsuchten, fanden sie eine verschlüsselte Nachricht in seinem Koffer. Viele Jahre später stellte sich heraus, daß Judah P. Benjamin, während des Bürgerkrieges Rothschild-Agent in den Südstaaten, den Schlüssel zu dieser geheimen Nachricht besaß. Somit ist erwiesen, daß Booth mit den internationalen Bankiers zur Beseitigung Lincolns konspirierte.

»Stets zu Ihren Diensten . . .«

Aus dieser Zeit dürfte der folgende Brief von großem Interesse sein:

»Rothschild Brothers Bankers London, 25. Juni 1863

An die Herren Ikelsheimer, Morton und Vandergould Nr. 3 Wall St., New York, USA

Sehr geehrte Herren,

Ein Herr John Sherman schrieb uns von einer Stadt in Ohio, USA, bezüglich der Gewinne, die sich durch den kürzlichen Gesetzesbeschluß Ihres Kongresses – Kopie anbei – im Nationalbankensystem erzielen ließen. Offenbar baut dieser Beschluß auf dem Plan auf, der hier im letzten Sommer von der Britischen Bankenvereinigung formuliert und von ihr unseren amerikanischen Freunden empfohlen wurde, da er, einmal zum Gesetz verabschiedet, sich als höchst profitabel für die weltweite Bankengemeinschaft erweisen würde.

Herr Sherman versichert, daß es für Kapitalisten noch nie eine solche Gelegenheit gegeben hätte, Geld anzusammeln, wie durch dieses Gesetz und daß der alte Entwurf von Banken der Bundesstaaten unpopulär wäre, daß dieses neue Schema sehr wohlwollend aufgenommen werden würde, ganz unabhängig davon, daß dies der Nationalbank eine fast totale Kontrolle über die nationalen Finanzen gibt.

Die wenigen, die dieses System verstehen, werden entweder so interessiert an seinen Gewinnen oder so abhängig von seinen Vorteilen sein, daß es von seiten dieser Klasse keinen Widerstand geben wird. Der größte Teil der Menschen wird verständnislos die Last ohne Klage und vielleicht sogar ohne Verdacht, daß das System ihren Interessen zuwiderläuft, tragen.

Bitte informieren Sie uns eingehend in dieser Angelegenheit und auch, ob Sie uns behilflich sein können, falls wir uns entschließen, eine Nationalbank in der Stadt New York zu errichten. Sollten Sie Herrn Sherman kennen (es scheint, daß er das Bankengesetz eingebracht hat), so wären wir dankbar, etwas über ihn zu erfahren. Sollten wir uns der von ihm gelieferten Information bedienen, werden wir selbstverständlich eine entsprechende Kompensation zahlen.

Ihrer Antwort entgegensehend, verbleiben wir,

stets zu Ihren Diensten ergebene Rothschild Brothers.«

Wer die Wirtschaft kontrolliert, kontrolliert die Nation

Durch eine Gesetzesverfügung wurde die *National Monetary Commission* zur Untersuchung der Regierungsfinanzen und des Bankwesens geschaffen. Unter Vorsitz von Senator Aldrich (Großvater von David und Nelson Rockefeller) reiste diese aus 16 Senatoren und Kongreßmitgliedern bestehende Kommission im Jahre 1909 und 1910 auf Kosten der Steuerzahler (300000 US-Dollar) durch Europa, bis sie Einigkeit darüber erzielt hatten, welches Bankensystem sie für die Vereinigten Staaten wünschten.

Bald nach ihrer Rückkehr, am 22. November 1910, reiste eine Reihe von ihnen in größter Geheimhaltung nach Jekyll Island, Georgia, wo sie sich 10 Tage mit Repräsentanten von Morgan, Rockefeller und anderen großen Bankengruppen trafen. Der Einflußreichste unter den letztgenannten war Paul Moritz Warburg.

Der Bericht der Kommission, bekannt als der *Aldrich-Plan*, wurde dem Kongreß am 16. Januar 1911 zugeleitet. Er enthielt die Feststellung, daß der Vorschlag nach gründlichem Studium von allen Bankiers, praktisch allen Professoren für Wirtschaftspolitik und von vielen Gruppen von Geschäftsleuten, gutgeheißen worden wäre. Ziel ihres Vorschlages sei es, das Wachstum von Monopolen in staatlichen Händen zu verhindern.

Da der Bericht aber zu sehr nach der Bruderschaft New Yorker Bankiers roch, fiel er im *»ihm gänzlich feindlich gegenüberstehenden Haus durch«*. Erst Woodrow Wilson (1856–1924, 28. US-Präsident), im Jahre 1912 zum Präsidenten gewählt, brachte die Dinge voran. Er war von den Superreichen finanziert worden. Sein Hauptberater war »Colonel« Mandell House, der Mann, der den CFR gründete und der eine Nationale Bank, wie sie sich Karl Marx vorstellte, befürwortete. Mandell House drängte Präsident Wilson auf Unterstützung des *Federal Reserve Act*, der im Dezember 1913 vom Repräsentantenhaus und vom Senat verabschiedet wurde.

Viele patriotischen Amerikaner warnten vor dem *Federal Reserve Act*. Senator Elihu Root (1845–1937, Aussenminister von 1905–1909) brandmarkte die *Fed* als ein Vergehen gegen die Freiheiten des amerikanischen Volkes: *»Lange bevor wir aus unseren Träumen von Wohlstand, aufgebaut auf eine aufgeblähte Währung, aufwachen, wird unser Gold, das einzige, was uns vor der Katastrophe hätte retten können, verschwunden sein, und keine noch so hohe Zinsrate wird es zurücklokken können.«*

Schon vor ihm hatte Präsident Grover Cleveland (1837–1908, 22. und 24. Präsident) gewarnt: *»Diejenigen, die die Wirtschaft eines Landes kontrollieren, kontrollieren die Nation.«*

Möglichkeit zur Schaffung von Schulden

Das 16. Zusatzgesetz wurde ebenfalls 1913 verabschiedet. Zusammen mit dem *Federal Reserve Act* gab es den internationalen Finanziers das, was sie wollten – die Möglichkeit zur Schaffung enormer Schulden. Dies wurde erreicht durch Eintritt in den Ersten Weltkrieg.

Die Befürworter des *Federal Reserve Act* versprachen eine Stabilisierung des Dollars, daß er nie wieder so stark hin und her schwanken und seine Kaufkraft verlieren würde. Auf der amerikanischen Szene würde alles zum Besten bestellt sein, und die Nation würde blühen und gedeihen und sich unbegrenzten Reichtums erfreuen.

Und doch bewiesen verschiedene offizielle Dokumente und Senatsuntersuchungen den enormen zerstörerischen Einfluß dieses privaten Bankmonopols. Die Geldmanipulanten bewerkstelligten die Rezession des Jahres 1920 und erwarteten durch Inbesitznahme hypothekierten Besitzes im ganzen Land Riesenvermögen. Dies war jedoch nur die Generalprobe für den Wall-Street-Krach am 24. Oktober 1929.

In dem Moment, wo Roosevelt sein Amt antrat, begann die öffentliche Verschuldung stark anzusteigen. In elf Friedensjahren stieg sie von 16 185 310 000 US-Dollar im Jahre 1930 auf 48 961 444 000 US-Dollar, was beinahe doppelt so viel war wie die Kosten des Ersten Weltkrieges.

Des Präsidenten liebster Traum ging in Erfüllung, als Pearl Harbor zerstört wurde. Als der Poet Ezra Pound in seinem Versuch, einen Zweiten Weltkrieg zu verhindern, im Jahre 1939 nach Washington kam, schlug sein Versuch deshalb fehl, weil er niemanden im Kongreß finden konnte, der den Unterschied zwischen zinstragendem und zinsfreiem Geld kannte. Er sagte: *»Kriegsschulden bedeuten Sklaverei.«*

Der Krieg hätte 1943 beendet werden können und sollen. Angebote von hohen deutschen Stellen in diese Richtung erreichten zwar das Weiße Hause, wurden aber ignoriert. Für die Bankiers war es von äußerster Wichtigkeit, daß der Zweite Weltkrieg bis zum bitteren Ende weitergeführt wurde, da sonst einerseits die Schuld nicht ihren höchsten Punkt erreichen würde und andererseits das Volk nicht genügend bereit wäre, den Würgegriff enteignender Steuern und behördlicher Bevormundung durch eine riesige Bundesbürokratie zu ertragen.

Jetzt zahlt das Volk der Vereinigten Staaten den internationalen Bankiers und einer Handvoll anderer nur für Zinsen auf Staatsschulden etwa 50 000 000 000 US-Dollar pro Jahr. Dieses Geld wurde von den Bankiers aus dem Nichts geschaffen und an das Volk gegen hohe Zinsen ausgeliehen.

Keine Buchprüfung für die Fed

Es ist wirklich bemerkenswert, daß 1. alle Kapitalanteile an der *Fed* in Privatbesitz sind; 2. das System von der Einkommensteuer befreit ist; 3. es die Banknoten der *Federal Reserve* gegen Bezahlung der Selbstkosten für Gravur und Druck erhält; 4. es die Reserven der Mitgliedsbanken bestimmt; 5. zwei Drittel der Direktoren der jeweiligen Regionalbank von den Aktionären der Mitgliedsbanken gewählt werden; und 6. die *Fed* die Preise der Staatsanleihen durch ihr *Offen-Markt-Komitee* kontrolliert und somit effektiv in der Lage ist, Zinssätze festzulegen und den Wert der US-Währung zu bestimmen.

Wir entdecken auch, daß die *Fed* keiner externen unabhängigen Buchprüfung unterliegt, daß Mitgliedsbanken Staatspapiere ohne Gegenleistung erhalten und daß sie mehr den Interessen und Wünschen des Finanzsektors zugänglich ist als der Autorität des Kongresses.

Es wäre von größtem Interesse zu erfahren, wie die *Fed* es schaffte, ihr Vermögen innerhalb von 60 Jahren von fast Null auf rund 100 000 000 000 US-Dollar zu schrauben, ohne einen Gewinn für sich selbst zu erzielen.

Jetzt sollte es dem unvoreingenommenen Leser reichlich klar sein, daß die internationalen Bankiers, die das *Federal Reserve System* kontrollieren, die Feinde der Vereinigten Staaten und seiner Konstitutionen sind und daß die schlimmsten Befürchtungen solch patriotischer Amerikaner, wie Jackson, Lincoln und anderen, Wirklichkeit geworden sind.

1978 schrieb die *International Herald Tribune: »Vor kurzem machte Professor Eckstein ein Senatskomitee darauf aufmerksam, daß die Wirtschaftserholung seit der Rezession von 1974–75 nicht zu einem üblichen Defizitrückgang des Bundeshaushaltes geführt hat. Statt dessen ist das Defizit so angeschwollen, daß es im September 1979 873,7 Milliarden US-Dollar erreicht haben und die eine Trillion-Grenze im Jahre 1981 passieren konnte. ›Noch vor zwanzig Jahren hätten die meisten Volkswirtschaftler behauptet, daß dies unwesentlich ist, da Zinszahlungen ein Geldtransfer innerhalb des amerikanischen Volkes wären‹, sagte Professor Eckstein.«*

Transaktionen in Zusammenhang mit Staatsschulden führen zu Übertragungen von einem Bürger zum anderen. Werden Zinsen gezahlt, so erhält der Gläubiger Geld, das aus Steuern stammt. Wird eine Anleihe zurückgezahlt, so geschieht dies normalerweise mit Mitteln aus neuer Kreditaufnahme. Eine interne nationale Schuld – das heißt eine, deren Gläubiger sämtliche Bürger des betreffenden Landes sind – stellt deshalb keine »Last« in der Weise dar, wie es manchmal geglaubt wird.

Das Ende des Kapitalismus

Der Prozeß der Übertragung verursacht gewisse Kosten und Unannehmlichkeiten, da schließlich wenig Leute gern Steuern zahlen; einige Leute kommen besser weg, einige wiederum sehr viel schlechter, als es sonst der Fall wäre. Aber das bestehende Vermögen einer Gesellschaft wird nicht verringert, und deshalb kann eine interne Verschuldung nicht, wie manchmal befürchtet, die Gefahr eines »nationalen Bankrotts« enthalten. Auf der anderen Seite kann das Bestehen einer nationalen Schuld selbstverständlich nicht zu einer Erhöhung des wirklichen Vermögens der Gesellschaft beitragen, auch wenn der private Besitz von Staatspapieren von ihren Eigentümern als Vermögen betrachtet wird.

Diese Feststellungen illustrieren die Aushöhlung und den schließlichen Zusammenbruch des Systems des freien Unternehmertums durch den Enteignungseffekt von Schulden und den auf sie erhobenen Zinseszins, das heißt Kapitalismus. Diese Tatsachen stellen auch einen Fall von Meinungsmanipulierung durch Desinformation dar, denn diese Übertragung innerhalb des amerikanischen Volkes ist eine stetig wachsende Belastung des produktiven Teiles (Bauern, Arbeiter, Erfinder und Unternehmer) zu Gunsten des parasitären Teils (Bürokratie, Finanziers).

Der großherzoglich-badische Finanzminister F. Nebenius stellte dazu bereits 1820 fest: *»Anwachsende Staatsschulden bewirken, daß fortschreitend ein immer größerer Teil des Nationaleinkommens von dem industriösen und fleißigen Teil der Gesellschaft auf den luxuriösen und müßigen Teil übertragen wird.«*

Da Banken, sobald die mit Schulden und Steuern belastete Industrie nicht mehr in der Lage ist, ihre Schulden zu bedienen oder zurückzuzahlen, ihre Kredite in Eigenkapital umwandeln und somit Eigentümer von allem werden, ist der Kapitalismus bei seinem logischen innerstaatlichen Ende angelangt.

Solche finanziellen Zusammenbrüche sind in den westlichen Industriestaaten alltäglich. Sie geschehen nicht nur in der Wirtschaft; ganze Städte, Gemeinden und Staaten sind derartig verschuldet, daß sie den Zinsdienst nicht mehr leisten können. Auch in den staatskapitalistischen Ländern des Ostblocks sind die geichen Entwicklungen und die entsprechenden Folgen feststellbar.

Die *Fed* ist auf dem besten Wege, durch inflationistische Maßnahmen einen weltweiten Kollaps des Dollars und der Kreditstruktur der »freien Welt« herbeizuführen. Die Folge wird eine weltweite Wirtschaftskrise sein, die sogar noch räuberischer als der erste Versuch einer »finanziellen Revolution« im Jahre 1929 sein wird, die auf den Tag genau 12 Jahre nach der Revolution vom 24. Oktober 1917 stattfand. Das Ziel, für das die Männer die *Fed* gegründet hatten, wird dann erreicht sein.

Ein Weltsystem privater finanzieller Kontrolle

In den *Protokollen* aus dem Jahre 1906 heißt es unter anderem: *»Wir werden die Fondsbörsen durch staatliche Kreditinstitute ersetzen, deren Aufgabe es sein wird, die Preise der industriellen Werte in Einklang mit den Gesichtspunkten der Regierung festzusetzen. Diese Einrichtungen werden in der Lage sein, an einem Tag für fünfhundert Millionen industrielle Papiere auf den Markt zu werfen oder auch für denselben Betrag zu kaufen. Auf diese Weise werden alle industriellen Unternehmungen in Abhängigkeit von uns geraten. Sie können sich vorstellen, welch ungeheure Macht wir uns dadurch sichern.«*

In *Tragödie und Hoffnung – Geschichte der Welt in unserer Zeit* bestätigt Dr. C. Quigley – Professor für Internationale Beziehungen an den Universitäten Georgetown, Washington, Harvard und Princeton – den Plan der über 70 Jahre alten *Protokolle.* Er bezeichnet sich als Mitglied der internationalen geheimen Gruppe der »Weltverbesserer«, die er mit den supranationalen Bankendynastien identifiziert (Rothschild, Rockefeller, Mellon, Warburg, Whitney). Er stimmt der Zielsetzung und Strategie dieser Gruppe zu, deren Verdienst um den Zusammenschluß der Menschheit er anerkannt sehen möchte, doch erhebt er starke Einwände gegen ihre Politik, im Verschwiegenen zu operieren. Deshalb bringt er diejenigen an das Licht, die für die Konzentrierung der Macht auf der sozialistisch-kommunistischen Seite in den letzten 50 bis 75 Jahren verantwortlich sind:

»Diese Kräfte der Finanz des Kapitalismus hatten ein anderes weitgestecktes

Schacht verabschiedet sich auf dem Pariser Bahnhof St. Lazare von *Owen D. Young.*

Abb. unten: *Ramsay McDonald* (rechts), der britische Ministerpräsident, und »General« *Dawes,* der Vertreter der Hochfinanz vor dem Logenhaus in Forres, Schottland.

Deutschland wurde zwischen 1914 und 1933 auf sechsfache Weise durch die Hochfinanz enteignet. Zunächst durch die Verschuldung im Ersten Weltkrieg und dem daraus resultierenden Zinsendienst. Dann kamen Versailles und die Reparationsleistungen, die große Inflation, der *Dawes-Plan,* der *Young-Plan* und schließlich die Weltwirtschaftskrise, die Deutschland besonders hart traf. Die dadurch erzeugte Verelendung schuf die Voraussetzung für den Aufstieg Hitlers, der von den gleichen Kreisen finanziell gefördert wurde, die auch für die Verelendung verantwortlich waren. Hitlers Machtergreifung schuf wiederum die Voraussetzung für einen neuen langen und schweren Krieg mit weiteren weltweiten Enteignungen. Schacht war in diesem Spiel der verlängerte Arm der Hochfinanz. Er arbeitete zunächst mit an der Verelendung und dann, nach 1933, am Wiederaufbau, zwecks Schaffung einer starken Militärmacht für den »Zweiten Durchgang«.

Allan und John Foster Dulles. Allan war führender Geheimdienstler, John Foster war einer der Verbindungsleute der Hochfinanz bei der Finanzierung Hitlers.

Treffen der *Bank für Internationalen Zahlungsausgleich* (BIZ). Die BIZ spielte bei der finanziellen Knebelung Deutschlands vor Hitlers Machtergreifung eine große Rolle. Seitdem wuchs ihre Macht noch erheblich.

Der Präsident der Vereinigten Staaten von Amerika, *Franklin Delano Roosevelt*, in einer Hochgradloge.

Ziel: ein Weltsystem finanzieller Kontrolle in Privathänden zu schaffen, dem es möglich wäre, jedes politische System in jedem Land und die Weltwirtschaft zu kontrollieren.«

Dieser Plan hat die Welt an den Abgrund eines finanziellen und wirtschaftlichen Kollapses gebracht mit einem dritten Weltkrieg als politische Alternative und damit einhergehender Verarmung unter sozialistischen Diktaturen. Diese würden ständig Kriege gegeneinander führen zu einer Zeit, wo Fortschritte in Technik und Kommunikation zum erstenmal in der Geschichte weltweiten materiellen Wohlstand bringen könnten – wäre die freie Entwicklung durch schuldenfreies Geld gesichert.

Henry Ford, synonym mit freiem amerikanischem Unternehmertum, bemerkte 1920: *»Eigentlich ist es ganz gut, daß die Menschen der Nation unser Banken- und Währungssystem nicht verstehen. Würden sie es nämlich, würden wir eine Revolution vor morgen früh haben, glaube ich.«*

Von Jesaja bis Karl Marx

Am 4. Juli 1976 kommentierte James Reston (Mitglied CFR, Bilderberger) in der *New York Times* unter der Überschrift *»Nicht 1776, sondern 1789«* den 200. Geburtstag der Vereinigten Staaten:

»›Über das Idealziel menschlicher

Anstrengungen‹, schrieb Huxley in ›Ends and Means‹, gibt es in unserer heutigen Zivilisation wie auch während nahezu 30 Jahrhunderten eine weitgehende Übereinstimmung. Von Jesaja bis Karl Marx haben die Propheten die gleiche Sprache gesprochen. Im goldenen Zeitalter, dem sie entgegensehen, wird es Freiheit, Friede, Recht und brüderliche Liebe geben. Die Unabhängigkeitserklärung von 1776 verkündete das Selbstbestimmungsrecht des Volkes.

Während der größte Teil der Welt Angst vor Freiheit hat, geht das alte Experiment von 1776 und 1789 in den USA weiter voran. Es ist natürlich ein sehr risikoreiches Unterfangen.

Der erste Schritt zu Weisheit, meinte Alfred North Whitehead vor fünfzig Jahren, ist die Erkenntnis, daß die größten Fortschritte in der Zivilisation Vorgänge sind, die fast zur völligen Zerstörung der Gesellschaft führen, in der sie vorkommen.

Wir betrachten die Unabhängigkeitserklärung heute als einen ›großen Fortschritt‹ im langen Kampf für Freiheit, aber sie spaltete unser Volk zu dieser Zeit und führte fast zur völligen Zerstörung unserer schwachen und geteilten Gesellschaft. Obwohl ihre Gefühle oft stärker waren als die Vernunft, hat sie aber auch insgesamt gesehen die Gabe zu konservativer Erneuerung entwickelt und erscheint am Anfang ihres dritten Jahrhunderts immer noch jung und zuversichtlich und verkündet immer noch die Ideale der Erklärung.

Vielleicht war die Geburtstagsparty verfrüht. Nach 1776 kamen 13 Jahre Katzenjammer. Das große Aufblühen sollte deshalb 1989 kommen, wenn wir so viel Glück wie in der Vergangenheit haben.«

Der Aufsatz wurde entnommen aus: Peter Blackwood: *Die Netzwerke der Insider.* Der Aufsatz erschien erstmals in der Zeitschaft *Diagnosen* (Leonberg), die neuerdings unter dem Namen *CODE* erscheint.

A New Charter For U.S. Banking

Virtually unnoticed in all the furor about runaway prices, the most important banking legislation since the Great Depression took final shape in Congress last week. Senate and House conferees agreed on a bill that will promote more competition between commercial banks and thrift institutions. It finally gives small savers a break on interest rates and increases Federal insurance on savings accounts. Formally known as the Financial Institutions Deregulation and Monetary Control Act of 1980, the bill was ten years in the making and is all but certain to be passed by both houses and signed into law by the President.

The bill also extends the Federal Reserve's power to control the reserves of the nearly 9,000 banks that do not belong to the Federal Reserve system. Inability to control these "outside" reserves has played hob with the Fed's inflation-fighting plans in recent years, but eventually, the Fed will also be able to impose higher reserve requirements on its member banks as well.

Meldung aus *Newsweek*, 17. März 1980.

Kern der Meldung: Nach rund 10 Jahren der Bearbeitung passierte jetzt, unter der Bezeichnung *»Financial Institutions Deregulation and Monetary Control Act«*, ein neuer Gesetzentwurf die Ausschüsse des Kongresses. Das Gesetz verleiht dem *Federal-Reserve-System* u.a. Kontrollrechte über die Reserven der rund 9000 Banken der USA, die dem *System* nicht angehören.

Von Ursache und Wirkung

Im Jüdischen Wochenblatt für Magdeburg (Folge 6 vom 10.2.1933) schrieb Dr. Hugo Spiegler:

»Die politische Wendung in Deutschland bringt wohl den Juden eine Zeit schwerer Prüfungen – aber sie mögen sich trösten: Auch für ihre plötzlich zur Macht gelangten Gegner bedeutet der Regierungsantritt . . . ein schwieriges Examen, und die Angst vor der biblischen Prüfungszensur: »Geprüft, gewogen und zu leicht befunden!« samt den aus der Heiligen Schrift bekannten Folgen für den zensurierten Kandidaten ist sehr geeignet, auch den spätesten Nachfahren des judenfeindlichen Diktators Belsazar einiges Lampenfieber zu verursachen.«

Etwas später wies Spiegler auf die vielen Widersprüche im Verhalten der NSDAP hin und erklärte dann:

»Solche Widersprüche zwischen Theorie und Praxis sind noch keiner radikalen Partei im Augenblick der Machtergreifung erspart geblieben. Aber man muß schon sagen, daß Herr Hitler hierin einen Rekord zu erzielen im Begriffe ist:

Obwohl Verkünder des fanatischsten Rasseantisemitismus hat er sich den durch seine Schuld fast schon verschütteten Weg zur Macht ausgerechnet durch den Rassejuden Schröder freimachen lassen, der noch obendrein Bankier, also nicht gerade ein besonders prädestinierter Pionier des nationalsozialistischen Programmpunkts: Brechung der Zinsknechtschaft ist.«

Weithin bekannt wurde das Bankhaus Schröder vor allem durch die geschichtswissenschaftliche Literatur nach 1945: und zwar als wohl wichtigste Drehscheibe für die Finanzierung Hitlers durch Hochfinanz und Großindustrie. Weithin unbekannt blieben jedoch die Hauptquellen dieser Finanzierung. Bisher wurden vor allem folgende Finanzgruppen ausfindig gemacht: Gruppe *Warburg/Kuhn-Loeb & Co. / Rothschild;* Gruppe *Deterding/Shell/Samuel & Samuel; Schneider-Creusot* und der *Vatikan,* insbesondere der Jesuitenorden mit John Foster Dulles als Mittelsmann. Kleinere Summen kamen außerdem von der deutschen Großindustrie.

Literatur hierzu u.a.: E. Franke-Griksch: *So wurde Hitler finanziert* (Leonberg 1983), H. Zepp-La Rouche: *Das Hitler-Buch* (Wiesbaden 1984), J. Ledraque: *Springers Nazionismus* (Genf o.J.) Heinz Scholl: *Von der Wallstreet gekauft* (Euskirchen o.J.), G. Müller: *Überstaatliche Machtpolitik im 20. Jahrhundert* (Pähl 1978).

In dem Buch von Walther Görlitz: *Geldgeber der Macht* (Düsseldorf 1976) heißt es auf S. 60 u.a.:

»Über den Keppler-Kreis kam am 4. Januar 1933 bei Baron Kurt von Schröder in Köln jene Unterredung zwischen Hitler und dem Ex-Reichskanzler und Vertrauensmann Hindenburgs, Franz von Papen, zustande, die am 30. Januar 1933 zur Bildung eines nationalsozialistisch-konservativen Koalitionskabinetts unter Hitler führte.«

Inzwischen gehört es unter den Fachhistorikern zur herrschenden Auffassung, daß sich Franz von Papen im entscheidenden Moment als der am deutlichsten sichtbare Kopf jener Gruppe betätigte, die Hitler zur Macht verhalf (vgl. u.a. K. D. Bracher, G. Schulz, W. Sauer, *Nationalsozialistische Machtergreifung*, Berlin, 1973). Unerwähnt bleibt allerdings meist, daß Franz von Papen nicht nur Mitglied des

Über seinen Freund Montagu Norman (rechts), den Leiter der *Bank of England*, organisierte Schacht (links) politische und finanzielle Hilfe aus dem Ausland für Hitlers Marsch an die Macht.

Schacht (Mitte) unterschreibt am 7. Juni 1929 den *Young-Plan*, durch den Deutschland noch weiter verelendete.

sogenannten »Herrenclubs« war und enge Beziehung zu Freimaurerkreisen um die Generale Groener und Schleicher und den Sohn Hindenburgs unterhielt, sondern vor allem Geheimkämmerer des Papstes war und von diesem 1934 für seine »politischen Verdienste« den »Christusorden« erhielt.

Zu den hier lediglich angedeuteten, aber wesentlichen Tatsachen über die Finanzierung und Inthronisierung Hitlers kommt eine dritte wesentliche Tatsache: Auf der letzten nach üblichen demokratischen Spielregeln als gültig anzusehenden Wahl, jener vom November 1932, erhielt Hitler nur etwa 27% der Stimmen aller Stimmberechtigten. Es trifft also gar nicht zu, daß Hitler von der Mehrheit des Volkes gewählt worden war. Auch hatte der größte Teil seiner Wähler damals nicht Krieg und KZ, sondern Arbeit, Brot und Aufhebung der Versailler Bedingungen gewählt. Daß dies eine Täuschung war, ist tragisch. Wäre jedoch das Volk in den Jahren, Jahrzehnten und Jahrhunderten zuvor nicht einer umfassenden Massensuggestion und -verdummung ausgesetzt worden, wäre es reifer und urteilsfähiger gewesen. An der Erzeugung dieser mangelhaften Urteilsfähigkeit und deren Folgen waren aber alle Führungsgruppen einschließlich den Parteien und Kirchen beteiligt.

Aus dem obengenannten drei Tatsachen ergibt sich bereits, *wo* die Hauptverantwortung für die Entwicklung nach 1933 zu suchen ist: bei jenen Kreisen, wo die Hauptverantwortung für die politische Entwicklung schon vor 1933 lag und wo sie auch heute noch liegt. Mitverantwortung tragen freilich außerhalb dieser Kreise alle jene, die das Machtspiel durchschaut und halbherzig oder gar nicht bekämpft haben. Und nicht ganz frei von Schuld sind auch jene, die genügend Gelegenheit hatten, die Entwicklung zu durchschauen, aber lieber die Augen schlossen.

Als die heidnischen Germanen christianisiert wurden, geschah das überwiegend mit Gewalt. Wer sich der Bekehrung widersetzte, wurde verfolgt, nicht selten getötet. Es entstand ein Geschlecht, das es lernte, um des Überlebens willen den Nacken zu beugen, und welches sich angewöhnte, das Verbrechen der gewaltsamen Bekehrung, die Niederlage und die dann folgende Ohnmacht, das Versagen und später dann auch viele der nachfolgenden Bekehrungsverbrechen an anderen Völkern zu verdrängen und teilweise sogar zu glorifizieren. So wurden nachfolgende Geschlechter bald fähig, sich sogar im Dienst der Kirche an der Knechtung anderer bis dahin noch freier Völker zu beteiligen. Heuchelei, Betrug und Gewalt bestimmten zunehmend das Volksleben. Das hat sich bis heute nicht wesentlich gebessert; nur geschieht es heute weniger im Namen Gottes als unter dem Vorwand der Demokratie oder des Sozialismus, der Freiheit und des individuellen Wohlstandes. Selbst der völkische Gedanke hat immer wieder herhalten müssen, um Völker für völkerfeindliche Zwecke einspannen zu können.

In den vergangenen 1200 Jahren, seit Beginn der christlichen »Fremdherrschaft«, kam es zwar immer wieder zu Versuchen, sich von dieser Herrschaft zu befreien – doch bislang vergeblich. Es entwickelten sich, oft halb im Untergrund, lediglich Bruchstücke einer Gegenkultur oder Gegentradition: Soweit diese Gegenkultur in unserem Volk entstand, verbinden wir sie mit Namen wie Eschenbach, Lessing, Schiller, Goethe und Storm, Bach, Beethoven, Mozart und Pfitzner, Dürer, Schwind, Friedrich und Petersen, Ekkart, Leibniz, Kant, Schopenhauer und Ludendorff, um nur einige Namen zu nennen.

Diese Geister sind die wahren, die eigentlichen Vertreter von Volk und Kultur Deutschlands – ihre Tradition steht im Gegensatz zu jener der Beugsamen, der Kreuzfahrer, der Ketzer-, Hexen- und Judenverfolger, der Verräter von Leben, Zukunft und Freiheit unseres Volkes (und anderer Völker). Stehen die erstgenannten in der Tradition des »Heidentums«, so stehen die letzteren in der Tradition der Priester des Alten und Neuen Testaments und deren Ablegerschaft bis hin zu Marx, Freud und Adorno.

Wieviele Menschenleben der *Holocaust* und die vielen anderen Verbrechen an Völkern wirklich gekostet haben, wieviel Wahrheit und wieviel Zweckpropaganda ist und wer alles sich hier schuldig gemacht hat, das wird zweitrangig gegenüber der Hauptfrage: Wie läßt sich die immer noch bestehende »Fremdherrschaft« in unserem Volk und anderen Völkern abschütteln und damit jene Tradition beenden, in die auch der *Holocaust* gehört, und zwar zugunsten einer Tradition, in welcher sich der Einzelne und alle Völker in Selbstbestimmung und geistigem Reichtum verwirklichen können.

Roland Bohlinger

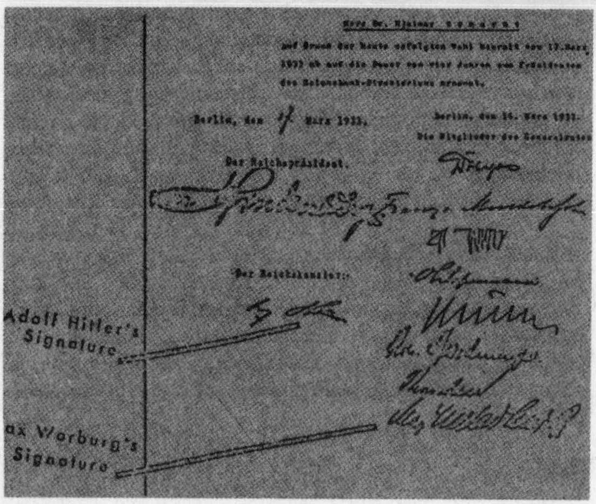

Die Ernennung von Hjalmar Schacht zum Präsidenten der Reichsbank. Er vertrat die wirkliche Macht hinter Hitler. Die Ernennungsurkunde ist u. a. von Hitler und von Max Warburg unterzeichnet, dem Bruder Paul Warburgs.

Der Krieg der Banken gegen Amerika

Der totale Wirtschaftskrieg mit dem Ziel der Zerstörung Amerikas wird jetzt von internationalen Banken und multinationalen Firmen geführt, die mit David Rockefellers Trilateraler Kommission verbündet sind. Dieser trilateristische Angriff wird mit geheimer Hilfe und Unterstützung von Präsident Ronald Reagans Regierung durchgeführt. 1982 veröffentlichte die Trilaterale Kommission ihren Bericht Nr. 25 unter dem Titel »Beiträge zu internationalen Verpflichtungen«. Dieser Bericht zeigt die direkte Verbindung zwischen immer höher werdenden Zahlungen des amerikanischen Steuerzahlers an internationale Währungs- und Wirtschaftsfonds - wie zum Beispiel den Internationalen Währungsfonds und die Weltbank - und der Verschwörung der trilateralen Banken gegen die industrielle Basis Amerikas.

Der *Trilateral Report* Nr. 25 stellt fest: *»Zunehmende Abhängigkeit von ausländischen Anleihen hat die Verbindlichkeiten vieler ölimportierender Staaten in die Höhe getrieben. Einige dieser Länder werden durch die Fälligkeiten ihrer Rückzahlungen in ernste Krisen geraten.*

Die Fähigkeit der Entwicklungsländer, mit diesen Problemen fertig zu werden, hängt grundsätzlich von unseren Ländern (den USA) *ab, ob sie dauerhaften Zugang zu den Märkten gestatten* (Importe aus den Dritte-Welt-Ländern), *unserem Willen, Entwicklungsländern bei ihren Schulden und Belastungen zu helfen - durch größte Unterstützung des Internationalen Währungsfonds* (IWF) *und der Weltbank - und unserem Willen, auch anderweitig Hilfestellung zu geben. Im Gegenzug sollten die Entwicklungsländer freien Zugang zu den Kapitalmärkten der Industrieländer haben.«*

Nationaler Selbstmord

Um die Finanzhilfen für kommunistische, anti-amerikanische Entwicklungsländer massiv zu steigern, haben die trilateralen Banken die Kredithilfen für amerikanische Farmer und den Mittelstand drastisch reduziert.

Zum Verständnis von Kredithilfen der bilateralen Banken an Dritte-Welt-Länder und der von trilateraler Seite inszenierten Deindustrialisierung Amerikas gibt der *Trilateral Report* Nr. 25 an: *»Private Investitionen können in diesem Entwicklungsprozeß eine wichtige Rolle spielen, indem sie ausländisches Kapital zur Verfügung stellen und den Transfer von Technologien, Managements- und Organisationstechniken erleichtern.«*

Die Zeitbombe der Verschuldung

Wie die anti-amerikanischen, multinationalen Firmen Ländern wie zum Beispiel Brasilien helfen, die Schulden bei den trilateralen Banken zu begleichen, beschrieb das *Business Week Magazine* in einem am 7. März 1983 erschienenen Artikel: *»Der Finanzchef eines US-Multis deutete an, daß sich viele US-Firmen dazu entschließen werden, die Produktionskapazität in den USA zugunsten der Möglichkeiten billiger brasilianischer Exporte zu opfern. Um in ihren multinationalen Beständen und Marketingnetzen mehr Raum für brasilianische Produkte zu schaffen, schließen sie lieber Produktionsstätten im eigenen Land.«*

Der im ganzen Land bekannte Nachrichtenanalysator Tad Szulo beschrieb in der *New York Times* die Beziehung zwischen der steigenden US-

Hilfe für den *IWF* und der Deindustrialisierung Amerikas wie folgt:

»Damit ein Schuldner in der Lage ist, seine Schulden zu bezahlen, muß er Geld verdienen. Geld zu verdienen heißt zu exportieren. Die Art und Weise, wie der IWF den Ländern der Dritten Welt hilft, ihre Schulden bei internationalen Banken zu bezahlen, basiert auf dem Konzept, daß Kreditbürgschaften nur dann einen Sinn haben, wenn die Exporte der Schuldnerländer adäquat sind. Im Gegenzug dafür verpflichtet sich Brasilien, in diesem Jahr für 6 Milliarden US-Dollar zu exportieren. Aber das bedeutet den Zugang zu freien Weltmärkten einschließlich der USA, im direkten Wettbewerb mit amerikanischen Produkten.«

Die Kredit- und Exportsituation Brasiliens ist mit vielen anderen Dritte-Welt-Ländern vergleichbar. Zunehmende amerikanische Unterstützung für den *IWF* und die *Weltbank* bedeutet also, daß die amerikanischen Steuerzahler gezwungen werden, auch noch für die Zerstörung des Wirtschaftsgefüges in den USA zu zahlen.

Tad Szulo fügte hinzu: *»Die ›Zeitbombe‹ der internationalen Verschuldung ist auf unauflösliche Weise mit dem freien Welthandel und dem Willen der Banken hauptsächlich in den USA verbunden, ihre Kredite offen zu halten.«*

Der populäre konservative Kolumnist und Radiokommentator Patrick Buchanan hat in vielen Artikeln den Ausverkauf Amerikas zugunsten trilateraler Interessen durch die Reagan-Regierung und die steigenden US-Beiträge für den *IWF* attackiert. Am 9. Februar 1983 schreibt Buchanan in der *Washington Times: »Die endgültige Entwicklung dieser Auslandshilfemaschinerie wird mit der Zustimmung und der Komplizenschaft einer konservativen amerikanischen Regierung geschaffen – der Reagan-Regierung. ›Die neue internationale Wirtschaftsordnung‹, unter der schwarze und braune Regierungen des sozialistischen Südens* (Dritte- und Vierte-Welt-Nationen) *einen permanenten moralischen Anspruch auf den Reichtum der weißen und kapitalistischen Westens erheben. Dies alles geschieht vor unseren Augen mit Reagan & Reagan als Architekten.«*

Der wirkliche Sinn des *IWF*

Am 15. April 1983 äußerte sich Patrick Buchanan in einer Kolumne weiter zu diesem Problem: *»Wenn die Amerikaner erfahren, wie die Republikanische Partei dabei mitgeholfen hat, mit den Ersparnissen des kleinen Mannes Rockefellers Bank zu helfen, während man weniger bevorzugte Firmen an einer Kreditrate von 500 US-Dollar pro Woche zugrunde gehen ließ, wird es eine große Abrechnung geben. Was hier geschieht, ist nicht einfach ein Transfer von Vermögen, sondern ein Transfer von Souveränität. So soll die ›Neue Internationale Wirtschaftsordnung‹ aussehen.«*

Mit den neuen Milliarden und stärkerer Macht gewinnt der *IWF* permanenten Zugang zum Investitionsvermögen Amerikas und wird damit zur entscheidenden Kraft, wenn es darum geht, wieviel von amerikanischem Vermögen dazu verwandt wird, die Kredithilfen für Regime in Lateinamerika und Zentralafrika, ja bis zu denen Osteuropas, aufrecht zu erhalten.

In der am 8. Dezember 1982 überregional verbreiteten Kolumne von Rowland Evans und Robert Novak wurde berichtet, daß die Entscheidung der Regierung Reagan, internationale Bankkredite durch Bürgschaften abzustützen, auf einen seltenen Besuch von Paul Volcker, Vorsitzender des *Federal Reserve Board*, der US-Notenbank, anläßlich eines Treffens ehemaliger Regierungsbeamter im Weißen Haus am 28. Oktober 1982 zurückgeführt werden kann. Volcker war nämlich von Präsident Carter aufgrund direkter Anweisungen von David Rockefeller mit dieser Position betraut worden. Volcker traf sich dort mit einer Gruppe von Regierungsbeamten, die vom Stabschef des Weißen Hauses, James Baker – einem langjährigen trilateralen Loyalisten – angeführt wurde.

Das Resultat dieses Treffens war Präsident Reagans Entscheidung, die US-Zahlungen für den *IWF* massiv zu steigern. Allgemein wird die Höhe des amerikanischen Beitrages mit 8,4 Milliarden US-Dollar angenommen. Aber Evans und Novak deuteten an, Beamte des Weißen Hauses hätten geäußert, daß die tatsächliche Höhe des US-Beitrages auf 50 Milliarden US-Dollar »aufgeblasen« wird. Zusammen mit Extra-Hilfen für Mexiko und Brasilien, die nicht rückzahlbar sind, wird sich jedoch das Beitragsvolumen zunächst wahrscheinlich auf 15 Milliarden US-Dollar ausdehnen.

Einen weiteren Befehl der *Trilateralen Kommission* führte Präsident Reagan dann aus, als er Paul Volcker für eine zweite Amtszeit zum Chef der Notenbank ernannte. Damit sollte sichergestellt sein, daß auch in Zukunft noch größere Beiträge der US-Steuerzahler für *IWF* und *Weltbank* geleistet werden können.

Am 4. Mai 1983 berichtete die *Washington Times*, daß der Präsident der *Weltbank*, A. W. Clausen, eine gigantische Anhebung der Mittel um 20 Milliarden US-Dollar für die *Weltbank* forderte, obwohl die *»beitragszahlenden Länder gerade das Kapital der Weltbank auf eine geschätzte Höhe von etwa 85 bis 90 Milliarden US-Dollar verdoppelt haben«*.

Hohe Zinsen – hohe Arbeitslosenzahlen

Clausen gab an, daß man 1986 wegen des Beitritts Chinas zur *Weltbank* zusätzlich 40 Milliarden US-Dollar benötigen werde. Die trilateralen internationalen Banken planen eine massive Standortverlegung amerikanischer Industrie nach Rot-China, um sich der kommunistischen Sklavenarbeit bedienen zu können.

Die *Washington Times* berichtete, daß trotz der vielen unsicheren Kredite, die schon von US-Banken an Dritte-Welt-Länder vergeben worden sind, die Regierung Reagan darauf drängt, daß die Banken den Entwicklungsländern auch weiterhin Darlehen geben, *»was den Prozeß der Deindustrialisierung der Vereinigten Staaten weiter fortsetzt«*.

Am 19. Juni 1983 stellte die *Washington Post* fest: *»Wie Experten ausgerechnet haben, müssen die Banken ihre überseeischen Finanzhilfen während der nächsten 3 bis 4 Jahre um mindestens 7 Prozent pro Jahr aufstocken, um verschuldete Länder vor dem Staatsbankrott zu bewahren.«*

Im Gegensatz zu den Lügen, die von trilateralen Handlangern im US-Kongreß verbreitet werden, hilft die Steigerung des US-Beitrages für den *IWF* auf keinen Fall den US-Exporten. Die Zeitung stellte fest: *»Diese neuen Gelder werden Brasilien, Mexiko und andere Länder nicht in die Lage versetzen, mehr aus Übersee* (von den USA) *kaufen zu können. Sie werden einfach dazu benötigt, den Schulden, die diese Länder bereits haben, nachkommen zu können. Um ihre Zinsen bezahlen zu können, werden die verschuldeten Länder ihren Bedarf an Importgütern weiter einschränken, um dafür ihre Exporte in die USA zu steigern – und so weitere Millionen amerikanischer Arbeiter arbeitslos zu machen.«*

Die *Washington Post* beschrieb die riesigen Profite, die die internationalen Banken einstreichen, indem sie abzuschreibende Altschulden mit neuen Krediten »retten«. Die Zeitung stellte fest: *»Der Preis, den die Banken dafür verlangten, ist hoch. Als Resultat ihrer ›Rettungsaktivitäten‹ bei Schulden der*

Dritten Welt konnten sie ihre Gewinne kräftig steigern. Dies geschah, indem man saftige Gebühren für die Bereitschaft erhob, alte Schulden zu ›refinanzieren‹ und neue Darlehen in Länder wie Brasilien und Mexiko zu pumpen.«

Noch wichtiger ist die Tatsache, daß die Banken von diesen Ländern Zinsen verlangen, die höher sind, als die eigentlich entstandenen Geldkosten. Ein Sprecher einer großen US-Bank, die als großer Geldgeber für Lateinamerika gilt, sagte, *»er sei verblüfft über die Bedingungen der Schuldensanierung Brasiliens und Mexikos«*. Er sagte, seine Bank verdiene zwischen 2 und 3 Prozentpunkte über die Geldkosten hinaus, verglichen mit weniger als einem Prozentpunkt in der Zeit davor.

Hochzinssituation wird andauern

Die beschriebene Situation zeigt einen der Gründe auf, warum die trilateralen Banken angesichts der sinkenden Inflationsraten und der Depression in den USA trotzdem weiterhin unerhört hohe Zinsen verlangen. Am 14. April 1983 berichtete die *Washington Times:*

»Während die Zinsen, die die Banken für die Beschaffung weiterer Mittel zahlen, um 6 Prozent gefallen sind, fielen die Zinsen für Verbraucherkredite und Automobile nur um weniger als 2 Prozent und bei Hypothekenkrediten um weniger als 3,5 Prozent. Das bedeutet, daß die Banken – nicht der Handelsmarkt – den größten Teil des Zinsgefälles in Form einer höheren Gewinnmarge eingesteckt haben, die sich durch niedrige Geldbeschaffungskosten und den Ertrag dafür ergibt.«

Die Zeitung berichtete auch, daß Robert Weintraub – Ausschußvorsitzender des *Joint Economic Committee of Congress* – folgerte, *»daß diese Finanzbürgschaften zugunsten des IWF noch höhere Zinsen mit sich bringen, wenn die Banken weiterhin ihre Schuldnerländer mit neuen Krediten flüssig machen, indem sie hier* (in den USA) *noch höhere Zinsen verlangen«.*

Die trilateralen internationalen Banken wollen diesen Zinswucher in Amerika aufrechterhalten – egal was passiert. Am 18. Juni 1983 berichtete die *New York Times,* daß Rimmer de Vries – stellvertretender Vorstandsvorsitzender und Chef der Aussenhandelsabteilung von *Morgan Guaranty* (einer großen internationalen Bank) – andeutete, daß die Zinsen weiterhin hoch bleiben würden, selbst wenn die Banken manche risikobehafteten Kredite an Länder der Dritten Welt abschreiben müßten.

»Wenn die Banken 30 Prozent ihrer Risikokredite an Länder, mit denen jetzt verhandelt wird, abschreiben, geht das zu Lasten des Eigenkapitals der Banken«, sagte Mr. de Vries. *»Erwarten Sie nicht, daß eine Bank nur ihre Kreditvergabe nach Brasilien beschränken würde. Sie wird entweder ihre Kreditvergabe generell einschränken oder aber ihre Zinsen für Geschäfts- und Verbraucherkredite in Amerika erhöhen, um die Auslandsverluste auszugleichen.«*

Am 6. Juli 1983 interviewte die Radiostation WRC in Washington Paul Craig Roberts, seines Zeichens *Assistant Secretary of the Treasury for Economic Policy* im ersten Jahr der Regierung Reagan. Roberts stellte fest: *»Wir hören gerade von einer zweiten Finanzierungswelle. Es stimmt, 8,4 Milliarden US-Dollar reichen nicht aus* (für IWF-Bürgschaften). *Deswegen wird davon geredet, noch mehr Schulden auf die bereits vorhandenen aufzutürmen, noch mehr verlorene Auslandskredite aufzuhäufen und wie unsere Banken sich noch mehr zu exponieren.«*

Nicht einmal Geld für eigene Ausgaben

Angesprochen auf die trilateral-liberale Propaganda, daß die USA mehr und mehr Geld in Länder der Dritten Welt pumpen müssen, um die eigene Wirtschaft florieren lassen zu können, antwortete Roberts:

»Nein, ich glaube nicht, daß dies etwas mit der wirtschaftlichen Erholung der westlichen Industrienationen zu tun hat. Wie Sie sehen, kommt von jedem geliehenen Dollar nur ein Bruchteil zurück. Die Länder der Dritten Welt haben andere Handelspartner und sie importieren aus anderen Ländern.

Wenn Sie also sagen, wir müssen ihnen 10 Dollar leihen, dann geben sie 3 Dollar hier aus, um die einheimische amerikanische Wirtschaft zu stärken. Rein netto haben wir für 7 Dollar Aufträge verloren. Es ist keineswegs ein ›Beschäftigungsprogramm‹ für die USA, weil mehr Geld hinausgeht in die Dritte-Welt-Länder, als wieder hereinkommt.«

Roberts greift den trilateralen und liberalen Anspruch, die USA müssen dauernd Zahlungen in diese Länder transferieren – oder in den USA würde alles aus dem Leim gehen – heftig an: *»Das Problem mit diesem Argument ist, wir haben einfach nicht das Geld dazu. Wir können noch nicht einmal unsere einheimischen Ausgaben finanzieren. Wie Sie wissen, ist unser Sozialversicherungssystem zu einem Problem geworden. Momentan wird nach Lösungen im Bereich der Krankenversicherung gesucht. Wenn Sie sich unsere Situation vorstellen, die verheimlichten Haushaltsdefizite, verursacht durch den außer Kontrolle geratenen Geldkreislauf im Inland, werden wir wahrscheinlich kaum in der Lage sein, internationale Transferzahlungen zu leisten.«*

Die steigende US-Unterstützung des *IWF* birgt noch einen anderen gefährlichen Aspekt in sich, indem der *IWF* eine noch größere, illegale Einwanderungswelle von Farbigen aus Ländern der Dritten Welt in die USA verursacht. Wenn der *IWF* Kredite an Dritte-Welt-Länder vergibt, werden den Schuldnerländern sehr strenge Beschränkungen der eigenen Wirtschaft aufgezwungen. Diese Beschränkungen verursachen dann einen plötzlichen starken Anstieg der Lebenshaltungskosten.

Am 7. Juli 1983 berichtete die *Washington Post*, daß der *IWF* von den Schuldnerländern der Dritten Welt verlangt, *»diese sollen ihre Beihilfen für Verbraucher und einheimische Industrien drastisch kürzen, um die Defizite der öffentlichen Hand zu verringern. Sie setzen strenge Geldabwertungen durch, um Importe zu verteuern und Exporte in die USA billiger zu machen. So können diese Länder ihre Währungsreserven stärken. Das Ergebnis dieser Eingriffe wird dazu benutzt, Rezessionen, hohe Inflationen und einen niedrigeren Lebensstandard für eine große Zahl verarmter Bürger und eine relativ kleine Mittelklasse durchzusetzen.«*

Solch eine bewußt gewollte Verringerung eines längst niedrigen Lebensstandards in Ländern der Dritten Welt treibt Millionen farbiger Arbeitssuchender zur Übersiedlung in die USA und damit zur direkten Konkurrenz mit amerikanischen Arbeitern beim Kampf um Arbeitsplätze.

Reagans Ausverkauf an die Trilateralen

Die *New York Times* berichtete am 9. Juni 1983: *»Ein hoher Regierungsbeamter – für die Anti-Trustbildung zuständig – forderte den Kongreß auf, die für die Bildung überregionaler Bankzweigstellen und Bank-Trusts hinderlichen Gesetze aufzuheben.«*

William F. Baxter, stellvertretender Bundesanwalt und Leiter der Anti-Trust-Abteilung des Justizministeriums, drängte auf die Aufhebung des sogenannten *McFadden-Acts*, das einer Bankholding die Gründung einer anderen Bank in einem anderen Bundesstaat, in dem die zu gründende Bank eine Zugangsgenehmigung beantragt hat, verbietet. Baxter verlangte die *»totale Aufhebung aller innerstaatlichen Zulassungsbarrieren«*.

Mit dem Propagieren falscher Gesetzesinterpretationen fördert die Regierung Reagan ein Monopol, indem sie großen trilateralen Banken gestattet, das Vermögen kleiner und mittlerer Banken in den USA zu übernehmen. Das Vermögen der kleinen und mittleren amerikanischen Banken ist jetzt hauptsächlich auf das bundesstaatliche und regionale Wirtschaftsgefüge konzentriert. Diese kleinen Banken haben ohnehin nur einen geringen Teil ihrer Mittel in Investitionsvorhaben in Ländern der Dritten Welt plaziert. Normalerweise werden Investitionshilfen kleiner und mittlerer Banken nur als Teil eines gigantischen Investitionskonsortiums gegeben, geschaffen und durchgeführt von großen trilateralen internationalen Banken . . .

Die *Washington Post* berichtete auch, daß Beamte des Finanzministeriums – wie zum Beispiel Unterstaatssekretär Beryl Sprinkel – über die neue Zurückhaltung bei ausländischen Kredithilfen durch kleine und mittlere Banken sehr verstimmt sind.

Zusätzlich zu den steigenden Beiträgen der US-Steuerzahler zum *IWF* fördert die Regierung auch andere trilaterale Deindustrialisierungsprozesse, um Investitionen ins Ausland zu lenken. Die *Washington Times* berichtete, daß die Regierung Reagan *»stärkere Unterstützung der ›International Development Association‹ – eines Zweiges der Weltbank, auf zinslose Kredite für verarmte Länder spezialisiert – fordert«*.

Durch die Ausbreitung über Bundesstaaten und die Übernahme von Regional- und Staatsbanken sind die trilateralen Banken in der Lage, die Investitionsmittel dieser kleineren Banken an der amerikanischen Wirtschaft vorbei in die Ökonomien kommunistischer, anti-amerikanischer, »nicht-weißer« Staaten der Dritten Welt zu leiten.

Am 19. Juni 1983 berichtete die *Washington Post, »daß Volckers Währungspolitik die höchsten Arbeitslosenzahlen und die höchsten Zahlen von Firmenzusammenbrüchen der letzten 40 Jahre gebracht hat«*.

Präsident Reagans Verrat, den er durch die Wiederernennung Volckers für eine zweite Amtszeit beging, zeigt Ronald Reagans totale Unterstützung für den Krieg der trilateralen Banken zur Deindustrialisierung der USA. Robert M. Dunn jr., Professor für Ökonomie an der *George Washington Universität*, beschrieb Volckers Politik zur Deindustrialisierung:

»Mit flexiblen Wechselkursen, der Übernahme einer restriktiven Geldpolitik, die Zinsen treibt, wird eine Anerkennung des Dollars erreicht. Das Steigen des Wechselkurses für den Dollar verbilligt Importe in die USA und verteuert amerikanische Produkte im Ausland. Da einheimische und ausländische Verbraucher darauf in Relativpreisen reagieren, steigen die US-Importe, während die Exporte sinken und den Gesamtbedarf und die Produktion im Inland verringern.«

Professor Dunn berichtete, daß die Notenbank unter Volckers Leitung eine 35prozentige Überbewertung des Dollars in den Jahren 1981 und 1982 geschaffen hatte. Diese Steigerung der Wechselkurse war auch ein Hauptgrund für hohe Kosten in bezug auf Produktions- und Beschäftigungszahlen. Diese Überbewertung des Dollars setzte vor allem die Exportzweige Landwirtschaft und Maschinenbau schweren Belastungen aus.

In seinem Artikel tritt Professor Dunn entschieden für feste Wechselkurse ein. Damit wäre die Macht von Volcker und den Trilateralisten, den hohen Dollarkurs zu benutzen, um Amerika zu deindustrialisieren, beschnitten. Unglücklicherweise unterstützt Präsident Reagan weiterhin die seltsame Geldpolitik der Trilateralisten: die flexiblen Wechselkurse.

Dunn fügte hinzu: *»Wenn die USA feste Wechselkurse aufrechterhalten, würden die Wechselwirkungen ihrer Notenbankpolitik weit weniger dramatisch sein und es hätte weit weniger Interesse daran bestanden, ob Paul Volcker nun wieder ernannt würde oder nicht.«* . . .

Volckers Geldpolitik

Die Frühlingsausgabe 1983 von *Trialogue* – dem offiziellen Organ der *Trilateralen Kommission* – enthielt Auszüge einer Rede, die der Chef der US-Notenbank, Paul Volcker, im April 1983 in Rom anläßlich eines Treffens der *Trilateralen Kommission* gehalten hatte.

In seiner Rede gab Volcker zu, *»der schwierige Wechsel vom festen Kurssystem zu fließenden Wechselkursen ist, wie ich meine, der Anstoß zur Bildung der Trilateralen Kommission gewesen. Die dramatischen Auswirkungen für die USA* (seit Volckers Ernennung 1979, durch Paul Volckers künstlich manipulierten Dollaranstieg verursacht), *werden in der Handelsbilanz zwischen Japan und den USA verdeutlicht.«*

Am 17. April 1983 berichtete die *New York Times,* daß der Handelsüberschuß Japans 1979, im Jahre der Amtsübernahme Volckers, 7,3 Milliarden US-Dollar betrug. Bis 1982 war dieser Überschuß auf 12,2 Milliarden US-Dollar angestiegen.

C. Fred Bergsten, ein Wirtschaftsfachmann, war lange Zeit eng mit der *Trilateralen Kommission* verbunden. Er war Ko-Autor des offiziellen *Trilateral Reports* 1976, Nr. 11: *»Die Umwandlung internationaler Institutionen«*. Die *New York Times* zitierte diesen C. Fred Bergsten dahingehend, daß der Dollar jetzt für seine wichtigsten Handelspartner um 20 Prozent überbewertet sei. Das sei eines der umfassendsten wirtschaftlichen Probleme, mit denen sich die USA auseinandersetzen müsse.

Bergsten errechnete die Auswirkungen eines überbewerteten Dollars auf die Deindustrialisierung. Er nahm an, daß, auf Menschen bezogen, die fortgesetzte Überbewertung des Dollars 1983 und darüber hinaus zum Verlust von mehr als einer Million Arbeitsplätze führen wird. Solange der Dollar stark bleibt, fügte er hinzu, wird sich die wirtschaftliche Erholung dahinziehen.

Bis Amerikas Industrie ausgelöscht ist

Bergsten sagte kürzlich vor dem US-Senatskomittee für auswärtige Beziehungen aus: *»Eine Verminderung der US-Außenhandelsposition wird zu einer Verringerung unseres Bruttosozialproduktes um 1,5 Prozentpunkte und zu einem drastischen Rückgang der wirtschaftlichen Erholung führen. Zusätzlich zu den bereits verlorengegangenen Arbeitsplätzen werden weitere 1 bis 2 Millionen Arbeitsplätze abgebaut und damit das Problem der Arbeitslosigkeit weiter verschärft werden.«*

Am 19. Juni 1983 berichtete die *»New York Times«*, daß Geoffry Bell, ein englischer Finanzmann, sagte, daß die Überbewertung des Dollars fortdauern werde. Er stellte fest: *»Wir müssen uns darauf einstellen, daß der Dollar auf Jahre hinaus nicht fallen wird.«* Der Dollar, so kann angenommen werden, wird solange überbewertet bleiben, bis Amerikas Industrie total ausgelöscht und in Länder der Dritten Welt verlegt worden ist.

Der Wirtschaftsberater Präsident Reagans, Martin Feldstein, verbreitete allerdings die dumme Lüge, *»der Dollar sei nicht überbewertet«*. Die *New York Times* berichtete, daß, als Feldstein im Frühjahr 1983 vor dem *CFR* (*Council on Foreign Relations*) eine Rede hielt, er den Gedanken an einen zu hohen Dollar heftig von sich wies. Feldstein kritisierte die Bemühungen der Regierung, den Wert des Dollars auf seinen eigentlichen Wert zu senken.

1982 gab die *Trilaterale Kommission* den Bericht Nr. 23 heraus, sein Titel: »*Die trilateralen Länder in der Weltwirtschaft 1982.*« Dieser Report stellte fest: Der Druck wird wachsen, um zur Verlagerung der Industrien von trilateralen in Dritte-Welt-Länder zu ermutigen und um Zugang zu erhalten zu Märkten in trilateralen Ländern für ihre zunehmend mannigfaltigen Exporte. Trilaterale Länder müssen ihre eigene industrielle Restrukturierung beschleunigen. Maßnahmen auf multinationaler Ebene müssen ergriffen werden, um den Prozeß der internationalen Relokalisation von Industrien in organisierter Form beschleunigt durchführen zu können.

Das beste Einzelbeispiel der strategischen Bedrohung des Überlebens der USA, geschaffen durch die trilaterale Deindustrialisierung, ist die nahezu totale Zerstörung der amerikanischen Stahlindustrie. Die amerikanischen Stahlarbeiter plazierten eine Zeitungsanzeige, in der die Auswirkungen der Deindustrialisierung während der Amtszeit zweier trilateraler Präsidenten – Jimmy Carter und Ronald Reagan – beschrieben wurden.

Banken zerschlagen die US-Industrie

Die Stahlarbeiter berichteten, daß 1977 in den USA noch 46 große Stahlwerke mit einer Kapazität von 145 Millionen Tonnen Rohstahl arbeiteten. Sechs Stahlwerke schlossen während Carters Zeit ihre Pforten und neun weitere wurden während Reagans Amtszeit stillgelegt. Durch die Abhängigkeit von ausländischen Stahlproduzenten gerieten die USA in eine strategisch gefährliche Position in bezug auf die nationale Verteidigung.

Großbritannien und Brasilien sowie viele andere ausländische Regierungen unterstützen Stahlexporte in die USA aus öffentlichen Mitteln, damit die Preise unter die Produktionskosten gedrückt werden können. So kommt der Stahl auf doppelte Weise begünstigt auf den amerikanischen Markt, um damit dann die ganze Stahlindustrie Amerikas auszulöschen. Diese Art von gefördertem Dumping aus dem Ausland ist eine klare Verletzung inländischer Handelsgesetze. Aber mächtige internationale Banken in den USA übernehmen eine Schlüsselrolle bei der Zerschlagung der amerikanischen Stahlindustrie. Ein gutes Beispiel für die antiamerikanische Haltung internationaler Banken kam ans Tageslicht, als die große *Mellon Bank* in Pittsburgh der *Mesta Machine Co.* – einer Anlagenbaufirma – im Monongahela Valley einen 20-Millionen-US-Dollar-Kredit vorzeitig aufkündigte. Die Aufkündigung des Kredits durch die *Mellon Bank* zwang die Firma zum Konkurs, und als Folge davon waren 350 Arbeiter ohne Job. Wie sich herausstellte, hat die *Mellon Bank* gut über 5,5 Milliarden US-Dollar an Krediten an ausländische Firmen gegeben – ausländische Stahlproduzenten eingeschlossen –, die dann amerikanische Stahlfirmen aus dem Geschäft gedrängt haben, wie die *Washington Post* am 12. Juni 1983 berichtete. Die Zeitung berichtete weiter, daß die *Mellon Bank* anscheinend zig Millionen Dollar in Form von Krediten an eine japanische Firma vergeben hatte, die nicht nur ähnliche Produkte herstellt, sondern auch direkte Konkurrenz zur *Mesta Machine Co.* war. Aufgrund dieser Enthüllungen entstand eine weitverbreitete Kampagne loyaler amerikanischer Arbeiter, ihre Sparguthaben von der *Mellon Bank* abzuziehen.

Präsident Reagans Handelsminister Malcolm Baldrige gab zu, daß die einst so mächtige industrielle Basis der USA vernichtet wird. In einer Rede vor der *Foreign Policy Association* im August 1983 gestand Baldrige: »*Die Wahrheit ist, wir sind ins Schleudern geraten. Wir verlieren unsere Wettbewerbsfähigkeit und wahrscheinlich auch unsere Position als der Welt größte Industriemacht noch vor dem Ende dieses Jahrhunderts.«*

Im Dienste der Machenschaften der Banken gegen Amerika versuchte Präsident Reagan persönlich, vorletztes Jahr 300000 Arbeitsplätze zu vernichten. Er legte sein Veto gegen eine Ausweitung des *Copyright Act* von 1891 ein, das das Urheberrecht für alle in Amerika gedruckten und gebundenen Bücher einschränkte. Das Arbeitsministerium rechnete aus, daß Reagans Veto 300000 Arbeitsplätze in der Druckindustrie, im Buchbindergewerbe und in den Verlagen vernichten würde. Der Kongreß konnte aber Reagans Veto – seine Kriegshandlung gegen amerikanische Arbeiter – überstimmen.

Abhängigkeit von ausländischen Technologien

Der Prozeß der Deindustrialisierung Amerikas wurde ausführlich in verschiedenen längeren Artikeln beschrieben, die die *Washington Post* ab dem 1. Mai 1983 zu veröffentlichen begonnen hatte. Zur Darstellung, wie die großen multinationalen US-Firmen Amerika betrügen, indem sie im Ausland riesige industrielle Produktionsanlagen bauen, um damit direkt in den Wettbewerb mit der amerikanischen Industrie treten zu können, stellte das Blatt fest:

»Zwischen 1950 und 1980 besorgten sich japanische Firmen fast die ganzen fortschrittlichen Technologien der Welt, indem sie mindestens 30000 Lizenz- und Zusammenarbeitsverträge mit westlichen – hauptsächlich amerikanischen – Firmen abschlossen. US-Lizenzen und hoch entwickelte Ausrüstungen bildeten die Basis für zahllose japanische High-Technology-Industrien. Ein Beispiel: US-Computergraphik-Systeme und elektronische Druckgeräte wurden von den Japanern benutzt, um noch vor den amerikanischen Chip-Produzenten einen 64000-Bit-Chip herzustellen.«

Zusätzlich zu der vorstehend erwähnten Abhängigkeit von ausländischem Stahl gerät die strategische Verteidigung der USA in eine höchst verwundbare und gefährliche Position durch die eigene wachsende Abhängigkeit von ausländischen Technologien. Die *Washington Post* berichtete: *»Die vom Pentagon unterstützten Verkäufe von Dutzenden von hochentwickelten amerikanischen Luft- und Raumfahrttechnologien an Japan auf der Grundlage der Zusammenarbeit bei der Waffenproduktion helfen dabei, eine fortgeschrittene japanische Flugzeugindustrie aufzubauen.«*

Dieser massive Technologietransfer erhöht die Fähigkeit der expandierenden japanischen kommerziellen Luftfahrtindustrie, bis zum Jahr 2000 gegen die US-Firmen *Boeing* und *McDonald Douglas* konkurrenzfähig zu werden. Deswegen wird es in der amerikanischen Flugzeugindustrie eine neue große Arbeitslosigkeit geben – sobald die japanische Flugzeugindustrie perfektioniert ist.

Die Zeitung fährt fort: *»Amerikaner, die vor kurzem Japan besuchten, waren von den Anstrengungen beeindruckt, die dort unternommen werden, um eine neue Generation leistungsfähiger Computer zu entwickeln, die größere Schnelligkeit aufweisen und etwas von der Flexibilität und Kreativität des menschlichen Denkens beinhalten – sozusagen ein gigantisches elektronisches Gehirn.«*

Nicht die volle Wahrheit für den US-Steuerzahler

Im Dezember 1982 veröffentlichten drei Computerwissenschaftler des *Los Alamos National Laboratory* einen Artikel im *Science Magazine*, der feststellte: *»Wenn diese neuen ultrastarken japanischen Computerprojekte erfolgreich verlaufen – was zu vermuten ist – wird die fortgeschrittene ökonomische und militärische Forschung in den USA wahrscheinlich abhängig werden vom Zugang zu Supercomputern japanischer Herstellung.«*

Auch Israel leistet seinen Beitrag zur fortschreitenden Deindustrialisierung Amerikas. Ein im Juni 1983 veröffentlichter Report des *US-General Acounting Office* (GAO) beschreibt die volle Höhe der US-Unterstützung für den Staat Israel. Der GAO-Report stellt fest, daß die amerikanischen Steuerzahler über 25 Milliarden US-Dollar für die zionistische Regierung zur Verfügung gestellt hatten, um das palästinensische Volk zu vertreiben.

Große Teile des GAO-Reports wurden zensiert und als geheimzuhalten eingestuft, um den amerikanischen Steuerzahlern nicht die volle Wahrheit sagen zu müssen. In dem Report steht auch, was mit den zukünftigen israelischen Schulden bei den USA passieren wird. Am 26. Juni 1983 stellte die *New York Times* fest:

»In den neunziger Jahren, so wird im GAO-Report gesagt, werden die Schulden vom gegenwärtigen Stand aus auf über 1,1 Milliarden US-Dollar jährlich angewachsen sein. Deswegen wird der israelische Druck auf die USA zunehmen, damit entweder die direkte Wirtschaftshilfe verstärkt – einfach zu geben und nie mehr zurückzuzahlen – oder andere Formen finanzieller Unterstützung gegeben werden.«

Der Report gibt zu: *»Diese Maßnahmen würden den USA natürlich zusätzliche Kosten verursachen«*. Eine der im GAO-Report vorgeschlagenen Maßnahmen beinhaltet die weitere Deindustrialisierung Amerikas, um eine schnell wachsende zionistische Militärindustrie aufbauen zu können. Eine dieser vom GAO-Report empfohlenen »Konzessionen« soll *»Israel erlauben, für den Aufbau seiner eigenen Waffenindustrie amerikanische Hilfe zu nutzen und sich am Wettbewerb um Rüstungsaufträge der amerikanischen Regierung zu beteiligen.«*

Auch eine andere Branche in Amerika ist zur Deindustrialisierung und zur Zerschlagung vorgesehen: die Werkzeugmaschinenindustrie. Sie ist absolut wichtig für die strategische Verteidigung des Landes sowie auch für andere Bereiche der amerikanischen Wirtschaft.

Am 30. Mai 1983 veröffentlichte die *New York Times* eine Nachricht des nationalen Verbands der Werkzeugmaschinen-Industriehersteller. James A. Gray, der Präsident dieses Verbandes, gab dort bekannt, *»daß die Werkzeugmaschinen-Industrie immer noch am Boden liegt«*. Gray berichtete, daß nur eine Befreiung von massiven Importen helfen könne, den Werkzeugmaschinenbau in den USA zu retten.

Wirtschaftliche Zerstörung überall in den USA

»Unsere größte Befürchtung ist«, sagte Gray, *»daß unvermindert anhaltende, von ausländischen Regierungen subventionierte Importe (gegenwärtiger Marktanteil 42 Prozent) unserer Verteidigungsfähigkeit auf Dauer irreparablen Schaden zufügen können.«*

Am 12. Juni 1983 stellte die *Washington Post* fest: *»Die Werkzeugmaschinen-Industrie – die die Ausrüstung für die Produktion der meisten Güter dieses Landes liefert – ist in Schwierigkeiten. Trotz ihres kleinen Umfanges ist dieser Industriezweig für die amerikanische Wirtschaft von größter Bedeutung, weil er eine der fundamentalen Stützen der industriellen Basis Amerikas ist.«*

Das enorme Ausmaß der durch die trilateralen Banken verursachten Zerstörung der amerikanischen Industrie wurde in dem 1982 veröffentlichten

Buch *The Deindustrialization of America*, verlegt bei *Basic Books*, von Barry Bluestone – Professor für Ökonomie am *Boston College* – und Bennett Harrison – außerordentlicher Professor für Ökonomie am *MIT* – enthüllt. Bluestone und Harrison beschrieben die Deindustrialisierung als eine *»groß angelegte, systematische Fehlinvestition in die grundlegende Produktionskapazität der Nation«*.

Sie stellten fest: *»Wenn man einmal alle Wege, eine Produktionsanlage oder einen Laden oder ein Büro zu schließen, aufzählt, wird man feststellen, daß in den 70er Jahren als direktes Resultat privater Fehlinvestitionen in der amerikanischen Wirtschaft zwischen 32 und 38 Millionen Arbeitsplätze vernichtet worden sind.«*

Bei ihrer Beschreibung, wie die multinationalen Firmen ihre Investitionen aus den USA abgezogen und in andere Länder verlegt haben, stellten Bluestone und Harrison fest: *»In den siebziger Jahren steigerte General Electric die Zahl der Beschäftigten um 5000, aber es geschah auf die Weise, daß 30000 Beschäftigte im Ausland dazu kamen, während man die Zahl der amerikanischen Angestellten um 25000 reduzierte. Die RCA-Corporation arbeitete nach der gleichen Methode. Man reduzierte die einheimischen Arbeitskräfte um 14000 und erhöhte die Zahl der Beschäftigten im Ausland um 19000 Stellen. Die Ford Motor Company berichtet, daß mehr als 40 Prozent ihres Investitionsbudgets für das Ausland vorgesehen ist, während General Motors den Plan fallen ließ, eine neue, Milliarden von Dollar kostende Produktionsanlage in Kansas City zu bauen. Statt dessen werden die meisten Mittel für eine ihrer Niederlassungen in Spanien ausgegeben.«*

Gewinne aus Übersee

Zu der Art und Weise, in der internationale Banken und multinationale Firmen ihr Investitionskapital aus den USA abzogen, stellten Bluestone und Harrison fest: *»Zwischen 1950 und 1980 steigerten sich die direkten Investitionen von US-Firmen im Ausland um das 16fache, also von 12 Milliarden US-Dollar auf 192 Milliarden US-Dollar. Während der selben Zeit wuchsen die einheimischen Investitionen nur etwa halb so schnell. Zum Ende der 70er Jahre betrugen die überseeischen Gewinne etwa ein Drittel oder mehr der einheimischen Gesamtgewinne der 100 größten multinationalen Produzenten und Banken in den USA. Bei manchen Firmen war der Anteil noch höher. 1977 bezog zum Beispiel die Citicorp* (eine der großen, den Trilateralen verbundene, internationale Bank) *83 Prozent ihrer Gewinne aus überseeischen Unternehmungen. 29 Prozent aller US-Importe des Jahres 1976 kamen von überseeischen Produktionsanlagen und mehrheitsanteiligen Niederlassungen amerikanischer multinationaler Firmen.«* Seit diesem Zeitpunkt hat diese Zahl zugenommen, weil noch mehr US-Produktions-Anlagen geschlossen wurden.

Anhand einer detaillierten statistischen Analyse berichteten Bluestone und Harrison: *»Jede Milliarde Dollar amerikanischer Investitionen in Übersee vernichtet wahrscheinlich 26000 einheimische Arbeitsplätze.«*

Bluestone und Harrison stellten dazu fest: *»Fehlinvestitionen in großem Rahmen verändern das Staatsvermögen auf zweierlei Art. Zuerst verringert sich das Steueraufkommen, dann steigt die Notwendigkeit weiterer Ausgaben der öffentlichen Hand. Das Steueraufkommen verringert sich genau dann, wenn die Notwendigkeit weiterer Ausgaben am zwingendsten ist.«*

Bei ihrer Beschreibung der Spur der wirtschaftlichen Verwüstung Amerikas, die die Deindustrialisierung verursacht, stellten Bluestone und Harrison fest: *»Firmenschließungen sowie andere Formen von Fehlinvestments bringen das Land um jährlich 200 Milliarden*

US-Dollar vorauszusehender Produktionskapazität und um 60 Milliarden Dollar Steueraufkommen. Des weiteren sind die Amerikaner gezwungen, jedes Jahr 12 Milliarden Dollar zusätzlich an Einkommenshilfen auszugeben (Arbeitslosenunterstützung, Wohlfahrt und Lebensmittelmarken). Das ist offensichtlich kein geringer Preis. Dabei enthalten diese Zahlen kein vorauszurechnendes Steueraufkommen und keine zusätzlichen Kosten für Landes- und Bundesregierungen.«

Damit das anti-amerikanische Empire der trilateralen internationalen Banken und multinationalen Firmen erschaffen werden kann, änderten Rokkefellers Helfershelfer im US-Kongreß die bestehenden Steuergesetze.

Die Machenschaften der Multis

Bluestone und Harrison berichteten: *»Der US-Tax Code wurde geändert, um amerikanischen Firmen zu gestatten, ihre ausländischen Einkommensteuern gegen inländische Steuerverpflichtungen auf einer Dollar-für-Dollarbasis aufrechnen zu können. Dies gestattet eine viel größere Steuerersparnis als normalerweise bei Geschäftskosten üblich ist, die ja sonst von der Steuer abgezogen werden, um auf die besteuerbare ›Grundlinie‹ zu gelangen.«*

Sie fügten hinzu: *»Ein noch größerer kontroverser Steueranreiz für ausländische Investitionen war die Bedingung, die es US-Firmen erlaubte, die Steuerzahlungen an dieses Land hinauszuschieben, bis sich die Profite tatsächlich repatriierten.«*

Die Multis benutzten dementsprechend die Profite, die sie aus bestehenden Überseeoperationen »einheimsten«, um ihre künftigen ausländischen Investitionen zu finanzieren. In einigen Fällen wurden die Rückzahlungen für unbestimmte Zeit zurückgehalten, so daß trotz aller Absichten und Vorhaben dafür nie US-Steuern entrichtet wurden ...

Bluestone und Harrison beschrieben ebenfalls, wie die US-Regierung amerikanische Steuern dazu benutzte, ausländische Investitionen der Banken und multinationalen Firmen massiv zu subventionieren: *»All die Jahre wurde eine Menge von Regierungsprogrammen entwickelt, um die ausländischen Investitionen zu unterstützen. Diese beinhalten: Die ›Overseas Private Investment Corporation‹, die ›Commodity Credit Corporation‹ und die ›US-Export-Import-Bank‹.«*

Neben anderen Aktivitäten benutzte die *US-Export-Import-Bank* zum Beispiel 310 Millionen Dollar Steuergelder, um Transfers von Ausrüstungen im Wert von 410 Millionen Dollar der *Dow Chemical, Ford, Alcoa, Goodyear, B. F. Goodrich, Armco Steel, Kaiser, Reynolds* und *Union Carbide* von den amerikanischen Produktionsstätten zu ihren verschiedenen Auslandsniederlassungen in der Dritten Welt zu finanzieren ...

Der Angriff auf die Agrarwirtschaft

Die trilateralen Banken verfahren gegenüber der amerikanischen Agrarwirtschaft mit ganz genau den gleichen Techniken, die sie auch dazu benutzen, um die einheimische Industrie zu zerstören.

In der *New York Times* vom 20. Juni 1983 war ein kleiner, aber sehr bedeutender Artikel zu finden: *»Steigende Landwirtschaftsimporte in die Vereinigten Staaten – im direkten Wettbewerb mit bereits hart bedrängten amerikanischen Farmern!«*

Die Zeitung berichtete von einer Lieferung über 10730 Tonnen brasilianischen Baumwollöls und anderen Speiseölen nach Memphis, Tennessee, ins Herz der US-Baumwollanbaugebiete. Die Zeitung schrieb weiter, daß die Lieferung wie folgt begründet war: *»Der erste wichtige Import eines landwirtschaftlichen Produktes für das die Nation* (USA) *lange Zeit der wichtigste Exporteur gewesen ist.«* ...

Um den Weg zu einem massiven Zugang von ausländischen Agrar-Produkten in die US-Märkte zu ebnen, zahlt die Reagan-Administration den US-Farmern 21,8 Milliarden US-Dollar, damit diese ihre landwirtschaftliche Produktion reduzieren.

Die Rolle der trilateralen Banken und deren Deindustrialisierung der US-Agrarwirtschaft beschreibt Dwayne C. Andreas, Vorsitzender der *Archer Daniels-Midland Company,* des größten Herstellers von Speiseölen in den USA. Er führt die Ursache des Problems auf die Banken zurück, die auf ihren nicht zurückgezahlten Auslandsdarlehen festsitzen. Er stellt fest: *»Unsere Banken haben diesen Nationen Dollars zur freien Verwendung geliehen und dann verlangen diese Banken von diesen Ländern ›um alles in der Welt‹ zu exportieren, um die Dollars zu verdienen. In dieser Situation sehe ich die Forderungen dieser Länder, hier alle möglichen Waren auf den Markt zu werfen und freien Zugang zu unseren Märkten zu haben, um den Dollarzugang zu steigern, damit sie ihre Gläubiger befriedigen können. Man muß wirklich nicht besonders intelligent sein, um zu sehen, wohin dies nun führt!«*

Der Freihandels-Betrug

Die traurige Wahrheit ist, daß das »Freihandels«-Dogma dazu benutzt wird, die totale Zerstörung der industriellen und agrar-wirtschaftlichen Basis der USA zu rechtfertigen.

Wolfgang Haber, ein Gast-Professor an der Universität von Georgetown, *School of Foreign Service,* schrieb einen Artikel mit dem Titel *»Laßt uns nun den Handelsprotektionismus preisen«.* Hager stellte fest:

»Das Problem des freien Handels ist einfach: Die Welt hat einen endlosen Vorrat an billigen Arbeitskräften und wir haben gelernt, einfache und hochwertige Güter in armen Entwicklungsländern zu produzieren. Ohne Handelsbeschränkungen bleibt den reichen westlichen Ländern nichts anderes übrig, als billige Importe aus Niedriglohnländern aufzunehmen und damit die US-Industrie zu zerstören, die die Produkte vorher gefertigt hatte. Für jene Personen, die ihre traditionellen Jobs verlieren, wird es niemals genug ›hoch-technisierte‹ Arbeitsplätze geben. Deshalb würde der freie Handel die Wirtschaften der hochentwickelten Nationen zerstören.«

Professor Hager stellt dar, daß 75 Prozent des »freien Welthandels« bereits »geschützt« oder gemanagt ist, beziehungsweise von Quoten, Exportniederlassungen, Tauschgeschäften und einer langen Reihe von staatlichen Restriktionen beherrscht wird ...

Die Zerstörung der amerikanischen Industrie wird sich noch mehr beschleunigen, weil die trilateralen Banken und multinationalen Firmen in China Tausende von neuen Fabriken errichten, damit sie das kommunistische Sklaven-Arbeitssystem für sich ausnutzen können. Es gibt keine Möglichkeit für die Waren, die von freien Arbeitern in Amerika produziert werden, jemals konkurrenzfähig gegenüber den Gütern zu sein, die von kommunistischer Sklavenarbeit zu unmenschlichen Löhnen produziert werden.

Die *New York Times* vom 17. Juni 1983 beschreibt, wie der »vermeintliche« Anti-Kommunist Ronald Reagan den trilateralen Banken tatsächlich hilft, diese Verlagerung von amerikanischer industrieller Technologie in das kommunistische China zu erhöhen. Die Zeitung berichtet, daß die Reagan-Regierung alles vorbereitet, um Rot-China in eine andere Exportkategorie einzustufen, die es den Chinesen ermöglicht, hochentwickelte Ausrüstungen und Technologien zu erhalten.

Banken setzen neue Steuergesetze durch

Das bedeutet einen gesteigerten Informationsfluß über Halbleitertechnologie, Computer und andere High-Technology-Produkte nach China. Diese Produkte ermöglichen es den chinesischen Kommunisten, ihre Nuklearwaffen und Raketen noch genauer auf Ziele in den USA auszurichten. Diese Bedrohung wurde von US-Verteidigungsminister Caspar W. Weinberger zugegeben. Die Zeitung berichtete: *»Weinberger befürchtet, daß diese Technologien für militärische Zwecke verwendet werden könnten.«*

Die *New York Times* berichtete auch: *»Ungefähr 50 amerikanische Firmen der Halbleiterindustrie wollen Fachkenntnisse verkaufen, die die Chinesen zum Aufbau eigener Halbleiter-Produktionskapazitäten verwenden werden«*, die dann im direkten Wettbewerb mit den von amerikanischen Arbeitern produzierten Halbleitern stehen werden.

Um die rotchinesische Industrialisierung zu beschleunigen, will die Reagan-Administration den Zutritt Rotchinas zur *Asian Developement Bank* durchsetzen. Die *Washington Times* berichtete am 21. Januar 1983, daß *»Außenminister George Shultz Schritte unternimmt, die zu Lasten von Nationalchina gehen, die den Ausstoß Taiwans oder dessen Degradierung auf einen untergeordneten Status verlangen«*. Die Hauptgeldgeber dieser Bank sind die USA und Japan.

Wegen des schnell wachsenden Bedarfs an wiederholten Steigerungen der US-Unterstützung des *IWF*, der Weltbank, und anderer internationaler Finanzgremien, planen Reagan und seine Regierung und die internationalen Banken eine neue radikale, konfiskatorische Besteuerungsform auf dem Rükken der amerikanischen Bürger einzuführen.

Martin Feldstein, Vorsitzender von Präsident Reagans *Council of Economic Advisers*, setzt sich aktiv für diese total neue Steuerform ein, die sogenannte Verbrauchersteuer. Sie wird auch vom stellvertretenden Finanzminister John E. Chapoton befürwortet.

Der Grundgedanke dieser Verbrauchersteuer ist, die den trilateralen internationalen Banken zugänglichen Finanzmittel zu steigern, damit diese noch mehr Geld in Übersee – speziell in Rot-China – investieren können. Mit einer Bevölkerung von einer Milliarde Menschen benötigt der rotchinesische Sklavenstaat schnellstens riesige Summen an neuem Investitionskapital. Dieses Kapital wird über die neue Verbrauchersteuer aus den Taschen der amerikanischen Bürger gezogen.

Am 25. Februar 1983 schrieb die *New York Times* über die Verbrauchersteuer: *»Im Gegensatz zur Umsatzsteuer wird mit dieser Abgabe nicht jede Transaktion im Laden besteuert. Statt dessen reichen Sie ihren jährlichen Steuerrückerstattungsantrag ein, ziehen aber das ersparte und investierte Geld – in die von den Trilateralen beziehungsweise der Regierung genehmigten Investitionsprogramme – des letzten Jahres ab. Der Rest, ihr totaler Verbrauch, wird versteuert. Zusätzlich werden auch die den Verbrauch finanzierenden, geborgten Gelder versteuert. Diese Methode gibt dem Steuerzahler natürlich neue Anreize, zu sparen und zu investieren.«*

Auch geborgtes Geld ist Einkommen

Diese neue Verbrauchersteuer versetzt David Rockefellers superreiche Freunde in die Lage, der persönlichen Besteuerung fast völlig zu entkommen, während gleichzeitig bei der produktiven amerikanischen Mittel- und Arbeiterklasse kräftig angezogen wird.

Superreiche Liberale, wie David Rockefeller, investieren den größten Teil ihres persönlichen Einkommens. Die Mittelklasse und die Armen Amerikas brauchen jeden Pfennig ihres Einkommens für ihre Lebenshaltungskosten. Da bleibt nur wenig übrig für Ersparnisse oder Investitionen. Deswegen zahlen die superreichen Liberalen aufgrund dieses Gesetzes fast keinen Pfennig Steuern.

In der Ausgabe vom 2. März 1983 beschreibt die *Washington Times* die von der Reagan-Administration vorgeschlagene Verbrauchersteuer: *»Sie werden nie auf Einkommen besteuert, welches Sie zur Bank geben, in Papieren anlegen oder in andere ›erlaubte‹ Investitionen stecken, solange Sie das Geld nicht abziehen und ausgeben. Gleichzeitig zählen alle geborgten Geldmittel als zu versteuerndes Einkommen.«*

Eine im Mai 1982 für das *National Bureau of Economic Research* erstellte ökonomische Studie ergibt, daß das Steueraufkommen und die Bankeinlagen durch die Verbrauchersteuer um 1,4 Billionen US-Dollar gesteigert werden.

Am 21. Januar 1983 berichtete die *New York Times*, daß Präsident Reagan plant, nach seiner Wiederwahl 1984 eine Reihe neuer Steuererhöhungen durchzusetzen, die mindestens 135 Milliarden US-Dollar erbringen sollen.

Am 26. Januar 1983 beschrieb die *Washington Post* einige der schrecklichen Nebenwirkungen der von der Reagan-Regierung geplanten Verbrauchersteuer: *»Ein Hauskäufer müßte zum Beispiel in einem Jahr Steuern auf die gesamten Akquisitionskosten zahlen.«* Die Verbrauchersteuer würde auch Gelder, die zur Bezahlung von Hypotheken geborgt wurden, treffen.

Die Zeitung berichtete, daß die neue Steuer auch die Arbeitslosen ohne Einkommen treffen wird: *»Ein Arbeitsloser, der gezwungen ist, für notwendige Dinge seine Ersparnisse anzugreifen, muß sich darauf einstellen, daß er zwar keinerlei Einkommen hat, aber den Verbrauch seiner Ersparnisse für Nahrung und Miete zu versteuern hat. Ähnlich ist es bei den Rentnern, die einen größeren Prozentsatz ihres Einkommens ausgeben.«* Ihre Steuerlast wird gravierend steigen.

Steuerprivilegien für Trilaterale

Die Befürworter einer Verbrauchersteuer verlangen auch die vollkommene Steuerbefreiung von Firmen. Das brächte zusätzliche Vorteile für trilaterale Banken und multinationale Firmen.

Die mit den Trilateralen verbündeten internationalen Banken genießen schon jetzt großzügige Steuerprivilegien unter dem jetzigen System. Im März 1983 berichtete das *Congressional Joint Committee on Taxation* (Steuerausschuß des amerikanischen Kongresses), daß die 20 größten Banken in den USA nur 2,7 Prozent Steuern auf ihre einheimischen Gewinne des Jahres 1981 gezahlt hätten.

Um die neue Verbrauchersteuer durchzusetzen, gründeten David Rokkefeller und etwa 500 seiner verbündeten Internationalisten den *Bipartisan Budget Appeal*. Diese neue Rockefeller-Frontgruppe plazierte doppelseitige Anzeigen in allen großen Zeitungen des Landes, so auch am 6. April 1983 in der *New York Times*.

Neben anderen, von der neuen Rokkefellergruppe befürworteten Dingen, ist auch eine Steuererhöhung von 60 Milliarden US-Dollar und eine Kürzung des Verteidigungshaushaltes um 25 Milliarden Dollar vorgesehen.

In dieser doppelseitigen Anzeige hieß es auch, daß ein eventueller Krieg mit der UdSSR nicht zu gewinnen sei, ähnlich den nicht gewonnenen Kriegen in Korea und Vietnam, die Zehntausenden amerikanischer Soldaten das Leben kosteten.

Unter den Trilateralisten, Zionisten, CFR-Mitgliedern, internationalen Banken und erwiesenen Feinden Amerikas, die die Anzeige des *Bipartisan Budget Appeal* unterzeichneten, sind Leute wie W. Michael Blumenthal, C. Douglas Dillon, George W. Ball, Zbigniew Brzezinski (Gründungsdirektor der *Trilateralen Kommission)*, McGeorge Bundy (einer der Hauptarchitekten der »Verlierer«-Strategie des Vietnamkriegs), William E. Colby (Unterstützer der sowjetischen Bewegung für ein nukleares »Freeze«), J. William Fulbright, der frühere Senator Jacob K. Javits, Sol. M. Linowitz (der persönlich die Aufgabe des amerikanischen Kanals in Panama leitete), Robert S. McNamara (ehemaliger Direktor der *Weltbank*), Robert V. Roosa, Dean Rusk, Cyrus R. Vance, Elmo R. Zumwalt, Rev. Theodore Hesburgh (ein Direktor von David Rockefellers *Chase Manhattan Bank)*, Dr. Richard W. Lyman (Präsident der *Rockefeller Universität)*, Felix G. Rohatyn (Partner von *Lazard, Freres & Co.*, einer mächtigen zionistischen Bank, die den Rothschilds verbunden ist), Dr. Armand Hammer (Kopf der *Occidental Petroleum Corp.* und langjähriger Freund der UdSSR seit den Tagen Lenins), John B. Connally (Nixons Finanzminister, der das System der festen Wechselkurse zugunsten fließender Kurse für den Dollar aufgab), Peter G. Peterson, William E. Simon und natürlich das große Tier selbst - David Rockefeller - Mr. 666 persönlich.

Der Sinn dieser massiven Propagandakampagne ist, ein »ausbalanciertes« Budget zu schaffen. Am 20. Januar 1983 berichtete die *Washington Times*, eines der wirklichen Ziele des *Bipartisan Budget Appeal* ist die Einführung der Verbrauchersteuer. Mit dieser neuen, radikalen Form der Besteuerung bekommen die trilateralen internationalen Banken zusätzliche Geldquellen durch die amerikanischen Steuerzahler, um weiterhin in Ländern der Dritten und Vierten Welt, ob kommunistisch non-white oder anti-amerikanisch, investieren zu können.

Der Aufsatz wurde entnommen aus: Peter Blackwood: *Die Netzwerke der Insider.* Der Aufsatz erschien erstmals in der Zeitschrift *Diagnosen* (Leonberg), die neuerdings unter dem Namen *CODE* erscheint.

■ Rockefeller Clan

Notizen zum Umfang eines der großen Wirtschaftsimperien

Die Rockefeller-Familien-Banken sind die First National City Bank und die Chase Manhattan Bank. Die Chase Manhattan ist das drittgrößte Bankunternehmen der Welt, gilt aber als das bei weitem einflußreichste.

Chase Manhattan ist durch den Zusammenschluß der im Rockefeller-Besitz befindlichen Chase Bank mit der von Kuhn, Loeb & Co. kontrollierten Manhattan Bank entstanden. 1971 berichtete Chase Manhattan über ein Vermögen in Höhe von 36 Milliarden Dollar. Die New York Times meinte jedoch, daß das nicht alles sei: ». . . ein großer Teil ihres (der Chase Manhattan Bank) Geschäftes wird über die Tochtergesellschaften in Übersee abgewickelt und erscheint deshalb nicht im Geschäftsbericht.«

Auch die Times hob die riesige Macht der Chase Manhattan hervor und bemerkte, daß »die Chase 28 eigene Zweigstellen im Ausland hat, aber auch, was noch wesentlicher ist, über ein weltumspannendes Netz von 50 000 Korrespondenzbanken verfügt«. Fünfzigtausend Korrespondenzbanken in aller Welt! Wenn jede von ihnen nur 10 Millionen Dollar »wert« wäre, dann würde das der Chase Manhattan Bank ein weltweites Potential von fünfhundert Milliarden Dollar einräumen!

Eine solche Anhäufung von Finanzmitteln eröffnet den Rockefellers die Möglichkeit, jederzeit eine internationale Finanzkrise vom Zaun zu brechen. Außerdem können sie dadurch jederzeit den Goldpreis und die Wechselkurse für den Dollar und andere Währungen so manipulieren, daß sie dabei stets Gewinne machen.

So fließen jedesmal, wenn es zu einem Dollarsturz kommt, Hunderte von Dollarmillionen in europäische Banken. Wenn der Sturm sich legt, haben diejenigen, die »vorher schon alles gewußt hatten«, riesige Gewinne daraus gezogen. Daß die Rockefellers über die *Chase Manhattan Bank* und ihre überseeischen Verbindungen daran reichlich beteiligt sind, dürfte kaum zweifelhaft sein.

Nach fast allen Kriterien ist die *Chase Manhattan Bank* praktisch einem souveränen Staat vergleichbar. Sie unterscheidet sich von den meisten Staaten nur dadurch, daß sie über mehr Geld verfügt. Sie unterhält sogar einen hauptamtlichen Vertreter bei den *Vereinten Nationen.* Aufschlußreich ist auch die Tatsache, daß 1973 der Vorstandsvorsitzende der *Chase Manhattan Bank*, David Rockefeller, mit 27 Staatsoberhäuptern zusammentraf, darunter den Herrschern über Rußland und Rotchina, um mit ihnen über die zukünftige weltpolitische Entwicklung zu konferieren.

Die *Chase Manhattan Bank* ist aber nicht die einzige Riesenbank im Finanzimperium der Rockefellers. Die erste Bank, mit der es die Familie Rokkefeller unmittelbar zu tun bekam, war die *National City Bank* in New York, die derzeit in der internationalen Rangfolge den zweiten Platz einnimmt. Ihr früherer Präsident, James Stillmann, wurde ein enger Mitarbeiter von John D.'s Bruder William, der damals den riesigen *Standard Oil Trust* leitete. William Rockefeller übertrug die Bankgeschäfte von *Standard Oil* der Leitung Stillmanns, und so wurde die *First National City Bank* die größte Bank in New York. Diese Verbindung wurde untermauert durch die Verehelichung von zwei Söhnen William Rockefellers mit zwei Töchtern Stillmanns.

Bis 1967 war James Stillman Rockefeller, einer der Nachkommen der Fusion Stillmann-Rockefeller, Vorstandsvorsitzender der *First National City Bank.* Dann zog er sich aus dem Geschäft zurück. Vorher hatte James schon die familiären und finanziellen Verbindungen der Familie Rockefeller verstärkt, indem er Nancy Carnegie aus dem ebenfalls ungeheuer reichen Carnegie-Clan geheiratet hatte.

Die *First National City Bank* erfreute sich eines so starken Wachstums, daß sie die *Chase Manhattan Bank* in ihrem Gesamtvermögen inzwischen überrundete.

Mit den Rockefellern-Banken eng verbunden sind riesige Versicherungsgesellschaften. Lebensversicherungen spielen eine wichtige Rolle im Finanzierungsgeschäft, weil sie vor allem langfristige Kredite bereitstellen können, während die Banken es vor allem mit kurz- und mittelfristigen Krediten zu tun haben. Die Zahlungsfähigkeit vieler Gesellschaften hängt aber davon ab, ob sie langfristige Darlehen erhalten können. Die Rockefeller-Bankengruppe ist vor allem mit den Vorständen von drei der vier größten Lebensversicherungsgesellschaften verfilzt: *Metropolitan Life, Equitable Life* und *New York Life*. Das Gesamtvermögen dieser drei Versicherungsgiganten belief sich 1969 auf mehr als 113 Milliarden Dollar.

Darüberhinaus kontrolliert die Rokkefeller-Gruppe etwa 25 Prozent des Gesamtvermögens der fünfzig größten Geschäftsbanken der Vereinigten Staaten und etwa 30 Prozent der Vermögenswerte der fünfzig größten Lebensversicherungsgesellschaften.

Andere große Gesellschaften, in denen die Rockefeller-Gruppe einen bedeutenden Einfluß besitzt, der aber nicht ausreicht, um eine Unternehmenskontrolle auszuüben, sind *AT & T, Motorola, Safeway, Honeywell, General Foods, Hewlett-Packard* und *Burlington Industries*.

Dazu kommt noch das Verfahren, eine erhebliche Kontrolle über Gesellschaften durch die Gewährung von Krediten auszuüben. Der weitaus größte Teil der von der *Chase Manhattan Bank* gewährten Darlehen steckt in großen nationalen Unternehmen. Wenn jedoch eine Bank einer Gesellschaft einen großen Kredit gewährt, kann sie eine Stimme bei den Entscheidungen in dieser Firma verlangen. Dem wird oft dadurch entsprochen, daß ein Sitz im Vorstand des Kreditnehmers zur Verfügung gestellt wird.

Das wiederum ist verwandt mit einer anderen Methode der wirtschaftlichen Kontrolle, nämlich der Besetzung der Vorstände über Kreuz. Dann sitzt jeweils ein Vorstandsmitglied der einen Gesellchaft auch im Vorstand der anderen Firma. Hier einige Firmen, die bisher noch nicht erwähnt wurden und deren Vorstände auf diese Weise mit Firmen aus der Rockefeller-Gruppe verbunden sind: *Allied (Chemical), Anaconda Copper, DuPont, Monsanto, Olin Mathison, Borden, National Distillers, Shell, Gulf, Union Oil, Dow, Celanese, Pittsburgh Plate Glass, Cities Service, Stauffer Chemical, Continental Oil, Union Carbide, American Cyanamid, American Motors, Bendix, Chrysler, C.I.T. Financial, S. S. Kresge* und *R. H. Macy*.

Darüberhinaus übt die Rockefeller-Gruppe über den Besitz größerer Aktienpakete eine gewisse Kontrolle aus über folgende Firmen: *Exxon, Mobil Oil, Standard of California, Standard of Indiana, International Harvester, Inland Steel, Marathon Oil, Quaker Oats, Wheeling-Pittsburgh Steel, Freeport Sulphur* und *International Basic Economy Corporation*.

Ein anderes Verfahren, durch das die Rockefeller-Gruppe beträchtlichen Einfluß auf größere Teile der Wirtschaft ausübt, benutzt die Treuhand-Abteilungen der Rockefeller-Banken. Die Treuhandabteilung der *Chase Manhattan Bank* kontrolliert zusammen mit der zur Bank gehörenden Anlageberatungsgesellschaft in 21 großen amerikanischen Gesellschaften jeweils das größte einzelne Aktienpaket. Das bedeutet, daß u.a. auch *TWA, Penn Central, United Air Lines, Eastern Airlines, Northwest Airlines, Long Island Lighting, Delta, Atlantic Richfield Oil, National Airlines* unter dem Einfluß der Rockefellers stehen.

Darüberhinaus gibt es zahlreiche Gesellschaften, von denen *vermutet* wird, daß sie ebenfalls der Kontrolle der Rockefellers über Finanzinstitute, Treuhandabteilungen oder Aktienbesitz der Stiftungen unterstehen, und zwar sind das folgende: *IBM, Mobil, Texaco, IT & T, Westinghouse, Boeing, International Paper, Minnesota Mining & Manufactoring, Sperry Rand, Xerox, National Cash Register, National Steel, American Home Products, Pfizer, Avon und Merck*.

Roland Bohlinger

■ Dreieck Öl, Gold und Dollar

Droht eine neue Weltwirtschaftskrise?

In der Zeitschrift *Trans-Atlantik* erschien im November 1980 folgende, hier auszugsweise abgedruckte Untersuchung von Bruno Bandulet:

»EINE SCHWARZE FLÜSSIGKEIT,
EIN GELBES METALL, EIN GRÜNES PAPIER

Öl, Dollar, Gold – auf dieses Dreiecksverhältnis werden die Historiker später einmal stoßen, wenn sie die Geschichte der heraufziehenden großen Krise des westlichen Kapitalismus schreiben. . .

Mit dem Öl hat es angefangen; genauer gesagt, mit einer Konferenz von fünf Nationen am 9. September 1960 in Bagdad, die den Zeitgenossen so völlig belanglos erschien, daß selbst die *New York Times* erst 15 Tage später eine einspaltige Meldung darüber veröffentlichte. 15 Tage später! Und dabei war an jenem 9. September in Bagdad ein Kartell gegründet worden, das später die Welt das Fürchten lehren sollte: die *»Organisation erdölexportierender Länder«*, kurz OPEC genannt. Erklärtes Ziel der OPEC war es, dem ständigen Rückgang der Ölpreise entgegenzuwirken, aber lange Zeit gelang ihr nicht einmal dies. Bis Ende 1969 rutschte der Preis für ein Faß Öl vom Persischen Golf auf 1,20 Dollar ab.

. . .

Ohne die Einwilligung, ja sogar Ermunterung der USA hätten die Saudis den Ölpreis zwischen 1970 und 1973 nicht von 1,80 auf 3,01 Dollar und erst recht nicht im Winter 1973/1974 auf 11,65 Dollar erhöhen können.

Die amerikanisch-arabische Komplizenschaft erscheint im nachhinein unglaublich, aber es gibt inzwischen genügend Beweise dafür. Der wichtigste Drahtzieher bei dieser Konspiration war ein gewisser Mr. James E. Akins, der in Washington dem »Fuels and Energy Office« vorstand, bis er im Juli 1973 als amerikanischer Botschafter nach Saudi-Arabien ging. In den kritischen Jahren saß er also in Schlüsselpositionen. Übrigens wird er uns im Verlauf unserer Geschichte im Jahre 1980 noch einmal begegnen.

Jener Akins war es, der Ende Mai 1972 auf der 8. Erdölkonferenz der Arabischen Liga in Algier erschien und den staunenden Herren im Burnus eröffnete, sie könnten damit rechnen, *»daß die Ölpreise scharf nach oben gehen werden«*. Akins war es auch, der schon im Februar 1971 dem verblüfften Schah in einem vertraulichen Gespräch geschildert hatte, welch verheerende Auswirkungen ein Ölembargo auf Japan und Westeuropa hätte.

Noch vier Jahre später schlug der trickreiche Henry Kissinger in dieselbe Kerbe. Im Februar 1975 gestand er dem Schah von Persien im Zürcher Grandhotel Dolder: »*Die Vereinigten Staaten verstehen den Wunsch des Iran nach höheren Ölpreisen.*«

Daß dies keine bloße Schmeichelei, sondern wohlüberlegte Politik war, geht unter anderem aus einem Brief hervor, den der saudische Ölminister Yamani am 3. September 1975 an den amerikanischen Finanzminister William E. Simon schrieb. Yamani: »*Ich möchte Ihnen sagen, daß es bei uns Leute gibt, die der Meinung sind, daß die US-Regierung im Grunde nichts gegen eine Erhöhung der Ölpreise einzuwenden hat. Manche Leute glauben sogar, daß Sie aus offensichtlich politischen Gründen Preiserhöhungen wünschen und, daß die gegenteiligen Standpunkte, die Sie offiziell vertreten, nur dazu da sind, diese Tatsache zu verschleiern.*«

...

In einer Analyse, die in Paris erschien, hat der Ölberater der libyschen Regierung, Taki Rifai, zu Recht darauf hingewiesen, daß die *Ölpreise* im Mittleren Osten stets eine *Funktion der strategischen Interessen Amerikas* gewesen seien und, daß das grüne Licht für die Preiserhöhungen selbstverständlich aus dem Weißen Haus kommen mußte. »*So ist eine Interessengemeinschaft zwischen den USA, den Erzeugerländern und den Ölgesellschaften zugunsten höherer Preise entstanden – und Europa und Japan waren wegen ihrer fast totalen Energieabhängigkeit wehrlos dagegen.*«

Um die Logik hinter diesem Komplott ganz zu verstehen, muß man bedenken, daß wirkliche Großmächte notwendigerweise nach Autarkie streben. Sie versuchen, bei lebenswichtigen Rohstoffen und Einfuhren so weit wie möglich unabhängig zu werden. Für Amerika ist dieses Ziel jetzt in greifbare Nähe gerückt: Die USA sind zusammen mit ihren Nachbarn Kanada und Mexiko potentiell autark, die Reserven an Öl, Ölschiefer und Ölsänden reichen für ein ganzes Jahrhundert. Nur aus langfristigen strategischen Überlegungen heraus wurden diese gigantischen Reserven bislang kaum angegriffen; denn solange es geht, verbrauchen die Amerikaner selbstverständlich lieber fremde als eigene Vorräte.

Aber das Öl stellt die westliche Welt nicht nur vor ein Versorgungsproblem. Der explodierende Ölpreis hat nämlich schwerwiegende Folgen für das gesamt ökonomische System der westlichen Welt. Er wird wahrscheinlich schon in den nächsten Jahren zu einer Hyperinflation, zu Finanzpaniken und zu ungeahnten Währungskrisen führen.

...

Es gibt eine weitere Möglichkeit, den Konsequenzen der Ölpreisschocks von 1973/74 und 1979/80 zu entkommen; aber dieser Ausweg stand nur den USA offen. Öl wird bekanntlich in Dollars berechnet und bezahlt, und der Dollar ist die *Weltreservewährung*. Wer Dollars braucht, um Öl zu kaufen, muß sie verdienen, indem er arbeitet und exportiert. Das gilt für Japaner, Afrikaner und Europäer gleichermaßen. Drucken darf die grünen Scheine nur einer: der, der diese wunderbare Währung ausgibt.

Die Bindung des Öls an den Dollar läuft also darauf hinaus, daß die *Höhe der Ölpreise den Amerikanern ziemlich gleichgültig sein kann*; sie werden nämlich immer dafür bezahlen können, *indem sie ganz einfach Geld drucken*. Ihr Handelsbilanzdefizit mag noch so groß sein, sie können dennoch nie zahlungsunfähig werden; denn die Maschine, die die Scheine ausspuckt, steht bei ihnen im Keller. Außerdem sind die Amerikaner von Anfang an davon ausgegangen, daß ein Großteil der Dollars, die in den Mittleren Osten flossen, umgehend wieder zurückströmen würde.

Eine entsprechende geheime Vereinbarung wurde im Dezember *1974* in Dschidda zwischen dem US-Finanzministerium und der *Saudi Arabian Monetary Agency (SAMA)* getroffen, die in dem Wüstenstaat eine notenbankähnliche Rolle spielt; notenbankähnlich deshalb, weil es in Saudi-Arabien keine Trennung zwischen privaten und staatlichen Geldern gibt. . .

Vereinbart wurde im Dezember 1974, daß die Saudis innerhalb von sechs Monaten US-Staatsobligationen mit einer Laufzeit von einem Jahr oder mehr im Gesamtbetrag von etwa 2,5 Milliarden Dollar kaufen sollten, und zwar über die New Yorker *Federal-Reserve-Bank*.

Mit anderen Worten: Die Ölgelder, die die Saudis gerade erst eingenommen hatten, wurden dem Kunden sogleich wieder retourniert. Die Saudis spielten von Anfang an das amerikanische Spiel, und amerikanische Zeitungen, die das Königreich manchmal spöttisch als 51. US-Bundesstaat apostrophieren, übertreiben nicht einmal sonderlich.

Da die saudische Königsfamilie in der arabischen Welt jedoch nicht als Agent des US-Imperialismus dastehen wollte, wurde zusätzlich beschlossen, daß Riad US-Staatspapiere auch unter Umgehung des offenen Marktes kaufen und vor allem, daß Washington die Statistiken so manipulieren sollte, daß die Gesamtsumme solcher Anlagen nicht publik würde.

Im Februar 1975 schrieb der stellvertretende amerikanische Finanzminister Jack Bennett an Außenminister Kissinger: *»Die conditio sine qua non der Saudis bei diesem Arrangement ist Vertraulichkeit, und wir haben ihnen zugesichert, daß wir* alles in unserer Macht Stehende *tun würden, um ihren Wünschen zu entsprechen.«*

. . .

Weder der amerikanische Kongreß noch die verbündeten Regierungen wurden von diesen geheimen Abmachungen zwischen der mächtigsten demokratischen Nation und einem Familienkonzern unterrichtet, der von 60 Prinzen gesteuert wird und der nun mithelfen durfte, das amerikanische Haushalts- und Leistungsbilanzdefizit zu finanzieren. In der Fachsprache nennt man das »Recycling«: Das Geld kehrt dorthin zurück, wo es herkam.

. . .

Der Leser wird an dieser Stelle schadenfroh konstatieren, daß es von Anfang an die Absicht der Amerikaner war, ihre arabischen Freunde übers Ohr zu hauen. Das stimmt zwar; aber der Vorgang ist komplizierter, als es scheint, und diabolischer obendrein.

Denn je mehr die *Dollaranlagen* der Ölproduzenten wuchsen, *desto mehr Macht gewannen sie über das westliche Finanzsystem.* Sie brauchten diese Dollars nur über Nacht von ihren Konten in New York und anderswo abzuziehen, und der Wert der westlichen Leitwährung würde ins Bodenlose stürzen. Einen Vorgeschmack darauf lieferten die Ereignisse im Herbst 1978, als die Araber einen Teil ihrer Anlagen in amerikanischen Staatspapieren nicht erneuerten. Aufs ganze Jahr 1978 gerechnet, reduzierten sie ihre internationalen Reserven um 11,7 Milliarden Dollar.

. . .

Im Gegensatz zur Vorstellung vieler Europäer besitzt die amerikanische Regierung keineswegs die Gabe der Naivität. Sie hatte sich nämlich auch für solche Eventualitäten rechtzeitig gerüstet, und zwar mit dem *International Emergency Economic Powers Act,* einem Gesetz, das, von der Weltöffentlichkeit nahezu unbemerkt, schon am 28. Dezember 1977 vom US-Kongreß beschlossen wurde.

Das Gesetz gibt dem amerikanischen Präsidenten die Möglichkeit, *ausländische Dollar-Guthaben im Ernstfall ohne vorherige Zustimmung des Kongresses zu sperren.* Das heißt, daß sich die Araber und auch andere Ausländer seitdem nicht mehr darauf verlassen könne, daß diese Dollars ihnen wirklich gehören.

Das Gesetz vom Dezember 1977 war im Grunde nur die logische Antwort auf die Vervierfachung der Ölpreise 1973/1974; eine Konsequenz, die sich aus der festen Absicht der Amerikaner ergab, *Herr über ihre eigene Währung zu bleiben.*

. . .

Selbst im Juni 1979 klang dies noch ziemlich theoretisch, aber schon sechs Monate später begriffen die Araber, daß Amerika es ernst meinte: Carter *blockierte am 14. November 1979 iranische Konten in Höhe von acht Milliarden Dollar* – und setzte damit die größte Goldhausse des 20. Jahrhunderts in Gang.

. . .

Die Amerikaner glauben von jeher, daß nahezu alles manipulierbar, machbar und kontrollierbar sei, – und wenn sie Recht hätten, wäre unsere Geschichte an dieser Stelle zu Ende. Sie beginnt aber hier erst richtig, weil inzwischen auch den Experten die Erkenntnis dämmmert, daß die auf Petrodollars aufgebaute internationale Kreditpyramide letzten Endes doch einstürzen könnte – und weil den USA jetzt auch die politische Kontrolle über den Mittleren Osten zu entgleiten beginnt.

Aufgetürmt wurde die internationale Kreditpyramide auf dem Eurodollar-Markt. . .

Eurodollars sind . . . Dollars, die sich außerhalb der USA befinden – und es gibt inzwischen mehr davon als Dollars, die in den USA selbst zirkulieren. Der Euromarkt beschränkt sich inzwischen weder auf Europa noch auf Dollars: auch Deutsche Mark, englische Pfund, Schweizer Franken und japanische Yen zählen dazu, soweit sie sich nicht im inneren Geldumlauf der betreffenden Länder befinden. Eurowährungen sind heimatlos und unterliegen keiner Mindestreservepflicht. Eine deutsche Bank mit Sitz in Frankfurt zum Beispiel muß von jeder Kundeneinlage zur Sicherheit einen gewissen Prozentsatz zinslos stillegen, bevor sie das Geld – mit Gewinn – weiterverleiht. Das bedeutet, daß dem Prozeß der Geldschöpfung Grenzen gesetzt sind. Anders auf dem Euromarkt: Geld, das dorthin fließt, kann zu 100 Prozent weiterverliehen werden – nicht nur einmal, sondern theoretisch immer wieder. So türmt sich dann *Kredit auf Kredit*.

Wie groß das Kreditvolumen auf dem Euromarkt wirklich ist, *weiß niemand ganz genau*. Am zuverlässigsten sind immer noch die Erhebungen der Baseler Bank für Internationalen Zahlungsausgleich. Sie schätzte das Volumen des Marktes für Ende 1979 auf *1110,9 Milliarden Dollar*.

. . .

Fachleute wissen, daß diese Summe von 1110 Milliarden Dollar sich nicht völlig mit dem Volumen des Eurodollar-Marktes deckt. . . .

Immerhin ist diese Zahl zuverlässig genug, um eine korrekte Vorstellung von der Größenordnung der weltweiten Verschuldung zu vermitteln.

Verschuldet sind der Ostblock und die Dritte Welt bei den Industrieländern des Westens, und diese wiederum haben Schulden bei der OPEC. Verschuldet sind aber auch die westlichen Industrieländer untereinander, und verschuldet sind sogar diejenigen OPEC-Länder, die mehr ausgeben, als sie einnehmen.

. . .

Da viele Ölländer ihre Einnahmen beim besten Willen nicht vollständig für Importe ausgeben können, bauen sie unweigerlich Überschüsse auf, die sie irgendwo zinsbringend anlegen müssen – zum großen Teil eben an den Euromärkten. . . .

Solche Überschüsse bedingen aber stets ein Loch in den Leistungsbilanzen anderer Länder. Am größten ist es bei den Entwicklungsländern, deren Gesamtverschuldung 1980 450 Milliarden Dollar erreichen dürfte.

Allein die *Bedienung* dieser Schulden kostet etwa 88 Milliarden Dollar. Überraschenderweise sind aber 1979 auch Hartwährungsländer wie *Japan und die Bundesrepublik Deutschland* in die roten Zahlen geraten. . . .

Dennoch sind die Probleme, denen sich die Deutsche Bundesbank in den kommenden Jahren gegenüber sieht, unerheblich im Vergleich zu der *tödlichen Gefahr, die aus der Dritten Welt heraufzieht* und schon bald das gesamte *westliche Banksystem an den Rand des Kollaps stoßen wird.*

Weil sie jahrelang über ihre Verhältnisse gelebt haben, und natürlich auch wegen der grotesken Ölverteuerung, sind Länder wie Brasilien, Jamaika, Zaire oder die Türkei, aber auch Ostblockstaaten wie Polen heute praktisch pleite. Sie werden ihre Schulden *nie* zurückzahlen können, und die *Bankrotterklärung* wird nur dadurch hinausgeschoben, daß westliche Banken neue Kredite geben, damit wenigstens die *Zinsen* für die alten bezahlt werden können.

Die *Stunde der Wahrheit* läßt sich jedoch nicht endlos vertagen, und die Kreditpyramide wird einstürzen, sobald sie nicht weiter wachsen kann – mit verheerenden Folgen nicht nur für die Schuldner, sondern auch für die Gläubiger, also für die westlichen Banken.

Beide Behauptungen müssen anhand von Beispielen näher begründet werden.

Brasilien, der größte Schuldner der Welt, muß *1980 zwölf Milliarden Dollar an Zinsen zahlen.* Das macht zusammen mit den Rückzahlungsraten 21 Milliarden. Die gesamten Erlöse aus dem brasilianischen Export für 1980 werden aber nur auf 20 Milliarden Dollar veranschlagt. Das ist ein Zustand, der auf die Dauer *untragbar* ist. Die Brasilianer werden ihre Gesamtschulden von 155 Milliarden Dollar beim besten Willen nicht zurückzahlen können.

Andere Länder nähern sich noch schneller dem Ende des Weges. Die Türkei wurde 1980 nur durch eine internationale Rettungsaktion vor der Zahlungsunfähigkeit bewahrt. Ein ähnlicher Schritt war im Fall von Zaire schon früher notwendig; und Polen erhielt erst im August 1980 von einem Konsortium deutscher Banken die grundsätzliche Zusage über einen Kredit von 1,2 Milliarden Mark. Auch hier darf niemand auf Rückzahlung hoffen: Polen gibt inzwischen 70 Prozent aller Deviseneinnahmen, die es durch Exporte erzielt, für den Schuldendienst aus.

Diese Zahlen lassen auf den ersten Blick erkennen, daß Polen, Brasilien und andere Länder in dem Augenblick die Zahlungen einstellen müssen, da die *westlichen Banken* ihnen *neue Kredite* verweigern. . . .

Wenn Mobutu die Zahlungen einstellt, wachsen die Bananen in Zaire weiter. Eine empfindliche Volkswirtschaft, die durch finanzpolitische Steuerungskrisen aus dem Gleichgewicht gebracht werden könnte, existiert im Kongo nicht. Warum also soll Mobutu nicht eines Tages auf die

Idee kommen, seine Schulden, am besten gemeinsam mit einigen Gleichgesinnten, mit einem Federstrich zu beseitigen? Daß die Bank X oder Y in New York dann am Ende ist, daß auch andere Banken wie Dominos fallen würden, daß der ganze Westen in den *Strudel einer ungeheuren Finanzpanik* geraten könnte, braucht ihn nicht sonderlich zu stören.

Auch der *Internationale Währungsfonds* in Washington dient im Prinzip *dieser Hegemonie*, als eine Art von *Weltwährungsbehörde*, in der die Amerikaner von jeher den Ton angeben. Der IWF *kreiert Geld aus dem Nichts*, er schreibt zum Beispiel den bedürftigen Entwicklungsländern sogenannte *Sonderziehungsrechte* gut, wofür diese den Gegenwert in Dollar in New York abrufen können. Solche Sonderziehungsrechte werden *kostenlos* zugeteilt, nur müssen es sich die Empfänger gefallen lassen, daß der IWF ihnen dann bestimmte Auflagen macht und *in ihre Volkswirtschaften hineinregiert*.

Der IWF läßt Dollarscheine regnen wie Manna vom Himmel. Dennoch sind ihm *die Russen bislang nicht beigetreten*. . . .

Im großen Währungsspiel stehen die Sowjets noch immer draußen vor der Tür, und ihr vielleicht einziger Trumpf ist das Gold. . . .

Weil sie Gold haben, schaffen es die Russen, an jeder internationalen Krise, die sie auslösen, zugleich zu verdienen. Ihr Einmarsch in Afghanistan im Dezember 1979 war, wie jede Militäraktion, mit beträchtlichen Kosten verbunden – aber er trieb den Goldpreis noch im Januar 1980 auf 850 Dollar und ermöglichte es Moskau, 1980 weniger Gold zu höheren Preisen als je zuvor zu verkaufen und damit das afghanische Abenteuer von goldhungrigen westlichen Privatanlegern indirekt mitfinanzieren zu lassen. . . . Es ist auch eine andere Variation denkbar, die noch gefährlicher wäre. Ein Brüsseler Nato-Analytiker sagte dazu: »*Unser* schlimmster Alptraum *ist es, daß die Schulden den* Sowjets *einen Hebel in die Hand geben könnten, um die finanzielle Struktur des Westens und damit seine* wirtschaftliche und militärische Macht *absichtlich zu* erschüttern. *Zu einem* möglichen Szenario *in einer Zeit wachsender Spannungen gehört ein* koordinierter Stop der Rückzahlungen *mit einem sich multiplizierenden Effekt von Zusammenbrüchen.*«

Die amerikanische Hegemonie beruht auf bestimmten finanziellen und monetären Voraussetzungen, und ohne die *weltumspannende Geschäftigkeit der New Yorker Banken* wäre sie nicht denkbar.

Bevor wir das Szenario des kommenden Crash entwickeln, müssen wir uns noch einmal dem Öl und dem Mittleren Osten zuwenden. Wie wir bereits sahen, wünschten die Amerikaner, daß das Öl teurer würde – allerdings nicht zu teuer. Und zweitens gingen sie davon aus, daß die Araber stets genug davon liefern würden, denn rund um den Golf gab es keine ernst zu nehmende Macht außer den Amerikanern.

Erst 1979 sind die Ölpreise, zugleich mit der politischen Machtbalance am Persischen Golf, in Bewegung geraten, und zwar nicht ohne Mitverschulden der USA.

...

Nur Saudi-Arabien hat den finanziellen und mengenmäßigen Spielraum, um darüber zu entscheiden, ob auf der Welt genug oder zu wenig Öl fließt.

Mit 9,5 Millionen Faß am Tag produzieren die Saudis zugegebenermaßen viel mehr, als eigentlich ihren Interessen entspricht. Sie plündern den Schatz im eigenen Boden und tauschen dafür *Papier- beziehungsweise Giralgeld* ein, das ständig an Wert verliert, das auf ausländischen Konten liegt und ihnen im Ernstfall jederzeit gesperrt werden kann.

Daß sie dies tun, liegt an ihrem Bündnis mit den USA – einem Bündnis der 3000 männliche Angehörige zählenden Königsfamilie, deren Geschicke von einem inneren Kern von 60 Prinzen geleitet werden, mit der *mächtigsten Nation* des Westens. Zerbricht dieses Bündnis, dann steht der Westen vor der Existenzkrise. Denn ein radikales Regime in Riad könnte beschließen, die Ölförderung zu halbieren. Oder es könnte mit den gigantischen Einnahmen – etwa 90 Milliarden Dollar allein 1980 – *unvorstellbare Störmanöver anzetteln.*

...

In dieser Situation wirkt es entnervend, daß im Westen über die politischen Interna Saudi-Arabiens ebenso wenig bekannt ist wie über die Geheimnisse seiner Harems – also fast nichts, weniger jedenfalls als über die Vorgänge im Kreml. Immerhin ergeben vertrauliche Informationen, die uns in Bruchstücken in den letzten Monaten erreichten, das Bild eines labilen Regimes, das nur noch auf Abruf lebt. Die nicht schlecht informierte französische Regierung glaubt tatsächlich, daß *das Ende der Dynastie* nicht mehr eine Frage des *Ob*, sondern nur noch *des Wann* ist. Selbst bei der CIA gelangte man zu ähnlichen Erkenntnissen.

...

Tatsächlich stellt die saudische Politik eine stets neu zu formulierende Antwort auf eine ständige Frage dar, vor wem man mehr Angst haben soll: vor den Russen, die im Jemen und in Syrien sitzen; vor dem Irak, der nach dem Sturz des Schah zur stärksten Militärmacht am Golf wurde; vor Khomeni und seinen Schiiten, die die Hälfte der Arbeiter auf den Ölfeldern stellen; vor der eigenen Armee, in der es seit 1977 immer wieder zu Putschversuchen kommt; oder vor den Palästinensern, dem politisch unruhigsten Element unter den Ausländern am Golf.

Am Golf *tickt also eine Zeitbombe* mit gefährlicher sozialer Sprengkraft.

...

Wie diese Politik [der OPEC] aussehen wird, läßt sich erstmals einem

OPEC-Dokument entnehmen, das seit ein paar Monaten in informierten Zirkeln des Westens bekannt ist. Es handelt sich um die geheime Studie des Minister-Komitees der OPEC für langfristige Strategien vom 7. Mai 1980. Vorsitzender des Komitees ist kein geringerer als Yamani, der mit seinen wenig gemäßigten Empfehlungen offensichtlich den Beweis erbringen wollte, daß er doch kein Lakei der Amerikaner ist.

Die Langzeitstrategie der OPEC, so wie sie aus dem Papier deutlich wird, läßt weniger Öl fördern, es dafür aber teurer verkaufen.

Laut Studie soll für Öl ein »Preisboden«, also ein Mindestpreis, installiert werden, der kontinuierlich nach oben rückt, und zwar nach drei Maßstäben: Anpassung an die internationale Inflation, Anpassung an Wechselkursänderungen (zum Beispiel an sinkende Dollarkurse) und Erhöhung in demselben Tempo, in dem die Volkswirtschaften der Industrieländer real wachsen.

. . .

Wie sicher sich die Herren sind, geht aus folgenden Bemerkungen hervor: *»die Tatsache, daß die OPEC-Mitglieder selbst in der Lage sind, zu entscheiden, wieviel Öl sie produzieren, wann sie es verkaufen und zu welchem Preis, hat die Beziehungen zwischen Ölproduzenten und Ölverbrauchern drastisch geändert.«* Weiter: *»In der gegenwärtigen Phase des Spiels hält die OPEC die Macht in Händen. Die industrialisierte Welt mag davon träumen, die OPEC zu zerbrechen, aber dies steht nicht in ihrer Macht.«*

Jetzt, an der Schwelle zum neuen Jahrzehnt, haben sich die Verhältnisse *grundlegend geändert. Die Ölkonzerne,* die lange Zeit das wirkliche Gegengewicht zur OPEC darstellten, *sind entmachtet.* Die »sieben Schwestern« – *Exxon, Mobil, Texaco, Gulf, Standard Oil of California, BP und Royal Dutch/Shell* – kontrollieren nicht mehr 61 Prozent der Weltproduktion wie 1970, sondern nur noch 25 Prozent. Und was noch wichtiger ist: Die Experten sind sich darüber einig, daß *bis 1985* und erst recht danach eine empfindliche Lücke zwischen Angebot und Nachfrage klaffen wird . . .

Wenn Öl aber wirklich knapp wird, was es bisher nie war, bleiben nur zwei Möglichkeiten: Die Menge wird über den Preis rationiert, dann kostet das Faß bald 100 Dollar – oder die Amerikaner und Europäer holen sich, was sie brauchen, mit Gewalt.

Vor der Besetzung der Ölfelder haben die Araber tatsächlich Angst, und da ihre kriegerische Begabung im wesentlichen beim Bombenlegen endet, haben sie auch schon mehrmals angekündigt, sie würden die Fördertürme, Pipelines und Pumpstationen in die Luft jagen, sobald sich der Feind ihren Küsten nähert.

Kein Geringerer als James E. Akins zerbrach sich den Kopf über dieses

Problem der Araber, als er im Oktober 1979 vor einem OPEC-Seminar in Wien referierte. Er steckte, wie wir uns erinnern, in dem Ölkomplott der früheren siebziger Jahre und diente der amerikanischen Regierung nach 1973 als Botschafter in Riad. Heute bezeichnet er sich als internationalen Ölberater. Wen er berät, das läßt sich aus seinen internen Ausführungen in Wien unschwer erkennen.

Akins empfahl seinen arabischen Zuhörern, im Falle eines Überangebotes an Öl die Produktion zu drosseln, also keinen realen Rückgang der Preise mehr zuzulassen. Lediglich »*plötzliche, scharfe Preiserhöhungen*« gelte es zu vermeiden, weil sie, so Akins, *politische, wirtschaftliche oder militärische Vergeltungsmaßnahmen* des Westens provozieren könnten . . . .

Die Überlegung, daß es *zum Krieg ums Öl* kommen könnte, zog sich wie ein roter Faden durch den Vortrag . . .

Allerdings: »*Jeder, der eine Lösung unseres Energieproblems durch eine Invasion Saudi-Arabiens vorschlägt, ist ein Verbrecher, ein Verrückter oder ein Agent der Sowjetunion.*« . . .

Überlegungen und Denkspiele, die auch in den Köpfen westlicher Politiker angestellt werden. »*Die achtziger Jahre werden das gefährlichste Jahrzehnt des Jahrhunderts*«, meinte der ehemalige britische Schatzkanzler Lord Chalfont. »*Im Wettrennen um Öl und Gas werden sogar Kriege möglich sein*«, orakelte der deutsche Kanzler Schmidt. Und der wohl angesehenste westliche Ölexperte, Walter J. Levy, kam in einer großen Studie in der Zeitschrift *Foreign Affairs* zu dem Schluß: »*Wir werden wahrscheinlich mit einer Serie von größeren Ölkrisen konfrontiert werden, die verschiedene Formen annehmen können: Kampf der Einfuhrländer oder der Supermächte um die Kontrolle des Öls; wirtschaftliche Krisen in den Importländern; regionale Konflikte in den Regionen, wo Öl gefördert wird; Revolutionen oder andere Umwälzungen im Mittleren Osten.*«

Die wirtschaftliche Krise, von der Levy sprach, bestünde in einem *Finanzkrach* auf dem Boden galoppierender Inflation und nicht mehr tragbarer internationaler Verschuldung.

Die internationale Verschuldung gleicht einer auf dem Kopf stehenden Pyramide. An der Spitze, auf der sie ruht, befinden sich die relativ geringen Zahlungsversprechen solider Schuldner wie der Bundesrepublik, und je weiter man nach oben blickt, desto breiter und illiquider werden die Kreditschichten.

Sobald sich ein größerer Stein aus der Pyramide löst, beginnt sie, vorausgesetzt, das Loch wird nicht sofort gestopft, zu bröckeln, bis die kunstvolle Struktur schließlich vollends zusammenstürzt. In diesem Augenblick wird man feststellen, daß die im nationalen und internationalen Bereich zirkulierenden Geldmengen auf einer *Fiktion* beruhen; daß *Buch-*

geld noch dubioser ist als *Papiergeld*; daß *Banknoten kein echtes Geld* darstellen, sondern nichts weiter sind als *Schuldscheine*: *»Diese Note ist gesetzliches Zahlungsmittel für alle privaten und öffentlichen Schulden«*, so heißt es völlig korrekt auf den grünen Dollarscheinen.

Im *Prinzip* wird der *Crash* der achtziger Jahre zunächst nicht viel anders ablaufen als der von 1929/33. Auch in der Zeit nach 1918 war fast jeder bei fast jedem verschuldet, wenn auch mit vergleichsweise geringen Summen: die kleineren Staaten bei Frankreich und Großbritannien, diese bei den Amerikanern, und schließlich hatte sich auch das Deutsche Reich, von dem 67 Milliarden Goldmark Reparationen verlangt wurden, bei den USA verschuldet. Als dann die Wirtschaft der USA, wo im Spekulationsrausch der zwanziger Jahre gute zwei Drittel der Aktien auf Kredit gekauft worden waren, in die Krise stolperte, wurden die Darlehen aus Deutschland gekündigt, und die *Kreditpyramide brach zusammen.* In Deutschland und Österreich mußten Banken und Börsen schließen. In den *USA* gingen bis 1933 nicht weniger als *9765 Banken pleite* – und mit den Banken lösten sich auch die Einlagen der Kunden in *Nichts* auf. Die umlaufende Geldmenge schrumpfte drastisch.

Diesmal ist die internationale Kreditpyramide ungleich *gewaltiger,* aber *keineswegs stabiler.* Die Todsünde besteht, kurz gesagt darin, daß die Banken kurzfristige Gelder entgegennehmen, um sie langfristig auszuleihen. Dennoch kann man die Banken kaum dafür tadeln, daß sie im Casino des Euromarktes mit immer höheren Einsätzen spielen. Denn wo hätte die Alternative gelegen, um die unter der Last teuren Öls stöhnende Welt liquide zu halten?

Ein Alarmzeichen ist es, daß die Ölausfuhrländer kaum noch langfristige Anlagen tätigen, sondern neuerdings – mißtrauisch, wie sie sind – lieber kurzfristig auf den Geldmarkt gehen . . .

Wenn nun eines Tages ein *großer Schuldner* oder gleich mehrere erklären, sie könnten *weder ihre Zinsen* überweisen *noch die Schulden* zurückzahlen, und wenn gleichzeitig ein Teil der Guthaben, mit denen die Banken arbeiten, gekündigt wird, *dann ist das Spiel aus.* Dann kommt es unweigerlich zu einem *Run auf die Banken*. Plötzlich erscheinen viele Einleger am Schalter und wollen ihr Geld abheben. Wenn zu viele Kunden gleichzeitig auf dieselbe Idee kommen, wird man feststellen, daß dieses Geld gar nicht vorhanden ist. Also müssen die Banken erst einmal ihre Pforten schließen.

Dabei tritt der Crash nicht unbedingt mit einem Paukenschlag an einem bestimmten Tag ein – so, daß jeder wüßte: Jetzt ist es soweit. Man wird sich später vielleicht sogar darüber streiten, wann genau der Zusammenbruch eingetreten ist. Die Katastrophe kann durchaus *mit einzelnen*

Bankpleiten beginnen, die für sich genommen nicht allzu drastisch erscheinen . . .

Der Bankrott einzelner Geldinstitute scheint zunächst nichts anderes anzukündigen als den Beginn einer klassischen Deflationskrise. Der eisige Hauch eines solchen Debakels wehte zuletzt im März 1980 durch die Wall Street, wenn auch nur für wenige Tage. In der Deflation schrumpft die Geldmenge, die Preise sinken, auch das Gold wird billiger.

Nach den klassischen Gesetzen des Kapitalismus müßte sich eine solche Deflation durch das *ganze System* hindurch fortpflanzen. Sie würde es von seinen Exzessen purgieren, von der Krankheit der Inflation heilen und die drückende *Schuldenlast* in einem schmerzhaften Prozeß beseitigen, einem Prozeß, der *sinkenden Lebensstandard und Massenarbeitslosigkeit* mit sich bringt. So wie die Inflation einer Droge gleicht, so ist die *Deflation nichts anderes als die nachfolgende Entziehungskur*.

Nur halten die Politiker, anders als noch 1929/33, und wohl auch ihre Wähler, eine solche Entziehungskur nicht mehr für zumutbar. Deswegen werden die Regierungen und die Zentralbanken den deflationären Prozeß schon im Ansatz stoppen. Während die Schalter noch geschlossen sind, wird der amerikanische Präsident vor die Nation treten und ankündigen, daß die Banken am soundsovielten des Monats wieder aufmachen und daß jeder, der es wünscht, sein Geld dann abheben kann.

Unterdessen fährt eine gewaltige Flotte von Lastwagen ins Land hinaus, um Zehntausende von Geldinstituten zu beliefern – mit *frisch gedruckten Dollarscheinen*, Dollarscheinen in riesigen Mengen, genug jedenfalls, um alle mißtrauischen Amerikaner zu beruhigen. Daß es dahin kommen wird, ist keine bloße Vermutung. Der amerikanische Kongreß hat unlängst fast unbemerkt ein Gesetz zur Abwendung von Bankzusammenbrüchen beschlossen. Es trägt den umständlichen Titel *»Depository Institutions Deregulation and Monetary Control Act«*.

Das Gesetz ermöglicht es der *Federal Reserve*, dem amerikanischen Notenbanksystem, die *Mindestreservesätze* auf *Null* zu senken, Banknoten in *unbeschränkter Menge zu drucken und zu lagern*, mit anderen Worten: *den Geldumlauf ins Astronomische auszuweiten*.

Kein Zweifel, daß die Politiker entschlossen sind, eine Wiederholung der Depression der dreißiger Jahre auf keinen Fall zuzulassen. Und im Gegensatz zur damaligen Zeit wissen sie heute, wie man Deflation vermeidet. Dafür nehmen sie ein nicht weniger verheerendes Resultat in Kauf: Crash und beginnende Deflation schlagen um in eine Hyperinflation, der *Goldpreis* steigt, nachdem er kräftig gefallen war, auf *schwindelnde Höhen*, und am Ende steht ein *Währungsschnitt*.

Aber vielleicht läßt sich die große Finanzpanik abwenden? Es gibt Fachleute, die dieser Ansicht sind. Sie setzen auf das *Gold*. Gold, so *be-*

haupten sie, sei der letzte Rettungsanker für die Währungen der kapitalistischen Welt. Die Politiker müßten nur intelligent genug sein, um auf ihn zurückzugreifen.

Wer den Verlauf des Goldkrieges der siebziger Jahre studiert, wird bemerken, wie hinterlistig es in der Finanzgeschichte zugehen kann. Die Amerikaner haben nämlich, ebenso wie die Europäer, beim Ölkomplott in irgendeiner Weise verloren – und zugleich gewonnen. Möglich war dies, weil es nicht nur Öl in der arabischen Wüste, sondern auch das Gold in den Kellern westlicher Zentralbanken gibt, und weil der Ölpreis seit langem in wunderbarer Weise an den Goldpreis gekoppelt ist.

1971 bekam man für eine Unze Gold 17 Faß Öl, 1979 die gleiche Menge, Anfang September 1980 sogar ein bißchen mehr, nämlich 19 Faß. Natürlich gab es Jahre, in denen sich das Preisverhältnis nach unten oder oben verschob, aber im großen und ganzen marschierten das *schwarze* und das *echte Gold* im Gleichschritt.

Die Folge: Ende 1979 waren die 831,4 Millionen Unzen Gold im Besitz der Zentralbanken der industrialisierten Welt genau *435,6 Milliarden Dollar wert.* Die Devisenreserven beliefen sich dagegen nur auf 142,7 Milliarden Dollar. *Die Ölausfuhrländer* aber besaßen Ende 1979 offiziell *nur 37,2 Millionen Unzen Gold im Wert von 19,5 Milliarden Dollar.*

Nach einem knappen Jahrzehnt permanenter Ölverteuerung waren die *Araber zwar reich an Papiergeld* geworden, *ihre Opfer aber reich an Gold.* Das Gold hatte es den Europäern und Amerikanern ermöglicht, im großen Spiel zu gewinnen, während *sie scheinbar verloren.*

Der Dollar ist schwach, weil die Gläubiger der USA sich mit Recht fragen, womit ihre Forderungen eigentlich gedeckt sind. Kein Problem, sagen neuerdings immer mehr amerikanische Nationalökonomen: Wir kehren zurück zu irgendeiner Form von Goldbindung, und niemand wird mehr daran zweifeln, daß der Dollar stabiles Geld ist. Jedenfalls steht diese Option den USA schon jetzt offen, denn die 264,6 Millionen Unzen in Fort Knox sind bei einem Goldpreis von 600 Dollar *158,76 Milliarden Dollar* wert. Die USA sind nach wie vor mit Abstand der größte Goldbesitzer der Welt.

Gut *20 Entwicklungsländer* kaufen daher seit dem Winter 1979/80 *heimlich*, aber *planmäßig* Gold. Neben Ländern wie Chile, Peru, Rumänien oder Indonesien treten auch Saudi-Arabien und alle übrigen Golfstaaten als Käufer auf, denn in Sachen Gold zählen auch die Araber zu den Habenichtsen.

Dafür, daß die Ölproduzenten Gold kaufen, gibt es eine einfache Erklärung: Alles andere haben sie schon, und sie *ahnen*, daß das *Gold* bei einer kommenden Neuordnung des Weltwährungssystems eine zentrale Rolle spielen wird.

Das Londoner Zentrum der Hochfinanz

Wenn man von der »Krone« hört, denkt man automatisch an den König oder die Königin; wenn man »London« oder »City« hört, denkt man sofort an die Hauptstadt Englands, in der der Monarch oder die Monarchin ihren offiziellen Wohnsitz hat.

Um das einmalige und kaum bekannte Thema vollständig zu verstehen, müssen wir unsere Begriffe definieren. Wenn wir von der City sprechen, dann beziehen wir uns tatsächlich auf ein privatwirtschaftliches Unternehmen – oder einen souveränen Staat – der mitten im Herzen der Bannmeile des »Großraums London« von 1596 km² die unregelmäßige Fläche von nur 2,7 km² einnimmt. Die Einwohnerzahl der City wird mit gut 4600 ständigen Bewohnern, jedoch 1/2 Million Arbeitsplätzen angegeben, während im »Großraum London« mit seinen 32 Stadtbezirken rund 7,3 Millionen Menschen leben.

Die *Krone* ist ein Ausschuß von 12 bis 14 Männern, die den unabhängigen, souveränen Staat regieren, der als *London* bzw. die *City* bekannt ist. Die *City* gehört nicht zu England. Sie untersteht nicht dem Monarchen ... Wie der Vatikan in Rom ist sie ein separater, unabhängiger Staat. Sie ist der Vatikan der gewerblichen Welt. Die *City*, die man oft »die reichste Quadratmeile der Welt« nennt, wird von einem *Lord Mayor* regiert. Hier befinden sich Englands mächtigste Finanz- und Wirtschaftsinstitutionen: reiche Banken, allen voran die privatwirtschaftliche (von Rothschild kontrollierte) *Bank of England*, außerdem *Lloyd's of London*, die Londoner Aktienbörse und die Büros aller führenden internationalen Handelskonzerne. Und hier liegt auch die *Fleet Street*, Herz- und Kernstück der Zeitungs- und Verlagswelt.

Zwei Könige

Der *Lord Mayor*, der für jeweils ein Jahr in sein Amt gewählt wird, ist der König der *City*. Wie Aubrey Menen in *Time-Life*, 1976, S. 16, berichtet: *»Die Beziehung dieses Monarchen der City zu dem des Reiches* (Queen) *ist für uns erstaunlich und vielsagend.«* Beides ist zweifellos gleichermaßen zutreffend!

Wenn sich die Königin von England in die *City* zu einem Besuch begibt, wird sie vom *Lord Mayor* an der *Temple Bar*, dem symbolischen Tor der Stadt, abgeholt. Sie verneigt sich und bittet um Erlaubnis, seinen privaten, souveränen Staat betreten zu dürfen. Er gewährt ihr den Eintritt, indem er ihr das Staatsschwert überreicht. Bei solchen Staatsbesuchen *»überstrahlt der Lord Mayor in seiner Robe und Kette und seine mittelalterlich gekleidete Umgebung die königliche Gesellschaft, deren Kleidung sich auf die einfache Dienstuniform beschränken muß.«* Der *Lord Mayor* geleitet die Königin in seine Stadt.

Der Grund dafür dürfte klar sein. Der *Lord Mayor* ist der König. Die *Queen* sein Untertan! Der König führt immer den Gang in die City an. Der Untertan bleibt immer ein oder zwei Schritte dahinter! ...

Theoretisch wird England von einem Premierminister und einem Kabinett enger Berater regiert. Diese »Fassaden« bemühen sich angestrengt, den Eindruck zu erwecken, sie würden bestimmen, was gespielt wird, während sie in Wirklichkeit bloße Marionetten sind, an deren Fäden die schattenhaften Personen ziehen, die hinter den Kulissen das Spiel lenken. Disraeli [zeitweilig britischer Premierminister] schrieb dazu: *»So sehen Sie also ... die Welt wird* *von ganz anderen Figuren regiert als es diejenigen träumen, die nicht hinter den Kulissen stehen« (Coningsby,* The Century Co., New York, 1907, S. 233).

Diese Tatsache wird durch einen Abschnitt aus Menens Buch belegt: *»Der Premier, ein vielbeschäftigter Politiker, braucht nichts von den Geheimnissen der Hochfinanz zu verstehen und der Chancellor of the Exchequer* [Finanzminister] *soll diese nur dann verstehen, wenn er den Haushalt vorlegt. Beide werden von den Beamten des Finanzministeriums beraten. DIESE HÖREN AUF DIE CITY. Wenn sie vermuten, daß eine Regierungspolitik* [ins Auge gehen könnte] *... so brauchen sie keinen englischen Botschafter anzurufen und zu fragen, ob dies zutrifft. SIE KÖNNEN ES VIEL SCHNELLER IN DER CITY HERAUSFINDEN. Wie sich ein Botschafter bei mir beklagt hat, sind die Diplomaten heutzutage nichts weiter als Bürodiener und dazu noch langsam.*

»DIE CITY« WIRD ES WISSEN. SIE WIRD ES DEN FINANZMINISTER WISSEN LASSEN UND DIESER WIRD ES DEN PREMIERMINISTER WISSEN LASSEN. GNADE SEI MIT IHM, WENN ER NICHT HÖRT. Das augenfälligste Beispiel hierfür geschah in jüngster Vergangenheit. Im Jahre 1956 rief der damalige Premier, Sir Anthony Eden, einen Krieg aus, um den Suez-Kanal zurückzugewinnen. Er hatte kaum angefangen, als die City ihn wissen ließ, daß er kein Geld mehr für den Kampf haben werde: das englische Pfund würde stürzen. Der Krieg wurde abgeblasen und Eden trat am 9. Januar 1957 aus politischen und gesundheitlichen Gründen zurück ...« (S. 18)

Geschichte der City

Von der Zeit William des Eroberers bis zur Mitte des 17. Jahrhunderts waren die englischen Monarchen unumschränkte Herrscher – ihr Wort war Gesetz. Sie waren im wahrsten Sinne des Wortes echte Alleinherrscher.

Als die Stärke und der Einfluß Englands in der ganzen Welt zum Ende des 17. Jahrhunderts immer mehr wuchsen, nahm auch der Reichtum, die Stärke und der Einfluß der Kaufmannselite in der City zu – nur schneller. 1694 wurde die private *Bank of England* (eine Zentralbank) gegründet, um die verschwenderische Lebensführung von William III. zu finanzieren. Die Bank wurde von einer Gruppe City-Kaufleute finanziert, die William Paterson als »Strohmann« benutzten. Die Namen der Gründer dieser Bank sind niemals öffentlich bekannt geworden.

Hier ist der Zeitpunkt, an dem die *Bank of England* und die *City* begannen, die Wirtschaft Großbritanniens zu beherrschen und zu lenken. Ihr Einfluß und Reichtum ist in dem folgenden Jahrhundert in großen Sprüngen und hohem Bogen gewachsen. *The Illustrated Universal History,* 1878, hält fest, daß *» Großbritannien aus seinem langen Wettstreit mit Frankreich mit verstärkter Macht und nationalem Ruhm hervorgegangen ist. Sein Imperium hatte sich auf alle Teile der Welt ausgedehnt; seine Vorherrschaft zur See war unangefochten; sein Reichtum und Handel blühten ... Aber bei allem staatlichen Wohlstand waren die unteren Klassen der englischen Bevölkerung in äußerstes Elend und Armut gesunken. «* Die Elite kontrollierte es. Die Massen lebten in Not, nachdem sie in den Kämpfen der letzten 20 Jahre ausgeblutet worden waren.

Und zu diesem Zeitpunkt (1815) ergriff das Haus Rothschild die Kontrolle über die englische Wirtschaft, die *Bank of England* und die *City*...

Vor dieser Zeit hatte England Kolonien und Außenhandelsstationen in den entferntesten Winkeln der Welt gegründet. Nachdem es aus der westlichen Hemisphäre vertrieben worden war, konzentrierte sich England auf den Erwerb und Ausbau zusätzlicher Besitztümer andernorts.

In seinen glorreichen Tagen des 19. Jahrhunderts wurden rund 90% des gesamten internationalen Handelsvolumens auf englischen Schiffen transportiet. Andere Reeder mußten der Krone Lizenzgebühren oder Provisionen für das »Privileg« zahlen, Geschäfte zur See zu tätigen. In jenen Jahren »regierte Britannien die Meere«, und zwar mit Hilfe der modernsten und leistungsfähigsten Marine, die es bisher jemals gegeben hatte.

Zwei getrennte Imperien

Damit keine Mißverständnisse auftreten, muß der Leser erkennen, daß es zwei getrennte Imperien gab, die unter dem Mantel des *British Empire* agierten. Das eine war das Imperium der Krone und das andere war das britische Kolonialreich.

Alle kolonialen Besitztümer mit weißer Bevölkerung unterstanden dem König – d.h. der Autorität der englischen Regierung. Nationen wie die Union Südafrika, Australien, Neu Seeland und Kanada wurden nach englischem Gesetz regiert. Diese stellten jedoch nur 13% der Bevölkerung dar, die zu den Einwohnern des *British Empire* gehörten.

Sämtliche anderen Teile des britischen Imperiums – Nationen wie Indien, Ägypten, Bermuda, Malta, Zypern und die Kolonien in Zentralafrika, Singapur, Hongkong und Gibraltar (Gebiete mit braunen, gelben und schwarzen Rassen) waren alle *Kronkolonien.* Diese unterstanden nicht der englischen Regierung. Das englische Parlament hatte dort keine Befugnisse. Sie waren privates Eigentum und Herrschaftsdomäne eines Privatclubs in London, England, bekannt als die *Krone.* Die Vertreter der *Krone* in diesen Gebieten hatten absolute Macht über Leben und Tod all der Menschen, die ihrer Rechtssprechung unterstanden. Es gab kein Gericht noch einen Weg der Berufung oder Verteidigung gegen eine von einem Vertreter der *Krone* getroffene Entscheidung. Selbst ein britischer Staatsbürger, der ein Verbrechen in einer Kronkolonie begangen hatte, unterstand dem Gesetz der *Krone.* Er konnte kein englisches Gericht anrufen, weil dieses nicht zuständig war.

Da der als englische Regierung bezeichnete Ausschuß der *Krone* hörig war, gab es keine Probleme, den englischen Steuerzahler für die Marine und Militärkräfte aufkommen zu lassen, mit deren Hilfe die Oberherrschaft der *Krone* in diesen Gebieten aufrechterhalten wurde. Sämtliche Aufstände wurden von der britischen Marine mit brutaler Gewalt niedergeschlagen, ohne daß es die *Krone* einen Pfennig kostete ...

Es war David Lloyd George, ein zukünftiger Premier Englands, der die Machtstellung der *City* und ihre totale Verachtung für die »Armseligen«, die nicht zu ihrem »Club« gehörten, hervorhob. In einer Rede aus dem Jahr 1910 sagte er: *» Wir betreiben den Großteil der Geschäfte der Welt. Wir führen mehr internationalen Handel – wahrscheinlich zehnmal mehr – als Deutschland. Deutschland führt überwiegend seinen eigenen Handel. Der internationale Handel gehört uns ...«* (*Better Times*, erschienen 1910).

Vor rund einem halben Jahrhundert hat Vincent Cartwright Vickes gesagt: »... *in Wirklichkeit haben die Finanziers, wenn nicht Verantwortung, so doch mit Sicherheit die Macht an sich genommen, die Märkte der Welt zu KONTROLLIEREN UND SOMIT DIE VIELFACHEN BEZIEHUNGEN UNTER DEN EINZELNEN NATIONEN, wobei es um internationale Freundschaft, aber auch Mißtrauen geht ... Darlehen an ausländische Staaten werden von der City von Lon-*

don aufgebracht und arrangiert, ohne Rücksicht auf das Wohl der Nation, sondern allein mit dem Ziel, die Verschuldung zu erhöhen, von der die City lebt und reich wird ... Dieser nationalen und vor allem INTERNATIONALEN DIKTAKTUR DES GELDES, DIE EIN LAND GEGEN DAS ANDERE AUSSPIELT und die, über den Besitz eines großen Teils der Presse, die Verbreitung ihrer eigenen, privaten Meinung dazu benutzt, den Anschein einer allgemeinen öffentlichen Meinung entstehen zu lassen, darf nicht länger erlaubt werden, die Demokratische Regierung zu einem bloßen Spitznamen zu machen. Heute sehen wir durch eine schwarze Brille, denn es gibt zu vieles, das ›zu veröffentlichen nicht im öffentlichen Interesse stehen würde‹ ...« (E. C. Knuth, *Empire of »The City«*, 1946, S. 65). Jeder der genannten Punkte wird von Roland G. Usher auf Seite 80, 83 und 84 seines 1913 verfaßten Buches *Pan Germanism* bestätigt: *»Die Londoner und Pariser Bankhäuser* [die International Bankers] *kontrollieren jederzeit die verfügbaren Ressourcen der Welt und können daher praktisch die Geschäfte eines Unternehmens zulassen oder unterbinden, für die mehr als einhundert Millionen Dollar gebraucht werden ...«*

Die International Bankers *»besitzen wahrscheinlich den größten Teil der schuldscheinmäßigen Verschuldung der Welt. Rußland, Türkei, Ägypten, Indien, China, Japan und Südamerika gehören, soweit Nationen jemandem gehören können, wahrscheinlich London oder Paris. Die Zahlung der Zinsen auf diese riesenhaften Summen wird durch die Verpfändung des Steueraufkommens dieser Länder sichergestellt, und im Falle der schwächeren Nationen durch die tatsächliche Übergabe des Vermögens an die Agenten der englischen oder französischen Banken. Darüber hinaus werden ein sehr großer, wenn nicht der größte Teil der Aktien und Industriepapiere der Welt* [den Vertretern der Hochfinanz in] *diesen beiden Ländern geschuldet ...«*

Entnommen aus:
Des Griffin, *Descent into Slavery*, South Pasadena 1980, Auszüge aus Kaptitel 6.

Bank freut sich auf 1984

SOGAR BIS MOSKAU reichen Einfluß und Geschäftsgebiet der Deutschen Bank. Für den Vorstand legte *F. Wilhelm Christians* (rechts) zusammen mit dem Moskauer Oberbürgermeister *V. Promyslow* jüngst den Grundstein für einen Neubau, der die dortige Repräsentanz des größten deutschen Kreditinstituts beherbergen soll.

1984, so lautet der Buchtitel von *George Orwell* – Englischer Schriftsteller (1903–1950) – in dem der totalitäre Staat der Zukunft beschrieben wird.

Bernard Manasse Baruch, Milliardär, Organisator der Kriegsindustrie im I. und II. Weltkrieg und Berater mehrerer Präsidenten der USA, gest. am 20.7.1965, schrieb in seinem Testament:

»Der Kapitalismus von Morgen wird anders sein. Er wird auf dem Fundament einer Absprache zwischen den Weltmächten stehen. Denn auch die, die sich bislang dem Kapitalismus verschließen wollen – die Ostmächte – werden sich seiner neuen Form, die sie selbst mitbilden, nicht verschließen können. Eines aber ist wichtig: Die Politik war nie entscheidend für das Weltgeschehen. Sie war immer nur Faktor, Ergebnis der Wirtschaftsmächte. Dieses Grundgesetz zwingt uns aber zur Änderung unserer politischen Spielregeln, während des Ostblock gezwungen sein wird, seine wirtschaftliche Ausgangsposition zu überholen. Das Kapital von Morgen wird eines Tages ein Gemeinsames sein. Dies sage ich mit aller Bestimmtheit voraus.«

USA nennen Vorbedingungen für „globale Verhandlungen“

24.11.81

Erklärung Reagans in Cancun überrascht viele Beobachter

ap Cancun

Für viele Beobachter überraschend hat sich Präsident Reagan in Cancun prinzipiell bereit erklärt, an einem „globalen Dialog“ der Industrie- und Entwicklungsländer teilzunehmen.

Allerdings stellte Reagan bereits für die Aufnahme „formaler Vorverhandlungen“ einige Grundbedingungen. Danach sollen die Gespräche sich auf bestimmte Gebiete konzentrieren, darunter die Liberalisierung des Welthandels, die Verbesserung des Investitionsklimas und die Erhöhung der Energie- und Nahrungsproduktion. Ferner sollen die Gesprächspartner die „Kompetenz und die Aufgaben“ der bestehenden internationalen Organisationen wie Weltbank und Internationaler Währungsfonds respektieren und auf die Forderung nach Gründung neuer Organisationen verzichten.

Die amerikanischen Vorstellungen basieren laut Reagan auf einer „einheitlichen Auffasung davon, was für die Entwicklung wesentlich ist — nämlich politische Freiheit und wirtschaftliche Möglichkeit“. Es treffe die Staaten mit niedrigem Einkommen selbst, wenn sie „genau das System schwächen, das uns so gut gedient hat“, sagte Reagan.

Im Gegensatz zu den Vereinigten Staaten plädieren die Staaten der Dritten Welt für konkrete Verhandlungen im Rahmen der Vereinten Nationen. Danach soll der „globale Dialog“ in drei Phasen geführt werden. Zuerst sollen sich alle Staaten der Erde zu einer Konferenz treffen, auf der die Tagesordnung des „globalen Dialogs“ aufgestellt wird. Anschließend sollten die zuständigen UNO-Gremien zu den beschlossenen Themen Ziel- und Programmvorstellungen entwickeln. Nach vorbereitenden Verhandlungen in UNO-Gremien sollen dann die ausgearbeiteten Vorstellungen in einer übergeordneten Körperschaft behandelt werden. Hierfür kommen die UNO-Vollversammlung oder eine andere noch einzurichtende UNO-Körperschaft in Frage.

Aus dieser Meldung wird deutlich: Man will eine »Liberalisierung des Welthandels«, d.h. **weiteres Wachstum der Großen und weiteres Schrumpfen der Kleinen.** Vor allem aber müssen die **Regierungsinstrumente der Hochfinanz »respektiert« werden:** darunter die **»Weltbank« und der »Internationaler Währungsfonds.«** Derartige **überstaatliche Regierungsinstrumente,** zu denen z.B. auch UNO, EWG, Comecon und BIZ (Bank für Internationalen Zahlungsausgleich) zählen, spielen mit ihren **internationalen materiellen, organisatorischen und sonstigen Verflechtungen neben dem herrschenden Zins-, Boden- und Steuerrecht** (s. nächster Band) **die entscheidende Rolle bei der Organisierung der »Weltrevolution« durch die Wirtschaftshintertür. Nach dem wirtschaftlichen Zusammenbruch sollen dann derartige internationale Organisationen als »Retter aus der Not« auftreten und die Finanzherrschaft endgültig und vollständig an sich reißen.**

Eine Art Superregierung

Unbehagen über die neue Rolle des IWF

Washington. Solange das Weltwährungssystem, das am 22. Juli vor 40 Jahren in Bretton Woods im US-Bundesstaat New Hampshire geschaffen wurde, noch funktionierte, in den meisten Staaten der Erde zu wirtschaftlichem Erfolg und Aufstieg beitrug und nur kleinere Krisen zu meistern waren, spielte der Internationale Währungsfonds (IWF) die ihm zugedachte Rolle im Hintergrund. Das hat sich gründlich geändert.

In die Schlagzeilen kam die Behörde erstmals vor rund 15 Jahren. Der IWF war nicht länger mehr nur Koordinator und „zeitweilige" Feuerwehr zum Löschen kleinerer Brände, wie es bei seiner Gründung vorgesehen war. Nach der Dollarkrise Anfang der 70er Jahre, die den Zusammenbruch des Systems fester Wechselkurse und der US-Gold- und Dollargarantie USA zur Folge hatte, sowie mit der Explosion der Ölpreise wurde er unverhofft zum Umschlagsplatz für Geldtransaktionen. Unter Verwaltung des IWF wurden besondere Öl-Kredite für notleidende Staaten eingerichtet, später andere Kredittöpfe ausgebaut und neue geschaffen.

Als im Sommer 1982 mit dem Fall Mexiko die riesige Verschuldung der Dritten Welt zum erstenmal weltweit bewußt wurde und im Jahr darauf der international größte Schuldner, Brasilien, Hilfe brauchte, kam eine neue Rolle hinzu: Schaltstelle, Berufungsinstanz und Mitfinanzier zur Lösung der Schuldenkrise mit extra dazu aufgestocktem Kapital. Seitdem hängt dem IWF und seinem geschäftsführenden Direktor, de Larosiere, der Ruf eines unbarmherzigen Weltpolizisten an, der rücksichtslos seine Macht einsetzt. Neuerdings wird der IWF gelegentlich sogar als Superregierung bezeichnet, die ohne richtige demokratische Kontrolle anderen Regierungen Programme zur Wirtschafts- und Finanzsanierung als Voraussetzung für Kredite aus ihren Mitteln diktiert.

Tatsache ist, daß der IWF für die meisten Regierungen und internationalen Geschäftsbanken der Industrieländer zu der Institution geworden ist, an deren Entscheidungen sie sich bei Hilfsaktionen für die schuldengeplagten Länder orientieren. Ein Sanierungsprogramm des IWF und die Annahme und Erfüllung durch das hilfesuchende Land gelten als eine Art Gütesiegel. Die Staaten der Dritten Welt haben das — bisher — notgedrungen akzeptiert.

Überwiegend richtig ist auch, daß Staaten durch IWF-Auflagen in der Regel zunächst einmal, statt mehr Wirtschaftswachstum zu erleben, den Gürtel enger schnallen müssen. Meistens gehören knappe Lohnsteigerungen und gedrosselte Staatsprogramme dazu, um die oft atemberaubend hohe Inflation zu drücken. Ob dies immer die richtigen Rezepte sind, wird nicht nur von den Betroffenen bezweifelt. Bisher gibt es nur ein Land, das der IWF immer wieder als Erfolgsbeweis anführt: Mexiko.

Argentiniens Regierung beispielsweise glaubt nicht, eine Roßkur durchhalten zu können, und feilscht schon seit Monaten mit dem IWF um ein Programm. In der Dominikanischen Republik kam es zu blutigen Auseinandersetzungen, mit mehreren Toten, als die Regierung IWF-Auflagen durchsetzen wollte.

Hus. Nachr., 24.7.84

Reif für das Guinness-Buch: 5,2 Mrd. Dollar Privatschulden

Vor einem Jahr platzten in Kuwait die „Luftschecks"

Manama. In diesen Tagen jährt sich einer der vermutlich größten Börsenskandale der Geschichte: Mit vordatierten Schecks im Umfang von 90 Milliarden Dollar brach im Sommer 1982 der „Suk Al-Manach, die „Nebenbörse" im superreichen Emirat Kuwait, zusammen.

Diese Nebenbörse hatte sich neben der offiziellen Börse entwickelt. An ihr wurden nur Wertpapiere aus den arabischen Golf-Olländern gehandelt. Mit vordatierten Schecks wurde hier immer kühner spekuliert. Kaum jemand aus den Kreisen der Börsenhändler, der Geschäftsleute und der bekannten Namen des Landes, der nicht mit solchen Schecks operierte. Sie wurden bis zu vier Jahre vordatiert — und kein Dinarschein kam konkret ins Spiel.

Wer solche Schecks annahm, erhielt ein Aufgeld bis zum Vierfachen der tatsächlichen Verbindlichkeiten. Er präsentierte die Schecks arabischen Banken, die sie ihrerseits auf den Fälligkeitstermin diskontiert mit entsprechenden Abschlägen einlösten und wieder auf den Markt brachten. Das ging solange gut, bis Banken außerhalb Kuwaits eines Tages die „Luftschecks" zurückwiesen und der ganze Handel zusammenbrach.

Schnelle, umfassende Rettungsaktionen waren geboten. Die Regierung stellte umfangreiche Mittel bereit und kaufte daneben diskret für mehrere Milliarden Dollar Aktien an der Börse auf. Eine neugegründete „Stock Clearing Company" sollte Bilanz ziehen, wer nun was und wem schuldig ist. Abertausende Forderungen wurden bisher geltend gemacht. Der Termin hierfür lief kürzlich ab. Jetzt wird für die nächste Zukunft eine Entscheidung über Auszahlungen aus dem 500-Millionen-Hilfsfonds für geschädigte Investoren erwartet.

Bisher hat die Regierung an „kleinere" Investoren 1,7 Milliarden Dollar Entschädigungen gezahlt. Bei einer Reihe von Börsenhändlern wurden als Sicherheit bewegliche Aktiva und Immobilien beschlagnahmt. Rund 90 Börsenhändlern wurde der Paß entzogen, damit sie nicht außer Landes gehen können.

Ein früherer Regierungsangestellter mit Durchschnittsgehalt, der sich in Spekulationen an der Nebenbörse stürzte, ist gut für das Guinness-Buch der Rekorde: Er kann geplatzte Schecks über zwölf Milliarden Dollar und Nettoschulden von 5,2 Milliarden Dollar vorweisen. Ein westlicher Bankfachmann am Golf bemerkte, „nicht die Tatsache, wie mit solchen Luftschecks über Riesensummen gespielt wurde, ist das verblüffende, sondern daß jedermann diese Schecks annahm und weitergeben konnte".

200 Millionen DM überhöhte Zinsen gefordert?

Mannheim. Die Staatsanwaltschaft Mannheim beschuldigt die Vereinsbank Heidelberg, in den zurückliegenden Jahren hauptsächlich von Kleinkreditnehmern „in vielen tausend Fällen" um bis zu 200 Prozent überhöhte Kreditzinsen verlangt zu haben. Die Vereinsbank Heidelberg ist als AG ein hundertprozentiges Tochterunternehmen der Badischen Kommunalen Landesbank Girozentrale Mannheim, also eines Kreditinstituts aus dem öffentlich-rechtlichen Bereich. Wie Staatsanwalt Klein von der für Wirtschaftskriminalität zuständigen Staatsanwaltschaft gestern vor Journalisten erklärte, könne man von einem „widerrechtlich zustande gekommenen Zinsbetrag" in Höhe von etwa 200 Millionen Mark ausgehen.

Am 15. November droht Bankrott der US-Regierung

AP Washington

Die US-Regierung werde „um den 15. November herum regelrecht bankrott" sein, wenn sich Senat und Repräsentantenhaus nicht über eine Anhebung der Verschuldungsgrenze der USA von derzeit 1,824 Billionen auf mehr als zwei Billionen Dollar einigen.

Das erklärte der Haushaltsdirektor des Weißen Hauses, James Miller, am Wochenende.

Bankgewinne: Superlative im Jahr der Negativ-Rekorde

Kreditinstitute setzten 1982 auf „Kontonummer Sicher"

Von dpa-Korrespondent Wolf Pampel

Frankfurt. Im Wirtschaftsleben der Bundesrepublik wird 1982 eine Reihe neuer Minus-Rekorde zu verzeichnen sein. Die Zahl der Arbeitslosen erreichte mit 2,038 Millionen einen November-Rekord. Die Pleitewelle stieg in bis jetzt unbekannte Höhen, und die Bundesbahn rollt mit 4,7 Milliarden DM in die bisher tiefste Verlustzone. Nur aus dem Kreditgewerbe sind positive Superlative zu melden: Die drei Großbanken — Deutsche Bank, Dresdner Bank und Commerzbank — präsentieren Rekordgewinne im zinsabhängigen Geschäft.

Die entscheidende Ertragsquelle der Banken ist der Zinsüberschuß, den beispielsweise der Branchenführer Deutsche Bank von Januar bis Oktober um zwölf Prozent auf 3,17 Milliarden DM steigern konnte. Bei der Dresdner erhöhte sich der Zinsgewinn um 19 Prozent auf 1,71 Milliarden und bei der Commerzbank um 26 Prozent auf 1,12 Milliarden DM.

Die deutliche Zunahme der Zinsüberschüsse resultiert aus der Ausweitung der Zinsmarge — der durchschnittlichen Zinsdifferenz zwischen hereingenommenen und ausgeliehenen Geldern. Nach nur 1,64 Prozent im vergangenen Jahr hatte die Commerzbank im Oktober schon eine Zinsmarge von 2,18 Prozent aufzuweisen. Die Dresdner erhöhte ihre Spanne gleichzeitig von 2,2 auf 2,7 Prozent, während die Deutsche Bank die Zinsmarge von 2,93 auf den Spitzensatz von 3,16 ausweitete.

Gericht verbietet Bank-Buchungspraxis

Unterschiedlicher Zinsbeginn bei Ein- und Auszahlung als Verstoß gegen Darlehnsrecht gewertet

HEIDELBERG (dpa/vwd). Das Heidelberger Landgericht hat gestern der Bezirkssparkasse Heidelberg die bisherige Buchungspraxis untersagt, bei Auszahlungen die Konten der Kunden sofort zu belasten und Einzahlungen erst später gutzuschreiben. Die Bank darf in ihren Allgemeinen Geschäftsbedingungen eine Klausel nicht mehr verwenden, wonach Einzahlungen zinsmäßig erst am nächsten nicht arbeitsfreien Tag berücksichtigt werden, sofern bei Auszahlungen die Wertstellung am Tag der Auszahlung erfolgt, also auch sofort Zinsen fällig werden.

Das Gericht betonte in dem von der Verbraucherzentrale Baden-Württemberg angestrengten Musterprozeß, diese Buchungspraxis verstoße gegen die Vorschriften des Darlehnsrechts. Es sei nicht hinnehmbar, daß die Bank bei eingehenden Geldern einen anderen Zeitpunkt für die zinsmäßige Berücksichtigung bestimmte als bei ausgehenden und damit die Kunden unangemessen benachteilige.

Die Verbraucherzentrale hatte in der Klage auf den Fall eines Bankkunden verwiesen, der an einem Freitagmorgen 580 Mark auf sein Konto eingezahlt und danach der Bank einen Überweisungsauftrag über 576,84 Mark übergeben hatte. Die Überweisung sei am gleichen Tag auf seinem Konto abgebucht, die Einzahlung aber erst am darauffolgenden Montag gutgeschrieben worden. Damit habe der Betroffene drei Tage lang Sollzinsen zahlen müssen.

Der Sprecher der Verbraucherzentrale, Siegfried Bluth, forderte die Banken auf, Folgen aus dem Urteil zu ziehen und auf die bisherige „Zinsschinderei" zu verzichten. Die bisherige Buchungspraxis bringe den deutschen Banken jährlich drei Milliarden Mark in die Kassen — mehr, als aus Kontoführungs- und Überweisungsgebühren erlöst werde.

Die unterlegene Bezirkssparkasse will jetzt das 40seitige Urteil prüfen. Erst dann könne darüber entschieden werden, ob die Bank Berufung einlege. Möglicherweise wird das noch nicht rechtskräftige Urteil der Überprüfung durch den Bundesgerichtshof unterstellt.

Gemeinden in der Finanzklemme

Defizite erreichen Rekordhöhe / Einbruch bei den Investitionen

Investitionen im Einzelhandel auf neuem Tiefstand

Deutsche Bank: Fortgesetzter Höhenflug

Geschäftsausweitung bei größerer Zinsmarge: Besseres Ergebnis, höhere Dividende

Frankfurt. Im Wettbewerb der drei deutschen Großbanken zieht der Branchenführer weiter davon: Während die Dresdner Bank und die Commerzbank im Geschäftsjahr 1980 eine Verringerung ihrer Bilanzsummen um 2,5 beziehungsweise 3,6 Prozent hinnehmen mußten, konnte die Deutsche Bank AG noch einmal 5,5 Prozent zulegen. Damit überschritt die Bilanzsumme „der Größten" erstmals die Schwelle von 100 Milliarden Mark. Noch deutlicher ist der Höhenflug der Deutschen Bank gegenüber der Konkurrenz an der Gewinn- und Verlustrechnung abzulesen. Als einzige der drei großen Institute konnte sie wiederum die Zinsmarge und damit die wichtigste Gewinnquelle in der Kreditwirtschaft ausdehnen, und zwar von 2,47 auf 2,59 Prozent. Während die beiden Hauptkonkurrenten nur durch den Verkauf von Aktienpaketen — ein Rückgriff auf die Substanz — ein ausgeglichenes Ergebnis (Commerzbank) beziehungsweise einen Überschuß für die Dividendenzahlung (Dresdner) ausweisen konnten, „klotzt" die Deutsche Bank mit einer Ausweitung ihres Betriebsergebnisses um 28 Prozent. Bereits 1979 war es lediglich ihr gelungen, eine Verbesserung dieser Position mit plus neun Prozent zu erzielen.

Die unterschiedliche Entwicklung des Spitzentrios in der deutschen Kreditwirtschaft drückt sich auch in der Dividendenpolitik aus: Die Anteilseigner der Commerzbank gehen für 1980 leer aus, die Dresdner Bank kürzte ihre Dividende von neun auf sechs Mark je Aktie, **dagegen erhöht die Deutsche Bank von neun auf zehn Mark. An dieser Konstellation dürfte sich auch für das laufende Jahr wenig ändern.**

Die wesentlichen Ursachen für das herausragende Ergebnis liegen für den Vorstandssprecher der Deutschen Bank, Christians, in der gelungenen „Mobilmachung" der Belegschaft sowie in der „rechtzeitigen" Abkehr von Festzinskrediten. Vor allem die falsch eingeschätzte Zinsentwicklung habe bei den Hauptkonkurrenten voll auf das Ergebnis durchgeschlagen, nachdem die Zinskonditionen für langfristig eingeräumte Kredite von der tatsächlichen Zinsentwicklung im Gefolge der Hochzinspolitik der Bundesbank überholt wurden. So hätten auch 1980 die Ausleihungen mit zinselastischen Krediten im Vordergrund gestanden, betonte Christians bei der Vorlage des Geschäftsberichtes in Frankfurt.

Neben der höheren Bedienung der Aktionäre wird das gute Betriebsergebnis dazu genutzt, die Risikovorsorge kräftig zu verstärken. „Die Risiken im nationalen und internationalen Bankgeschäft sind weiter gestiegen", hob der Vorstand hervor. Ein Teil der stillen verteuerten Rücklagen wurde offengelegt und 120 Millionen Mark den Offenen Rücklagen zugeführt. Die besondere Betonung der Risikovorsorge, „die bei der Deutschen Bank Tradition hat", wird als weitere Ursache für den Erfolg gewertet.

Angesichts der unsicheren Perspektiven im In- und Ausland wollte der Vorstand der Deutschen Bank keine Prognose über die künftige Geschäftsentwicklung stellen. Nach einem guten Start — mit einer Verbesserung des Betriebsergebnisses von zehn Prozent im Januar und Februar — habe die Politik der Bundesbank zu einer „totalen Verschlechterung der Zinslandschaft geführt", sagte Christians. Während im Ausland noch Expansionsmöglichkeiten bestünden, habe die Kreditnachfrage im Inland vor allem im Baubereich nachgelassen.

Im eigenen Haus setzt die Deutsche Bank ebenso wie die gesamte Branche auf Rationalisierungsinvestitionen zur Senkung der Verwaltungskosten. Von einer breit angelegten Einführung von Bildschirmgeräten und Geldautomaten will die Bank aber erst umfangreiche Tests durchführen. „Hier besteht die Chance, riesige Fehlinvestitionen zu machen", formulierte Christians die möglichen Auswirkungen auf das Verhalten der Kunden.

Durchhalteappell an die Bundesbank

Köln. Die Deutsche Bundesbank muß nach Ansicht des Vorsitzenden des Bundesverbandes Deutscher Banken, Kühnen, ihre Hochzinspolitik durchhalten. „Ein Abbruch in der derzeitigen Situation würde eine erneute Schwäche der DM und einen starken Vertrauensschwund im Ausland bedeuten", sagte Kühnen gestern in einem Interview des Deutschlandfunks.

Banken: Abkopplung vom US-Zinsniveau bleibt Illusion

Bonn. Die Abhängigkeit des deutschen Kapitalmarktes von der Zinsentwicklung in den USA ist nach Ansicht des Bundesverbandes öffentlicher Banken ungebrochen. Er verwies gestern in Bonn darauf, daß die ökonomischen Daten in der Bundesrepublik eigentlich im weiteren Jahresverlauf eher zu einer Zinssenkung führen sollten. Der jüngste Anstieg „im Geleitzug der US-Zinsen" mache jedoch deutlich, daß eine vollständige Abkopplung in naher Zukunft wohl Illusion bleibe.

Dresdner: Rekord beim Betriebsgewinn im 1. Halbjahr

Frankfurt. Obwohl sich die Kunden der Dresdner Bank bei der Kreditnachfrage „angesichts der unsicheren Wirtschaftslage und des weiterhin hohen Zinsniveaus zurückhielten", meldet die zweitgrößte deutsche Bank für das erste Halbjahr 1982 Rekordgewinne. Eine „deutlich verbesserte Zinsmarge" von 2,2 auf 2,5 Prozent sowie „beachtlich" gestiegene Handelsgewinne aus Börsengeschäften führten zu dem „bisher höchsten Betriebsgewinn für ein Halbjahr". Die genaue Höhe des Rekordbetrags wird den Anteilseignern, die für 1981 eine Dividende von vier nach sechs DM erhielten, im neuesten Aktionärsbrief nicht mitgeteilt.

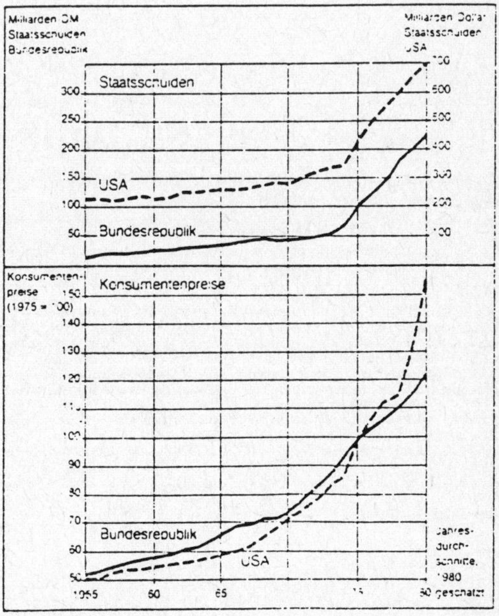

Die Arbeitslosigkeit kostet 48 Milliarden jährlich

Nürn. Nachr. 23.4.82

Direkte Ausgaben und Einnahmeverluste addiert

N ü r n b e r g. Ausgehend von Alternativrechnungen mit einem realen Wachstum des Sozialprodukts in 1982 zwischen plus 1 und minus 1 Prozent kommt das Nürnberger Institut für Arbeitsmarktforschung zu dem Ergebnis, daß bei Null-Wachstum „unter großzügigen Abschlägen für einen Sockel von nicht beschäftigten Erwerbspersonen, die unter den registrierten Arbeitslosen und der stillen Reserve nicht rasch wieder beschäftigt werden können", für eine Wiedereingliedrung ein Potential von rund zwei Millionen Personen verbleibt. Bei einer Brutto-Durchschnittsproduktivität von rund 55 000 DM pro Jahr ergäbe das eine durch Unterbeschäftigung entgangene Produktion von rund 110 Milliarden DM oder 7 Prozent des Sozialprodukts. Addiert man die direkten Ausgaben für Arbeitslosengeld, Arbeitslosenhilfe, Sozialhilfe mit den Mindereinnahmen der Sozialversicherungsträger und des Fiskus, so errechnen die Nürnberger eine Kostensumme von 48 Milliarden. Sie entsteht durch Multiplikation der 2 Millionen mit den durchschnittlichen Kosten eines Nichtbeschäftigten in Höhe von 24 000 DM.

Im einzelnen: 40 Prozent sind Empfänger von Arbeitslosengeld, die bei allen Haushalten zusammengenommen jährlich etwa 29 000 DM „kosten", knapp 10 Prozent sind Empfänger von Arbeitslosenhilfe (ein Teil von ihnen zählt jedoch zu den Empfängern von Sozialhilfe). Für sie errechnet sich im Jahresbezug für alle Haushalte eine Belastung in Höhe von 20 000 DM, die im wesentlichen auf Einnahmeverluste der Sozialversicherung und Steuerausfälle entfallen.

Von den „Kosten" der Unterbeschäftigung in Höhe der genannten 48 Milliarden sind rund ein Drittel Steuerausfälle, knapp 20 Prozent gehen der Kranken- und Rentenversicherung an Einnahmen verloren, über 40 Prozent oder rund 20 Milliarden DM wendet die Bundesanstalt für Arbeit auf.

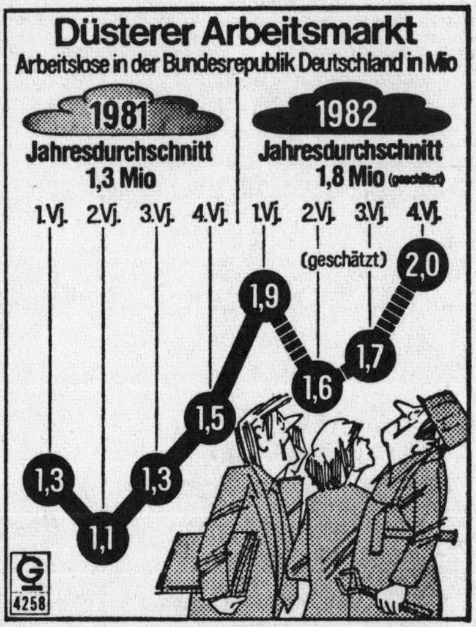

Das Nürnberger Institut für Arbeitsmarkt- und Berufsforschung, das der Bundesanstalt für Arbeit angegliedert ist, rechnet für 1982 mit 1,8 Millionen Arbeitslosen im Jahresdurchschnitt. In keinem Monat wird die Arbeitslosenzahl unter 1,5 Millionen sinken, gegen Jahresende hingegen deutlich über zwei Millionen liegen. Neben der schlechten Konjunktur machen die Nürnberger Wissenschaftler den Andrang junger Leute zum Arbeitsmarkt für diese düsteren Aussichten verantwortlich. Allein 1982 übertrifft der Neuzugang auf dem Arbeitsmarkt die Zahl der aus dem Arbeitsleben Ausscheidenden um über 200 000.

■ Hintergründiges

Auszug aus einem Schriftsatz, der von Roland Bohlinger in mehreren atomrechtlichen Verfahren eingereicht worden ist.

5.1. Aufgrund der vorstehenden Ausführungen kann folgende Behauptung aufgestellt werden:

- ☐ Es besteht **keinerlei Bedarf an einem weiteren Ausbau von Stromkapazitäten.** Es liegt bereits jetzt etwa die Hälfte der vorhandenen Kapazitäten brach. Die dadurch erzeugte gesamtwirtschaftliche Belastung geht über das tragbare und verantwortbare Maß weit hinaus, insbesondere in der augenblicklichen depressiven Entwicklung der Wirtschaft.
- ☐ Es wird in unserer Wirtschaft eine **riesige Verschwendung von Energie** betrieben. Das Ausmaß der Verschwendung übersteigt bei weitem das Ausmaß der Stromlieferungen aus Atomreaktoren.
- ☐ Die **Versorgungssicherheit** aus stromerzeugenden Atomanlagen ist **nicht gewährleistet.**
- ☐ Uran, der Brennstoff für konventionelle Atomspaltwerke, kommt auf der Erde in so geringen Mengen vor, daß hiermit nur in **sehr beschränktem Umfang** Strom erzeugt und eine drohende Energielücke langfristig **nicht** geschlossen werden kann.
- ☐ Die Gewinnung und Aufbereitung von Uran ist noch viel stärker **monopolisiert** als die jedes anderen Energieträgers.
- ☐ **Die Energiebilanz** weist bei Atomspaltwerken das **schlechteste Ergebnis** von allen modernen Energiegewinnungsformen auf. Sie ist **vermutlich sogar negativ.**
- ☐ Eine umfassende, rein wirtschaftliche **Kosten-Nutzen-Analyse** dürfte erweisen, daß jede Energiegewinnung durch Atomspaltwerke bereits vom **volkswirtschaftlichem** Standpunkt aus als die weitaus ungünstigste bezeichnet werden muß. Zusätzlich bestehen aber noch die vielen **nichtwirtschaftlichen Einwände,** vor allem jene, die sich auf die Zerstörung von Leben und körperlicher, seelischer und genetischer Unversehrtheit, die Einschränkung freiheitlich-rechtsstaatlicher Verhältnisse, die verheerenden Folgen einer Reaktorkatastrophe (durch Versagen der Sicherheitseinrichtungen, Terrormaßnahmen oder Kriegseinwirkungen) beziehen.
- ☐ Die Genehmigung zum Weiterbau und Betrieb des Reaktors muß u.a. von **wirtschaftlichen Zweckmäßigkeitserwägungen** abhängig ge-

macht werden. Das ist nicht zuletzt deshalb erforderlich, weil derartige Erwägungen seitens der Befürworter als erstrangig hingestellt werden. Nach den hier getroffenen Feststellungen ist die wirtschaftliche Zweckmäßigkeit mit Sicherheit nicht gegeben und daher die Entscheidungen der Exekutive zugunsten des Reaktors aufzuheben, sollen sie nicht als **Machtmißbrauch zugunsten einer bestimmten Gruppe** von Personen, Organisationen und Unternehmen verstanden werden.

Falls diese *Schlußfolgerungen* aus meinen Untersuchungen vom Gericht angezweifelt werden, *beantrage* ich die Beweiserhebung.

Beweismittel sind: Die Untersuchungen unter Ziffer 1–4, die dort genannten wissenschaftlichen Veröffentlichungen, Fachgutachten.

5.2. Die planmäßige Durchführung aller derzeit bestehenden Atomspaltprogramme erfordert weltweit gesehen einen **jährlichen Finanzbedarf von Hunderten von Milliarden DM. Das macht die Durchführung zwangsläufig zu einer Angelegenheit von Kreisen innerhalb der Hochfinanz.**

In den Anlagen zu diesem Schriftsatz wird aufgezeigt, was durch eine *Fülle weiterer Materialien* erhärtet werden kann, daß sich nämlich das Geldwesen inzwischen weitgehend in der Hand weniger, überwiegend privat kontrollierter Zentralbanken befindet.

Ursprünglich bestand für jene Hochfinanzkreise, die an der Durchführung des Atomspaltprogramms interessiert sind, die Gefahr, daß die stromerzeugende Industrie ihren weiteren Ausbau selbst finanzieren würde. Sie hätte sich nämlich die finanziellen Mittel für den Ausbau im voraus durch Erhöhung der Stromrechnungen beschaffen können. Dem wurde vorgebeugt. So wird in der Bundesrepublik Deutschland die Errichtung stromerzeugender Werke steuerlich erheblich benachteiligt, wenn für die Investitionen der Stromerzeuger mehr als 25 % Eigenmittel eingesetzt werden. Damit wird ganz eindeutig der Einsatz von Leihkapital fast erzwungen. Kommt es aber zur Aufnahme von Krediten, verschafft das den interessierten Finanzkreisen Zinsgewinne und eine gewisse Verfügungsmacht über den Kreditnehmer, gleichzeitig wird damit begünstigt, daß sich Kreise der Hochfinanz auch direkt beteiligen, was deren Verfügungsmacht über die Energieversorgung weiter erhöht.

Es wurde aber auch dafür gesorgt, daß neben wachsender finanzieller Kontrolle auch noch weitgehend die Kontrolle über den Rohstoff selbst, das Uran, erlangt wurde. Diese Kontrolle scheint vor allem in der Hand von *Rothschild*-Banken, den mit diesen kooperierenden Finanz- und Wirtschaftsleuten sowie dem *Vatikan* zu liegen. In dem US-Finanzmagazin *Forbes,* das *Rockefeller* nahesteht, stand am 15.6.1975 über ein nach OPEC-Vorbild aufgezogenes *Urankartell:*

»*Die Kontrolle über das* Urankartell *mag sehr viel mehr in einer Hand konzentriert sein als ein erster Blick* [auf die Mitgliedsliste] *vermuten läßt . . . die Rothschilds von Frankreich und England sind an beinahe jeder großen Urangesellschaft der Welt beteiligt.*«

Anschließend hieß es:

»*Die Minengesellschaft* Rio Tinto Zinc (RTZ), *an der die französischen Rothschilds traditionell als Großaktionäre beteiligt sind, hält eine beherrschende Beteiligung an der* Rio Algom Mines, *deren kanadische Minen die größten Uranreserven in Nordamerika besitzen.* RTZ *gehört nahezu zwei Drittel der riesigen neuen* Rössing Uranmine *in Südwestafrika.* RTZ *kontrolliert ebenfalls* Mary Kathleen Uranium, *die einzige australische Uranmine, die ihre Produktion bald aufnehmen kann.*

Der größte südafrikanische Goldproduzent, Anglo American Corporation, *ist auch der größte Uranproduzent des Landes, da Uran als ein Nebenprodukt der Goldproduktion anfällt. Eine mit Anglo American verbundene Gesellschaft,* Charter Consolidated, *hat einen Rothschild im Aufsichtsrat und hält etwa 10% der Anteile von* RTZ.

Der Zentralpunkt von Rothschilds Nichteisenmetall-Gruppe ist Imétal (*früher* Le Nickel), *die einen beherrschenden Anteil an den Gesellschaften* Mokta *und* Pennaroya *hält, zwei der größten Uranproduzenten in Frankreich und den früheren französischen Kolonien Gabun und Niger. Sie sind auch beteiligt an Gemeinschaftsunternehmungen mit dem anderen großen französischen Chemieproduzenten,* Pechiney Ugine Kuhlmann.

Die Rothschilds sind überall vertreten. Baron Guy de Rothschild leitet Imétal. *Er sitzt auch im Aufsichtsrat von* RTZ.

Ihrerseits sind Harry Oppenheimer, der Chef von Anglo American und Sir Val Duncan, Chef von RTZ, *Mitglieder des Aufsichtsrates von* Imétal. *Nur in Australien verfügen die Rothschild-Gesellschaften über einen relativ kleinen Anteil an den Gesamturanreserven. In der Tat ist es so, daß abgesehen von einigen unabhängigen Urangesellschaften in Kanada und einer möglichen Erhöhung der australischen Produktion die Uran-Opec ihre Aufgabe auf einer Sitzung des Verwaltungsrates von* Imétal *erledigen könnte.*«

Am 15.9.1976 schrieb die gleiche Zeitschrift:

»*In diesem von Südafrika regierten Land liegt die weltgrößte Uranmine, die* Rössing Mine *von* Rio Tinto Zinc. Rio Tinto *hat im Stillen Kon-*

Abb. links oben: *Enrico Fermi* war wie *Einstein, Oppenheimer, Strauss, Teller, Szilard* u.a. jüdischer Abstammung und beteiligte sich an der Entwicklung der Atombombe vor allem aufgrund seiner Gegnerschaft zum Dritten Reich. Abb. rechts oben: Nobelpreisträger *Glenn J. Seaborg* (rechts), Hauptentdecker des Elements 94, das nach *Pluto* – dem Gott der Unterwelt und des Reichtums in der altgriechischen Mythologie – den Namen *Plutonium* erhielt.

Abb. Mitte: Der Vorsitzende der US-Atomenergiekommission *Lewis L. Strauss* (2.v.l.) im Gespräch mit dem »Vater der Wasserstoffbombe« und anderer Massenvernichtungswaffen *Edward Teller.*

Abb. unten: *Bernard M. Baruch, Herbert Evatt und Andrej Gromyko* (von rechts) diskutieren über die künftige Kontrolle der Atomenergie (31.7.46)

takte mit der South West African Peoples Organization (SWAPO) *aufggenommen für den Fall, daß diese im Streit über die Zukunft dieses Gebietes die Oberhand gewinnt.«*

Richtig ins Licht der Öffentlichkeit geriet das *Urankartell* jedoch erst Mitte 1976, als der Reaktorhersteller *Westingshouse* verschiedene Uranproduzenten verklagte. *Westinghouse* hatte langfristige Uran-Lieferverträge mit Betreiberfirmen abgeschlossen und hatte Milliardenverluste wegen unerwartet hoher Preissteigerungen bei Uran zu erwarten.

»Während die Rothschild-Interessen insgesamt den größten Teil der Welturanreserven kontrollieren, verfügen die USA (keiner ihrer Produzenten ist Mitglied des Kartells) über die höchsten, gleichzeitig aber auch ähnlich wie beim Öl, teuersten Uranreserven der Welt. Über die den Rockefeller-Interessen verbundene Getty Oil *halten sie auch einen 35 %igen Anteil am riesigen Jabiluka-Vorkommen (ca. 115 000 t Uran) im Nordwesten Australiens. Die beispiellose Absetzung der Labor-Regierung unter Whitlaw im Dezember 1975 durch den englischen Generalgouverneur Sir John Kerr erfolgte aufgrund von deren Widerstand gegen den Abbau dieser Vorkommen durch das ausländische Monopolkapital und das hierauf zurückzuführende Verbot von Uranexporten. Die liberale Regierung von M. Fraser wird Abbau und Export erlauben . . .«* [55]

Auch der Vatikan spielt eine maßgebende Rolle im Urangeschäft. Er soll hinter Rothschild die meisten Uranminen-Akten besitzen. Das ist einer der Gründe, **weshalb der Vatikan so vehement für die Ausbreitung der »friedlichen Kernenergienutzung« eintritt.** Kürzlich hieß es in einer Meldung der *KNA (Katholische Nachrichten-Agentur):*

»Der ständige Vertreter des Vatikans bei der Internationalen Atomenergiebehörde (IAEA) in Wien, Prälat Mario Peressin, hat die Vorteile der friedlichen Nutzung der Kernenergie verteidigt. Jede Anstrengung müsse unternommen werden, um allen Nationen, besonders den Entwicklungsländern, die Vorteile einer friedlichen Kernenergienutzung zu bieten.« [56]

Zusätzlich sind die großen Banken, wie bereits erwähnt, auch noch an Hersteller- und Betreiberfirmen erheblich beteiligt. Viele dieser Beteiligungen liegen allerdings nicht offen sondern verdeckt vor. Eine führende Rolle spielen hier innerhalb der Bundesrepublik Deutschland folgende Banken: *Dresdner Bank, Deutsche Bank, Commerzbank, Westdeutsche Landesbank, Bayerische Landesbank und Hessische Landesbank.* Diese Banken werden auf dem Kreditsektor weitgehend international und hierbei durch ganz kleine Personengruppen kontrolliert. Falls erforderlich, kann hierzu noch detailliert vorgetragen und dokumentiert werden.

Roland Bohlinger 2251 Wobbenbüll, 23. 4. 1979

Herrn Bundeswirtschaftsminister
Graf Lambsdorff
Villemomblerstr. 76

53 Bonn-Duisdorf

Sehr geehrter Herr Wirtschaftsminister,

in den "Vertraulichen Mitteilungen" (2811 Bücken) vom 27. 3. 1979 las ich unter Ziffer 17 folgenden Text:

> "Steuerbegünstigte Kapitalanlagen eigentlicher Art haben so hohe Anfangssteuervorteile, daß die Eigenmittel für die Anschaffung der Anlagegüter voll aus Steuern finanziert werden . . .
>
> Steuerlich abzugsfähige Beträge von ca. 235 % der Zeichnungssumme wie bei der aktuellen Uranerschließungsbeteiligung bedeuten nicht nur die Bezahlung der Beteiligung aus Steuermitteln, sondern allein aus den Steuervorteilen einen zusätzlichen Liquiditätsüberschuß von bis zu ca. 33 % des Beteiligungsbetrages. Günstiger kann man eine chancenreiche Rohstoffbeteiligung nicht 'einkaufen' !"

Aufgrund ähnlich lautender Nachrichten aus anderen Quellen nehme ich an, daß diese Darstellung richtig ist. Wie kommt es aber, daß in der Öffentlichkeit stets der Eindruck erweckt wird, der Staat besteuere ganz beträchtlich die höheren Einkommen, während er in Wirklichkeit den Großverdienern erlaubt, Steuerraub zu betreiben - - denn um nichts anderes handelt es sich bei dem zitierten Beispiel? Der Steuerraub wird hier sogar noch belohnt, und zwar mit einem erheblichen "zusätzlichen Liquiditätsüberschuß". Dadurch entsteht auf Kosten des Volkes eine Art finanzielles "perpetuum mobile" der Geldbesitzer. Und da dies auch noch auf dem Gebiet der Atomindustrieförderung stattfindet, ergibt sich eine bemerkenswerte Gedankenverknüpfung: Die hier sichtbar werdende Geldherrschaft wird Plutokratie genannt, die sich entwickelnde Atomherrschaft Plutoniumstaat. Beide Bezeichnungen beziehen sich auf Pluto, den griechischen Gott der Unterwelt und des Reichtums. Die ideologische Grundlage hierzu finden wir allerdings nicht im griechischen Mythos sondern in der Bibel. Jesus von Nazareth befürwortete ausdrücklich und mehrfach den Wucher und umriß seine Wirkung mit den Worten:

> "Wer da hat, dem wird gegeben, daß er die Fülle habe, wer aber nicht hat, von dem wird auch das genommen, was er hat." (Matth. 13/12, Mark. 2/23, Luk. 8/18)

Ich bitte um Mitteilung, auf welcher gesetzlichen Grundlage der erwähnte Steuerraub gestattet wird und wieso in besonderem Maße auf dem Gebiet der Atomindustrieförderung. Außerdem bitte ich um Mitteilung, wie Sie persönlich dazu stehen.

Mit bestem Gruß

R. Bohlinger

(Roland Bohlinger)

Wenn, wie in den Anlagen aufgezeigt, die **internationale Hochfinanz das Geldwesen und hierbei vor allem das Kreditwesen und daneben zunehmend die Schlüsselstellungen der Produktionsunternehmen und der Werbung kontrolliert,** bedeutet das *unabhängig* von der Qualität der hierbei vorgenommenen Handlungen, von *vornherein* eine **verfassungswidrige Einschränkung der Souveränität der Bundesrepublik und der Rechte ihrer Bewohner.** Die meisten der betroffenen Bewohner haben sich zwar an diesen Umstand gewöhnt oder ihn hingenommen. Aber rechtens ist er damit noch keineswegs. Und da sich aus der Geschichte der letzten Jahrhunderte klar ergibt, daß die internationale Hochfinanz immer wieder ihre Macht mißbraucht und danach trachtet, immer mehr und uneingeschränkter Macht zu erlangen, hierbei Enteignung und Ausbeutung weltweit betreibt, und verschiedene Gruppen innerhalb der Hochfinanz Kriege, Revolutionen, Diktaturen und große Wirtschaftskrisen fördern, – darum weisen diese Kreise *nicht die nach § 7/2/1 des Atomgesetzes erforderliche Eignung* auf, um auf dem Gebiet der Nutzung der Atomspaltung maßgebend Einfluß zu nehmen. Aber auch ohne jede gesetzliche Sonderbestimmung ist es **offensichtlich, daß in einem Rechtstaat irgendwelchen Unternehmen mit z.T. verfassungs- und strafgesetzwidrigen Verhaltensweisen niemals wirtschaftlicher und politischer Einfluß, schon gar nicht auf einem Gebiet mit höchstem Gefahrenpotential, gestattet werden darf.** Sogar der Pressechef der KWU gab zu:

»Es ist schon richtig – manchmal erinnern die Praktiken [der Atomwirtschaft] ***an Mafia-Methoden.«***[57]

Falls erforderlich, kann zu diesem Thema weiter vorgetragen werden. Ich besitze darüber umfangreiches Material.

Firmen, deren Methoden an die der Mafia erinnern oder die sich mit Mafia-Methoden durchsetzen, dürften weder verläßliche Aussagen über die Qualität ihrer Leistung noch eine Tätigkeit unter voller Beachtung der Gesetze und des Volkswohls liefern. **So, wie maßgebende Teile der im Hintergrund stehenden Finanzoligarchie bereit sind, ihrem Machtstreben je nachdem das Leben oder die wirtschaftliche Existenz ungezählter Menschen zu opfern, so sind die im Vordergrund stehenden Atomfirmen aus gleichen oder verwandten Gründen bereit, unabsehbare Gefahren für das Leben, die Gesundheit und die politische Zukunft der Menschheit zu erzeugen,** wobei freilich die Sach- und Entwicklungszwänge, die in ihrem Tätigkeitsbereich herrschend geworden sind, eine nicht zu unterschätzende Rolle spielen.

5.3. Als Edward Teller, Enrico Fermi, Leo Szilard, Robert Oppenheimer und Albert Einstein erfuhren, daß die Deutschen mit der Kernspaltung experimentieren, befürchteten sie, das Dritte Reich könnte eine

Atombombe entwickeln. Daraufhin bemühten sie sich – und zwar noch vor Ausbruch des Zweiten Weltkrieges – möglichst rasch zum Bau einer eigenen Atombombe zu gelangen. [58]

»Dr. Leo Szilard spielte zweifellos das enfant terrible dieser Gruppe. Der äußerst intelligente . . . Physiker führte ein ruheloses Leben, das sich zu einem permanenten Kreuzzug auswuchs . . . Doch seine Kreuzzüge strebten zugegebenermaßen Wichtiges an: den Sieg über Hitler, die Schaffung einer Weltregierung und die Entwicklung der Atomenergie.« [59]

Die Atombombe sollte die vernichtende Kreuzzugswaffe werden. Doch es dauerte einige Zeit; bis sich die führenden Kreise in den USA von der Machbarkeit der Bombe überzeugen ließen. Als sie aber überzeugt waren, stimmten sie sofort dem Bau zu.

Nach dem Zweiten Weltkrieg kamen die Verantwortlichen auf den Gedanken, die Atomspaltung nicht nur als militärisches sondern auch als nichtmilitärisches Machtmittel einzusetzen. **Die militärische Nutzung der Atomspaltung sollte nur einem auserwählten Kreis besonders botmäßiger Staaten vorbehalten bleiben, die nichtmilitärische jedoch allen Völkern gebracht werden, denn die Gefahren der nichtmilitärischen Nutzung zwangen zu internationaler Kontrolle und zur Monopolisierung des Wissens, zugleich machte sie jeden Staat, der Atomspaltwerke betrieb, einerseits durch Terrormaßnahmen erpreßbar und andererseits im Kriegsfall nur noch beschränkt verteidigungsfähig. Eine zentral gelenkte militärische und nichtmilitärische Nutzung der Atomspaltung war also vorzüglich geeignet, Weltherrschaftszielen zu dienen.**

In der im Jahre 1957 herausgegebenen Schrift des US-Informationsdienstes Bad Godesberg 1, *Atomenergie für den Frieden*, heißt es im Anschluß an den Artikel: »Amerikanische Reaktoren für die friedliche Entwicklung anderer Länder«:

»Chronologische Übersicht
über die Bemühungen der Regierung der Vereinigten Staaten um die Beteiligung aller Länder an der Weiterentwicklung und Verwendung der Atomenergie für friedliche Zwecke.

14. Juni 1946: Der Vertreter der Vereinigten Staaten bei der UN-Atomenergiekommission. Bernard Baruch, *machte das Angebot, die gesamte Atomkapazität der Vereinigten Staaten in den Dienst einer internationalen Organisation zu stellen, die über ein wirksames Überwachungs- und Kontrollsystem verfügt.«**

In der Zeitschrift *Das Parlament* vom 7.2.81 erschien ein Aufsatz von A. Rothacher: »Der Trilateralismus als internationales Politikmanagement«. Dort wird ausgeführt, daß die **Trilateral Commission ein Gebilde des Rockefeller-Clans sei, daß die Empfehlungen dieser Kommission an die in ihr vertretenen Staaten »verbindlich« seien und daß zu den »verbindlichen Empfehlungen« die Durchsetzung der »friedlichen Nutzung der »Kernenergie«** gehöre.

Beweisantrag:

Ich behaupte, daß die Darstellung in dem Aufsatz von Rothacher in der Zeitschrift *Das Parlament* vom 7.2.81 hinsichtlich der Rolle des Rockefeller-Clans innerhalb der *Trilateral Commission* und hinsichtlich der Rolle der *Trilateral Commission* bei der Durchsetzung des »Kernenergie-Programms« zutrifft.

Beweismittel: Zeitschrift *Das Parlament* vom 7.2.81; Zeitschrift *C.O.D.E.*, Vaduz (Liechtenstein), Jahrg. 1978–81; sämtliche Ausgaben der Wochenzeitung *Neue Solidarität*, Jahrgang 1975–1981; Veröffentlichungen von Scholl, Schmalbrock u.a., Vorlage der Empfehlungen der *Trilateral Commission*; Stellungnahme des Außenministeriums und des Innenministeriums der Bundesrepublik Deutschland.

Begründung: Falls die Aussage von Rothacher in der Zeitschrift *Das Parlament* zutrifft, erklärt das einen Teil der herrschenden verfassungswidrigen Praxis auf atomrechtlichem Gebiet: die Bundesrepublik ist dann *nicht souverän*, da die »Empfehlungen« der *Trilateral Commission* keine internationalen Vereinbarungen im Sinne des Völkerrechts darstellen, trotzdem aber als »verbindlich« gelten. Und da eine positive Beantwortung dieser Frage einen verfassungswidrigen Zustand erwiese, ist die Beantwortung im Hinblick auf den Erweis der rechtlichen Nichtigkeit der erteilten atomrechtlichen Genehmigungen erforderlich.

Worauf Baruchs und Rockefellers Ziel hinauslief und -läuft und damit das Ziel der von ihnen repräsentierten Machtgruppe, verdeutlichte Dr. A.

* *Bernard Manasse Baruch war Berater aller Präsidenten von Wilson bis Eisenhower, Organisator der Kriegsindustrie im Ersten und Zweiten Weltkrieg und Exponent der Hochfinanz. Für die Organisierung des Baus und der Anwendung der Atombombe scheint nicht er sondern eine rivalisierende Machtgruppe verantwortlich zu sein. Nach dem Ersten Weltkrieg trat Baruch für eine milde, nach dem Zweiten Weltkrieg für eine strenge Behandlung Deutschlands ein. In den fünfziger Jahren rückte er von seiner strengen Einstellung gegenüber Deutschland ab, gegen Ende seines Lebens setzte er sich für die Verhütung eines Dritten Weltkrieges ein. Baruch scheint ein Exponent jener Kreise innerhalb der internationalen Hochfinanz zu sein, die sich nicht dem Nihilismus, apokalyptischen Endzeiterwartungen oder ungezügeltem Haß und Machtreben ergeben haben, sondern an eine letztlich religiös motivierte Sendung glauben.*

Weinberg, seinerzeit Direktor des Staatslaboratoriums Oak Ridge, in völliger Offenheit in der Zeitschrift *Science*[60]:

»Wir bei der Atomenergie tätigen Personen haben mit der Gesellschaft einen Pakt abgeschlossen wie Faust. Einerseits bieten wir im katalytischen Kernbrenner eine unerschöpfliche Energiequelle . . . Aber der Preis, den wir für diese magische Energiequelle von der Gesellschaft fordern müssen, sind **sorgsame Wachsamkeit und eine Dauerhaftigkeit unserer gesellschaftlichen Einrichtungen, an die wir gar nicht gewöhnt sind.«**

Etwas später schreibt er:

»Wir erheben zwei Forderungen. Die erste halte ich für leichter zu erfüllen: Wir müssen in der Atomtechnologie die allerbesten technischen Verfahren einsetzen, und wir müssen Personen mit großer Sachkenntnis und Gewissenhaftigkeit beschäftigen. ›Unbedingte Qualität‹ ist die Losung, die nun in weite Bereiche dieser atomaren Gemeinschaft Eingang findet. Das bedeutet, daß man die strengsten Maßstäbe beim technischen Entwurf und seiner Ausführung einsetzt. Daß man sich bei den Atomanlagen strikt an die erforderlichen Betriebszustände hält – und dies trotz der angeborenen Neigung, in der Sorgfalt nachzulassen, wenn eine solche Anlage älter wird und mehr vertraut . . . Mit einem Wort also: Wir müssen eine ununterbrochene Tradition schaffen für peinlichste Sorgfalt in allen Einzelheiten . . .
Die zweite Forderung ist weniger augenscheinlich . . . Das ist die **Forderung nach dauerhaften Strukturen in der menschlichen Gesellschaft.** *Wir hätten relativ wenig Sorge mit den radioaktiven Abfällen, wenn wir immer davon ausgehen könnten, daß es intelligente Leute gibt, welche mit unvorhergesehenen Umständen fertig werden können, an die wir nicht gedacht hatten. Wenn die atomaren Zonen, die ich erwähnte, einmal fester Bestandteil unserer Zivilisation sind, dann haben wir wohl auch den sozialen Apparat und vermutlich die Plätze, um mit dem Atommüll dauernd fertig werden zu können . . .«*

Dr. Weinberg spricht dann vom

»**Ausgeliefertsein** *an eine* **unverrückbare soziale Ordnung** *als mögliche Folge der Atomenergie . . . solange wie wir eine andere praktisch verwertbare Energiequelle von unbegrenztem Ausmaß nicht gefunden haben.«*

Etwas später heißt es dann:

»Man könnte sagen, wir haben eine **militärische Priesterschaft** *geschaffen, die auf der Wacht steht gegen einen versehentlichen Einsatz von Atomwaffen und die an sich ein bedenklich scheinendes Gleichge-*

wicht erhält zwischen der Bereitschaft zum Kriege und der Wachsamkeit gegenüber menschlichen Fehlhandlungen, die uns in einen Krieg hineinstürzen könnten. Und dieser Zustand wird sich auch nicht mehr ändern, jedenfalls nicht bald. Die Erfindung der Bombe hat unseren gesellschaftlichen Strukturen einen zusätzlichen Zwang auferlegt. Sie hat diese **militärische Priesterschaft** *erst geschaffen, von der wir in gewisser Weise alle um unseres Überlebens willen abhängig sind.«*

Schließlich betont Dr. Weinberg:

»Es will mir so scheinen . . . daß die friedliche Nutzung der Atomenergie **Anforderungen gleicher Art an unsere Gesellschaft stellen wird – vermutlich nur von noch längerer Dauer.«**

Dr. Weinberg stellte also fest, daß wir von einer **atomaren Priesterschaft** mit einer neuen Religion, einer technologischen Sicherheitsreligion, abhängig geworden sind, und uns um der Sicherheit und des Wohlstandes willen einer **dauerhaften und natürlich bestens kontrollierten und reglementierten und weltweit geltenden Gesellschaftsordnung ausliefern müßten.**

Weinbergs Sicht ist schlüssig. Allein schon jene Sach- und Entwicklungszwänge, die entstehen, wenn sich die Welt erst genügend auf die Errichtung und den Betrieb vom Atomspaltanlagen eingelassen hat, führen zwangsläufig zu einem **Plutoniumstaat** mit allen daraus resultierenden Folgen, wie ich das in meiner Schrift *Artikel 9 II GG und die Errichtung eines Plutoniumstaates* nachwies[61] und wie das auch andere, z.B. Hasso Hofmann deutlich und unangreifbar herausarbeiteten[62]. **Die Enwicklung einer atomaren Priesterschaft ist nur die letzte Konsequenz, willig aufgenommen von Kreisen innerhalb der »alten Mächte«, die hier in ein neues Gewand schlüpfen können (z.B. die römisch-katholische Priesterschaft).** Das fällt ihnen nicht sonderlich schwer, sind sie doch reich erfahren in der Entwicklung von Priesterschaften, Männerbünden, Geheimorganisationen und gesellschaftlichen Umwälzungen, in der geistigen und politischen Entmündigung, besonders der Frau und in der Konditionierung der Massen, um sie für igendeine neue **Heilsbotschaft** zu begeistern. Frappierend und zugleich äußerst kennzeichnend ist hierbei,

daß der *eine zentrale Baustein* dieser Herrschaftsform ein künstlich geschaffenes, völlig lebensfeindliches, hochexplosives Element darstellt, dessen Bezeichnung ebenso wie jene des *zweiten zentralen Bausteins,* nämlich des nicht auf der natürlichen und menschlichen Produktivität aufgebauten sondern ebenfalls künstlich geschaffenen, letztlich auf Willkür gegründeten Mittels der Finanzoligarchie, nämlich das der ungehemmten Kreditvergabe und der damit verbundenen ausbeuterischen Zinswirtschaft, vom griechischen Gott

Generalkonferenz der *Internationalen Atomenergieorganisation* (IAEO) in Wien 1971. Im Vordergrund *I. A. Abs,* u.a. Spitzenmann der *Deutschen Bank* und der *RWE* (größtes deutsches Elektrizitätsversorgungsunternehmen) als Bevollmächtigter des *Heiligen Stuhls* (Vatikanstaat).

Vatikan für Atomkraft

KNA, Vatikanstadt/Wien

Der Ständige Vertreter des Vatikans bei der Internationalen Atomenergiebehörde (IAEA) in Wien, Prälat Mario Peressin, hat die Vorteile der friedlichen Nutzung der Kernenergie verteidigt. Jede Anstrengung müsse unternommen werden, um allen Nationen, besonders den Entwicklungsländern, die Vorteile einer friedlichen Kernenergienutzung zu bieten.

(Die Welt, 24.9.1982)

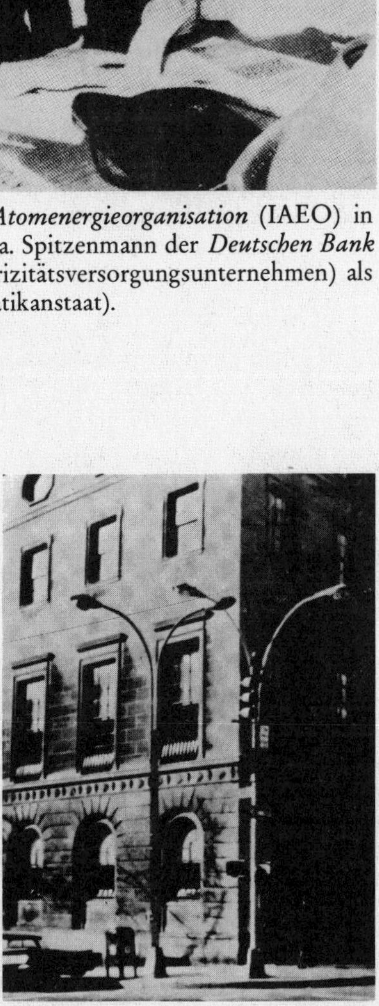

Gebäude des *Council on Foreign Relations,* ein Werk der Rockefellers, in dem ein Großteil der politischen Elite der USA programmiert wird und von wo aus im Wesentlichen die Lenkung der *Trilateral Commission* erfolgt.

Pluto, dem **Herrn der Unterwelt** und des **Reichtums** abgeleitet ist: *Plutonium* und *Plutokratie*.

5.4. Eine Herrschaft, deren Zentrum auf Machtwahn und List, Lebensfeindlichkeit und Willkür, letztlich in der Verneinung des Göttlichen ruht, kann aber nicht Bestand haben. Entweder wird sie allein herrschend, dann löscht sie auf die Dauer den Menschen, aufgrund herrschender Seelen- und Naturgesetze, psychisch oder physisch aus; oder sie wird, weil sie den Bogen überspannt, von Gegenkräften in den Völkern und sogar innerhalb der eigenen Kreise überwunden.

In vielen Mythen und Religionen wird der Menschheit ein schreckliches Ende durch die Entgöttlichung ihres Lebens vorausgesagt. Aber nicht in allen wird das von Pessismismus begleitet. In der nordischen Mythologie folgt auf die *»Götterdämmeung«* eine neue Zeit, *»so gut und schön wie in Urvätertagen«*. In der mosaischen Religionstradition streiten sich apokalyptische Visionen und irdische Heilserwartungen. Als Quelle vieler weiterer Religionen und als geistige Grundlage und Motivation politisch mächtiger Kreise in der Welt, besitzen die Zukunftserwartungen der mosaischen Religion heute eine zentrale seelische und politische Bedeutung. Der Angelpunkt dieser Zukunftserwartungen befindet sich in der Thora (1. Mose 27): Nachdem der von Isaak dem Jakob erteilte Segen sich erfüllt hat, nämlich der durch List erlangte Segen, der die Weltherrschaft verhieß, gelangt der zweite, dem Esau erteilte Segen zur Erfüllung, nämlich der einer **Befreiung** vom Joch der Weltherrschaft des Jakob. Danach werden *alle* Völker, die Nachkommen des Jakob ebenso wie die des Esau, *gleichberechtigt, selbstbestimmt und frei* einer neuen Zukunft entgegengehen.

5.5. **Beweisantrag:**

Ich behaupte, daß **nationale und internationale Finanz- und Wirtschaftsmächte und hinter diesen stehende Zirkel bei der Verwirklichung des Plutoniumprogramms den politischen Willen des deutschen Volkes verfälschen, mißachten, ausschalten oder manipulieren, sich dadurch gegen die freie Selbstbestimmung des deutschen Volkes richten, gegen eine Reihe Verfassungsgrundsätze und Strafbestimmungen verstoßen und die Exekutive der Fähigkeit berauben, ausschließlich nach Recht und Gesetz zu handeln,** und zwar

□ durch Einflußnahme über gesetzlich nicht vorgesehene, aber in das Regierungsgeschehen grundlegend hineinwirkende Lenkungsgremien (z.B.: 1. *ICRP, GRS, SSK, RSK;* 2. *Weltbank, Weltwährungsfond, BIZ, Urankartell*; 3. Geheimgremien wie *CFR*, *Trilateral Commis-*

sion, Bilderberg-Gruppe, Jerusalem-Stiftung, Rockefeller- und *Rothschild*-Clan, Führung des *Tempelherren-Ordens,* der *Freimaurerei,* des *B'nai B'rith, der Loge P 2* und anderer Geheimbünde)* –

- ☐ durch Abschluß von Verträgen, insbesondere zwischen in- und ausländischen Finanz- und Wirtschaftsunternehmen, zwecks Umgehung der Gesetze oder des Mitspracherechts der Regierung und des Volkes (z.B. Geheimvertrag zwischen *DWK* und *Cogema;* geheime Abmachungen zwischen *DWK* und der sowjetischen Wirtschaft; Vertrag zwischen *IAEO* und *WGO* vom 28.5.1959) –
- ☐ durch den Einsatz von Expertengremien mit manipulierten, präparierten oder erpreßbaren »Gutachtern« und »Wissenschaftlern« –
- ☐ durch Bestechung (z.B. Wahlspenden an Parteien und Parteiführer; Geldgeschenke an Gemeinden, in deren Gebiet eine Atomanlage errichtet werden soll) –
- ☐ durch künstliche Verknappung nutzbarer Energieträger und durch Monopolisierungen (z.B. Zerstörung deutscher Kohlegruben; Kampf gegen Stromerzeugung aus Industrieabwärme, gegen Sonnen-, Wind- und Gezeitenenergie sowie Erdwärme; künstliche Hochsteigerung der Ölverknappung und der Ölpreise zum Zweck der Verbilligung der zu teuren Nutzung der Atomspaltenergie) –
- ☐ durch Entwicklung einer Kredit- und Zinsversklavung des ganzen Volkes auf dem Energiesektor.

Beweismittel sind die vorausgegangenen Ausführungen zu diesem Thema, die dort genannten Unterlagen, die hier beigefügten Anlagen und Fachgutachten.

* Abkürzungen:
CFR – Council on Foreign Relations
Cogema – Französische Firma zur Wiederaufbereitung von Kernbrennstoffen
DWK – Deutsche Gesellschaft zur Wiederaufbereitung von Kernbrennstoffen
IAEO – Internationale Atomenergie-Organisation
ICRP – Internationale Strahlenschutz-Kommission
RSK – (Deutsche) *Reaktorsicherheitskommission*
SSK – (Deutsche) *Strahlenschutzkommission*
WGO – Weltgesundheitsorganisation

Anlagen
(1) Eustace Mullins/Roland Bohlinger, *Die Bankierverschwörung,* Struckum 1983, (2. Aufl.)
(2) Eberhard Beißwenger, *Sittlich gestaltete Wirtschaft (Arbeitstitel),* Struckum 1983.

(3) Roland Bohlinger: *Bringt Hochzinspolitik Wirtschaftszusammenbruch und dann Dritten Weltkrieg?*/ Eberhard Beißwenger*: Zinswirtschaft oder die Herrschaft des Geldes,* Wobbenbüll 1981 (2. Aufl.)

(4) Zeitschrift *Das Parlament,* Ausgabe vom 7.2.1981

(5) Auszüge aus einem Brief von *Walther Soyka* an mich vom 14.12.1980.

(6) Meldung aus *Newsweek* vom 17. März 1980, betreffend ein neues Gesetz zugunsten des *Federal-Reserve-Systems.*

(7) Zwei Meldungen aus den *Husumer Nachrichten* vom 4.10.1980 über die derzeitige Kreditpolitik des *Federal-Reserve-Systems.*

(8) Bericht von John K. Galbraith im *Spiegel* über die monetaristische Politik von Milton Friedmann.

(9) Bericht aus *C. O. D. E.* I/4–5 über: »Wir werden eine Weltregierung haben, ob Sie es wollen oder nicht, mit Gewalt oder mit Zustimmung.«

(10) Auszüge aus dem Bericht von Bruno Bandulet: »Eine schwarze Flüssigkeit, ein gelbes Metall, ein grünes Papier«, erschienen in *Trans-Atlantik,* München, November 1980, S. 44–52

(11) Bericht aus *Salzburger Nachrichten* vom 28.10.1961: *»Atomare Verseuchung als Machtprogramm«.*

[55] *Politisches Lexikon von C.O.D.E.,* I/3, Stichwort *Atomenergie und Monopol*

[56] n.: *Die Welt,* 24.9.82, siehe Faksimile

[57] *Neue Kronen-Zeitung,* Wien, 12.6.1975

[58] Gespräch zwischen Prof. Dr. H. Haber und Prof. Dr. E. Teller, abgdruckt in *Bild der Wissenschaft,* Oktober 1975, Seite 94ff.

[60] Alwin Weinberg in *Science* am 7.7.1972

[61] Roland Bohlinger, *Artikel 9 II GG und die Errichtung eines Plutoniumstaates,* Wobbenbüll, 1982, 2. A.

[62] Hasso Hofmann, *Rechtsfragen atomarer Entsorgung,* Stuttgart 1981; s. auch Robert Jungk, *Der Atomstaat,* München 1977

Ist der Kern der Auseinandersetzung weltanschaulich-religiöser Art?

Auszug aus einem Schreiben von Walther Soyka am 18.12.1980 an Roland Bohlinger:

Das Brockhaus-Taschenbuch 75 »Christliche Prophetie und Nuklearenergie« von Bernhard Philberth ist seit 1962 schon oft nachgedruckt worden. Vor fast 19 Jahren schrieb Philberth u.a.:

»Daß wir die nächsten Monate in Frieden überdauern, ist sehr wahrscheinlich; daß wir die nächsten Jahrzehnte in Frieden überdauern, ist sehr unwahrscheinlich: vorausgesetzt, daß keine religiöse Umkehr die geistige Situation wandelt.«

Als Nichtchrist habe ich am 7.12.1980 an Bundeskanzler Helmut Schmidt geschrieben. Ich wies ihn auf das *»Gesetz über Sabbatjahr und Erlaßjahr«* hin, das seit der Zerstörung des Tempels Salomos (70 n.Zw.) nicht mehr angewendet wird. Das im *3. Buch Moses,* Kapitel 25 als Erlaßjahr, Halljahr oder Jobeljahr beschriebene Umverteilen von angehäuften Vermögenswerten in jedem 50. Kalenderjahr macht mit der Einsicht ernst, daß der Planet Erde endliche Größe hat. Anders die Zins- und Zinseszinswirtschaft, die von der Vorstellung eines unendlich aufblähbaren Erdballes ausgeht.

Bei der Absendung meines Briefes an Schmidt wußte ich noch nichts von der Aktion des *Bad Harzburger Taschenbibelbundes,* von der am 4.12.1980 die *Mainzer Allgemeine Zeitung* berichtete:

»Alle Abgeordneten des neuen Bundestages haben vom Taschenbibelbund in Bad Harzburg eine Schrift mit den Kernaussagen der Bibel zugesandt bekommen. Wie der Informationsdienst der evangelischen Allianz berichtet, hat der Taschenbibelbund in einem Begleitschreiben den Abgeordneten »Kraft, Weisheit und den erforderlichen Mut zur rechten Entscheidung« gewünscht.«

Ich hoffe, daß Helmut Schmidt und die Bundestagsabgeordneten in diesen »Kernaussagen« auch *3. Mos. 25, Vers 10, 13, 14, 17, 25, 28, 35, 36, 47, 48 und 54* finden, ebenso wie *1. Mos. 33,* wo die Versöhnung Esaus mit Jakob geschildert wird. Auch ich hoffe auf Kraft, Weisheit und Mut bei den anstehenden, vor allem innerseelischen Entscheidungen, die wohl im Sinne von Philberth als »religiöse Umkehr« bezeichnet werden können.

Für mich ist es aus seelengesetzlichen Gründen undenkbar, daß es eine einheitlich planende und handelnde Hochfinanz gibt. Obwohl die nach aussen wirkenden Ereignisse zunächst eine solche »Einheit« vermuten lassen, habe ich beim Lesen der beiden Bände von *Bernard M. Baruch's* Lebenserinnerungen *Gute 88 Jahre* (1958) und *Die Jahre des Dienens* (1962), beide im Kindler Verlag München) Äußerungen gefunden, die mich lebhaft an eine bestimmte jüdische Legende erinnert haben. Sie kommt in verschiedenen Lesarten vor, über die *Gershom Scholem* in seinem Buch *Judaica* (Suhrkamp Verlag 1968, S. 223) schreibt:

»Nach manchen dieser Legenden ist einer der 36 Verborgenen der Messias. Wäre das Zeitalter dessen würdig, würde er als solcher offenbar werden.« (»Die 36 verborgenen Gerechten in der jüdischen Tradition«)

Im selben Buch schreibt Scholem

»Zum Verständnis der messianischen Idee im Judentum« (S. 72):

»Die Ankunft des Messias selber ist an unmögliche, jedenfalls höchst paradoxe Bedingungen gebunden, niemals wohl melancholischer und menschlich-vertrackter als in dem, einen Gedanken des Sohar zuspitzenden Wort, der Messias werde nicht eher kommen, als bis die Tränen Esaus versiegt sein werden. Unter allen Bedingungen der Erlösung wahrlich die überraschendste und zugleich unmöglichste! Denn die Tränen Esaus sind die, die er nach Genesis 27:38« (1. Mos. 27, Vers 38) »vergoß, als er von Jakob um den Segen Isaaks betrogen wurde.«

Ich gehe davon aus, daß wir geistig-metaphysisch das »Joch Jakobs« bereits abgeschüttelt haben. Das schreibt u.a. auch Seefahrtoberlehrer Kapitän Harm Menkens in einem Brief, den er am 9.12.1980 an alle Bonner Bundestagsabgeordneten schickte und in dem es heißt:

»Als ich Herrn Rabbiner Berger (Bremen) am 11.5.1979 besuchte, betonte dieser, daß die Juden als auserwähltes Volk auch »besondere Pflichten« hätten. Den gleichen »besonderen Pflichten« unterliegen aber auch diejenigen Nachkommen Esaus, die das Joch Jakobs – ohne diesem zu fluchen – entsprechend dem Esau erteilten Segen (1. Mose 27,40) vom Halse gerissen haben und auch Herr sind. Dieses war aber erst möglich, nachdem der Jakobssegen (1. Mose 27,28–29) mit Eintritt des messianischen Zeitalters am 14.5.1948 voll erfüllt war. Aus der hohen Verantwortung heraus, daß sich der Unterzeichnende zu den Nachkommen Esaus rechnen darf, die den von Isaak im Namen Jahwes erteilten Esausegen erfüllen, bitte ich Sie, den Inhalt dieses Briefes und der beigefügten Anlagen sorgfältig zu lesen und zu prüfen!

Zunächst darf ich Ihnen die Broschüre »Atomkrieg 1979/80?« überreichen. Diese Schrift hatte ich bereits den Abgeordneten des vorherigen Bundestages im Mai 1979 aus aktuellem Anlaß unter dem Titel »Atomkrieg im Mai?« zugestellt. Da sich die von mir aufgezeigten Gefahren in den vergangenen Monaten zu politischen Tatsachen entwickelt haben und in zunehmendem Maße zu eskalieren drohen, erlaube ich mir – auch wegen der zwischenzeitlich erfolgten Mandatsänderungen –, Ihnen diese Druckschrift nochmals zuzusenden. Als Ergänzung zu meinen Ausführungen füge ich noch ein Flugblatt »Aufruf an alle Bürger Europas: Wehrt Euch!« von Prof. Dr. Karl Bechert bei.

Gleichfalls überreiche ich einen offenen Brief von Walther Soyka (Absolv.rer.pol.) an den Herrn Bundeskanzler vom 7.12.1980 mit . . . Ausführungen zur Frage des Jakob- und Esau-Segens. Insbesondere werden Vorschläge gemacht, wie man die ideologischen Gegensätze zwischen Ost und West mittels der Religionsphilosophie Dr. Mathilde Ludendorffs abbauen kann. Dann käme auch »die Zeit für eine Beschränkung der Atomrüstungen mit dem Ziel ihrer gänzlichen Beseitigung.« Bedeutsam scheinen mir auch die Ausführungen über das Halljahr (3. Mose 25) zu sein: statt eines Wirtschaftskrieges müßte das Jahr 1981 fünfzig Jahre nach der Wirtschaftskrise von 1931 gemäß 3. Mose 25,10 als Halljahr (=Jobeljahr = Erlaßjahr) ausgerufen werden, in dem jeglicher wieder zu seiner Habe und zu seiner Sippe kommen sollte.«

In seinem Buch *Gesinnung und Tat* (Verlag Huber, Frauenfeld und Stuttgart 1969, S. 102) zitiert Lothar Rothschild aus dem jüdischen Midrasch:

»Will aber jemand ein Gerechter sein, so kann er es, selbst wenn er ein Heide ist.«

Offenbar ist es daher unschädlich, daß B.M. Baruch über sich in seinem Buch *Gute 88 Jahre* schreibt:

»Obwohl ich an keinem bestimmten Glauben hänge, achte ich alle Religionen, und ich weiß, daß ein wahrhaft religiöser Mensch aus seinem Glauben Glückseligkeit bezieht.«

Mir wurde schon vor mehr als 20 Jahren in Wien vom ehemaligen Knesset-Abgeordneten Eliezar Livneh, der aus altem Rabbinergeschlecht stammt, gesagt, daß mit dem Eintritt ins messianische Zeitalter »das alte Gesetz« seine Wirksamkeit für die Gläubigen verliert. Ohne Verrat an ihrem Volk zu begehn, können daher er, ebenso wie Baruch und auch Bruno Kreisky von sich sagen, daß sie nicht mehr dem mosaischen Glauben anhängen. Allerdings ist dies keineswegs schon eine allgemein anerkannte Haltung oder religiöse »Umkehr«, wie z.B. ein als *»Bericht aus Jerusalem«* bezeichneter Aufsatz zeigt, der u.a. Worte des Thora-Weisen *Schabatai Schiloh* im *Terra Sankta-Gebäude* zu Jerusalem wiedergibt. Der Bericht erschien im August 1980 in der Monatsschrift *Nachrichten aus Israel* (Herausgeber: *Verein für Bibelstudium in Israel Beth-Shalom,* CH-8330 Pfäffikon ZH). Dort wird über Schiloh unter der Überschrift berichtet *Der Messias kommt:*

»Mit einer Fülle von Bibelstellen wies er nach, daß das Kommen des Messias in der Zeit von frühestens 1978 bis spätestens 1981 geschehen sein muß . . . Immer wieder betonte er: »Ich zeige ihnen nicht eine Sache, die man glauben muß, sondern die sie offen sehen können.« Dabei nahm er seinen Stift und begann zu rechnen.

›1517 begann in Jerusalem die Herrschaft der Osmanen, die nach acht Jubeljahren, das sind 400 Jahre, enden sollte, was auch durch die Briten 1917 geschah. Dem sollte ein weiteres Jubeljahr (50) Niemandszeit folgen und danach sollte Jerusalem wieder dem Volk Israel zufallen, siehe 1967. Alle diese Berechnungen finden ihre Wurzel im Buch Daniel und im kabbalistischen Werk Sohar aus dem 13. Jahrhundert. Der Sohar sagt, daß sechseinhalb Jahre nach der Heimholung Jerusalems (1967) Gog und Magog (1973) beginnt. Der nächste Krieg wird dann schon der »push-button« Krieg der Supermächte gegen Israel sein. Durch einen weltweiten Holocaust, beginnend in Nah-Ost, werden zwei Drittel der Menschheit vernichtet.«

Daß solche apokalyptischen Voraussagen in Erfüllung gehen können, steht fest. Sie müssen es aber nicht. Gemäß der oben erwähnten Legende, die mir beim Lesen von Baruch's Lebenserinnerungen einfiel, *ruht das Schicksal der Welt auf 36 unbekannten oder verborgenen Gerechten. Wenn auch nur ein einziger von ihnen ausfällt, geht die Welt unter, weil ihr das Fundament fehlt.*

Gershom Scholem beendet seinen Bericht über diese Legende:

»Der verborgene Gerechte, wenn er irgend etwas ist, ist eben dein und mein Nachbar, dessen wahre Natur uns ewig unergründlich bleibt und über den kein moralisches Urteil abzugeben uns diese Vorstellung ermahnen will. Es ist eine von einer etwas anarchischen Moral getragene, aber eben deswegen um so eindrucksvollere Warnung. Der Mitmensch mag der verborgene Gerechte sein.« (S. 225)

Im Jahr 1960 schrieb Bernard M. Baruch im Buch *Die Jahre des Dienens:*

»Nach fünfzehn Jahren ist die Deutschlandfrage noch immer das Hauptproblem des Friedens. Aber die Geschehnisse der letzten Jahre haben die meisten von uns dazu gebracht, unsere Ansichten über Deutschlands Behandlung zu überprüfen. In meiner Kindheit gab es ein Sprichwort, daß »nur ein Maultier und ein Meilenstein niemals ihren Sinn änderten«. Ich habe nie zu jener Kategorie gehören wollen und habe daher hinsichtlich der Deutschlandpolitik meine Ansicht geändert.«

Baruch schrieb dies, nachdem 1952 Mathilde Ludendorff öffentlich auf die zentrale Bedeutung nicht nur des »Jakobsegens«, sondern auch des »Esausegens« *(1. Mos. 27,40)* für alle Thora- und Bibelgläubigen hingewiesen hatte, da dort als gottgewollt das »Abreißen des Jochs Jakobs«, d.h. die allgemeine Völkerbefreiung und die damit einhergehende Versöhnung zwischen »Jakob und Esau« verkündet wird. Ich finde, daß Baruchs Sinneswandel in den fünfziger Jahren den Beginn einer grundlegenden Weichenstellung innerhalb von Kreisen der Hochfinanz zeigt, welche die Beschreitung eines Wegs ermöglicht, der die »Tränen Esaus« versiegen läßt, da er beiden Seiten Gerechtigkeit, Freiheit und schließlich die Versöhnung bringt. Die Neuauflage der *Bankierverschwörung* hat gerade diesen Kreisen zu signalisieren, daß Esau aufgestanden ist, um der menschlichen Entwicklung den »apokalyptischen Stachel« zu nehmen. Die Hand Esaus zu ergreifen, ist jetzt die Aufgabe Jakobs.

Vielleicht ist ein Hinweis hilfreich, den ich in der Abhandlung von Gershom Scholem *»Zur Neuauflage des ›Stern der Erlösung‹«* fand (*Judaica*, S. 232):

»Freilich, in der so faszinierenden wie problematischen Lehre von der Vorwegnahme der Erlösung im jüdischen Leben hat Rosenzweig entschlossen und feindselig Stellung gegen die offene Tür im sonst so geordneten Haus des Judentums genommen: gegen die Katastrophentheorie der messianischen Apokalyptik, die man wohl als den Punkt bezeichnen darf, an dem sich heute noch theokratische und bürgerliche Lebenshaltung unversöhnlich gegenüberstehen. Die tiefe Tendenz, dem Organismus des Judentums den apokalyptischen Stachel zu nehmen, mit der Rosenzweig der letzte und sicher einer der stärksten Exponenten einer sehr alten und sehr mächtigen, in vielen Gestalten kristallisierten Bewegung im Judentum ist, bedingt bei ihm wohl auch den seltsam kirchlichen Aspekt, unter dem hier manchmal unversehens das Judentum erscheint. Die Apokalyptik, die als ein ohne Zweifel anarchisches Element für Lüftung im Haus des Judentums gesorgt hat, die Erkenntnis von der Katastrophalität aller historischen Ordnung in einer unerlösten Welt, hat hier in einem tief um Ordnung besorgten Denken eine Metamorphose durchgemacht, in der die zerstörende Macht der Erlösung nur mehr als Unruhe in das Uhrwerk des Lebens im Licht der Offenbarung eingebaut erscheint. Denn daß der Erlösung nicht nur eine befreiende, sondern auch eine zerstörende Gewalt innewohnt – eine Wahrheit, der nur allzuviele Theologen des Judentums sehr ungern sich eröffnen und der auszuweichen eine ganze Literatur sich plagt – konnte freilich einem Denker vom Range Rosenzweigs niemals verborgen bleiben: so suchte er sie wenigstens in einer höheren Ordnung der Wahrheit aufzuheben. Wenn der Blitz der Erlösung das Weltall des Judentums steuert, so ist hier das Leben des Juden der Blitzableiter, der seine zerstörende Gewalt zu brechen bestimmt ist.«

Franz Rosenzweig, der sich 1921 mit seinem Buch *Stern der Erlösung* dem Dienst an der Wahrheit als einem Dienst für eine höhere Ordnung zugewandt hatte, trug auf Seiten Jakobs erheblich zur Wandlung der geistigen Situation bei, die der Gründung der *Internationalen Bankenallianz* 1913 in Paris zugrunde gelegen war. Baruch kennzeichnete diese Situation so:

»Solange ein Mensch glaubt, er könnte einen Mitmenschen überlisten und ausspielen, wird immer der Zeitpunkt eintreten, da er das versuchen wird.« (*Gute 88 Jahre*, S. 307).

Im Gegensatz zum hier beschriebenen Listdenken, das auch die *Bankierverschwörung* kennzeichnet, sagte Baruch in *Die Jahre des Dienens:*

»Ich habe stets den Standpunkt vertreten, daß jeder Mensch das Recht hat, eine falsche Meinung zu haben, aber kein Mensch darf Tatsachen falsch darstellen.« (S. 512).«

Diese Haltung ist die Voraussetzung für eine Überwindung der drohenden Apokalypse: Erlösung durch Wahrhaftigkeit.

Eberhard Beißwenger

Freie, sittlich gestaltete Wirtschaft

Der Dritte Weg – jenseits von Kapitalismus, Sozialismus und Lebenszerstörung

296 Seiten, kartoniert, DM 34,–

Hier kommt ein geistiger Revolutionär zu Wort. Er rechtfertigt nicht die herrschenden Verhältnisse, er analysiert sie und will sie verändern. Er schreibt knapp, leicht verständlich und fesselnd. Er legt dar, warum die herrschenden Wirtschaftsordnungen zu einer immer rascher wachsenden Zerstörung von Umwelt und Kultur und schließlich zu einer umfassenden Katastrophe führen müssen. Er deckt die treibenden Kräfte und die Hintergründe auf, zeigt aber auch, wie ohne Gewaltanwendung und Manipulation ein Wandel geschaffen werden kann, und zwar ein Wandel, der in die Tiefe geht und auf die Entwicklung freier und kulturell blühender Gemeinschaften und Völker zielt.

Roland Bohlinger

Der Fall Lingen

ca. 360 Seiten, kartoniert, zahlreiche Abbildungen und Dokumente, DM 34,80

Sind es kriminelle Vereinigungen, die weitgehend die herrschende Politik und Wirtschaftsweise bestimmen – oder wie kommt es, daß die Zerstörung von Leben und Gesundheit der Bevölkerung fast ungehindert vonstatten geht?
Eine fast kriminologisch zu nennende Studie über die etablierte Wissenschaft und Presse, über Behörden und Justiz, aufgehängt an einem Musterbeispiel: dem Fall Lingen. Fast lückenlos wird nachgewiesen, welches Syndrom sich hier entwickelt hat.

Roland Bohlinger

Die herrschende Justiz im Dienst der Rechtsvernichtung

80 Seiten, DM 9,80

Hier wird aufgedeckt und exakt nachgewiesen, daß die Justiz auf atomrechtlichem und damit allgemein auf dem Gebiet des Lebens- und Umweltschutzes den Rechtsstaat in allen wesentlichen Punkten liquidiert hat. Ob dieser »Umsturz von oben« im Dienst derzeit herrschender Machtgruppen Bestand haben wird, werden die nächsten Jahre zeigen.